whoever gets this book... goodluck in French III ☹

Glencoe French 3

En voyage

Conrad J. Schmitt

Katia Brillié Lutz

Glencoe McGraw-Hill

New York, New York   Columbus, Ohio   Mission Hills, California   Peoria, Illinois

About the Cover

The Château le Pin and its vineyards are located near the town of Lons-le-Saunier in the Jura region of France. Rouget de Lisle, composer of La Marseillaise, *was born in this town in 1760.*

Acknowledgments

We wish to express our deep appreciation to numerous individuals throughout the United States and France for their valuable assistance in the development of these teaching materials. Special thanks are extended to Françoise Leffler (U.S.), Irène Tatischeff, Fabienne Raab, and the Brillié family (France).

Glencoe/McGraw-Hill

A Division of The **McGraw·Hill** *Companies*

Send all inquiries to:
Glencoe/McGraw-Hill
15319 Chatsworth Street
P.O. Box 9609
Mission Hills, CA 91346-9609

ISBN 0-02-636378-X (Student Edition)
ISBN 0-02-636379-8 (Teacher's Wraparound Edition)

Printed in the United States of America.

2 3 4 5 6 7 8 9   RRW   02 01 00 99 98 97

TABLE DES MATIÈRES

CHAPITRE 1

LES VOYAGES

CHAPITRE 2

LE QUOTIDIEN

CHAPITRE 3

LES LOISIRS

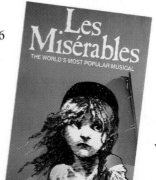

CHAPITRE 4

LE PAYS

CHAPITRE 5

FAITS DIVERS

CHAPITRE 6

LES VALEURS

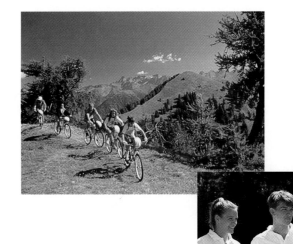

CHAPITRE 7

SANTÉ ET BIEN-ÊTRE

CHAPITRE 8

ARTS ET SCIENCES

APPENDICES

En voyage

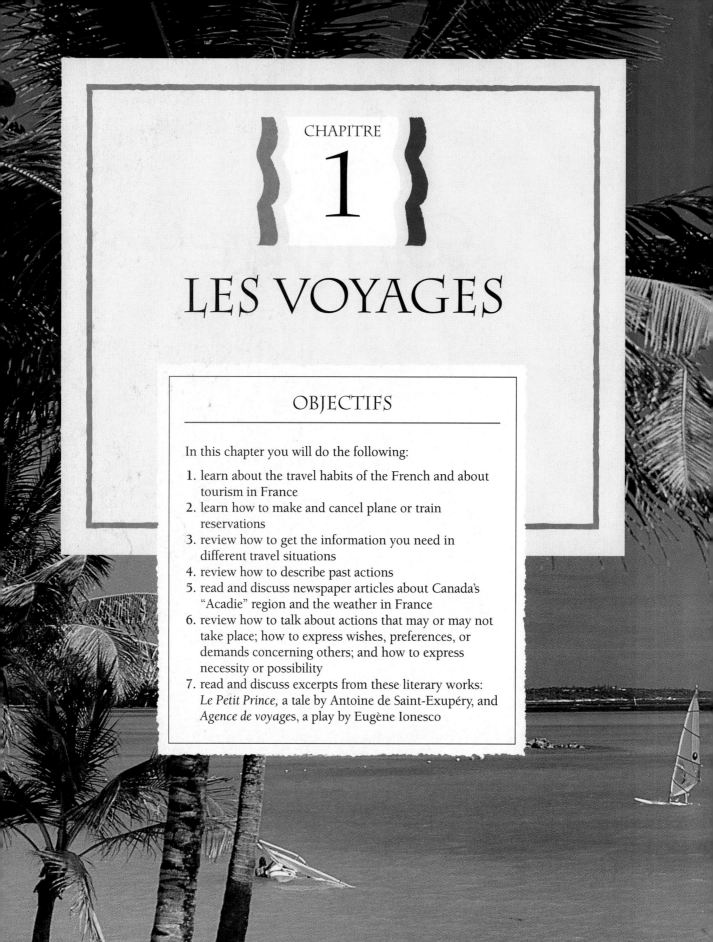

CHAPITRE

1

LES VOYAGES

OBJECTIFS

In this chapter you will do the following:

1. learn about the travel habits of the French and about tourism in France
2. learn how to make and cancel plane or train reservations
3. review how to get the information you need in different travel situations
4. review how to describe past actions
5. read and discuss newspaper articles about Canada's "Acadie" region and the weather in France
6. review how to talk about actions that may or may not take place; how to express wishes, preferences, or demands concerning others; and how to express necessity or possibility
7. read and discuss excerpts from these literary works: *Le Petit Prince*, a tale by Antoine de Saint-Exupéry, and *Agence de voyages*, a play by Eugène Ionesco

1

CULTURE

LES FRANÇAIS ET LES VOYAGES

Cannes: la plage en été

INTRODUCTION

La plupart des gens aiment voyager, quelle que soit leur nationalité. Et les Français ne sont pas l'exception. Eux aussi, ils aiment faire un petit voyage de temps en temps.

Quand voyagent-ils? Ils voyagent bien sûr pendant leurs vacances, et comme la majorité a ses vacances en été, beaucoup de Français voyagent en août—le mois des grandes vacances.

Combien de semaines de vacances les Français ont-ils? Le Français typique a cinq semaines de vacances: quatre semaines en été et une semaine en hiver.

VOCABULAIRE

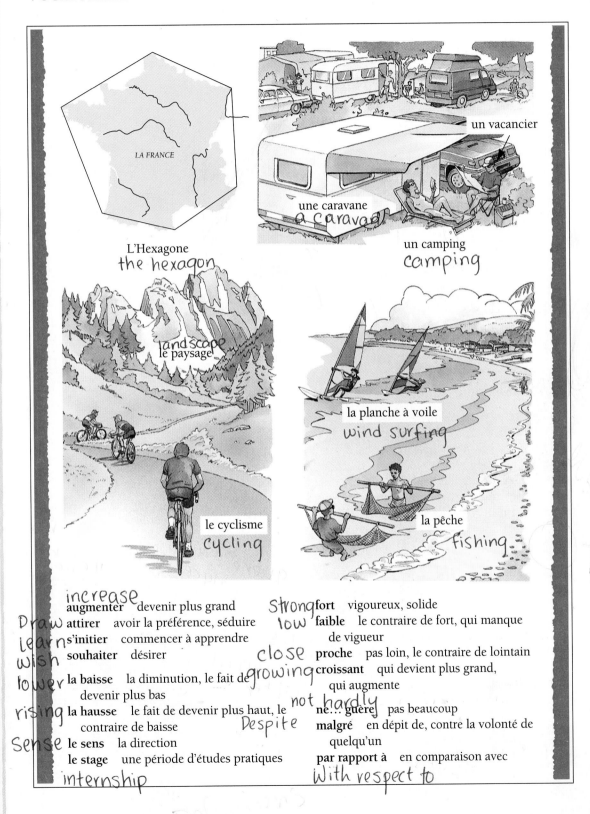

LA FRANCE

L'Hexagone
the hexagon

une caravane
a caravan

un vacancier

un camping
camping

le paysage
landscape

la planche à voile
wind surfing

le cyclisme
cycling

la pêche
fishing

augmenter devenir plus grand
increase

attirer avoir la préférence, séduire
Draw

s'initier commencer à apprendre
learns

souhaiter désirer
wish

la baisse la diminution, le fait de
devenir plus bas
lower

la hausse le fait de devenir plus haut, le
contraire de baisse
rising

le sens la direction
Sense

le stage une période d'études pratiques
internship

fort vigoureux, solide
strong

faible le contraire de fort, qui manque
de vigueur
low

proche pas loin, le contraire de lointain
close

croissant qui devient plus grand,
qui augmente
growing

ne... guère pas beaucoup
not hardly

malgré en dépit de, contre la volonté de
quelqu'un
Despite

par rapport à en comparaison avec
With respect to

Exercices

A Vacances en France. Répondez d'après le dessin.

1. Il y a beaucoup de vacanciers?
2. Ils passent leurs vacances dans un camping?
3. Ils ont des caravanes ou des tentes?
4. Est-ce que le paysage est beau?
5. Les jeunes font du cyclisme ou de la planche à voile?
6. Ils vont à la pêche?

B Oui ou non? Corrigez.

1. L'Égypte est un pays qui est proche de la France.
2. On appelle la France «le Pentagone».
3. Les vacanciers souhaitent rentrer chez eux bronzés et reposés.
4. Pour bien apprendre un métier ou un sport, il faut faire un stage.
5. Les joueurs de tennis professionnels s'initient à jouer au tennis.
6. Si le tourisme augmente, il y a moins de touristes.
7. Voyager n'attire pas les Français.

C Synonymes. Exprimez d'une autre façon ce qui est en italique.

1. Le nombre de voyageurs ne varie *pas beaucoup*. guère
2. *En dépit du* mauvais temps, les vacanciers vont à la plage. malgre
3. Un nombre *plus grand* de Français souhaitent prendre des vacances. croissant
4. Les migrations vont dans *la direction* nord-sud. les sens
5. *En comparaison avec* les Allemands ou les Hollandais, les Français ne vont pas beaucoup à l'étranger. par rapport
6. Il *désire* s'amuser pendant ses vacances. souhaiter ou.
7. Il a *très peu de* travail. le stage

D Contraires. Donnez le contraire des mots suivants.

1. baisser   3. fort   5. la hausse
2. descendant   4. lointain

Un camping dans les Alpes

LES VACANCES DES FRANÇAIS

 La grande majorité des vacanciers français reste fidèle[1] à l'Hexagone, bien que le nombre des séjours à l'étranger augmente faiblement. La mer et son complément naturel, le soleil, ont de plus en plus la préférence des Français.

87% des vacanciers restent en France

Cette très forte proportion ne varie guère dans le temps, malgré la baisse des prix des transports aériens. Elle reste très supérieure à celle que l'on mesure dans d'autres pays.

On peut voir trois raisons à ce phénomène. La première est la richesse touristique de la France, avec sa variété de paysages et son patrimoine[2] culturel. La seconde est le caractère plutôt casanier[3] et peu aventureux des Français. Enfin, les contraintes financières ont pesé d'un poids croissant au cours des années récentes, avec la stagnation ou parfois la régression du pouvoir d'achat[4], et l'accroissement récent des inégalités de revenus.

13% des vacanciers vont à l'étranger

Un Français sur huit va à l'étranger passer ses vacances. C'est très peu par rapport aux autres Européens. *It is very little relationship of Europeans.*

Marrakech: la piscine d'un grand hôtel

La quête du soleil explique que les plus grands courants de migration se font dans le sens nord-sud. La plupart des départs se font pour des destinations européennes proches comme l'Espagne et le Portugal, qui représentent à elles deux le tiers[5] des départs. L'Afrique du Nord est une destination de plus en plus fréquente. Des pays lointains (comme l'Égypte, la Thaïlande ou l'Amérique du Sud) attirent de plus en plus les Français depuis quelques années.

Touristes à Saint-Paul-de-Vence, en Provence

---

[1] **fidèle**   *faithful*
[2] **le patrimoine**   *heritage*
[3] **casanier**   *homebody*
[4] **le pouvoir d'achat**   *buying power*
[5] **le tiers**   *one third*

Les activités sportives restent les plus pratiquées…

Pour beaucoup, les vacances constituent une occasion unique de s'initier à la pratique d'un sport ou de s'y perfectionner. Les préférences vont au tennis et au cyclisme, suivis de près par la planche à voile. Les stages d'initiation ou de perfectionnement connaissent depuis quelques années un succès considérable. Après le tennis, le golf attire chaque été un nombre croissant de vacanciers.

Des joueurs de golf au Pays Basque

…mais les activités culturelles sont de plus en plus recherchées[6]

Un nombre croissant de Français souhaitent profiter des vacances pour enrichir leurs connaissances et découvrir des activités auxquelles ils n'avaient jamais eu l'occasion de s'intéresser. Les possibilités qui leur sont offertes sont aussi de plus en plus nombreuses, que ce soit pour s'initier à l'informatique, à la pratique d'un instrument de musique ou à la dégustation[7] des vins. Les organisateurs de vacances multiplient les formules culturelles—artistiques, traditionnelles ou récentes—qui permettent à chacun de faire apparaître ou de réveiller une vocation enfouie[8].

La Côte d'Azur

Vacances = détente[9]

Les vacanciers français qui se rendent au bord de la mer recherchent en priorité la détente, avant le soleil, l'eau, la santé, la plage, les sports nautiques, la famille, l'aventure et la pêche.

---

[6] **recherchées**   *sought after*
[7] **la dégustation**   *tasting*
[8] **enfouie**   *buried, hidden*
[9] **détente**   *relaxation*

Compréhension

A **Que font-ils pour les vacances?** Répondez d'après le texte.

1. Qu'est-ce que l'Hexagone?
2. Où la grande majorité des Français passe-t-elle ses vacances?
3. Quelles sont les raisons pour lesquelles les Français aiment passer leurs vacances en France?
4. Quand les Français vont à l'étranger, quels sont les deux pays où ils vont le plus souvent?
5. Qu'est-ce qui explique la migration nord-sud des Français?
6. Quels sont les sports préférés des Français?
7. Quel type de vacances commence à intéresser les Français?

B **Oui ou non?** Corrigez d'après le texte.

1. La plupart des Français préfèrent passer leurs vacances à la montagne.
2. La plupart des Français voyagent à l'étranger.
3. Les prix des transports aériens ont augmenté.
4. La situation économique en France a été très favorable aux grands voyages, ces dernières années.
5. Les Français voyagent à l'étranger plus que les autres Européens.
6. Presque tous les Français pratiquent un sport toute l'année.

C **Familles de mots.** Choisissez le mot qui correspond.

1. préférer *c.*   a. lointain
2. les vacances *e.*   b. un achat
3. bas *h.*   c. la préférence
4. acheter *b.*   d. le départ
5. haut *i.*   e. le vacancier
6. partir *d.*   f. le perfectionnement
7. loin *a.*   g. la connaissance
8. initier *j.*   h. la baisse
9. perfectionner *f.*   i. la hausse
10. connaître *g.*   j. l'initiation

Touristes étrangers sur la Place du Tertre, à Paris

Activités

A **La France, pays touristique.** Les statistiques indiquent que la France est le premier pays touristique en Europe, et le deuxième dans le monde. Vous avez beaucoup appris sur la France. Écrivez un paragraphe qui explique pourquoi les touristes du monde entier aiment tant aller en France.

B **Vous allez en France.** Imaginez que vous allez faire un voyage en France. Préparez une liste de tout ce que vous allez faire et voir.

AVION OU TRAIN?

VOCABULAIRE

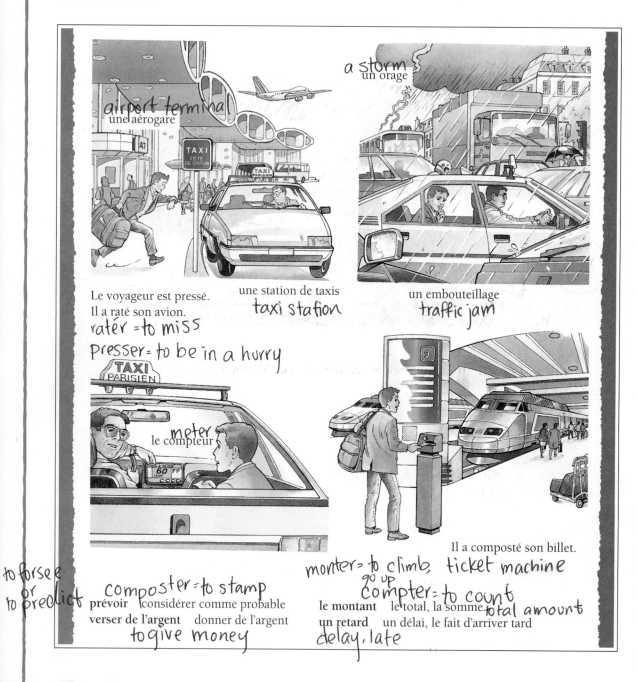

Le voyageur est pressé.
Il a raté son avion.

une station de taxis

un embouteillage

le compteur

Il a composté son billet.

prévoir   considérer comme probable
verser de l'argent   donner de l'argent

le montant   le total, la somme
un retard   un délai, le fait d'arriver tard

Handwritten annotations:
- a storm — un orage
- airport terminal — une aérogare
- taxi station
- traffic jam
- ratér = to miss
- presser = to be in a hurry
- meter
- monter = to climb, go up
- compter = to count
- composter = to stamp
- to forsee or to predict
- to give money
- ticket machine
- total amount
- delay, late

Exercices

A **Embouteillage.** Répondez d'après le dessin.

1. Il y a un orage?
2. Il y a un embouteillage?
3. Cette femme ne peut pas avancer?
4. Cette femme est pressée?
5. Où va-t-elle?
6. Comment y va-t-elle?
7. Le train est déjà parti?
8. Elle a raté son train?

Mon train vient de partir!
J'ai raté mon train!

B **Quel est le mot?** Trouvez le mot qui correspond à la définition donnée ici.

1. file de voitures qui ne peuvent pas avancer
2. endroit où on peut trouver un taxi
3. somme totale
4. mauvais temps
5. faire un pronostic
6. dans un taxi: appareil qui indique le prix à payer
7. gare pour voyageurs qui prennent l'avion

C **Familles de mots.** Choisissez le mot qui correspond.

1. retarder
2. verser
3. monter
4. rembourser
5. compter
6. indiquer
7. composter

a. le compteur
b. le composteur
c. le versement
d. une indication
e. le remboursement
f. le montant
g. le retard

À l'aéroport

I missed my train

M. BLOT: J'ai raté mon vol pour Nice. J'ai passé une bonne demi-heure dans un embouteillage sans avancer d'un centimètre.

HÔTESSE: Mais vous n'avez pas raté votre vol.

M. BLOT: Il n'est pas encore parti? Il a été retardé?

HÔTESSE: Non, il a été annulé à cause d'un problème technique.

M. BLOT: À quelle heure est le prochain vol, alors?

HÔTESSE: Il y a un autre vol qui doit partir à 13 h 55, mais on prévoit un retard de deux heures, au moins.

M. BLOT: Pourquoi? Encore un problème technique?

HÔTESSE: Non. Il y a de violents orages sur Nice, et les avions ne peuvent pas atterrir.

M. BLOT: Je crois que je vais prendre le train, alors. La compagnie peut me rembourser mon billet?

HÔTESSE: Bien sûr! Vous l'avez payé avec une carte de crédit?

M. BLOT: Oui.

HÔTESSE: Alors, au comptoir là-bas, on va vous donner un bulletin de remboursement et le montant sera versé à votre compte.

M. BLOT: Merci, mais je suis pressé. J'irai chez mon agent de voyages.

HÔTESSE: D'accord.

M. BLOT: Où est-ce que je peux trouver un taxi?

HÔTESSE: Quand vous sortez de l'aérogare, vous avez une station de taxis sur votre gauche.

Dans un taxi

M. BLOT: Gare de Lyon, s'il vous plaît.

LE TAXI: Oui, Monsieur.

M. BLOT: Il faut que j'y sois avant 13 h. C'est possible?

LE TAXI: Oui, ça ne roule pas mal à cette heure-ci. On verra… Avec un peu de chance!

M. BLOT: C'est combien pour aller à la gare de Lyon?

LE TAXI: Ce que le compteur indiquera.

hope you're having fun in this class! ♡ chedder

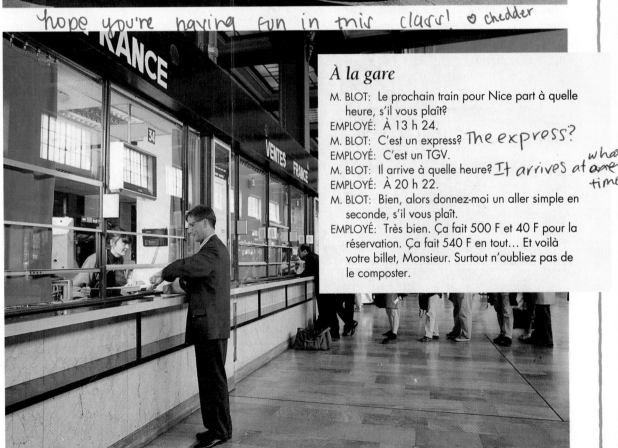

À la gare

M. BLOT: Le prochain train pour Nice part à quelle heure, s'il vous plaît?

EMPLOYÉ: À 13 h 24.

M. BLOT: C'est un express? *The express?*

EMPLOYÉ: C'est un TGV.

M. BLOT: Il arrive à quelle heure? *It arrives at what time?*

EMPLOYÉ: À 20 h 22.

M. BLOT: Bien, alors donnez-moi un aller simple en seconde, s'il vous plaît.

EMPLOYÉ: Très bien. Ça fait 500 F et 40 F pour la réservation. Ça fait 540 F en tout… Et voilà votre billet, Monsieur. Surtout n'oubliez pas de le composter.

Compréhension

A **M. Blot à l'aéroport.** Répondez d'après la conversation.

1. Où va M. Blot?
2. Pourquoi est-il arrivé à l'aéroport en retard?
3. Son vol est parti?
4. Pourquoi le vol a-t-il été annulé?
5. Pourquoi le prochain vol partira-t-il en retard?
6. Qu'est-ce que M. Blot décide de faire?
7. La compagnie peut lui rembourser l'argent qu'il a payé?
8. Qu'est-ce qu'on va lui donner?
9. Pourquoi M. Blot ira-t-il à son agence de voyages?
10. Comment veut-il aller à la gare?
11. Où est-ce qu'il peut trouver un taxi?

B **M. Blot dans un taxi.** Répondez d'après la conversation.

1. M. Blot va à quelle gare?
2. Il veut y être quand?
3. C'est possible?
4. Pourquoi?
5. C'est combien pour aller de l'aéroport d'Orly à la gare de Lyon?

C **M. Blot à la gare.** Complétez d'après la conversation.

1. Le prochain train pour Nice part ___.
2. C'est un ___.
3. Il arrive à Nice ___.
4. M. Blot prend ___.
5. Le billet lui a coûté ___.

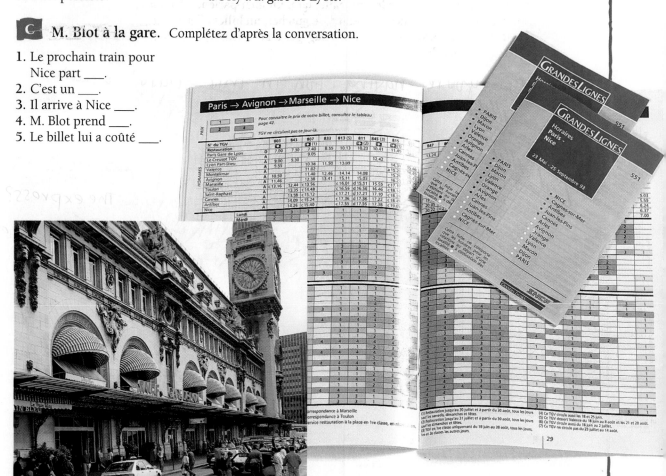

La gare de Lyon, à Paris

Activités de communication

A ********ulle.** Vous allez de Paris à New York. Vous êtes au comptoir de la compagnie aérienne. Votre vol a du retard. Préparez une conversation avec un(e) camarade de classe qui sera l'agent de la compagnie aérienne. Voici des mots que vous avez déjà appris et dont vous aurez peut-être besoin:

> **le départ, les bagages, la porte, le vol, l'avion, l'appareil, décoller, atterrir, faire enregistrer les bagages, à destination de, en provenance de**

B *** ******** **1.** Vous allez de Paris à Marseille. Vous êtes dans la gare de Lyon à Paris. Vous avez peur d'avoir raté votre train. Préparez une conversation avec un(e) camarade qui sera l'employé(e) du chemin de fer *(railway)*. Voici des mots que vous avez déjà appris et dont vous aurez peut-être besoin:

> **la salle d'attente, attendre le prochain train, un haut-parleur, l'annonce, partir à l'heure, en avance, en retard, le guichet, un billet aller-retour, en première, en seconde, mettre ses bagages à la consigne, monter en voiture, changer de train**

Nice: la baie des Anges et l'Hôtel Negresco

C **À l'hôtel.** Vous venez de passer une semaine à Nice. Malheureusement, vous devez repartir aujourd'hui pour les États-Unis. Vous êtes à la réception de votre hôtel pour payer votre facture. Vous voulez aussi un taxi pour aller à l'aéroport. Préparez une conversation avec un(e) camarade qui sera le/la réceptionniste. Voici des mots que vous avez déjà appris et dont vous aurez peut-être besoin:

> **libérer la chambre, rendre sa clé, vérifier les frais, descendre les bagages, demander la facture, payer avec une carte de crédit, avec un chèque de voyage, en espèces**

LANGAGE

EN VOYAGE!

Bon voyage!

À quelqu'un qui part en voyage, vous dites:

> **Bon voyage!**
> **Bonnes vacances!**
> **Amuse-toi bien!**

Quand vous êtes en vacances ou quand vous voyagez, il faut prendre toutes sortes de renseignements. Il faut toujours savoir où, quand, à quelle heure quelque chose aura lieu. Si vous voulez demander des renseignements à quelqu'un, pour être poli(e), vous pouvez commencer par:

> **Pardon, Monsieur/Madame/Mademoiselle!**
> **Excusez-moi, mais…**
> **Pardon, pourriez-vous me dire…**
> **Pardon, vous pouvez me dire…**
> **… où se trouve la poste, s'il vous plaît?**
> **… quand a lieu le concert?**
> **… à quelle heure part le train pour Lyon?**

Si vous voulez savoir comment faire quelque chose, vous pouvez demander:

> **Comment dois-je faire pour…**
> **… téléphoner aux États-Unis?**
> **… réserver une place dans le TGV?**
> **… aller à la gare de Lyon?**

Si vous voulez savoir si quelque chose est disponible, vous pouvez demander:

> **Est-ce que vous auriez…**
> **… une chambre pour une personne?**
> **… une table de libre?**
> **… une place côté fenêtre?**
> **Est-ce qu'il y a encore des places?**

Il vaut mieux savoir le prix de quelque chose avant de l'acheter ou de la réserver. Aussi, vous pouvez demander:

> **Quel est le prix de ce chemisier?**
> **Ça coûte combien, cette chambre?**
> **C'est combien l'aller-retour?**
> **À combien sont les pommes?**
> **Ça fait combien tout ça?**

Si quelqu'un vous demande quelque chose et que vous ne pouvez pas lui répondre, vous pouvez dire:

> **Je suis désolé(e)…**
> **… mais je ne suis pas d'ici.**
> **… mais je ne sais pas.**

Activités de communication

Prenez tous les renseignements. Imaginez que vous voyagez en France et que vous vous trouvez dans les situations suivantes. Travaillez avec un(e) camarade.

1. Vous voudriez aller de Paris à Madrid en avion. Allez voir votre agent de voyages et prenez tous les renseignements dont vous avez besoin.
2. Vous voudriez aller de Paris à Marseille par le train. Allez dans une gare prendre tous les renseignements dont vous avez besoin, et achetez votre billet.
3. Vous êtes à l'aéroport de Nice et vous voulez aller à Cannes en taxi. Parlez d'abord à l'agent des renseignements, puis à un chauffeur de taxi.
4. Vous arrivez, avec des amis, dans un hôtel à Saint-Malo, en Bretagne. Demandez tous les renseignements nécessaires pour obtenir de bonnes chambres pour vous et vos trois amis.
5. Votre chanteur préféré est à Paris. Vous voulez aller à son concert. Posez à la réceptionniste de votre hôtel parisien toutes les questions nécessaires pour pouvoir aller à ce concert.
6. Vous voulez savoir où vous pouvez acheter un journal en anglais près de votre hôtel. Demandez à la réceptionniste.

7. Vous voulez savoir comment utiliser un téléphone public. Demandez à un(e) passant(e).
8. Vous êtes dans un magasin de vêtements. Il y a des choses qui vous intéressent et que vous voudriez acheter. Demandez les prix.

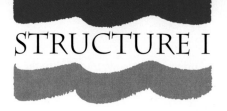

STRUCTURE I

Le passé composé avec *avoir*: verbes réguliers

Describing Past Actions

1. The *passé composé*, or conversational past tense, is used for actions that both began and ended in the past. The *passé composé* of most verbs is formed by using the present tense of *avoir* and the past participle of the verb.

2. The past participle of regular verbs is formed by dropping the ending of the infinitive and adding *-é* to the *-er* verbs, *-i* to the *-ir* verbs, and *-u* to the *-re* verbs.

    parler →   *parl-é* →   parlé
    finir →   *fin-i* →   fini
    attendre →   *attend-u* →   attendu

    Almost all past participles end in the sounds /é/, /i/, or /ü/.

/é/	/i/	/ü/
parlé	fini	perdu
regardé	choisi	attendu

La fontaine Stravinski près du Centre Pompidou

3. Review the forms of the *passé composé* of regular verbs.

PARLER	FINIR	ATTENDRE
j' ai parlé	j' ai fini	j' ai attendu
tu as parlé	tu as fini	tu as attendu
il a parlé	il a fini	il a attendu
elle a parlé	elle a fini	elle a attendu
nous avons parlé	nous avons fini	nous avons attendu
vous avez parlé	vous avez fini	vous avez attendu
ils ont parlé	ils ont fini	ils ont attendu
elles ont parlé	elles ont fini	elles ont attendu

4. The verbs *dormir, servir,* and *sentir* have regular past participles.

    dormir → *dormi*   servir → *servi*   sentir → *senti*

5. The *passé composé* is often used with the following time expressions:

hier	avant-hier
hier soir	la semaine dernière
hier matin	l'année dernière

J'ai parlé à Mathieu *hier soir.*
Il *a fini* ses cours *avant-hier.*
Il *a perdu* son chien *la semaine dernière.*

6. The negative of the *passé composé* is formed by putting *ne (n')* before the form of *avoir* and *pas* after it.

Il *a voyagé* avec elle.
Il *n'a pas voyagé* avec elle.

7. Note how questions are formed in the *passé composé.*

Tu *as voyagé* avec elle?
Est-ce que tu *as voyagé* avec elle?
As-tu *voyagé* avec elle?

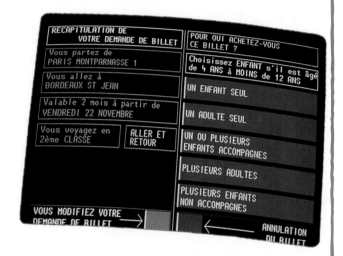

Exercices

A **Hier soir.** Donnez des réponses personnelles.

1. Tu as dîné en famille hier soir?
2. Qu'est-ce que vous avez mangé?
3. Après le dîner, tu as préparé tes leçons?
4. Tu as beaucoup étudié?
5. À quelle heure as-tu fini tes devoirs?
6. Ensuite, est-ce que tu as regardé la télé?
7. Tu as choisi quel programme?
8. Le téléphone a sonné?
9. Qui a répondu au téléphone?
10. Tu as parlé au téléphone?
11. Qui a téléphoné?
12. Vous avez parlé en anglais ou en français?

B **Les voyageurs.** Mettez au passé composé. (plus que parfait)

1. Les voyageurs attendent le train.
2. J'entends l'annonce du départ du train.
3. Le contrôleur crie «En voiture!»
4. Je cherche ma place.
5. Tous les voyageurs louent leurs places à l'avance.
6. Je trouve ma place.
7. Tu dors pendant le voyage?
8. On sert un repas aux voyageurs?

Le passé composé avec *avoir*: verbes irréguliers

Describing Past Actions

1. The past participle of most irregular verbs ends in either the sound /i/ or /ü/. Note, however, that the spellings of the /i/ sound can vary. Review the following irregular past participles of commonly used verbs.

/i/	
-i	
rire	*ri*
sourire	*souri*
suivre	*suivi*
-is	
mettre	*mis*
permettre	*permis*
prendre	*pris*
apprendre	*appris*
comprendre	*compris*
-it	
dire	*dit*
écrire	*écrit*
conduire	*conduit*
produire	*produit*

/ü/	
-u	
devoir	*dû*
avoir	*eu*
boire	*bu*
lire	*lu*
pouvoir	*pu*
voir	*vu*
connaître	*connu*
recevoir	*reçu*
vouloir	*voulu*
falloir	*fallu*
courir	*couru*
vivre	*vécu*
croire	*cru*

2. The past participles of the following verbs end in *-ert*.

ouvrir	*ouvert*	offrir	*offert*
couvrir	*couvert*	souffrir	*souffert*
découvrir	*découvert*		

3. The past participles of *être* and *faire* are also irregular.

être → *été* faire → *fait*

Exercices

A **Au café.** Répondez par «oui».

1. Jacques a fait un voyage?
2. Il a été au café?
3. Il a regardé les gens?
4. Il a vu des copains?
5. Il a bu un café?
6. Il a lu le journal?
7. Il a ouvert sa correspondance?
8. Il a reçu beaucoup de lettres?
9. Il a écrit des cartes postales?
10. Il a mis des timbres sur ses cartes?

B **Un magazine de voyages.** Répondez par «oui».

1. Tu as voulu acheter un magazine français?
2. Tu as lu ce magazine?
3. Tu l'as compris?
4. Tu as beaucoup appris?
5. Tu as mis le magazine sur la table?
6. Ton ami a vu le magazine?
7. Il a ouvert le magazine?

C **Un voyage au Canada.** Mettez au passé composé.

(plusque parfait)

1. Nathalie fait un voyage au Canada.
2. Elle prend sa voiture.
3. Elle conduit avec prudence.
4. Elle met sa ceinture de sécurité.
5. Elle obéit aux limitations de vitesse.
6. Elle lit les panneaux en français.
7. Elle les comprend.
8. Elle doit payer beaucoup de péage.
9. Elle veut visiter Montréal.
10. Elle peut faire du ski au Mont-Tremblant.
11. Elle suit ses amis jusqu'à Québec.

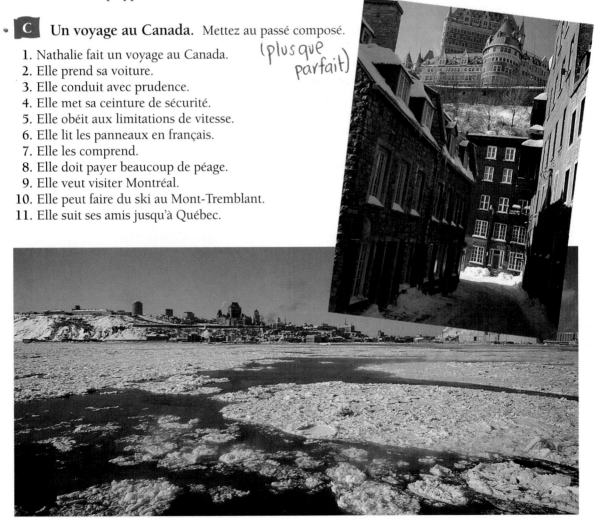

Vue panoramique de Québec, prise du Saint-Laurent; et Le Château Frontenac

D Une excursion aux châteaux de la Loire. Complétez au passé composé. *(plus que parfait)*

1. La semaine dernière, la classe de Serge ___ une excursion aux châteaux de la Loire. (faire)
2. Malheureusement, ils n'___ pas ___ le temps de les visiter tous. (avoir)
3. Serge ___ plusieurs heures au château de Chambord. (passer)
4. Dans ce beau château, le roi Louis XIV ___ représenter des pièces de Molière. (faire)
5. Molière est un grand écrivain du XVIIᵉ siècle qui ___ beaucoup de comédies. (écrire)
6. Après leur visite du château de Chambord, Serge et ses camarades ___ quelques heures au château de Chenonceaux. (passer)
7. On ___ le château de Chenonceaux au XVIᵉ siècle. (construire)
8. À Chenonceaux, Serge ___ les appartements des rois. (voir)
9. Plusieurs rois de France ___ dans les appartements de Chenonceaux. (vivre)
10. En 1733, le fermier général Dupin ___ le château. (acheter)
11. Au XVIIIᵉ siècle, le château ___ de résidence à beaucoup d'écrivains et de philosophes, comme Voltaire et Rousseau. (servir)

E Un Malouin célèbre. Complétez au passé composé. *(plus que parfait)*

Saint-Malo est une jolie ville sur la côte bretonne. Cette

ville ___ (voir) naître plusieurs personnages célèbres,
    1

tels que Jacques Cartier.

    Cartier ___ (quitter) la Bretagne en 1534 pour
        2

chercher une route vers l'Asie par le nord du Nouveau-

Monde. Arrivé dans la région de Terre-Neuve, il ___
                                  3

(découvrir) l'estuaire du Saint-Laurent. Il ___ (croire)
                                      4

que c'était l'estuaire d'un grand fleuve d'Asie.

    Dans la langue des Hurons, les Indiens de la région, le

mot «canada» signifie «village». C'est Jacques Cartier

qui ___ (donner) le nom de Canada au pays. Il ___
    5   6

(prendre) possession du Canada au nom du roi de

France.

    Cartier ___ (être) le «découvreur» du Canada, mais
        7

ce n'est pas lui qui ___ (coloniser) le pays. C'est
              8

Samuel de Champlain qui ___ (être) le colonisateur du
                      9

Canada français et qui ___ (fonder) la ville de Québec
              10

en 1608.

«Jacques Cartier», d'après une peinture par P. Gendon

Le passé composé avec *être*   *Describing Past Actions*

1. Review the following verbs that are conjugated with *être*, rather than *avoir*, in the *passé composé*. Note that many verbs conjugated with *être* express motion to or from a place.

aller →	allé	arriver →	arrivé	rester →	resté
venir	venu	partir	parti	devenir	devenu
entrer	entré	passer	passé	tomber	tombé
sortir	sorti	retourner	retourné	naître	né
rentrer	rentré	monter	monté	mourir	mort
revenir	revenu	descendre	descendu		

2. With verbs conjugated with *être*, the past participle must agree in number (singular or plural) and gender (masculine or feminine) with the subject.

	ALLER		NAÎTRE
je	suis *allé(e)*	je	suis *né(e)*
tu	es *allé(e)*	tu	es *né(e)*
il	est *allé*	il	est *né*
elle	est *allée*	elle	est *née*
nous	sommes *allé(e)s*	nous	sommes *né(e)s*
vous	êtes *allé(e)(s)*	vous	êtes *né(e)(s)*
ils	sont *allés*	ils	sont *nés*
elles	sont *allées*	elles	sont *nées*

Exercices

A   En France! Répondez d'après les indications.

1. Tu es allé(e) où? (en France)
2. Tu y es allé(e) avec qui? (mon prof de français)
3. Comment êtes-vous allés en France? (en avion)
4. L'avion est parti à l'heure? (oui)
5. Il est arrivé à l'heure? (oui)
6. Vous êtes partis de quel aéroport? (Kennedy à New York)
7. Vous êtes arrivés à quel aéroport? (Charles-de-Gaulle à Paris)
8. Tu es resté(e) combien de jours à Paris? (cinq)
9. Vous êtes montés en haut de la tour Eiffel? (oui)
10. Vous êtes descendus dans les Catacombes? (non)
11. Tu es passé(e) devant l'Élysée? (oui)
12. Vous êtes sortis seuls? (non, avec un guide)

B **Au cinéma.** Répondez.

1. Tu es sorti(e) hier soir?
2. Tu es sorti(e) avec qui?
3. Vous êtes allé(e)s au cinéma?
4. À quelle heure êtes-vous arrivé(e)s au cinéma?
5. Et vous êtes sorti(e)s à quelle heure?
6. Tu es rentré(e) chez toi à quelle heure?
7. Et ton copain, à quelle heure est-il rentré?
8. Et ta copine, à quelle heure est-elle rentrée?

Le grand hall du Musée d'Orsay

C **Au Musée d'Orsay.** Complétez d'après les indications.

1. Hier, Camille ___ au Musée d'Orsay avec des copains. (aller) *(plus que parfait)*
2. Ils ___ voir l'exposition Renoir. (aller)
3. Camille ___ du métro à la station Musée d'Orsay. (descendre)
4. Elle ___ au musée à quatorze heures. (arriver)
5. Elle ___ dans le musée avec ses copains. (entrer)
6. Ils ___ au deuxième étage. (monter)
7. Ils ___ une heure à regarder les tableaux de Renoir. (rester)
8. Renoir, le célèbre peintre impressionniste, ___ en 1841 et il ___ en 1919. (naître, mourir)
9. Camille et ses copains ___ de l'exposition à quinze heures trente. (sortir)
10. Ils ___ à la station de métro ensemble. (aller)
11. Le train ___ et ils ___. (arriver, monter)
12. Camille ___ chez elle à seize heures trente. (rentrer)
13. L'ascenseur ___ en panne. (tomber)
14. Camille ___ à pied à son appartement. (monter)

Pierre Auguste Renoir: «Jeunes Filles au Piano»

Le passé composé de certains verbes avec *être* et *avoir*

Describing Past Actions

Verbs conjugated with *être* do not take a direct object. However, verbs such as *monter, descendre, sortir, rentrer, retourner,* and *passer* can be used with a direct object. When they are, their meaning changes, and the *passé composé* is formed with *avoir,* rather than *être*. Compare the following sentences:

WITHOUT DIRECT OBJECT	WITH DIRECT OBJECT
Elle *est montée* à pied. Elle *est sortie* en voiture.	Elle *a monté* <u>*les bagages*</u>. Elle *a sorti* <u>*le chien*</u>.

Exercice

 Visite à Notre-Dame. Mettez au passé composé.

1. Les touristes montent en haut des tours de Notre-Dame.
2. Ils montent 387 marches.
3. Ils descendent l'escalier beaucoup plus vite qu'ils ne le montent.
4. Ils sortent de la cathédrale après une visite d'une demi-heure.
5. Après la visite, Anne sort des pièces de monnaie de sa poche pour le guide.
6. Les touristes rentrent à l'hôtel pour le dîner.
7. Avant le dîner, ils montent dans leurs chambres.
8. Ils montent les souvenirs qu'ils ont achetés.

Notre-Dame de Paris

L'ACADIE

«L'expulsion», gravure sur bois de F.O.C. Darley; et la Statue d'Évangéline à Saint-Martinville en Louisiane

INTRODUCTION

L'Acadie est une ancienne région du Canada qui correspond à ce qui est aujourd'hui la Nouvelle-Écosse et le Nouveau-Brunswick. Cette région a été cédée par la France à l'Angleterre en 1713.

En 1755, les Anglais ont expulsé les Acadiens de leur région. Après leur expulsion qu'ils ont appelée le «Grand Dérangement», la plupart des Acadiens sont partis vers la Louisiane. À cette époque, la Louisiane était encore un territoire français. Beaucoup ne sont jamais arrivés: ils ont disparu en mer, le long de la côte est des États-Unis. Ceux qui sont arrivés en Louisiane sont devenus les «Cajuns»—déformation d'«Acadiens».

Le poète américain Henry Wadsworth Longfellow a immortalisé le «Grand Dérangement» dans son poème *Évangéline*. Évangéline est une Acadienne qui a passé toute sa vie à chercher son fiancé, Gabriel, dont elle avait été séparée pendant le «Grand Dérangement».

L'article qui suit est une publicité qui a paru dans un journal canadien, pour encourager le tourisme dans la région acadienne. Cette publicité s'adresse-t-elle aux Canadiens anglophones ou aux Canadiens francophones? À vous de décider en la lisant.

VOCABULAIRE

une auberge *hôtel, inn*

Les Acadiens sont accueillants. *friendly*
Ils accueillent avec le sourire.
Leur accueil est chaleureux.

Les Acadiens aiment giguer. *to do dance, jig*
Ils giguent au son des violons. *violins*

abriter *house* donner un endroit où habiter
surmonter réussir à passer un obstacle *overcome*

le dépaysement *the disorientation* état d'une personne qui
vient de changer d'environnement
les mets (m.) les aliments, la nourriture *dishes*

Exercice

Visitez la région acadienne. Complétez.

1. Quand les gens vont à l'étranger, ils ressentent un ___.
2. ___ des étrangers peut être chaleureux ou hostile.
3. On a plus de chance de recevoir un accueil chaleureux dans une ___ que dans un hôtel.
4. Beaucoup d'Acadiens habitent cette région. Cette région ___ beaucoup d'Acadiens.
5. Beaucoup de gens n'aiment pas manger de ___ trop épicés, trop piquants.
6. Il faut travailler dur pour ___ les obstacles.
7. La danse traditionnelle des Acadiens est la gigue. Les Acadiens aiment ___ au son des ___.
8. Les Acadiens ___ les gens avec le sourire. Ils sont ___.

La Région Évangéline

L'ACCUEIL ACADIEN

«Évangéline, Évangéline! Tout chante ici ton noble nom…» Évangéline, c'est cette héroïne romantique par laquelle l'Acadie a été connue au-delà des frontières d'espace et de temps, grâce à la plume[1] de Longfellow.

Évangéline, c'est aussi la région de l'Île-du-Prince-Édouard dont les habitants perpétuent la joie de vivre, l'hospitalité de l'héroïne, sa culture et sa langue, qui est aussi la vôtre, à quelques pointes d'accent près[2].

Située dans la partie sud-ouest du «Jardin du golfe», la région Évangéline abrite une population d'environ 2 000 Acadiens de langue maternelle française. La région Évangéline vous offre le dépaysement sans avoir à surmonter l'insécurité que cause une langue inconnue; le rythme de vie, basé ici sur les humeurs[3] d'une mer omniprésente, ne manquera pas de vous séduire. Et combien réparateur[4], ce regard porté sur l'eau, jusqu'à un horizon sans limites.

Le Musée acadien de l'Île, situé à Miscouche, est considéré comme la porte d'entrée de cette région. La porte s'ouvre et vous voilà lancé à l'aventure. Vous découvrez, à Mont-Carmel, un concentré de culture acadienne, Le Village, site du populaire et unique souper-spectacle français de l'Île. Vous découvrez les mets acadiens, la musique et la danse acadiennes… Vous découvrez la chaleur de l'accueil acadien qui vous suivra dans votre visite des nombreuses attractions de la région. À l'Auberge du Village, vous trouverez un repos tranquille, bercé[5] au son des vagues, après avoir pris le pouls, plus rapide et plus fatigant, des villes et des autres régions touristiques de la province.

Notre joie de vivre proverbiale est contagieuse et vous sentez déjà dans vos jambes l'envie de giguer au son de nos violons? Communiquez avec nous, à l'Association Touristique Évangéline et nous vous ferons parvenir toute l'information que vous désirez sur nos nombreux festivals et fêtes, sur notre histoire peu commune et sur notre culture. Nos violons sont accordés[6], prêts pour la fête. Joignez-vous à nous!

Association Touristique Évangéline, Case postale 12, Wellington (Î. -P. -É) C0B 2E0, tél. (902) 854-3131.

[1] **la plume**   *pen*
[2] **à quelques… près** *apart from a hint of an accent*
[3] **humeurs** *moods*
[4] **réparateur** *refreshing*
[5] **bercé** *lulled*
[6] **accordés** *tuned*

Compréhension

A **Évangéline.** Répondez d'après le texte.

1. Qui est Évangéline?
2. Qui a écrit *Évangéline*?
3. Évangéline est aussi autre chose. Qu'est-ce que c'est?
4. Où se trouve la région Évangéline?
5. Combien d'Acadiens y a-t-il dans cette région?
6. Quelle est leur langue maternelle?
7. Quel est l'instrument de musique favori des Acadiens?

B **D'après vous.** Analysez.

1. Quelles sont les phrases de cet article qui indiquent qu'il s'adresse aux Canadiens francophones?
2. Pourquoi la mer est-elle «omniprésente»? Pourquoi y a-t-il «un horizon sans limites»?

L'Île-du-Prince-Édouard

Activités

A **Attractions.** Préparez une liste des attractions qui attendent le touriste dans la région acadienne.

B **Renseignements.** Vous voudriez aller visiter l'Île-du-Prince-Édouard. Écrivez une lettre à l'Association Touristique Évangéline. Dites ce que vous voudriez recevoir comme renseignements sur les Acadiens et la région acadienne.

C **Les Cajuns.** Préparez un exposé sur les Cajuns de la Louisiane.

Saint-Martinville (Louisiane): une vieille maison acadienne

LA MÉTÉO

INTRODUCTION

Le temps intéresse toujours les voyageurs. Le mauvais temps peut créer des problèmes de transport et forcer les voyageurs à annuler leurs excursions. Et le beau temps fait sourire—les gens ont le sourire quand le ciel est bleu et que le soleil brille très fort. Alors presque tout le monde lit la météo pour savoir quel temps il fera. Le bulletin météorologique que vous allez lire a paru dans *Le Figaro* pour les 18 et 19 décembre de l'année dernière.

VOCABULAIRE

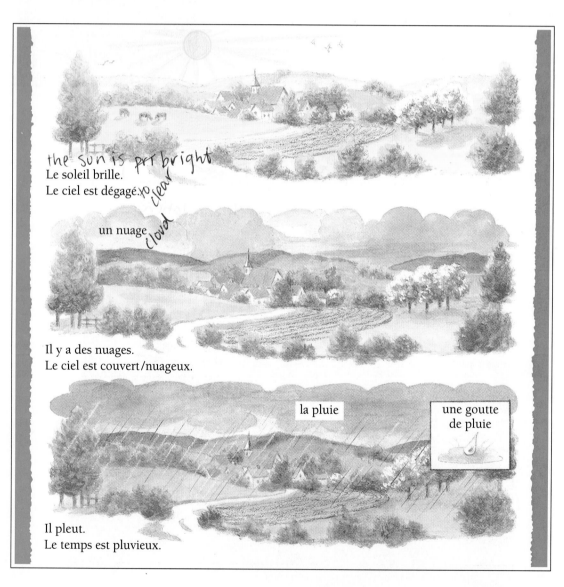

Le soleil brille.
Le ciel est dégagé.

un nuage

Il y a des nuages.
Le ciel est couvert/nuageux.

la pluie

une goutte
de pluie

Il pleut.
Le temps est pluvieux.

Il va y avoir un orage.
Le temps est orageux.

Il fait chaud.
Il y a de gros nuages noirs.

la grêle

Boum!

le tonnerre

un éclair

Il fait de l'orage.
Il tombe de la grêle.

La pluie tombe.
Le vent souffle.

La mer est agitée.
Il y a une tempête.

Le ciel se dégage.
Il y a une éclaircie.
Le soleil brille à nouveau.

une averse   pluie soudaine et abondante
une éclaircie   endroit clair dans un ciel nuageux
une rafale   coup de vent violent et momentané
la bruine   petite pluie fine
la brume   un peu d'humidité dans l'air
le brouillard   beaucoup d'humidité dans l'air, des nuages près du sol

changeant   variable
agité   avec des perturbations, le contraire de calme

Exercices

A **Quel temps fait-il?** Donnez des réponses personnelles.

1. Il pleut souvent là où vous habitez?
2. Le temps est pluvieux aujourd'hui?
3. Le ciel est nuageux ou dégagé?
4. Il y aura des éclaircies cet après-midi?
5. Il y a du vent? Le vent souffle?
6. La mer est calme ou agitée?
7. En quelle saison y a-t-il de la grêle?
8. En quelle saison y a-t-il beaucoup d'averses?
9. En quelle saison y a-t-il des orages?
10. En quelle saison y a-t-il de grosses tempêtes?

B **Synonymes.** Exprimez d'une autre façon.

1. Il pleut.
2. Il tombe une petite pluie fine.
3. Il y a beaucoup d'humidité dans l'air.
4. Le ciel est couvert.
5. Il y aura des nuages.
6. Le temps est variable.
7. Le ciel se dégagera.
8. Il y aura des coups de vent violents.
9. Il fait un temps orageux.
10. Il y a des éclairs et du tonnerre.
11. Il y a un peu d'humidité dans l'air.
12. Il y aura une pluie soudaine et abondante.
13. Il tombe des gouttes de pluie.

C **Familles de mots.** Donnez un mot apparenté.

1. un orage
2. la pluie
3. un nuage
4. éclaircir
5. changer
6. agiter

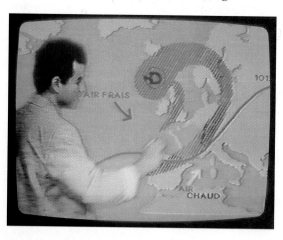

MÉTÉOROLOGIE

SITUATION LE 18 DÉCEMBRE À 0 HEURE

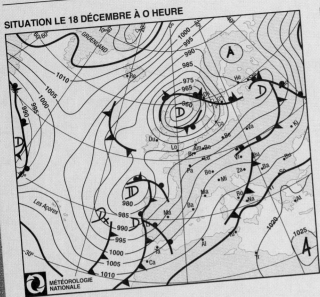

LÉGENDE

☀ ENSOLEILLÉ

⛅ ÉCLAIRCIES PEU NUAGEUXt

☁ NUAGEUX COURTES ÉCLAIRCIES

● TRÈS NUAGEUX OU COUVERT

///// PLUIE OU BRUINE

❄ NEIGE

▦ AVERSES

➹ ORAGES

☰ BRUMES ET BROUILLARDS

⬊ SENS DE DÉPLACEMENT

MÉTÉOROLOGIE NATIONALE

TEMPS PRÉVU LE 19-12

DÉBUT DE MATINÉE

Évolution probable du temps en France entre le lundi 18 et le mardi 19 décembre à 24 heures.

Le temps restera très agité. Une première vague nuageuse et pluvieuse traversera le pays dans la journée de lundi et la nuit suivante. Après une accalmie temporaire, le vent se renforcera à nouveau mardi après-midi, avec l'arrivée d'une nouvelle perturbation.

Mardi: éclaircies et averses, couvert et pluvieux sur l'ouest dans l'après-midi. À l'est d'un axe Normandie-Centre-Provence-Côte d'Azur et Corse, le temps sera très changeant. Éclaircies et passages nuageux se succéderont rapidement. Nul ne sera à l'abri[1] d'averses passagères mais violentes, parfois orageuses, accompagnées de grêle et de fortes rafales de vent. En cours d'après-midi, les ondées[2] se raréfieront[3] nettement. C'est en début de matinée et en fin d'après-midi, excepté sur l'Ouest où le ciel se voilera, que le soleil effectuera ses plus belles percées[4].

De la Bretagne au Limousin, au Midi-Pyrénées et aux côtes atlantiques, il ne faudra pas se fier[5] au temps relativement clément[6] du début de journée. Le ciel se voilera progressivement. Les premières gouttes de pluie tomberont près des côtes à la mi-journée, puis le temps pluvieux s'installera dans l'après-midi. Seules les régions proches des Pyrénées seront épargnées[7]. Attention, le vent de sud-ouest se renforcera à nouveau pour souffler très fort.

Sur le Languedoc-Roussillon, tramontane et mistral* dégageront le ciel. Ils faibliront en soirée.

Malgré une baisse sensible, les températures resteront très douces[8]. Elles seront comprises entre 7 et 12 degrés au lever du jour, entre 10 et 15 degrés dans l'après-midi, avec des pointes à 20 degrés dans le Midi.

[1] **nul ne sera à l'abri** *no one will escape*

[2] **les ondées** *showers*

[3] **se raréfieront** *will become less frequent*

[4] **percées** *breakthroughs*

[5] **se fier** *to go by*

[6] **clément** *mild*

[7] **épargnées** *spared*

[8] **douces** *mild*

* **la tramontane, le mistral** *strong cold winds that blow from the north/northwest towards the Mediterranean.*

Compréhension

A La météo. Répondez d'après le texte.

1. C'est la météo pour quels jours?
2. Les conditions atmosphériques sont-elles calmes ou agitées?
3. Qu'apportera la première perturbation?
4. Quand cette première vague traversera-t-elle le pays?
5. L'accalmie sera temporaire ou permanente?
6. Quand la nouvelle perturbation arrivera-t-elle?
7. Comment sera le temps sur l'est du pays, mardi?
8. Qu'est-ce qui se succédera?
9. Quand le soleil effectuera-t-il de belles percées?
10. Comment sera le temps sur l'ouest du pays, mardi matin? Et l'après-midi?
11. Dans quelle région souffleront le mistral et la tramontane?
12. Comment seront les températures?

B Le temps—le lundi 18 décembre.
Répondez d'après le tableau des températures ci-contre. Suivez le modèle.

> — Quel temps a-t-il fait à Dakar?
> — *Il a fait chaud: entre 23 et 27 degrés centigrades. Et le ciel était nuageux.*

1. Quel temps a-t-il fait à Genève?
2. Et à Montréal?
3. Et à Rio-de-Janeiro?
4. Et à Moscou?
5. Et à Marrakech?
6. Et à Paris?
7. Et à Oslo?

TEMPÉRATURES maxima - minima et temps observé

FRANCE

Ville	max	min	temps
AJACCIO			
BIARRITZ	18	10	D
BORDEAUX	19	16	N
BOURGES	17	10	P
BREST	15	8	N
CAEN	12	9	P
CHERBOURG	13	9	P
CLERMONT-FER.	11	9	P
DIJON	16	7	N
GRENOBLE St-M-H	15	2	D
LILLE	20	13	D
LIMOGES	13	9	P
LYON	13	6	C
MARSEILLE-MAR.	16	8	N
NANCY	20	12	C
NANTES	16	7	N
NICE	15	10	P
PARIS-MONTS	16	11	P
PAU	14	9	P
PERPIGNAN	18	9	C
RENNES	22	10	D
ST-ÉTIENNE	13	10	P
STRASBOURG	16	7	D
TOURS	15	7	-
TOULOUSE	14	9	P
POINTE-À-PITRE	19	8	N

ÉTRANGER

Ville	max	min	temps
ALGER			
AMSTERDAM	30	16	D
ATHÈNES	13	9	A
BANGHKOK	18	13	C
BARCELONE	31	20	D
BELGRADE	20	10	C
	21	11	D
BERLIN			
BRUXELLES	12	10	D
LE CAIRE	14	10	N
COPENHAGUE	22	10	D
DAKAR	7	6	P
DELHI	27	23	N
DJERBA	23	7	B
GENÈVE	22	11	D
HONGKONG	14	4	C
ISTANBUL	21	18	P
JÉRUSALEM	15	11	D
LISBONNE	17	7	D
LONDRES	17	12	A
LOS ANGELES	12	6	P
LUXEMBOURG	18	8	D
MADRID	12	7	C
MARRAKECH	15	11	P
MEXICO	28	15	D
MILAN	24	10	B
MONTRÉAL	15	6	B
MOSCOU	-13	-18	N
NAIROBI	-7	-13	N
NEW-YORK	26	15	C
OSLO	4	-7	C
PALMA-DE-MAJ.	-3	-3	*
PÉKIN	21	11	P
RIO-DE-JANEIRO	4	4	N
ROME	33	23	N
SINGAPOUR	19	15	D
STOCKHOLM	30	24	C
SYDNEY	-1	-2	B
TOKYO	22	15	D
TUNIS	15	7	D
VARSOVIE	25	13	D
VENISE	9	7	N
VIENNE	15	7	B
	13	6	P

A	B	C	D	N	O	P	T	*
averse	brume	ciel couvert	ciel dégagé	ciel nuageux	orage	pluie	tempête	neige

Activités

A Quel temps fait-il aujourd'hui? Quel temps fait-il aujourd'hui là où vous habitez? Donnez tous les détails.

B Bulletin météo en français. Lisez la météo pour votre région dans le journal ou écoutez-la à la radio ou à la télévision. Ensuite, préparez la même météo en français et présentez-la comme si c'était une émission télévisée.

C Le temps et les saisons. Décrivez le temps qu'il fait dans votre région à chaque saison de l'année. Dites quelle saison vous préférez et pourquoi.

Le subjonctif présent des verbes réguliers

Talking about Actions that May or May Not Take Place

1. The verb tenses studied thus far have been mostly in the indicative mood. The subjunctive mood is also used a great deal in French. The subjunctive is most frequently used to express an action that *may* occur. It depends upon something else.

2. Compare the following sentences:

   Robert fait tous ses devoirs.
   Ses parents veulent que Robert *fasse* tous ses devoirs.
   Il faut que Robert *fasse* tous ses devoirs.

   The first sentence above is an independent statement of fact: "Robert does his homework." The next two sentences contain a dependent clause: "that Robert do his homework." Although Robert's parents want him to do his homework and although it is necessary that Robert do his homework, it is not certain that he will. The action in the dependent clause may or may not occur. For this reason, the verb must be in the subjunctive. Clauses containing the subjunctive are always introduced by *que*.

3. The present subjunctive is formed by dropping the *-ent* ending from the third person plural (*ils/elles*) form of the present indicative and adding the subjunctive endings to this stem.

INFINITIVE	PARLER	FINIR	VENDRE	ENDINGS
STEM	ils *parl*ent	ils *finiss*ent	ils *vend*ent	
SUBJUNCTIVE	que je **parle**	que je **finisse**	que je **vende**	*-e*
	que tu **parles**	que tu **finisses**	que tu **vendes**	*-es*
	qu'il **parle**	qu'il **finisse**	· qu'il **vende**	*-e*
	qu'elle **parle**	qu'elle **finisse**	qu'elle **vende**	*-e*
	que nous **parlions**	que nous **finissions**	que nous **vendions**	*-ions*
	que vous **parliez**	que vous **finissiez**	que vous **vendiez**	*-iez*
	qu'ils **parlent**	qu'ils **finissent**	qu'ils **vendent**	*-ent*
	qu'elles **parlent**	qu'elles **finissent**	qu'elles **vendent**	*-ent*

4. Since the third person plural of the present indicative serves as the stem for the present subjunctive forms, most verbs that have an irregularity in the *ils/elles* form of the present indicative maintain that irregularity in the present subjunctive.

INFINITIVE	STEM	PRESENT SUBJUNCTIVE	
ouvrir	ils *ouvrent*	que j' ouvre	que nous ouvrions
courir	ils *courent*	que je coure	que nous courions
offrir	ils *offrent*	que j' offre	que nous offrions
partir	ils *partent*	que je parte	que nous partions
dormir	ils *dorment*	que je dorme	que nous dormions
servir	ils *servent*	que je serve	que nous servions
mettre	ils *mettent*	que je mette	que nous mettions
lire	ils *lisent*	que je lise	que nous lisions
écrire	ils *écrivent*	que j' écrive	que nous écrivions
suivre	ils *suivent*	que je suive	que nous suivions
dire	ils *disent*	que je dise	que nous disions
conduire	ils *conduisent*	que je conduise	que nous conduisions
connaître	ils *connaissent*	que je connaisse	que nous connaissions

Exercice

Des parents exigeants. Suivez le modèle.

lire beaucoup
Les parents de Paul veulent qu'il lise beaucoup.

1. parler anglais couramment
2. étudier beaucoup
3. choisir un bon métier
4. finir ses études
5. vendre sa vieille moto
6. ouvrir un compte d'épargne
7. lire de bons livres
8. écrire à ses grands-parents
9. suivre des cours de tennis
10. leur dire tout ce qu'il fait
11. partir en vacances avec eux
12. descendre les valises
13. mettre les valises dans le coffre
14. conduire avec prudence

Le subjonctif présent des verbes irréguliers

1. The following commonly used verbs are irregular in the present subjunctive.

ÊTRE		AVOIR		ALLER		FAIRE	
que je	sois	que j'	aie	que j'	aille	que je	fasse
que tu	sois	que tu	aies	que tu	ailles	que tu	fasses
qu'il	soit	qu'il	ait	qu'il	aille	qu'il	fasse
qu'elle	soit	qu'elle	ait	qu'elle	aille	qu'elle	fasse
que nous	soyons	que nous	ayons	que nous	allions	que nous	fassions
que vous	soyez	que vous	ayez	que vous	alliez	que vous	fassiez
qu'ils	soient	qu'ils	aient	qu'ils	aillent	qu'ils	fassent
qu'elles	soient	qu'elles	aient	qu'elles	aillent	qu'elles	fassent

SAVOIR		POUVOIR		VOULOIR	
que je	sache	que je	puisse	que je	veuille
que tu	saches	que tu	puisses	que tu	veuilles
qu'il	sache	qu'il	puisse	qu'il	veuille
qu'elle	sache	qu'elle	puisse	qu'elle	veuille
que nous	sachions	que nous	puissions	que nous	voulions
que vous	sachiez	que vous	puissiez	que vous	vouliez
qu'ils	sachent	qu'ils	puissent	qu'ils	veuillent
qu'elles	sachent	qu'elles	puissent	qu'elles	veuillent

2. The verbs *pleuvoir* and *falloir* are used in the third person only.

> pleuvoir → *qu'il pleuve*
> falloir → *qu'il faille*

Exercice

Recommandations. Suivez le modèle.

faire le voyage
Il faut que vous fassiez le voyage.

1. aller au consulat
2. avoir votre passeport
3. être en bonne santé
4. pouvoir partir tout de suite
5. savoir parler français
6. vouloir s'adapter
7. faire des efforts

LE CENTRE DE FORMATION LINGUISTIQUE

Nouvelles Frontières

LANGUES

Le subjonctif avec les expressions de volonté

Expressing Wishes, Preferences, and Demands Concerning Others

1. The subjunctive must be used after the following verbs which express a wish, a preference, or a demand.

vouloir que	*to want*
désirer que	*to desire*
aimer (mieux) que	*to like (better)*
préférer que	*to prefer*
souhaiter que	*to wish*
exiger que	*to demand*
insister pour que	*to insist*

2. All the above verbs are followed by the subjunctive because they describe personal wishes or desires concerning other people's actions. Even though one wishes, prefers, demands, or insists that another person do something, one can never be sure that the other person will in fact do it. It may or may not occur, and the subjunctive must be used.

> **Les parents de Patrick *désirent qu'il ait* beaucoup de succès.**
> **Ils *souhaitent qu'il puisse* réussir.**
> **Ils *exigent qu'il fasse* tout pour réussir.**
> **Ils *veulent qu'il soit* premier en tout.**

Exercices

A **À l'agence de voyages.** Répondez par «oui».

1. Tu veux que Charles téléphone à l'agence de voyages?
2. Tu préfères qu'il y aille en personne?
3. Tu aimerais qu'il fasse les réservations?
4. Tu insistes pour qu'il choisisse les hôtels?
5. Tu souhaites qu'il choisisse bien?
6. Tu voudrais qu'il mette les frais sur sa carte de crédit?

B **Le prof d'anglais est exigeant?** Répondez.

1. Il exige que vous fassiez vos devoirs?
2. Il exige que vous lisiez beaucoup de livres?
3. Il exige que vous écriviez des rédactions?
4. Il exige que vous écoutiez tout ce qu'il dit?
5. Il exige que vous soyez silencieux quand il parle?

C **Tu veux que j'y aille avec toi?** Répondez.

1. Tu veux que je t'accompagne chez le médecin?
2. Tu préfères que je conduise la voiture?
3. Tu veux que je t'attende?
4. Tu ne veux pas que le médecin te fasse une piqûre?
5. Tu insistes pour que je lui parle?
6. Tu exiges que je sois avec toi dans le cabinet?
7. Tu aimerais que le médecin te donne de bonnes nouvelles?

D **Qu'est-ce qu'elle veut?** Suivez le modèle.

> **Je suis là.**
> *Elle veut que je sois là.*

1. Je fais le voyage avec elle.
2. Je vais au Canada avec elle.
3. Je conduis sa voiture.
4. Nous allons dans la région Évangéline.
5. Nous visitons l'Île-du-Prince-Édouard.
6. Les excursions sont intéressantes.
7. Les gens font le maximum pour nous accueillir.

E **Qu'est-ce que vous voulez que je fasse?** Répondez d'après le modèle.

> **Vous venez avec moi.**
> *Je voudrais que vous veniez avec moi.*

1. Vous m'attendez.
2. Vous sortez avec moi.
3. Vous avez votre voiture.
4. Vous allez faire des courses avec moi.
5. Vous m'aidez à trouver un cadeau pour Suzanne.
6. Vous ne dites rien à Suzanne.

F **Un voyage ensemble.** Complétez.

1. Elle veut que je ___ ce voyage en France. (faire)
2. Mais moi, j'aimerais qu'elle y ___ aussi. (aller)
3. Je voudrais qu'elle me ___ qu'elle est libre. (dire)
4. Je préférerais qu'elle ___ avec moi. (venir)
5. Je souhaite qu'elle ___ m'accompagner. (pouvoir)
6. Je veux qu'elle ___ que je ne partirai pas sans elle. (savoir)
7. J'exigerai qu'elle ___ toujours la meilleure chambre. (avoir)
8. J'insisterai pour qu'elle ___ toujours bien servie. (être)

Des touristes américains devant le Pont Alexandre III, à Paris

Le subjonctif avec les expressions impersonnelles

Expressing Necessity or Possibility

1. The subjunctive is used after the following impersonal expressions.

il faut que	il est juste que
il est indispensable que	il vaut mieux que
il est nécessaire que	il se peut que
il est important que	il est possible que
il est bon que	il est impossible que
il est temps que	

Il vaut mieux que nous *soyons* là.
Il est important que je le *sache*.
*Il faut qu'*ils me *disent* quelque chose.
Il est indispensable que nous *arrivions* à un accord.

2. Note that the above expressions are followed by the subjunctive since the action of the verb in the dependent clause may or may not occur. Although it is important, necessary, or good that someone do something, it is not definite that he/she will actually do it.

Exercices

A Quelques problèmes possibles. Répondez.

1. Il faut que tu y ailles en avion?
2. Il est indispensable que tu sois là demain?
3. Il est possible que l'avion parte en retard?
4. Il se peut que le vol soit annulé?
5. Il vaut mieux que tu partes aujourd'hui?

B **Un voyage.** Complétez.

1. Il est nécessaire que nous ___ ce voyage. (faire)
2. Il faut que nous ___ nos places. (réserver)
3. Il vaut mieux que nous ___ nos places à l'avance. (choisir)
4. Il est important que tu ___ à l'agence de voyages. (aller)
5. Il est indispensable que tu lui ___ que nous voulons un vol sans escale. (dire)
6. Mais il est possible qu'il n'y ___ pas de vols sans escale. (avoir)
7. En ce cas, il se peut que nous ___ ailleurs. (aller)
8. Il vaut peut-être mieux que nous ___ le train. (prendre)

C **Que de choses à faire!** Donnez des réponses personnelles.

1. Dites ce qu'il faut que vous fassiez demain.
2. Dites ce que vos parents exigent que vous fassiez.
3. Dites ce que vos parents souhaitent que vous fassiez.
4. Dites ce qu'il est possible que vous fassiez dans l'avenir.

LITTÉRATURE

LE PETIT PRINCE

Antoine de Saint-Exupéry

AVANT LA LECTURE

Qu'est-ce que la géographie? Faites une liste de tous les termes géographiques que vous connaissez.

VOCABULAIRE

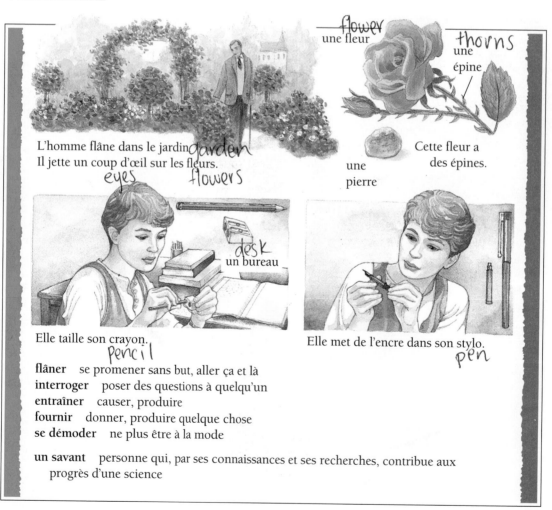

L'homme flâne dans le jardin.
Il jette un coup d'œil sur les fleurs.

une fleur

une épine

Cette fleur a des épines.

une pierre

Elle taille son crayon.

Elle met de l'encre dans son stylo.

un bureau

flâner   se promener sans but, aller çà et là
interroger   poser des questions à quelqu'un
entraîner   causer, produire
fournir   donner, produire quelque chose
se démoder   ne plus être à la mode

un savant   personne qui, par ses connaissances et ses recherches, contribue aux progrès d'une science

Exercices

A   **Synonymes.** Exprimez d'une autre façon ce qui est en italique.

1. L'homme *va çà et là* dans son jardin.
2. Il *regarde rapidement* ses fleurs.
3. Elle *pose des questions au* savant.
4. Elle lui *donne* tous les matériaux nécessaires.
5. La guerre *cause* beaucoup de maux et de souffrances.

B   **Le mot juste.** Complétez.

1. Les roses sont de belles ___.
2. Les roses ont des ___.
3. Son crayon n'a plus de pointe. Il faut le ___.
4. Ce stylo est vide. Il faut y mettre de ___.
5. Un stylo à bille ou un feutre n'a pas besoin d'___.
6. Ce stylo n'est plus à la mode. Il s'est ___.
   Achète-toi un feutre.
7. Les touristes aiment beaucoup ___ dans
   les rues de Paris.
8. À Paris, toutes les maisons sont en ___.

C   **Définitions.** Donnez le mot qui
correspond.

1. se promener sans avoir de destination
2. regarder rapidement
3. une rose, une violette, une orchidée
4. une personne qui contribue aux progrès
   d'une science
5. ce que font beaucoup d'agents de police
   et de détectives

INTRODUCTION

Antoine de Saint-Exupéry, appelé aussi «Saint-Ex», est né à Lyon en 1900. Il a fait ses études à l'École Navale et à l'École des Beaux-Arts. Pendant son service militaire, il a commencé à piloter des avions. Après son service, il a été pilote de ligne entre Toulouse et Dakar. Il a vécu les débuts de la liaison aérienne entre la France et l'Amérique du Sud. De 1929 à 1931, il a été chef du service aéropostal à Buenos Aires, en Argentine.

Saint-Exupéry était aussi journaliste et écrivain. Ce sont ses romans qui l'ont rendu célèbre. Dans *Courrier-Sud*, il parle de ses vols entre Toulouse, Casablanca et Dakar. Dans *Vol de nuit*, trois pilotes en attendent un autre à l'aéroport de Buenos Aires. Le pilote qu'ils attendent n'arrivera pas. Il a disparu dans le ciel d'une nuit d'Amérique. Dans *Terre des hommes*, Saint-Exupéry parle de ses camarades qui sont morts. Il parle d'une vie d'action qui unit les hommes pour toujours—même après la mort.

Pendant la Deuxième Guerre mondiale, Saint-Exupéry a écrit, et illustré lui-même, un conte pour enfants: *Le Petit Prince*. Dans ce conte, l'auteur évoque la nostalgie de l'amitié. Il cherche aussi à définir le sens de l'action et des valeurs morales dans une société vouée

au progrès technique. Il met en scène un personnage imaginaire, le petit prince, qui quitte sa planète pour voyager dans l'univers. Chez lui, le petit prince a une fleur qu'il adore, mais il l'a laissée toute seule pour voyager. Un pilote, perdu dans le désert, rencontre le petit prince. Le petit prince lui parle de ses voyages à diverses planètes. Voici ce qu'il dit de sa visite à la sixième planète et de l'étrange savant qui l'habite.

LECTURE

Le Petit Prince

La sixième planète (...) était habitée par un vieux Monsieur qui écrivait d'énormes livres.

—Tiens! Voilà un explorateur! dit-il en voyant le petit prince.

Le petit prince s'était assis sur la table, car il était très fatigué. Il avait déjà tant voyagé!

—D'où viens-tu? lui dit le vieux Monsieur.

—Quel est ce gros livre? dit le petit prince. Que faites-vous ici?

—Je suis géographe, dit le vieux Monsieur.

—Qu'est-ce qu'un géographe?

—C'est un savant qui connaît où se trouvent les mers, les fleuves, les villes, les montagnes et les déserts.

—Ça, c'est bien intéressant, dit le petit prince. Ça c'est enfin un véritable métier! Et il jette un coup d'œil autour de lui sur la planète du géographe. Il n'avait jamais vu encore une planète aussi majestueuse.

—Elle est bien belle, votre planète. Est-ce qu'il y a des océans?

—Je ne peux pas le savoir, dit le géographe.

—Ah! (Le petit prince était déçu°.) Et des montagnes?

—Je ne peux pas le savoir, dit le géographe.

—Et des villes et des fleuves et des déserts?

—Je ne peux pas le savoir non plus, dit le géographe.

—Mais vous êtes géographe!

—C'est exact, dit le géographe, mais je ne suis pas explorateur. Je manque° absolument d'explorateurs. Ce n'est pas le géographe qui va faire le compte° des villes, des fleuves, des montagnes, des mers, des océans et des déserts. Le géographe est trop important pour flâner. Il ne quitte pas son bureau°. Mais il reçoit les explorateurs. Il les interroge, et il prend en note leurs souvenirs. Et si les souvenirs de l'un d'entre eux lui paraissent° intéressants, le géographe fait faire une enquête° sur la moralité de l'explorateur.

—Pourquoi ça?

—Parce qu'un explorateur qui mentirait° entraînerait des catastrophes dans les livres de géographie...

—Je connais quelqu'un, dit le petit prince, qui serait mauvais explorateur.

—C'est possible. Donc, quand la moralité de l'explorateur paraît bonne, on fait une enquête sur sa découverte°.

—On va voir?

—Non, c'est trop compliqué. Mais on exige de l'explorateur qu'il fournisse des preuves. S'il s'agit par exemple de la découverte d'une grosse montagne, on exige qu'il en rapporte de grosses pierres.

Le géographe soudain s'émeut°.

—Mais toi, tu viens de loin! Tu es explorateur! Tu vas me décrire ta planète!

Et le géographe, ayant ouvert son grand livre, commence à tailler son crayon. On note d'abord au crayon les récits° des explorateurs. On attend, pour noter à l'encre, que l'explorateur ait fourni des preuves.

—Alors? demande le géographe.

déçu   *disappointed*

manque   *lack*

faire le compte   *count*

bureau   *desk, office*

paraissent   *seem*

enquête   *investigation*

mentirait   *would lie*

découverte   *discovery*

s'émeut   *gets excited*

les récits   *accounts*

—Oh! chez moi, dit le petit prince, ce n'est pas très intéressant, c'est tout petit. J'ai trois volcans. Deux volcans en activité, et un volcan éteint°. Mais on ne sait jamais.

—On ne sait jamais, dit le géographe.

—J'ai aussi une fleur.

—Nous ne notons pas les fleurs, dit le géographe.

—Pourquoi ça! C'est le plus joli!

—Parce que les fleurs sont éphémères.

—Qu'est-ce que signifie°: «éphémère»?

—Les géographies, dit le géographe, sont les livres les plus sérieux de tous les livres. Elles ne se démodent jamais. Il est très rare qu'une montagne change de place. Il est très rare qu'un océan se vide° de son eau. Nous écrivons des choses éternelles.

—Mais, les volcans éteints peuvent se réveiller, dit le petit prince. Qu'est-ce que signifie «éphémère»?

—Que les volcans soient éteints ou soient éveillés°, ça revient au même pour nous, dit le géographe. Ce qui compte pour nous, c'est la montagne. Elle ne change pas.

—Mais qu'est-ce que signifie «éphémère»? répète le petit prince qui, de sa vie, n'avait jamais renoncé à° une question, une fois qu'il l'avait posée.

éteint *extinct*

signifie *mean*

se vide *empties*

éveillés *active*

renoncé à *given up on*

—Ça signifie «qui est menacé de disparition prochaine».

—Ma fleur est menacée de disparition prochaine?

—Bien sûr.

Ma fleur est éphémère, se dit le petit prince, et elle n'a que quatre épines pour se défendre contre le monde! Et je l'ai laissée toute seule chez moi!

C'est là son premier mouvement de regret°. Mais il reprend courage:

—Que me conseillez-vous d'aller visiter? demande-t-il.

—La planète Terre, lui répond le géographe. Elle a une bonne réputation...

Et le petit prince s'en va, songeant à° sa fleur.

mouvement de regret *pang of remorse*

songeant à *thinking about*

Antoine de SAINT-EXUPÉRY, *Le Petit Prince* © Éditions GALLIMARD

Compréhension

A Le géographe. Répondez d'après la lecture.

1. Qui habitait la sixième planète?
2. Que faisait le vieux Monsieur?
3. Qu'est-ce qu'un géographe?
4. Selon le géographe, qui fait le compte des villes, des fleuves, des mers, etc.?
5. Quand le vieux savant écrit-il ses notes à l'encre?
6. Que signifie «éphémère»?

B Oui ou non? Corrigez d'après la lecture.

1. En voyant le petit prince, le vieux Monsieur dit: «Tiens! Voilà un géographe!»
2. Le petit prince a trouvé la planète du géographe vraiment majestueuse.
3. Le géographe quitte souvent son bureau pour flâner sur sa planète.
4. Le géographe va voir ce que l'explorateur a découvert.
5. Le géographe exige de l'explorateur qu'il fournisse des preuves de sa découverte.

C Le point de vue du géographe. Expliquez d'après la lecture.

1. Pourquoi le géographe ne peut-il pas savoir s'il y a des montagnes, des villes, des fleuves, etc. sur sa planète?
2. Pourquoi les fleurs n'intéressent-elles pas le géographe?
3. Pourquoi est-ce que le géographe ne veut pas savoir si un volcan est éveillé ou éteint?

Activités

A Géographie. Faites une liste de tous les termes géographiques qui se trouvent dans la lecture. Utilisez chaque terme dans une phrase.

B Voyage imaginaire. Décrivez un voyage imaginaire que vous allez faire. Vous allez traverser quel océan, explorer quel désert, escalader quelle montagne, naviguer sur quel fleuve, flâner dans quelle ville?

C Le petit prince et sa fleur. Voici le petit prince sur sa planète: il arrose sa fleur qu'il adore et soigne avec amour. Cette fleur est comme une amie pour lui. Expliquez pourquoi le petit prince est triste quand le savant lui donne la définition du mot «éphémère». Qu'est-ce que cette fleur symbolise?

AGENCE DE VOYAGES

Eugène Ionesco

AVANT LA LECTURE

Vous allez lire une scène d'une pièce de théâtre intitulée *Agence de voyages*. Il y a trois personnages: le client, sa femme et l'employé. L'employé travaille bien sûr dans une agence de voyages. Le client et sa femme veulent faire un voyage. Ils sont en train de réserver leurs places.

En lisant cette scène, décidez à quel moment le dialogue devient absurde.

VOCABULAIRE

Beaucoup de jeunes aiment voyager.
Ils voyagent pendant leur jeunesse.

Les trains sont bondés.
Toutes les places sont prises.

Les routes sont encombrées.

préciser   présenter, exprimer, dire d'une manière exacte
surprendre   causer une surprise à quelqu'un
prêter   donner de l'argent pour une période de temps, à charge de restitution

Exercices

A Familles de mots. Choisissez le mot qui correspond.

1. voyager
2. préciser
3. surprendre
4. prêter

a. un prêt
b. un voyage
c. la précision
d. une surprise

B La vie. Mettez les termes suivants en ordre.

la jeunesse
la vieillesse
l'enfance
la maturité
l'adolescence

C Le mot juste. Complétez.

1. Nous apprenons beaucoup pendant notre enfance, adolescence et ___.
2. La jeunesse est pleine d'expériences et de surprises. Beaucoup de choses nous ___.
3. Je n'ai plus d'argent. Je suis fauché. Mon ami va me ___ cent francs.
4. Il faut ___ la date et l'heure de votre départ.
5. Il y a beaucoup de voyageurs. Les trains sont ___.
6. Il y a beaucoup de voitures. Les routes sont ___.
7. Il n'y a plus de places. Elles sont toutes ___. Il y a des voyageurs debout.

Eugène Ionesco est un écrivain français d'origine roumaine. Il est né à Slatina en 1912. Ses pièces de théâtre dénoncent l'absurdité de l'existence. Elles dénoncent aussi l'absurdité des rapports sociaux.

LECTURE

Agence de voyages

LE CLIENT: Bonjour, monsieur. Je voudrais deux billets de chemin de fer°, un pour moi, un pour ma femme qui m'accompagne en voyage.

chemin de fer   railway, train

L'EMPLOYÉ: Bien, monsieur. Je peux vous vendre des centaines et des centaines de billets de chemin de fer. Deuxième classe? Première classe? Couchettes? Je vous réserve deux places au wagon-restaurant?

LE CLIENT: Première classe, oui, et wagons-lits. C'est pour aller à Cannes, par l'express d'après-demain.

L'EMPLOYÉ: Ah... C'est pour Cannes? Voyez-vous, j'aurais pu facilement vous donner des billets, tant que vous en auriez voulu, pour toutes directions en général. Dès que vous précisez la destination et la date, ainsi que le train que vous voulez prendre, cela devient plus compliqué.

LE CLIENT: Vous me surprenez, monsieur. Il y a des trains, en France. Il y en a pour Cannes. Je l'ai déjà pris, moi-même.

L'EMPLOYÉ: Vous l'avez pris, peut-être, il y a vingt ans, ou trente ans, dans votre jeunesse. Je ne dis pas qu'il n'y a plus de trains, seulement ils sont bondés, il n'y a plus de places.

LE CLIENT: Je peux partir la semaine prochaine.

L'EMPLOYÉ: Tout est pris.

LE CLIENT: Est-ce possible? Dans trois semaines...

L'EMPLOYÉ: Tout est pris.

LE CLIENT: Dans six semaines.

L'EMPLOYÉ: Tout est pris.

LE CLIENT: Tout le monde ne fait donc que d'aller à Nice?

L'EMPLOYÉ: Pas forcément°.

LE CLIENT: Tant pis°. Donnez-moi alors deux billets pour Bayonne.

L'EMPLOYÉ: Tout est pris, jusqu'à l'année

pas forcément   not necessarily
tant pis   too bad

prochaine. Vous voyez bien, monsieur, que tout le monde ne va pas à Nice.

LE CLIENT: Alors donnez-moi deux places pour le train qui va à Chamonix...

L'EMPLOYÉ: Tout est pris jusqu'en 2010...

LE CLIENT: ... Pour Strasbourg...

L'EMPLOYÉ: C'est pris.

LE CLIENT: Pour Orléans, Lyon, Toulouse, Avignon, Lille...

L'EMPLOYÉ: Tout est pris, pris, pris, dix ans à l'avance.

LE CLIENT: Alors, donnez-moi deux billets d'avion.

L'EMPLOYÉ: Je n'ai plus aucune° place pour aucun avion.   aucun(e)   *no, any*

LE CLIENT: Puis-je louer, dans ce cas, une voiture avec ou sans chauffeur?

L'EMPLOYÉ: Tous les permis de conduire sont annulés, afin que les routes ne soient pas encombrées.

LE CLIENT: Que l'on me prête deux chevaux.

L'EMPLOYÉ: Il n'y a plus de chevaux.

LE CLIENT, *à sa femme*: Veux-tu que nous allions à pied, jusqu'à Nice?

LA FEMME: Oui, chéri. Quand je serai fatiguée, tu me prendras sur tes épaules°. Et vice versa.   les épaules   *shoulders*

LE CLIENT, *à l'employé*: Donnez-nous, monsieur, deux billets pour aller à pied jusqu'à Nice.

L'EMPLOYÉ: Entendez-vous ce bruit? Oh, la terre tremble. Au milieu du pays un lac immense, une mer intérieure vient de se former.

Profitez-en vite, dépêchez-vous avant que d'autres voyageurs n'y pensent. Je vous propose une cabine de deux places sur le premier bateau qui va à Nice.

Eugène IONESCO, «Agence de Voyages», *Théâtre V* © Éditions GALLIMARD

Compréhension

A **Tout est pris.** Répondez d'après la lecture.

1. À qui le client parle-t-il?
2. Qu'est-ce qu'il veut?
3. Où veut-il aller? Quand? En quelle classe?
4. Le client choisit d'autres destinations? Lesquelles?
5. Qu'est-ce que le client veut louer?
6. Enfin, quelle est la solution adoptée par le client?
7. Qu'est-ce qui se passe quand le client demande deux billets pour aller à pied jusqu'à Nice?
8. Qu'est-ce que l'employé propose au client?

B **Oui ou non?** Corrigez d'après la lecture.

1. D'après l'employé, il n'y a plus de trains en France.
2. Il n'y a plus de trains pour Cannes.
3. Le client ne peut pas changer la date de son départ.
4. Tous les voyageurs vont à Cannes.
5. Toutes les places dans tous les trains sont prises dix ans à l'avance.
6. L'employé prête des chevaux au client.
7. Le client et sa femme veulent aller à Nice à pied.

C **Qu'est-ce qui se passe?** Expliquez.

1. Pourquoi l'employé de l'agence de voyages ne peut-il pas donner au client les billets qu'il demande?
2. Pourquoi le client ne peut-il pas louer de voiture?
3. Pourquoi l'employé propose-t-il au client deux places sur un bateau qui va à Nice?

Cannes: vue du port et de la vieille ville

Activités

A **Comique ou absurde?** À quel moment le dialogue devient-il absurde? Quels sont les éléments absurdes de cette scène? Et quels sont les éléments comiques? À votre avis, quelle est la différence entre le comique et l'absurde? Qu'est-ce que vous préférez?

B **Moyens de transport.** Faites une liste de tous les moyens de transport que le client a proposés pour aller à Cannes. Expliquez lequel vous préférez et pourquoi.

C **Villes de France.** Sur la carte de France ci-dessous, trouvez toutes les villes mentionnées dans cette scène. Si vous connaissez la ville ou si vous en savez quelque chose, écrivez au moins une phrase pour la décrire.

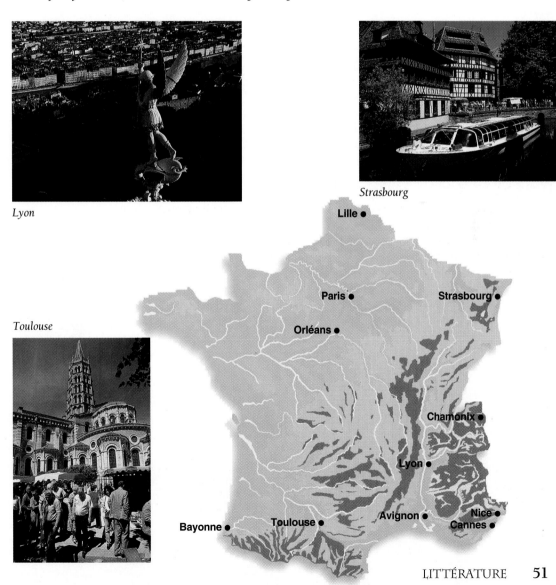

Lyon

Strasbourg

Toulouse

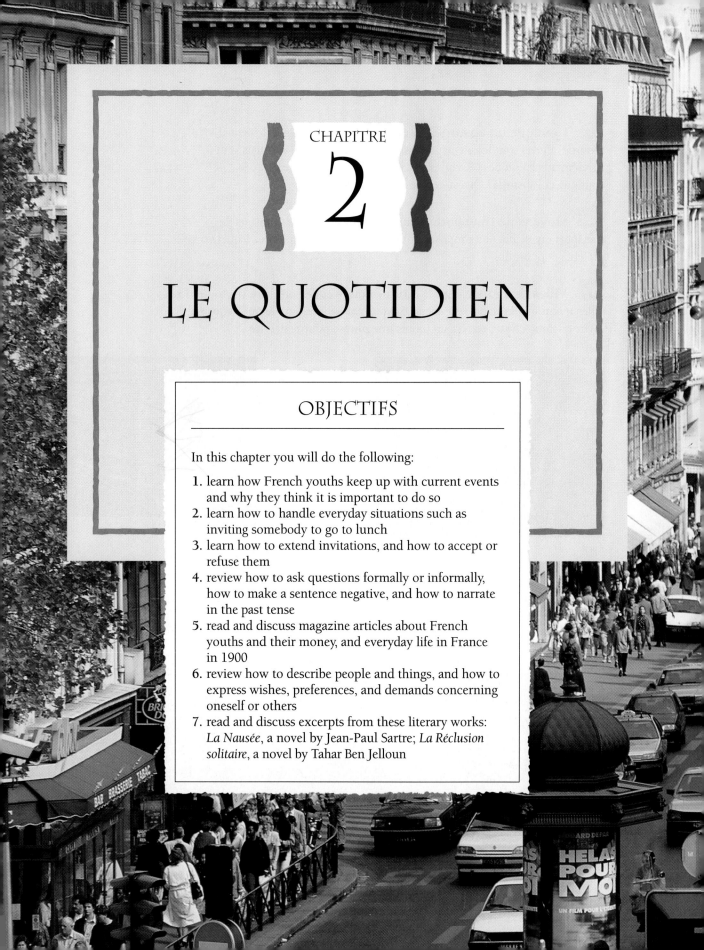

CHAPITRE

2

LE QUOTIDIEN

OBJECTIFS

In this chapter you will do the following:

1. learn how French youths keep up with current events and why they think it is important to do so
2. learn how to handle everyday situations such as inviting somebody to go to lunch
3. learn how to extend invitations, and how to accept or refuse them
4. review how to ask questions formally or informally, how to make a sentence negative, and how to narrate in the past tense
5. read and discuss magazine articles about French youths and their money, and everyday life in France in 1900
6. review how to describe people and things, and how to express wishes, preferences, and demands concerning oneself or others
7. read and discuss excerpts from these literary works: *La Nausée*, a novel by Jean-Paul Sartre; *La Réclusion solitaire*, a novel by Tahar Ben Jelloun

LES JEUNES FRANÇAIS ET L'ACTUALITÉ

INTRODUCTION

Tous les jours, la télévision, la radio, les journaux nous présentent une masse d'informations que nous digérons plus ou moins bien.

> to digest

    D'une façon générale, on croit que les jeunes s'intéressent moins à l'actualité que leurs parents, et que leur seule source de renseignements est la télévision. Eh bien, en France, ce n'est pas le cas. D'après un récent sondage, non seulement les jeunes Français lisent plus la presse que leurs parents, mais ils se montrent plus critiques à l'égard des informations reçues.

radio station
une station de radio

television channel
une chaîne de télévision

une présentatrice

un présentateur
male presenter

un téléspectateur
the male tv viewer

une téléspectatrice
the female tv viewer

female journalist
une journaliste

un auditeur
male listener

une auditrice
female listener

un journaliste
male journalist

l'actualité l'ensemble des événements actuels/récents *actual events*

un sondage une enquête *survey*

l'info l'information *information*

les infos le journal parlé ou télévisé, les nouvelles *new about spoken journal*

un quotidien un journal publié tous les jours *daily newspaper*

un hebdomadaire un magazine publié toutes les semaines *published newsp./magazine every week*

la une la première page d'un journal *1st pg.*

les faits divers les nouvelles peu importantes *less important*

agir produire un effet, exercer une influence, transformer *to act/produce*

se tenir informé(e) rester informé(e) *following*

être au courant être informé(e) *to keep informed stay current*

Exercices

A **Radio, télévision ou presse?** Décidez s'il s'agit de la radio, de la télévision, de la presse écrite ou des trois.

1. une chaîne *la télévision*
2. une station *la radio*
3. un hebdomadaire *la presse*
4. un auditeur *la radio*
5. une téléspectatrice *télévision*
6. un quotidien *la presse*
7. un journaliste *la presse*
8. une présentatrice *télévision, la presse*
9. la une *la presse*
10. les infos *la télévision*
11. les faits divers *la presse*

B **Associations.** Choisissez les mots qui sont associés.

1. une chaîne   a. un téléspectateur
2. la radio   b. un présentateur
3. un auditeur   c. une station
4. les informations   d. la télévision
5. un journaliste   e. un hebdomadaire
6. un quotidien   f. les nouvelles

C **Définitions.** Donnez le mot qui correspond.

1. un magazine qui est publié toutes les semaines
2. des événements qui se passent au moment où l'on parle
3. être informé(e)
4. quelqu'un qui présente une émission
5. quelqu'un qui écrit des articles dans un journal
6. quelqu'un qui écoute la radio
7. quelqu'un qui regarde la télévision
8. une enquête
9. un journal qui est publié tous les jours
10. produire un effet sur quelque chose
11. l'information
12. rester informé(e)

LES MÉDIAS
DANS LA VIE DES LYCÉENS

ESSENTIEL

A votre avis, est-il important, pour un lycéen, de se tenir informé de l'actualité ?

NON
4 %

OUI

96 %

Pourquoi est-ce important ?

Pour mon intérêt personnel, ma propre curiosité ——— **63%**
Pour s'insérer[1] dans la vie de la société ————**48%**
Pour réussir dans la vie professionnelle ————— **35%**
Pour pouvoir voter en connaissance de cause[2] —— **26%**
Pour réussir au lycée **22%**
Pour pouvoir agir sur le monde ——— **18%**
NSPP[3] **1%**

Total supérieur à 100 en raison des réponses multiples

Mais oui! Ils s'informent.

En France, 96% des lycéens pensent qu'il est important de se tenir informé de l'actualité (99% pour les filles, 99% dans l'enseignement privé). Soit la quasi-totalité[4].

Pourquoi? Pour des raisons assez peu scolaires, en somme: pour «leur intérêt personnel», pour «s'insérer dans la société», pour «réussir leur vie professionnelle». Comme si l'info, pour eux, n'avait aucune fonction utilitaire immédiate. Comme si sa seule fonction, c'était de les ouvrir au monde et de faire d'eux des citoyens[5]. *«C'est important d'être informé pour ne pas être isolé,* juge Nathalie, 16 ans. *Plus tard, ce sera à nous de prendre les rênes[6]. On ne peut pas rester ignorants, ou alors on devient une plaie[7] pour la société.»*

Succès de la presse écrite

Comment s'informent-ils? Par la télévision bien sûr, la radio, mais aussi, et c'est là la surprise de ce sondage, par la presse écrite.

---

[1] **s'insérer**   *to become part*
[2] **en connaissance de cause**   *with full knowledge of the facts*
[3] **NSPP** (Ne Se Prononcent Pas)   *no opinion*
[4] **la quasi-totalité**   *just about everybody*
[5] **citoyens**   *citizens*
[6] **prendre les rênes**   *to take command, to be in charge*
[7] **une plaie**   *liability*

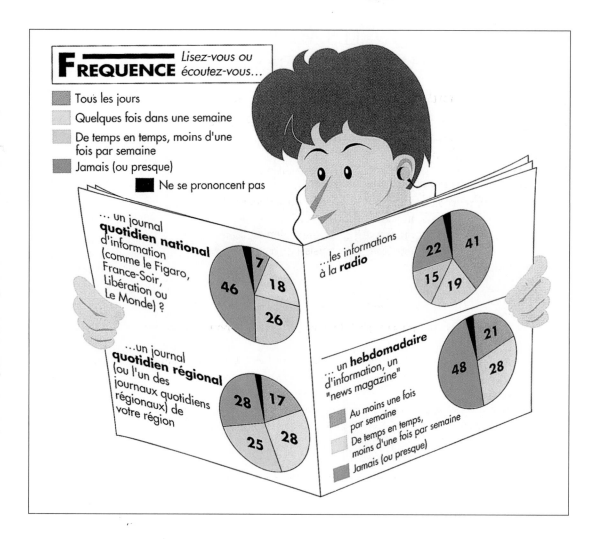

FREQUENCE *Lisez-vous ou écoutez-vous...*

- Tous les jours
- Quelques fois dans une semaine
- De temps en temps, moins d'une fois par semaine
- Jamais (ou presque)
- Ne se prononcent pas

... un journal **quotidien national** d'information (comme le Figaro, France-Soir, Libération ou Le Monde)?

46 7 18 26

... un journal **quotidien régional** (ou l'un des journaux quotidiens régionaux) de votre région

28 17 25 28

...les informations à la **radio**

22 41 15 19

... un **hebdomadaire** d'information, un "news magazine"

48 21 28

- Au moins une fois par semaine
- De temps en temps, moins d'une fois par semaine
- Jamais (ou presque)

Un lycéen sur quatre (26%) lit régulièrement un quotidien national (*Le Figaro, Libération, Le Monde...*). Soit un peu plus que les adultes (22%). La presse quotidienne régionale remporte elle aussi un franc succès[8] (45% des lycéens la lisent au moins une fois par semaine), même si les chiffres sont un peu inférieurs à ceux de leurs aînés[9] (49%). La moitié[10] des lycéens, enfin, lit de temps en temps un hebdomadaire d'informations générales (*Le Nouvel Observateur, L'Express, Le Point...*).

La radio, aussi

Ils s'informent aussi par la radio. 41% des lycéens écoutent tous les jours les infos à la radio.

C'est énorme. Mais quand on leur demande quelles stations ils écoutent, on constate[11] que la première des grandes stations nationales, *Europe 1*, n'arrive qu'en sixième position, loin derrière les trois grandes de la FM: *NRJ*[12], *Skyrock* et *Fun*. Autrement dit, c'est la musique qu'ils choisissent, et pas les infos, qu'ils écoutent—sans doute—par hasard[13].

---

[8] **remporte un franc succès** *is very successful*

[9] **aînés** *elders*

[10] **la moitié** *half*

[11] **on constate** *one notices*

[12] **NRJ** *pronounced like "énergie"*

[13] **par hasard** *by chance*

Compréhension

A **Être au courant.** Répondez aux questions d'après le texte.

1. Dans quelles proportions les lycéens français pensent-ils qu'il est important de se tenir informé(e) de l'actualité?
2. Pour quelles raisons pensent-ils que c'est important?
3. Quelle est pour eux la seule fonction de l'information?
4. Que feront les jeunes plus tard?
5. D'après Nathalie, si les jeunes sont ignorants, qu'arrivera-t-il?
6. Quels sont les différents moyens d'information?
7. Qu'est-ce qu'un quotidien national? Et un quotidien régional?
8. Pour quelle raison les jeunes Français choisissent-ils une station de radio plus qu'une autre?

B **Oui ou non?** Corrigez d'après le texte.

1. Les jeunes Français veulent se tenir informés de l'actualité pour des raisons scolaires.
2. Ils peuvent se servir immédiatement de ce qu'ils ont appris sur l'actualité.
3. Ils pensent qu'être au courant de l'actualité les rend moins isolés.
4. Ils n'ont pas d'ambitions pour plus tard.
5. Il est bien connu que les jeunes Français lisent beaucoup les journaux.
6. Ils écoutent les informations tous les jours.
7. Ils veulent écouter les informations tous les jours.

C **Familles de mots.** Choisissez le mot qui correspond.

1. mois   a. trimestriel
2. semaine   b. annuel
3. an   c. quotidien
4. jour   d. horaire
5. heure   e. hebdomadaire
6. trimestre   f. semestriel
7. semestre   g. mensuel

Activités

A **À la une.** Faites une liste des sujets que vous aimeriez voir mieux traités dans les médias. Dites pourquoi.

B **Presse, télé ou radio?** Une des jeunes filles interrogées pour le sondage pense que «l'information est plus neutre à la télévision. Le présentateur ne donne jamais son avis. Les journaux expriment toujours plus ou moins une opinion politique. Et puis l'image, ça ne trompe pas.» Qu'en pensez-vous? Êtes-vous d'accord ou pas?

CONVERSATION

Au Bureau

Vocabulaire

en haut

en bas

un restaurant d'entreprise

Tu vas bien?

Comme ci, comme ça.

des tickets-restaurant

un (restaurant) chinois

Elle a eu une idée de génie.

Il est crevé.

un hypermarché

couver quelque chose   sentir qu'on va tomber malade

ne pas être dans son assiette   ne pas se sentir bien

achever quelqu'un   rendre quelqu'un incapable de faire quoi que ce soit

retrouver   trouver à nouveau

se remettre en route   prendre la route à nouveau

avouer   admettre

à tout casser   au plus

en fin de compte   finalement, après tout ça

Exercices

A   **La vie quotidienne.**   Complétez.

1. Depuis qu'ils sont allés à Pékin, ils veulent toujours aller manger dans des restaurants ___.
2. Ils ne paient pas leur déjeuner avec de l'argent, mais avec des ___.
3. Elle a trop mangé. Elle ne se sent pas bien. Elle ___.
4. Lui, il a fait trop de jogging. Il est très fatigué. Il est ___.
5. Cet homme est content. Il avait perdu son portefeuille, et maintenant, il l'___.
6. Elles vont faire leurs courses à *Carrefour*. C'est un ___.

B   **Quel est le mot?**   Trouvez le mot qui correspond à la définition donnée.

1. rendre quelqu'un complètement incapable de faire quoi que ce soit
2. avoir une très bonne idée
3. être obligé d'admettre
4. au dernier étage par rapport au premier
5. au premier étage par rapport au dernier
6. après tout ça
7. sentir la maladie qui approche
8. reprendre la route

C   **Expressions amusantes.**   Complétez les phrases suivantes en décrivant les circonstances qui expliquent le début de la phrase.

1. Je ne suis pas dans mon assiette aujourd'hui parce que…
2. J'ai eu une idée de génie: je…
3. Je suis complètement crevé(e) parce que…
4. Comme ci, comme ça:…
5. Trente francs, à tout casser:…

Lundi matin

ARNAUD: Bonjour, Gilles. Ça va?

GILLES: Ça va, merci. Et toi?

ARNAUD: Comme ci, comme ça. J'ai l'impression que je couve quelque chose.

GILLES: Ah oui? Pourquoi?

ARNAUD: Je ne sais pas. Je ne suis pas dans mon assiette, aujourd'hui. Je ne me sentais déjà pas bien la semaine dernière, mais il faut dire que le week-end m'a achevé!

GILLES: Ah oui, qu'est-ce que vous avez fait?

ARNAUD: Eh bien voilà. On avait décidé d'aller dans notre maison de campagne près de Saulieu, dans le Morvan. En général, on met trois heures, à tout casser. Mais là, trois heures après notre départ, on était tout juste à Auxerre. Alors, on a eu l'idée de génie de sortir de l'autoroute et d'aller faire quelques achats à *Carrefour*!

GILLES: Écoute! Tout le monde sait qu'on ne va pas faire des courses dans un hypermarché le samedi!

ARNAUD: Peut-être que tout le monde le sait, mais pas nous. Enfin, on a fait deux heures de queue pour payer. On sort, et... impossible de retrouver la voiture! En fin de compte, on est arrivé à Saulieu à deux heures du matin, complètement crevés.

GILLES: Vous n'avez pas beaucoup profité de la campagne, alors!

ARNAUD: Non, vu qu'on s'est levé à midi. On a déjeuné et on s'est remis en route pour le retour. Et là, rebelote*! Un énorme bouchon sur la A6†. On a mis sept heures pour revenir!!

GILLES: Eh bien, mon pauvre, ça ne m'étonne pas que tu ne sois pas en forme.

---

* Rebelote!   *Here we go again!*

† la A6   *Highway that links Paris and Lyon*

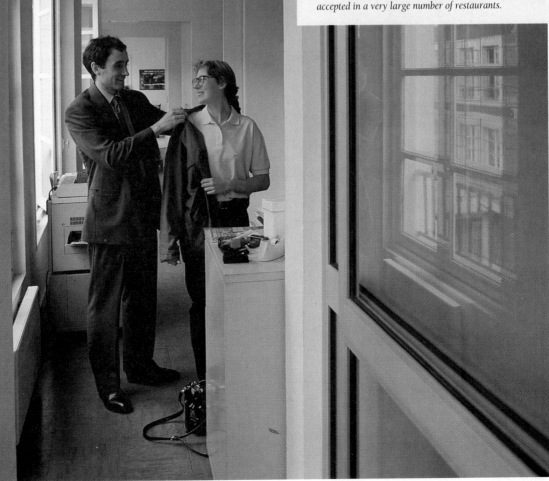

Lundi midi

GILLES: Alors, où va-t-on? On mange en bas?

SYLVIE: Oh non, j'en ai assez de la cuisine de restaurant d'entreprise, en général, et de celle de ton entreprise, en particulier.

GILLES: Oh, tu peux faire la difficile... Tu n'es pas obligée de manger de la cuisine d'entreprise tous les jours, puisqu'il n'y a pas de resto là où tu travailles!

SYLVIE: Tu avoueras que le système des tickets-restaurant* est nettement plus agréable...

GILLES: Surtout quand tu paies pour moi avec tes tickets!

SYLVIE: Mais bien sûr! Alors, ça te dit le chinois? Ça fait longtemps qu'on n'y est pas allés.

GILLES: D'accord, c'est une bonne idée.

---

* **les tickets-restaurant** *Half the cost of these tickets (43 F each) is paid by the employer, half by the employee. They are accepted in a very large number of restaurants.*

Compréhension

A **Le matin.** Répondez d'après la conversation.

1. Que croit Arnaud?
2. Comment se sent-il? Comment se sentait-il la semaine d'avant?
3. Pourquoi Gilles passe-t-il du «tu» au «vous»?
4. Normalement, combien de temps met-on pour aller de Paris à Saulieu?
5. Quel genre de route prend-on?
6. Quel hypermarché se trouve à Auxerre?
7. Combien de temps Arnaud et sa famille ont-ils fait la queue?
8. Que s'est-il passé quand ils sont sortis de l'hypermarché?

9. À quelle heure sont-ils arrivés dans leur maison de campagne?
10. Combien de temps ont-ils mis, le lendemain, pour revenir à Paris?

B **À midi.** Répondez d'après la conversation.

1. Est-ce que Gilles et Sylvie travaillent pour la même entreprise?
2. Où se trouve le restaurant de l'entreprise de Gilles par rapport à l'endroit où sont les deux amis?
3. Est-ce que l'entreprise pour laquelle Sylvie travaille a un restaurant?
4. Où Sylvie déjeune-t-elle d'habitude?
5. Comment paie-t-elle ses repas?
6. Dans quelle sorte de restaurant veut-elle aller aujourd'hui?
7. Qui va payer l'addition?
8. Avec quoi va-t-elle la payer?

Activités de communication

A **Sur l'autoroute.** En vous servant de la carte, recréez la conversation d'Arnaud et de sa femme avant d'arriver à Auxerre. Travaillez avec un(e) camarade. Vous discutez de ce qu'il faut faire: attendre que le bouchon se dégage ou pas, aller faire des achats à Auxerre ou pas, etc.

B **À _Carrefour_.** Vous faites des achats à _Carrefour_ avec un(e) camarade. Vous avez chacun(e) votre liste et vous demandez à l'autre son avis quand quelque chose vous plaît.

C **À midi, à la cafétéria.** Vous allez déjeuner avec un ou plusieurs amis à la cafétéria de votre école. Vous discutez (en français, bien sûr) des mérites de la cuisine de votre cafétéria.

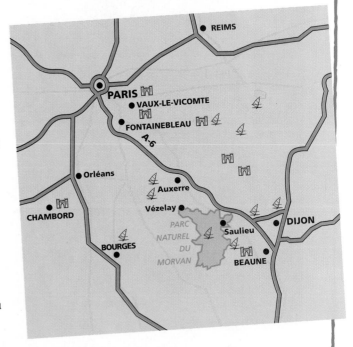

LANGAGE

INVITATIONS

Dans la vie de tous les jours, il est très courant de proposer à quelqu'un de faire quelque chose. Voici quelques façons de le faire:

> Tu es libre ce soir/jeudi prochain…?
> Tu fais quelque chose ce soir/jeudi prochain…?
> Qu'est-ce que tu fais ce soir/jeudi prochain…?
> Tu (ne) veux (pas) venir avec nous samedi…?
> Ça te dirait d'aller voir…?
> Si on allait voir…?
> On va prendre quelque chose?
> Allez, viens. On va déjeuner. Je t'invite.

Notez bien que «Je t'invite» indique que c'est vous qui payez.

Pour accepter une invitation, vous pouvez dire:

> Avec plaisir!
> (Très) volontiers!
> D'accord!
> Ce serait très sympa(thique).

Pour refuser une invitation, vous pouvez dire:

> Merci, mais je ne peux vraiment pas.
> Désolé(e), mais je suis déjà pris(e).
> Je regrette,…
> … mais c'est impossible.
> … mais il faut que je travaille.
> … mais je ne me sens pas très bien.

Il est parfois difficile d'accepter ou de refuser. Voici quelques façons de gagner du temps avant de donner une réponse catégorique:

> Ça dépend. Qu'est-ce que tu suggères?
> Je ne sais pas encore. Pourquoi?
> Je vais voir…

Activité de communication

Pour être sociable. Vous vous trouvez dans les situations suivantes.
Travaillez avec un(e) ou plusieurs camarades.

1. Les personnes suivantes vous demandent si vous êtes libre samedi prochain. Vous
   l'êtes, mais que répondez-vous…
   a) à un(e) ami(e) que vous aimez bien?
   b) à un membre du sexe opposé qui vous plaît beaucoup?
   c) à quelqu'un que vous n'aimez pas?
   d) à quelqu'un que vous aimez moyennement?
2. Vous voulez aller au cinéma. Vous essayez de trouver quelqu'un qui veuille y aller
   avec vous.
3. Un(e) de vos ami(e)s a été invité(e) à aller quelque part mais n'a pas envie d'y
   aller. Vous l'aidez à trouver des raisons pour refuser.
4. Vous suggérez à un(e) ami(e) de faire quelque chose ensemble. Déterminez quels
   jours vous êtes libres tou(te)s les deux, ce que vous allez faire, etc.

STRUCTURE I

L'interrogation

*Asking Questions Formally
or Informally*

1. The simplest and most common way to ask a question in French is by using intonation, that is, by simply raising one's voice at the end of a statement.

Il travaille.	*Il travaille?*
Nous partons.	*Nous partons?*

2. Another way to form a question is to use *est-ce que* before a statement.

Il travaille.	*Est-ce qu'il travaille?*
Nous partons.	*Est-ce que nous partons?*

3. A third way to form a question is by inverting the subject and the verb (or its auxiliary). This inverted form is used in written and formal French, but it is less frequent in everyday conversation.

Vous parlez français.	*Parlez-vous français?*
Il a travaillé.	*A-t-il travaillé?*

   Inversion can also be made with a noun subject by adding a subject pronoun and inverting it with the verb. But again, intonation is more commonly heard in everyday French.

Isabelle parle français.	*Isabelle parle-t-elle français?*

4. The above questions were answered by "yes" or "no." But many questions are "information" questions, that is, questions introduced by "question words."

—*Où* est-ce qu'il travaille?	—En banlieue.
—*Comment* est-ce qu'il va au bureau?	—En train.
—*Pourquoi* est-ce qu'il prend le train?	—La gare est tout près.
—*Quand* est-ce qu'il rentre?	—Vers 8 heures du soir.
—*Combien* est-ce qu'il gagne?	—Je ne sais pas exactement.

5. Inversion is also used with question words in more formal speech.

   Où travaille-t-il?
   Comment va-t-il au bureau?
   Quand rentre-t-il?
   Combien gagne-t-il?

   Note, however, that inversion is often used in common expressions such as:

   Comment vas-tu?
   Quel âge as-tu?
   Comment t'appelles-tu?

Handwritten notes in right margin:
Où → where?
Comment → how?
Pourquoi → why?
Quand → when?
Combien → how much?

6. However, in everyday language, people most often put *où, quand, combien,* and *comment* at the end of the question, and *pourquoi* at the beginning. They use an intonation that rises first and then falls.

> Il travaille *où?*
> Il y va *comment?*
> Il rentre *quand?*
> Il gagne *combien?*
> BUT: *Pourquoi* il travaille?

7. If the question is about a noun, the interrogative adjectives *quel, quelle, quels,* and *quelles* are used.

> Dans *quel restaurant* est-ce que vous allez?
> Dans *quelle cafétéria* est-ce que vous allez?
> Avec *quels amis* est-ce que vous déjeunez?
> Avec *quelles amies* est-ce que vous déjeunez?

8. Of course, inversion or intonation are also used in questions with *quel, quelle, quels,* and *quelles.*

> Dans *quel restaurant* allez-vous?
> Vous allez dans *quel restaurant?*

Exercices

A **On a faim.** Posez des questions qui correspondent aux mots en italique.
Vous pouvez les poser de plusieurs façons.

1. On va *au restaurant*.
2. On va au restaurant *en métro*.
3. On va au restaurant *à midi*.
4. On va au restaurant chinois *parce que Jacques n'aime pas les restaurants d'entreprise*.
5. Le restaurant se trouve *dans la rue de Sèvres*.
6. Le restaurant sert le déjeuner *de midi à 3 heures*.
7. Le restaurant est ouvert *du lundi au samedi*.
8. Le restaurant est fermé *le dimanche*.

B **Encore un peu endormi.** Voici les réponses de votre camarade. Quelles questions lui avez-vous posées?

1. Nous sommes le 12.
2. Nous sommes en janvier.
3. Il est 8 heures et demie.
4. Après, il y a cours d'anglais.

C **Frustrations.** Répondez en utilisant une question. Suivez le modèle.

—Je n'ai pas assez d'argent pour le billet!
—*Combien te faut-il?*

1. Je n'aime pas la cuisine chinoise.
2. Je n'ai pas assez dormi.
3. Je suis très pressé(e). Il faut que je parte.
4. Ma voiture est au garage pour une semaine.
5. Il faut que j'aille à Paris la semaine prochaine.
6. Cette année, nous ne partons pas en vacances.

Les expressions négatives   *Making a Sentence Negative*

1. The placement of the most commonly used negative expression, *ne... pas*, is as follows:

> Je *ne* travaille *pas*.
> Je *n'*ai *pas* travaillé.
> Je *ne* vais *pas* travailler.
> Je *ne* peux *pas* travailler.

When negating an infinitive, however, both *ne* and *pas* precede the infinitive.

> Je lui ai dit de *ne pas* travailler.

When a pronoun is involved, *ne* and *pas* go around the pronoun-verb (pronoun-auxiliary) block:

> Je *ne* lui téléphone *pas*.
> Je *ne* lui ai *pas* téléphoné.

2. Most of the following negative expressions follow the same pattern as *ne... pas*.

ne... pas du tout	*not at all*
ne... plus	*no longer, no more*
ne... jamais	*never*
ne... rien	*nothing*
ne... personne	*nobody*
ne... ni... ni	*neither... nor*

> Il *ne* travaille *plus*.
> Il *ne* peut *plus* travailler.
> Elle *n'*a *jamais* téléphoné.
> Elle *ne* m'a *jamais* parlé.
> Je lui ai demandé de *ne rien* dire.
> Je *ne* vois *personne*.
> Je *ne* téléphone *ni* à Paul, *ni* à Marie.

Note however the placement of *ne... personne* and *ne... ni... ni* in the *passé composé* or when two verbs are involved:

> Je *n'*ai vu *personne*.
> Je *n'*ai téléphoné *ni* à Paul, *ni* à Marie.

> Je *ne* veux voir *personne*.
> Je *ne* veux voir *ni* Paul, *ni* Marie.

3. To express "no," "not any," or "none," *ne... aucun(e)* is used.

> —Il a des amis?   —Non, il *n'*a *aucun* ami.
> —Non, *aucun*.

> —Il a reçu des lettres?   —Non, il *n'*a reçu *aucune* lettre.
> —Non, *aucune*.

4. In French, unlike in English, more than one negative can be used in the same sentence.

> Il *n'a rien* dit à *personne*.

5. The following adverbs are often used in question-negative answer exchanges.

ALREADY —Il est *déjà* là?	NOT YET —Non, il *n'est pas encore* là.
STILL —Il est *toujours* là?	NO LONGER —Non, il *n'est plus* là.
ALWAYS —Il est *toujours* en retard? SOMETIMES —Il est *quelquefois* en retard? OFTEN —Il est *souvent* en retard?	NEVER —Non, il *n'est jamais* en retard.
EVER —Il a *déjà* été en retard?	—Non, il *n'a jamais* été en retard.

Exercices

A **Le chef ne va pas être content!** Répondez négativement.

1. Durand est là?
2. Vous avez fini de taper cette lettre?
3. Morel va rester ici pendant le déjeuner?
4. Pouvez-vous travailler tard ce soir?
5. Morel et Durand ont l'intention de finir leur rapport aujourd'hui?
6. Ils ont demandé des renseignements à quelqu'un?
7. Ils ont appris quelque chose?
8. Ils ont pu faire quelque chose?
9. Est-ce qu'on a des nouvelles de Langlois?
10. Est-ce qu'il y a des messages pour lui?

B **Pas d'impatience!** Répondez d'après le modèle.

> **faire ses devoirs**
> *Tu n'as pas encore fait tes devoirs!*

1. finir sa rédaction
2. laver la vaisselle
3. promener le chien
4. mettre les lettres à la poste
5. ranger sa chambre
6. lire ce livre

C **Pas d'électricien!** Répondez négativement.

1. Il est déjà là?
2. Il est toujours là?
3. Il est déjà arrivé?
4. Il est déjà venu travailler ici?

D **Sondage.** Répondez en utilisant une expression négative de votre choix.

1. Lisez-vous le journal tous les jours?
2. Écoutez-vous la radio tous les jours?
3. Vos parents regardent-ils la télévision?
4. Est-il important de se tenir informé de l'actualité?
5. Aimeriez-vous ne rien faire?
6. Vous intéressez-vous à l'actualité?
7. Vous sentez-vous isolé(e)?
8. Faites-vous confiance à la télévision ou à la radio pour vous tenir informé(e)?
9. Avez-vous rencontré un journaliste?
10. Avez-vous déjà écrit pour les journaux?

1. Along with the *passé composé* and several other tenses, the imperfect tense is used to express past actions. First, review the forms of the imperfect tense. To get the stem for the imperfect, you take the *nous* form of the present tense and drop the *-ons* ending. The imperfect endings are then added to this stem.

INFINITIVE	PARLER	FINIR	VENDRE	ENDINGS
STEM	nous *parl-*	nous *finiss-*	nous *vend-*	
IMPERFECT	je **parlais**	je **finissais**	je **vendais**	*-ais*
	tu **parlais**	tu **finissais**	tu **vendais**	*-ais*
	il/elle/on **parlait**	il/elle/on **finissait**	il/elle/on **vendait**	*-ait*
	nous **parlions**	nous **finissions**	nous **vendions**	*-ions*
	vous **parliez**	vous **finissiez**	vous **vendiez**	*-iez*
	ils/elles **parlaient**	ils/elles **finissaient**	ils/elles **vendaient**	*-aient*

2. The only verb that has an irregular stem in the imperfect is the verb *être: ét-*. Here are its forms.

ÊTRE		
j' **étais**	nous **étions**	
tu **étais**	vous **étiez**	
il/elle/on **était**	ils/elles **étaient**	

3. Note that verbs ending in *-cer* like *commencer*, and *-ger* like *manger*, have a spelling change to keep the sounds /s/ and /zh/ of the stem. A cedilla has to be added to the *c* of *-cer* verbs to preserve the sound /s/, and an *e* must be added to the *g* of *-ger* verbs to preserve the /zh/ sound, whenever the *c* or the *g* are followed by an *a*. These spelling changes occur in all forms of the verb, except *nous* and *vous*.

je commençais	je mangeais
tu commençais	tu mangeais
il commençait	il mangeait
ils commençaient	ils mangeaient

4. The imperfect is used to express habitual, repeated, or continuous actions in the past. When the event began or ended is not important. The imperfect is often accompanied by time expressions like *toujours, tous les jours, tous les ans, tout le temps, souvent, d'habitude, de temps en temps,* and *quelquefois.*

> *Tous les dimanches,* nous *avions* un déjeuner en famille.
> *De temps en temps,* j'*invitais* des amis.
> Après, mon père *faisait toujours* une petite sieste.

5. The imperfect is also used to describe persons, places, and things in the past.

> *C'était* une belle soirée d'août.
> Il *faisait* très beau.
> Christophe *avait* 20 ans.
> Il *était* heureux d'être à Paris.
> Il *trouvait* que Paris *était* la plus belle ville du monde.
> Il *voulait* y passer toute sa vie.

Note that the imperfect is used to describe location, time, weather, age, physical appearance, physical and emotional conditions or states, attitudes, and desires.

Exercices

 A **Avant.** Répondez d'après le modèle.

> —Nous écoutons les informations tous les jours.
> —*Nous aussi, avant, nous écoutions les informations tous les jours.*

> —J'écoute les informations tous les jours.
> —*Moi aussi, avant, j'écoutais les informations tous les jours.*

1. Nous discutons avec des amis tous les jours.
2. Nous allons au «Club Fitness» tous les jours.
3. Nous nageons dans la piscine tous les jours.
4. Nous nous exerçons dans le gymnase tous les jours.
5. Je joue au foot tous les jours.
6. Je lis le journal tous les jours.
7. Je prends le train tous les jours.
8. Je fais la vaisselle tous les jours.
9. Je mange des fruits tous les jours.
10. Je commence un livre tous les jours.

B **Vous n'avez pas bien entendu.** Posez les questions qui correspondent aux réponses de l'exercice précédent. Suivez le modèle.

> —Nous aussi, avant, nous écoutions les informations tous les jours.
> —*Qu'est-ce que vous écoutiez tous les jours?*

> —Moi aussi, avant, j'écoutais les informations tous les jours.
> —*Qu'est-ce que tu écoutais tous les jours?*

C **Quand ils étaient jeunes.** Répondez d'après le modèle.

> —Maintenant il a une voiture. (un vélo)
> —*Quand il était jeune, il avait un vélo.*

1. Maintenant, il est riche. (pauvre)
2. Maintenant, elle voyage en première classe. (deuxième classe)
3. Maintenant, il va dans un grand hôtel. (une auberge de jeunesse)
4. Maintenant, elle achète ses vêtements chez un grand couturier. (dans les hypermarchés)

5. Maintenant, ils mangent dans les grands restaurants. (les cafés)
6. Maintenant, ils ont une grande maison. (un petit appartement)
7. Maintenant, ils partent en vacances pendant trois mois. (trois jours)

D **Quand j'étais enfant.** Mettez au passé.

Nous avons une maison de campagne en Bourgogne. C'est une très belle maison, un ancien petit château. Il y a quinze pièces, un grand jardin et au fond du jardin, une petite rivière.

Comme la maison est grande, nous pouvons facilement inviter des amis. Nous y allons tous les quinze jours. Mes parents aiment beaucoup le calme de la Bourgogne.

En hiver, nous faisons de longues promenades dans la campagne, puis nous rentrons à la maison. Mon père allume un feu dans la cheminée, lui et ma mère lisent tranquillement, mes frères jouent au Monopoly, et moi j'écoute de la musique. Ou alors, je prépare de bons petits plats que toute la famille mange avec appétit.

En été, nous devenons plus sportifs: mes frères font du bateau sur le canal, mes parents vont à la pêche, et mes amis et moi, nous jouons au tennis. Et notre moyen de transport? La voiture? Non, pas du tout, nous roulons à vélo!

Sémur-en-Auxois en Bourgogne

JOURNALISME

Les Jeunes Français et l'Argent

INTRODUCTION

La plupart des jeunes Français reçoivent de l'argent de poche de leur famille. Comme cette somme n'est pas très élevée, nombreux sont les jeunes qui ont d'autres sources de revenus: les petits boulots du genre baby-sitting ou cours donnés à de jeunes élèves.

Le magazine français *Jeune et jolie* a interviewé plusieurs jeunes Français pour savoir d'où vient leur argent de poche et comment ils l'utilisent. Lisez ce que trois de ces jeunes gens ont répondu. Qu'est-ce que vous auriez dit si ce magazine vous avait interviewé(e)?

VOCABULAIRE

Ce jeune homme est coincé.

un animateur   une animatrice

une colonie de vacances

la progéniture   les enfants
la fac(ulté)   l'université
une bourse   l'argent que les étudiants reçoivent de l'État pour faire leurs études
un bouquin   un livre
une combine   un système, un moyen
au bercail   à la maison

s'en sortir   se tirer d'une mauvaise situation
se moquer de   ne pas attacher d'importance à
gratter sur   économiser sur
se serrer la ceinture   se refuser certaines choses, se priver

Exercices

A **On parle comme les étudiants.** Les étudiants utilisent des mots d'un style familier. Trouver les mots qui correspondent dans la langue de tous les jours.

1. la fac
2. au bercail
3. s'en sortir
4. un bouquin
5. coincé(e)
6. une combine
7. gratter sur
8. se serrer la ceinture

a. en difficulté
b. économiser sur
c. se priver
d. se tirer d'une mauvaise situation
e. l'université
f. un livre
g. un moyen
h. à la maison

B **Quelle catégorie?** Classez les divers revenus et dépenses dans les catégories ci-dessous.

logement - transport - jobs d'été - loisirs - cadeaux de la famille

1. 100 F pour mon anniversaire
2. un carnet de tickets
3. baby-sitting = 40 F
4. dîner avec Bob = 50 F
5. auberge de jeunesse = 30 F
6. aller-retour Saulieu = 100 F
7. cours de maths aux petits Dupont = 80 F
8. cinéma = 40 F

C **Ils n'ont pas beaucoup d'argent.** Complétez.

1. Leurs parents ont beaucoup d'enfants: ils ont une grande ___.
2. L'État leur donne une ___ pour faire leurs études.
3. L'été, ils travaillent dans une colonie de vacances: lui comme ___, elle comme ___.
4. Ils n'attachent pas beaucoup d'importance à l'argent. Ils se ___ de ne pas en avoir.

L'ARGENT DE POCHE

1 000 F par mois. C'est la somme moyenne allouée par les parents à leur chère progéniture. À cela s'ajoutent évidemment des extras plus ou moins nombreux et d'horizons divers et variés. Le tout constitue un mot magique: l'argent de poche. D'où vient-il, où va-t-il? Réponse à 1 000 balles!

KARINE: AUCUNE IDÉE

Budget mensuel: aucune idée!
Logement: chez ses parents
Participation des parents: 800 F
Jobs d'été: 9 500 F
Petits cadeaux de la famille: 2 500 F
Dépenses mensuelles: sorties 350 F, sport 100 F, livres et fournitures scolaires 1 500 F

Karine, 19 ans, en deuxième année de langues étrangères appliquées (LEA) à l'université de Paris 12 (Créteil). «Combien je dépense par mois? Je n'en ai aucune idée. Mes parents me payent tout, sauf les extras.» Bien que ceux-ci habitent à 30 km de sa fac, Karine a choisi de rester au bercail: «Je suis nourrie, logée, habillée, équipée, blanchie[1]... Je crois qu'en moyenne, mes parents me donnent 200 F par semaine (transport, déjeuners...), mais c'est très irrégulier. Mes économies (petits cadeaux et jobs d'été) me permettent de payer mes sorties: ciné, resto ou café. Pour moi, entre le lycée et la fac, rien n'a vraiment changé. Dépendre de mes parents ne me gêne[2] pas, dans la mesure où[3] ils peuvent et veulent me payer tout ce dont j'ai besoin.»

[1] **je suis... blanchie** *my laundry is done for me*
[2] **gêne** *bother*
[3] **dans la mesure où** *insofar as*

THIERRY: 2 800 F

Budget mensuel: 2 800 F
Bourse: 1 800 F
Participation des parents: 1 000 F
Jobs d'été: 12 000 F
Dépenses mensuelles: chambre en cité U[4] 583 F, livres et fournitures scolaires 100 F, repas 600 F, transport 315 F, sorties 150 F, natation 40 F

Thierry, 23 ans, étudiant en licence* d'information et communication à Grenoble. «Je suis toujours très juste[5]. Je me serre la ceinture, surtout sur les loisirs et les sorties, mais je m'en sors. Je travaille pendant toutes les vacances comme animateur de colonie de vacances. Cet argent me sert surtout les premiers mois de l'année scolaire, pour payer mes fournitures, mes bouquins, en attendant que ma bourse arrive. Je ne prends qu'une semaine de vacances par an. Je ne vais pratiquement jamais au restaurant ni au théâtre, et pas plus de deux fois par mois au cinéma… Mais dans le fond[6], je m'en moque un peu.»

ISABELLE: 3 400 F

Budget mensuel: 3 400 F
Participation des parents: 3 400 F
Jobs: 4 000 F pour l'année
Jobs d'été: 8 000 F
Dépenses mensuelles: loyer[7] 1 700 F, livres 300 F, repas 500 F, transport 180 F (et 1 880 F par an pour rentrer chez ses parents), sorties 350 F

Isabelle, 21 ans, est venue de Clermont-Ferrand pour poursuivre ses études de lettres à Paris.
«Je fais des économies, au cas où mes parents seraient un peu coincés financièrement, et surtout pour moins dépendre d'eux. Avec ce qu'ils me donnent, je réussis à parer à[8] l'essentiel: appartement, nourriture et fournitures scolaires. Pour le reste, je fais toutes sortes de petits boulots (vendeuse, animatrice, baby-sitting, cours…), et j'essaye de tout payer à tarif réduit. Je mange dans des restos exotiques pour 30 F, j'ai mes adresses, mes combines, je m'habille aux puces… Je gratte sur tout. Ce qui me reste… c'est pour mes vacances.»

---

[4] **cité U(niversitaire)**   *student dorms*
[5] **je suis… juste**   *money is always a bit tight*
[6] **dans le fond**   *really*
[7] **loyer**   *rent*
[8] **parer à**   *taking care of*
* **la licence**   *university degree corresponding to a B.A.*

Compréhension

A **Karine.** Répondez d'après le texte.

1. Karine fait des études scientifiques ou littéraires?
2. Sait-elle combien d'argent elle dépense par mois?
3. Où habite-t-elle?
4. Qui paie tous ses frais?
5. Combien ses parents lui donnent-ils?
6. Pourquoi est-ce que cela ne la gêne pas que ses parents lui paient tout?

B **Thierry.** Répondez d'après le texte.

1. Quel genre d'études fait Thierry?
2. Est-ce qu'il a beaucoup d'argent?
3. Sur quoi économise-t-il surtout?
4. Que fait-il pendant les vacances?
5. Que fait-il de l'argent qu'il gagne pendant les vacances?
6. Combien de fois par mois va-t-il au restaurant? Au théâtre? Au cinéma?
7. Est-il triste de ne pas pouvoir sortir très souvent?

C **Isabelle.** Répondez d'après le texte.

1. Quel genre d'études fait Isabelle?
2. D'où vient-elle?
3. Est-ce qu'elle dépend beaucoup de ses parents?
4. Pourquoi fait-elle des économies?
5. Quels petits boulots fait-elle?
6. Comment économise-t-elle de l'argent?

Activités

A **Budget.** Faites une liste de vos dépenses et une liste de vos revenus. Établissez ensuite un budget.

B **Projet.** Vous et votre camarade avez besoin d'argent pour réaliser un projet: acheter une moto, faire un petit voyage, etc. Choisissez un projet, calculez la somme d'argent dont vous aurez besoin et préparez un plan d'action pour obtenir cet argent.

Le Marché aux puces de la Porte de Saint-Ouen

La France en 1900

Introduction

(handwritten: In France, 1900 — universal — the tour)

En France, 1900 c'est l'Exposition universelle et la tour Eiffel; c'est aussi le début de l'électricité et du cinéma. Mais comment les

(handwritten: electricity, theatre, cinema)

gens vivaient-ils au quotidien? Vous le saurez en lisant l'article qui suit. Il a paru dans *Okapi*, un magazine destiné aux jeunes.

(handwritten: magazine destiny, destination, Okapi, nous mois 3)

Vocabulaire

un écriteau

Vitrier!

Chiffonnier!

Ramoneur!

un tailleur

un chiffon

une charrette

un réverbère/un bec de gaz

un cocher

un allumeur de réverbères

Le Soir!

une casquette

un fiacre

un gamin (des rues)

Exercices

A Associations. Trouvez les mots qui correspondent.

1. un vitrier   a. un cheval
2. un ramoneur   b. les cheveux
3. un tailleur   c. une chaussure
4. un lacet   d. un âne
5. un porte-plume   e. une fenêtre
6. un réverbère   f. un allumeur
7. un fiacre   g. une cheminée
8. un chiffonnier   h. un chiffon
9. une charrette   i. des vêtements
10. un ruban   j. des boucles
11. des anglaises   k. l'encre

B Oui ou non? Corrigez.

1. Un bec de gaz donne de la lumière. Oui
2. Un cocher répare les fenêtres. Non
3. Une blouse est ce que portaient les élèves en 1900. Oui
4. Un mauvais élève porte la croix d'honneur. Non
5. Les gamins des rues portaient des rubans dans les cheveux. Non
6. Une institutrice enseigne dans une école secondaire.
7. Un écriteau est une écriture penchée. Oui

Comment vivait-on en 1900?

La rue est pleine de cris: «Vitrier! Ramoneur! Chiffonnier!» Les artisans travaillent dans la rue, avec leur atelier installé sur une charrette. Le chiffonnier tire[1] son âne. Il passe chez les couturiers et chez les tailleurs pour récupérer les bouts de chiffons et pour les vendre à une fabrique de papier.

En 1900, rien ne se jette. Tout se fabrique en solide et se réutilise. Et de nombreux artisans vivent ainsi, plus ou moins bien, de la réparation des objets que l'on utilise tous les jours.

Dans la rue, le cheval est roi. Trois chevaux tirent l'omnibus sur des rails, car la voie n'est pas encore électrifiée. Le cocher grimpe[2] avec quelques voyageurs sur l'étage supérieur qu'on appelle «l'impériale». Les taxis sont des fiacres décapotables à quatre roues, tirés par des chevaux.

Sur la façade des beaux immeubles, un écriteau signale le dernier confort: «Eau et gaz à tous les

Le vendeur de poteries

La rue

[1] **tire** *pulls*
[2] **grimpe** *climbs*

étages». L'eau n'est pas toujours à chaque évier, mais elle est disponible à chaque palier[3]. Dans les beaux appartements, on s'éclaire au gaz de ville. Ce soir, l'allumeur de réverbères va passer dans la rue pour ouvrir et allumer les becs de gaz. Demain matin, il viendra les éteindre.

Les petites filles de bonne famille portent des rubans dans les cheveux et des robes blanches. De longues boucles leur descendent en spirale dans le dos; c'est la mode des «anglaises».

Ce petit garçon porte la large casquette des gamins des rues parisiens. Il est vendeur de lacets. La loi[4] interdit le travail des enfants à l'usine. Mais, dès la fin de l'école primaire[5], beaucoup d'enfants exercent un métier.

L'idée ne vient encore à personne d'aller acheter ses lacets dans les grands magasins, car il en existe très peu. Et de toute façon, chacun trouve dans la rue tout ce qu'il veut acheter.

C'est le début de la radioscopie. Le médecin voit enfin à l'intérieur du corps, sans avoir besoin d'opérer. Et il voit surtout les cavernes creusées[6] dans les poumons par une terrible maladie: la tuberculose. Ce mal est responsable de la moitié des décès[7], dans les grandes villes, en 1900.

Mais beaucoup de médecins vont payer de leur vie la découverte scientifique qui permet de dépister[8] la tuberculose. Ils sont assis devant un simple meuble[9] de bois. Pendant tout le temps où ils observent leur malade, ils reçoivent des rayons X dans le corps. Comme rien ne les protège contre ces rayons dangereux, ils sont brûlés peu à peu. Certains en mourront.

Pour téléphoner, en 1900, il faut obligatoirement passer par «la demoiselle du téléphone». C'est elle qui vous relie à votre correspondant. On ne peut pas obtenir directement le numéro que l'on désire.

Il n'y a donc pas de cadran ni de chiffres sur le lourd téléphone noir dont on dispose à la maison. Mais il y a une belle manivelle[10], pour faire venir le courant!

On compte, en France, 7 téléphones pour 10 000 habitants. L'abonnement[11] coûte cher, et ces drôles[12] d'appareils font un peu peur.

Le vendeur de lacets

La radio des poumons

La demoiselle du téléphone

[5] **dès... primaire**   as soon as they finish elementary school
[6] **les cavernes creusées**   cavities burrowed
[7] **la moitié des décès**   half of all deaths

[8] **dépister**   to detect
[9] **un meuble**   piece of furniture
[10] **une manivelle**   crank
[11] **l'abonnement**   phone service
[12] **drôles**   funny, strange

[3] **palier**   landing (of a staircase)
[4] **la loi**   law

La salle de classe

L'école n'a pas toujours été ouverte à tous. En 1881, le ministre Jules Ferry la rend gratuite[13] et obligatoire de 7 ans jusqu'à 12 ans. Le gouvernement forme et paye les instituteurs. Tout Français doit apprendre à lire, compter et écrire.

Pas de fantaisie dans la classe. L'élève porte une blouse noire boutonnée dans le dos, et le meilleur de la division reçoit la croix d'honneur.

La maîtresse donne le cours de morale: «Ne fais pas aux autres ce que tu ne voudrais pas qu'on te fît.» Bonne occasion d'apprendre en même temps l'imparfait du subjonctif: «fît». On va à l'école 6 heures par jour, sauf le jeudi et le dimanche.

L'examen du Certificat d'études termine de solides études primaires. Le candidat doit réussir sa dictée avec moins de cinq fautes. Il écrit d'une belle écriture penchée, à l'encre violette et au porte-plume. Il récite par cœur les départements, les fleuves[14] et les dates de l'histoire de France.

Le lycée est payant: il est plutôt réservé aux familles riches. Et rares sont les filles qui y ont droit[15]. Souvent, elles vont dans des institutions privées, où elles apprennent surtout la broderie[16] et la cuisson des confitures[17].

---

[13] **gratuite** *free*
[14] **fleuves** *rivers*

[15] **y ont droit** *are allowed to attend*
[16] **la broderie** *embroidery*
[17] **la cuisson des confitures** *jam making*

Compréhension

A **La rue.** Vrai ou faux?

1. En 1900, les artisans avaient des ateliers.
2. On jetait ce qui était usé.
3. L'omnibus était tiré par des chevaux.
4. Les omnibus avaient deux étages.
5. Dans les beaux immeubles, les appartements étaient éclairés au gaz.
6. On éteignait et allumait les becs de gaz tous les jours.

Le vendeur de gui

B **Le vendeur de lacets.** Vrai ou faux?

1. Les petites filles de bonne famille avaient les cheveux courts.
2. Beaucoup d'enfants travaillaient après l'école primaire.
3. La loi les autorisait à travailler.
4. Les grands magasins existaient déjà.
5. La plupart des gens achetaient ce qu'ils voulaient dans la rue.

C **La radio des poumons.** Vrai ou faux?

1. On pouvait déjà faire des radioscopies des poumons.
2. Il n'y avait aucun cas de tuberculose. *Oui*
3. Les médecins savaient que les rayons X étaient dangereux. *Oui*
4. Aucun médecin n'est mort, brûlé par les rayons X.

D **La demoiselle du téléphone.** Oui ou non? Corrigez d'après le texte.

1. On pouvait téléphoner directement. *Non*
2. Il y avait un cadran et des chiffres sur les téléphones. *Non*
3. Il y avait une manivelle sur les téléphones. *Oui*
4. Il y avait 1 téléphone pour 1 000 personnes. *Non*
5. Les gens n'hésitaient pas à se servir du téléphone. *Oui*

E **La salle de classe.** Oui ou non? Corrigez d'après le texte.

1. C'est grâce à Jules Ferry que l'école primaire est devenue gratuite et obligatoire.
2. Les enfants allaient à l'école jusqu'à 14 ans.
3. Les élèves pouvaient s'habiller comme ils voulaient.
4. Les enfants allaient à l'école tous les jours sauf le samedi et le dimanche.
5. Les enfants devaient apprendre la géographie pour obtenir le Certificat d'études.
6. Toutes les filles allaient au lycée.

Activités

A **Le téléphone.** Reprenez le texte sur le téléphone et mettez-le à l'imparfait.

B **Vos parents.** Demandez à vos parents (ou à vos grands-parents) comment ils vivaient quand ils avaient votre âge. Faites une petite rédaction sur ce sujet.

C **Votre ville.** Demandez aux élèves d'«Histoire» de faire un exposé dans votre classe sur la vie dans votre ville ou village en 1900. Comparez avec eux la vie en France en 1900 et celle de votre ville. Ensuite, faites une petite rédaction sur ce sujet.

La marchande des quatre saisons

STRUCTURE II

Les adjectifs   *Describing Persons or Things*

1. An adjective must agree in gender and number with the noun it describes or modifies. Most feminine adjectives are formed by adding an *-e* to the masculine form.

    un homme *intelligent*   une femme *intelligente*
    un veston *noir*   une chemise *noire*

2. To form the plural, an *-s* is added to the adjective.

    des hommes *intelligents*   des femmes *intelligentes*
    des vestons *noirs*   des chemises *noires*

3. Remember that final consonants are silent. However, when a final consonant is followed by an *-e*, it is pronounced. Therefore, many adjectives have a final consonant sound in the feminine that they don't have in the masculine.

MASCULINE → FEMININE	
grand	grande
petit	petite
intelligent	intelligente

4. Some adjectives have irregular feminine forms. Review the following:

	MASCULINE → FEMININE		MASCULINE → FEMININE	
No change	facile	*facile*	rapide	*rapide*
Double consonant	cruel	*cruelle*	gentil	*gentille*
	bon	*bonne*	breton	*bretonne*
	ancien	*ancienne*	parisien	*parisienne*
	gros	*grosse*	bas	*basse*
-eux > -euse	furieux	*furieuse*	généreux	*généreuse*
-f > -ve	sportif	*sportive*	actif	*active*
-er > -ère	cher	*chère*	étranger	*étrangère*
-et > -ète	complet	*complète*	inquiet	*inquiète*

5. Some adjectives have irregular masculine plural forms. Review the following.

	MASCULINE SINGULAR	MASCULINE PLURAL
No change: -s > -s -x > -x	le **gros** chien un ami **généreux**	les **gros** chiens des amis **généreux**
-al > -aux	le groupe **social**	les groupes **sociaux**

6. Most adjectives follow the noun. However, some common ones precede it.

beau	bon	long
nouveau	mauvais	joli
vieux	petit	jeune
	grand	gros

cruel → cruelle
facile → facile
furieux → furieuse
sportif → sportive
chèr → chère

7. The adjectives *beau, nouveau,* and *vieux* have special forms. Pay particular attention to the forms used before a masculine noun beginning with a vowel sound (i.e. *immeuble*).

MASCULINE		FEMININE
un **beau** bureau de **beaux** bureaux	un *bel* immeuble de **beaux** immeubles	une **belle** maison de **belles** maisons
un **nouveau** bureau de **nouveaux** bureaux	un *nouvel* immeuble de **nouveaux** immeubles	une **nouvelle** maison de **nouvelles** maisons
un **vieux** bureau de **vieux** bureaux	un *vieil* immeuble de **vieux** immeubles	une **vieille** maison de **vieilles** maisons

Note that *de* and not *des* is used before an adjective preceding a plural noun. However, in everyday speech, *des* is commonly used.

8. A few adjectives have a different meaning when placed before or after the noun:

un *grand* homme	*a great man*
un homme *grand*	*a tall man*
un *pauvre* homme	*a poor man (unfortunate)*
un homme *pauvre*	*a poor man (who has no money)*

Exercices

A **Les collègues.** Complétez.

1. Laure est très ___. Elle ne répète rien à personne. Mais attention à Marc. Il est très ___. Je t'assure qu'il répétera tout ce que tu lui diras. (discret, indiscret)
2. Hélène est très ___. Elle n'a jamais peur de rien. Mais je trouve que beaucoup de ses amis sont très ___. C'est bizarre. (courageux, timide)
3. Je sais qu'elle est ___, mais je crois que son fiancé est ___. (parisien, breton)

B **Un nouveau patron.** Complétez.

1. En fait, notre nouveau patron est une femme. Il paraît qu'elle est très ___. (intelligent)
2. Elle est très ___. (sportif)
3. Elle aime les gens qui sont très ___. (direct)
4. Elle n'aime pas les gens qui sont trop ___. (sérieux)
5. Elle est aussi très ___. (généreux)
6. J'espère qu'elle est aussi ___. (sympathique)

C **Dans mon quartier.** Mettez au pluriel.

1. C'est un vieil immeuble.
2. Devant, il y a un bel arbre.
3. Dans la rue, il y a un nouveau magasin et une nouvelle boutique.
4. C'est le nouveau propriétaire.
5. C'est un bel homme.
6. C'est un homme original.
7. Sa boutique est originale aussi.

D **Quand les autres vous énervent.** Complétez.

1. C'est un ___ idiot! (vieux)
2. C'est un ___ hypocrite! (vieux)
3. C'est un ___ imbécile! (beau)
4. C'est un ___ crétin! (beau)
5. C'est une ___ idiote! (beau)

Etes-vous intelligent(e)?

Evaluez votre aisance intellectuelle en répondant aux questions de l'Evénement du jeudi

TIMOLÉON

3617 LEVENEMENT

CP N° 66493

NRJ

La plus belle radio

E **Comment sont-ils?** Décrivez-les physiquement et imaginez leur caractère.

1. Valérie
2. Christophe
3. Isabelle
4. Philippe
5. une grand-mère
6. un ancien combattant

Le subjonctif ou l'infinitif

Expressing Wishes, Preferences, and Demands Concerning Oneself or Others

With expressions that require the subjunctive, the subjunctive is used only when the subject of the dependent clause is different from the subject of the main clause. When there is no change of subject in the sentence, the infinitive is used instead of a clause with the subjunctive.

SUBJUNCTIVE	INFINITIVE
Je veux que *tu lises* le courrier. *Il* faut que *vous soyez* à l'heure.	*Je* veux *lire* le courrier. *Il* faut *être* à l'heure.

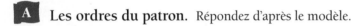

Exercices

A **Les ordres du patron.** Répondez d'après le modèle.

> **Il faut lire le courrier.**
> *Il faut que vous lisiez le courrier.*

1. Il faut répondre aux lettres.
2. Il faut taper les lettres.
3. Il faut envoyer un fax à Florence Gallois.
4. Il faut téléphoner à Bernard Lemaire.
5. Il faut écouter les messages téléphoniques.
6. Il faut vérifier les factures.
7. Il faut aller à la réunion.
8. Il ne faut pas fumer.

B **Comment économiser.** Complétez.

1. Je voudrais ___ des économies. (je/faire)
2. Mon père voudrait ___ un compte. (je/ouvrir)
3. Il souhaite ___ de l'argent à la banque tous les mois. (je/mettre)
4. Il préfère ___ de l'argent de poche toutes les semaines. (il/me donner)
5. Il souhaite ___ l'argent que j'ai à la banque. (je/ne pas dépenser)
6. Je veux ___ des intérêts. (je/recevoir)

D'autres verbes au présent du subjonctif

More Verbs Expressing Actions that May or May not Take Place

1. Some verbs have two stems in the present subjunctive. All forms except *nous* and *vous* have the regular stem (based on the *ils/elles* form of the present indicative). The *nous* and *vous* forms have an irregular stem.

INFINITIVE	PRESENT SUBJUNCTIVE			
prendre	que je	*prenne*	que nous	*prenions*
apprendre	que j'	*apprenne*	que nous	*apprenions*
comprendre	que je	*comprenne*	que nous	*comprenions*
venir	que je	*vienne*	que nous	*venions*
recevoir	que je	*reçoive*	que nous	*recevions*
devoir	que je	*doive*	que nous	*devions*

2. Verbs that have a spelling change in the present indicative keep the same spelling change in the present subjunctive.

INFINITIVE	PRESENT SUBJUNCTIVE			
voir	que je	*voie*	que nous	*voyions*
croire	que je	*croie*	que nous	*croyions*
appeler	que j'	*appelle*	que nous	*appelions*
acheter	que j'	*achète*	que nous	*achetions*
répéter	que je	*répète*	que nous	*répétions*

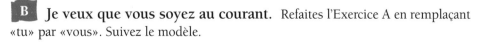

Exercices

A **Je veux que tu sois au courant.** Faites des phrases avec les expressions indiquées.

1. Tu viens avec moi téléphoner. (il faut que)
2. Tu appelles tes grands-parents. (j'exige que)
3. Tu reçois de bonnes nouvelles. (je souhaite que)
4. Tu achètes le journal. (je voudrais que)
5. Tu prends aussi un magazine. (j'aimerais que)
6. Tu comprends ce qui se passe. (il vaut mieux que)
7. Tu vois le journal télévisé. (j'insiste pour que)
8. Tu ne crois pas tout ce que dit la télé. (il est bon que)

B **Je veux que vous soyez au courant.** Refaites l'Exercice A en remplaçant «tu» par «vous». Suivez le modèle.

> Vous venez avec moi téléphoner. (il faut que)
> *Il faut que vous veniez avec moi téléphoner.*

LITTÉRATURE

LA NAUSÉE

Jean-Paul Sartre

AVANT LA LECTURE

Aux États-Unis, comme en France, il y a des endroits (clubs, bowlings, cafés, etc.)
où les gens aiment se retrouver régulièrement. Quels sont ces endroits pour vous,
pour vos parents, pour d'autres personnes que vous connaissez?

VOCABULAIRE

La bonne s'essuie la main.

un tablier

un marin

Il y a deux marins au fond de la salle.

Puis elle tend la main au jeune homme.

faire ses adieux dire au revoir	**s'approcher de** aller près de
bien s'entendre bien s'aimer	**s'ennuyer de quelqu'un** souffrir de
prendre un verre boire	l'absence de quelqu'un
se rappeler se souvenir de	**s'apercevoir** prendre conscience,
avoir l'habitude de être accoutumé(e) à	remarquer, noter

Exercices

A **Synonymes.** Exprimez d'une autre façon ce qui est en italique.

1. Il a *dit au revoir* à sa famille.
2. Je ne *me souviens plus de* son nom.
3. Elle *s'est séché* les mains.
4. Tous les matins, il *était accoutumé à* prendre un café au lait au café du coin.
5. Il travaille beaucoup. Il ne *remarque* pas que le temps passe.

B **Fin de phrase.** Terminez les phrases suivantes.

1. Ils ne se disputent jamais, ils ___.
2. Elle voulait lui souhaiter la bienvenue, alors elle lui ___.
3. Ce n'est pas tous les jours que j'ai le plaisir de vous rencontrer. Allons donc au café ___.
4. Je veux bien faire la vaisselle, mais j'ai une robe toute propre, alors passe-moi un ___.
5. Il était trop loin et il n'entendait pas; alors il ___.
6. Le téléphone public, c'est ___.
7. Son mari est toujours parti en voyage. Elle ___.
8. Il travaille sur un bateau. Il est ___.
9. Elle habite chez des gens. Elle fait tout pour eux dans la maison. C'est leur ___.

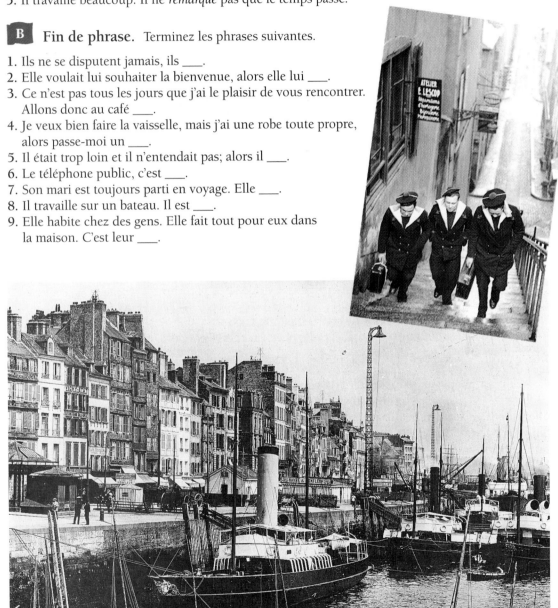

Le Havre: le port

INTRODUCTION

Jean-Paul Sartre (1905–1980) est un philosophe, un romancier et un auteur dramatique. Il fait ses études de philosophie à Paris. Il enseigne d'abord au Havre, à Laon, puis à Paris. Jean-Paul Sartre est certainement le plus éminent des philosophes existentialistes, car en plus de ses ouvrages philosophiques, il a illustré sa doctrine philosophique dans ses romans et ses pièces de théâtre.

Son roman *La Nausée* (1938) met en scène un homme, Antoine Roquentin, qui vit en solitaire à Bouville (en réalité Le Havre). Après une longue crise d'angoisse existentielle, il décide d'aller s'installer à Paris.

Dans l'extrait qui suit, il vient faire ses adieux à la patronne du café dont il est un habitué. En lisant le texte, remarquez combien la patronne aime «son métier» et s'intéresse à ses clients.

LECTURE

La Nausée

«Je viens vous faire mes adieux.

—Vous partez, monsieur Antoine?

—Je vais m'installer à Paris, pour changer.

—Le veinard!°» […]

«On vous regrettera, dit la patronne. Vous ne voulez pas prendre quelque chose? C'est moi qui l'offre.»

On s'installe, on trinque°. Elle baisse° un peu la voix.

«Je m'étais bien habituée à vous, dit-elle avec un regret poli, on s'entendait bien°.

—Je reviendrai vous voir.

—C'est ça, monsieur Antoine. Quand vous passerez par Bouville, vous viendrez nous dire un petit bonjour. Vous vous direz: «Je vais aller dire bonjour à Mme Jeanne, ça lui fera plaisir.» C'est vrai, on aime bien savoir ce que les gens deviennent. D'ailleurs, ici, les gens nous reviennent toujours. Nous avons des marins, pas vrai? des employés de la Transat*: des fois je reste deux ans sans les revoir, un coup qu'ils sont° au Brésil ou à New York ou bien quand ils font du service à Bordeaux sur un bateau des Messageries†. Et puis un beau jour, je les revois. «Bonjour, madame Jeanne.» On prend un verre° ensemble. Vous me croirez si vous voulez, je me rappelle ce qu'ils ont l'habitude de prendre. À deux ans de distance! Je dis à

Le veinard! *Lucky devil!*

trinque *clink glasses*
baisse *lowers*
s'entendait bien *got along well*

un coup qu'ils sont *sometimes they are*

prendre un verre *have a drink*

---

* **la Transat** *short for "la Compagnie générale transatlantique," a French shipping company*

† **les Messageries** *short for "la Compagnie des Messageries maritimes," another French shipping company*

Madeleine: «Vous servirez un vermouth sec à M. Pierre, un Noilly Cinzano à M. Léon.» Ils me disent: «Comment que vous vous rappelez ça, la patronne?» «C'est mon métier», que je leur dis.»

Au fond de la salle, il y a un gros homme qui […] l'appelle:

«La petite patronne!»

Elle se lève:

«Excusez, monsieur Antoine.»

La bonne s'approche de moi:

«Alors, comme ça vous nous quittez?

—Je vais à Paris.

—J'y ai habité, à Paris, dit-elle fièrement°. Deux ans. Je travaillais chez Siméon. Mais je m'ennuyais d'ici.»

Elle hésite une seconde puis s'aperçoit qu'elle n'a plus rien à me dire:

«Eh bien, au revoir, monsieur Antoine.»

Elle s'essuie la main à son tablier et me la tend:

«Au revoir, Madeleine.»

fièrement   *proudly*

Jean-Paul Sartre, *La Nausée*, © Éditions Gallimard

Le café «La Coupole» à Paris, vers 1930

Après la lecture

Compréhension

A **Les personnages.** Dites lesquels parmi les personnages suivants sont dans la salle du café:
M. Antoine, M. Pierre, Mme Jeanne, M. Léon, Madeleine, Siméon

B **Bouville.** Cette ville se trouve au bord de la mer. Notez tout ce qui indique que c'est le cas.

C **Mme Jeanne.** La patronne est fière (*proud*) de son café et de son métier. Notez tout ce qu'elle dit pour exprimer cette fierté.

Activité

Les habitués. Imaginez que M. Pierre ou M. Léon revient voir Mme Jeanne. Recréez leur dialogue. Travaillez avec un(e) camarade.

La Réclusion solitaire

Tahar Ben Jelloun

Avant la lecture

Faites une liste de tout ce qu'il y a dans votre chambre: meubles, livres, tableaux, affaires personnelles, etc.

Vocabulaire

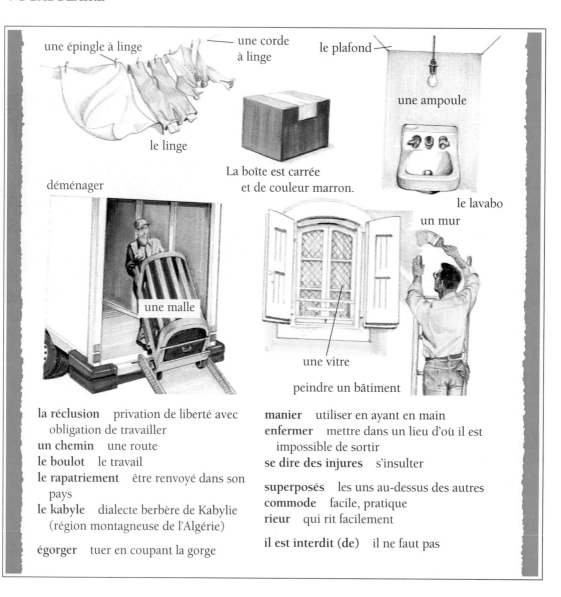

une épingle à linge

une corde à linge

le linge

La boîte est carrée et de couleur marron.

le plafond

une ampoule

le lavabo

déménager

une malle

une vitre

un mur

peindre un bâtiment

la réclusion   privation de liberté avec obligation de travailler
un chemin   une route
le boulot   le travail
le rapatriement   être renvoyé dans son pays
le kabyle   dialecte berbère de Kabylie (région montagneuse de l'Algérie)

égorger   tuer en coupant la gorge

manier   utiliser en ayant en main
enfermer   mettre dans un lieu d'où il est impossible de sortir
se dire des injures   s'insulter

superposés   les uns au-dessus des autres
commode   facile, pratique
rieur   qui rit facilement

il est interdit (de)   il ne faut pas

Exercices

A Synonymes. Exprimez d'une autre façon ce qui est en italique.

1. Il va *mettre de la peinture sur* le plafond.
2. Il *ne faut pas* fumer ici.
3. Il y a partout des piles de livres *les uns au-dessus des autres.*
4. N'oublie pas de repasser *les chemises, les serviettes et tout le reste.*
5. Nous voulons *changer d'appartement.*
6. Il a été condamné à *la privation de liberté.*
7. Pour *tuer* un mouton, il faut savoir *utiliser* un couteau.
8. *Être renvoyé dans son pays* lui fait peur.
9. Il va au *travail* à vélo.
10. *La route* est *facile.*

B Définitions. Donnez le mot qui correspond.

1. récipient de porcelaine avec de l'eau courante qui sert à faire sa toilette
2. objet qui sert à attacher des vêtements quand ils sèchent
3. objet carré qui sert à enfermer quelque chose
4. façon de changer la couleur d'une chose
5. une très grosse valise
6. une construction
7. dialecte berbère de Kabylie

Port de pêche dans la Kabylie, en Algérie

C Associations. Choisissez les mots qui sont associés.

1. peinture	a. prison
2. ampoule	b. voyage
3. malle	c. mur
4. lavabo	d. tableau
5. linge	e. injure
6. se disputer	f. lessive
7. épingle à linge	g. marron
8. fenêtre	h. toilette
9. joyeux	i. lumière
10. enfermer	j. vitre
11. couleur	k. corde à linge
12. plafond	l. rieur

INTRODUCTION

Tahar Ben Jelloun est né à Fès, au Maroc, en 1944. Romancier et poète, il reçoit le prix Goncourt en 1987 pour son roman *La Nuit sacrée*.

Dans le texte qui suit, extrait de *La Réclusion solitaire* (1976), il décrit l'indifférence, la haine, la violence et l'humiliation que rencontre un Arabe qui essaie de gagner sa vie à Paris. Tahar Ben Jelloun y a inclus beaucoup de souvenirs personnels.

LECTURE

La Réclusion solitaire

Aujourd'hui je ne travaille pas.

Je laverai mon linge dans le lavabo de la cour. J'irai ensuite au café.

Par arrêté préfectoral° (ou autre), je dois abandonner la malle*. On me propose une cage dans un bâtiment où les murs lépreux° et fatigués doivent abriter° quelques centaines de solitudes. Il n'y avait rien à déménager: des vêtements et des images; un savon et un peigne; une corde et quelques épingles à linge.

La chambre.

Une boîte carrée à peine éclairée par une ampoule qui colle au plafond°. Les couches de peinture° qui se sont succédées sur les murs s'écaillent°, tombent comme des petits pétales et deviennent poussière°.

Quatre lits superposés par deux. Une fenêtre haute. [...]

Le blond aux yeux marron me réveilla, m'offrit du thé et des figues et nous partîmes au travail.

À l'entrée du bâtiment, on nous a donné le règlement°:

—Il est interdit de faire son manger dans la chambre (il y a une cuisine au fond du couloir);

—Il est interdit de recevoir des femmes; [...]

—Il est interdit d'écouter la radio à partir de neuf heures;

—Il est interdit de chanter le soir, surtout en arabe ou en kabyle;

—Il est interdit d'égorger un mouton dans le bâtiment; [...]

—Il est interdit de faire du yoga dans les couloirs;

—Il est interdit de repeindre les murs, de toucher aux meubles, de casser° les vitres, de changer d'ampoule, de tomber malade,

arrêté préfectoral	*administrative order*
lépreux	*peeling*
abriter	*shelter*
colle au plafond	*sticks to the ceiling*
les couches de peinture	*coats of paint*
s'écaillent	*are flaking off*
poussière	*dust*
le règlement	*regulations*
casser	*break*

---

* **la malle** *nom que le narrateur donne à la chambre qu'il doit quitter*

d'avoir la diarrhée, de faire de la politique, d'oublier d'aller au travail, de penser à faire venir sa famille, [...] de sortir en pyjama dans la rue, de vous plaindre° des conditions objectives et subjectives de vie, [...] de lire ou d'écrire des injures sur les murs, de vous disputer, de vous battre, de manier le couteau, de vous venger°.

 —Il est interdit de mourir dans cette chambre, dans l'enceinte° de ce bâtiment (allez mourir ailleurs°; chez vous, par exemple, c'est plus commode);

 —Il est interdit de vous suicider (même si on vous enferme à Fleury-Mérogis†); votre religion vous l'interdit, nous aussi;

 —Il est interdit de monter dans les arbres;

 —Il est interdit de vous peindre en bleu, en vert ou en mauve;

 —Il est interdit de circuler en bicyclette dans la chambre, de jouer aux cartes, de boire du vin (pas de champagne);

 —Il est aussi interdit de [...] prendre un autre chemin pour rentrer du boulot.

 Vous êtes avertis°. Nous vous conseillons de suivre le règlement, sinon, c'est le retour à la malle et à la cave°, ensuite ce sera le séjour dans un camp d'internement en attendant votre rapatriement.

 Dans cette chambre, je dois vivre avec le règlement et trois autres personnes: le blond aux yeux marron, le brun aux yeux rieurs, et le troisième est absent, il est hospitalisé parce qu'il a mal dans la tête.

vous plaindre *complain*

vous venger *take revenge*
l'enceinte *confines*
ailleurs *elsewhere*

avertis *warned*
la cave *basement*

---

† Fleury-Mérogis *prison près de Paris*

Tahar Ben Jelloun, *La Réclusion solitaire*, Éditions Denoël

Compréhension

A **Journée libre.** Répondez d'après la lecture.

1. Quels projets le narrateur a-t-il faits pour la journée?
2. Il appelle la chambre qu'il doit quitter, «la malle». Pourquoi doit-il quitter cette chambre?
3. Comment sont les murs du bâtiment où il va? Qu'est-ce qu'ils abritent?
4. Qu'est-ce qu'il doit déménager?
5. Qui l'a réveillé?
6. Que lui a-t-il offert?
7. Que donne-t-on aux nouveaux locataires (*tenants*) à l'entrée du bâtiment?
8. Avec quoi et avec qui le narrateur doit-il vivre dans sa nouvelle chambre?

B **La chambre.** Décrivez la nouvelle chambre.

1. l'éclairage   3. les lits
2. les murs   4. les fenêtres

C **Le règlement.** Complétez.

1. On doit faire son manger dans ___.
2. On peut écouter la radio jusqu'à ___.
3. Il n'est pas permis de chanter le ___.
4. On peut aller mourir ___.
5. Il est interdit de monter dans ___.
6. Il est interdit de se peindre en ___.
7. Dans le bâtiment, il est interdit de ___.
8. Dans les couloirs, il est interdit de ___.
9. Sur les murs, il est interdit de ___.
10. Dans la chambre, il est interdit de ___.

D **Les interdictions.** Dites ce qu'il est interdit…

1. de toucher
2. de manier
3. de repeindre
4. de changer
5. de casser
6. d'oublier
7. de recevoir
8. de prendre
9. de faire
10. de lire ou d'écrire

Activités

A **La souffrance.** Dans ce bref extrait, Tahar Ben Jelloun a bien réussi à nous faire sentir la souffrance de l'immigré. Retrouvez dans la lecture les descriptions, les expressions, les interdictions qui vous ont surtout touché(e). Expliquez pourquoi.

B **La violence.** Dites pourquoi, à votre avis, le règlement stipule qu'il est interdit de se plaindre, de se disputer, de se battre, de se venger.

C **Triste et comique.** Parmi cette longue liste d'interdictions, y en a-t-il certaines qui vous font rire ou sourire? Identifiez lesquelles et dites pourquoi vous les trouvez drôles ou comiques.

CHAPITRE

3

LES LOISIRS

OBJECTIFS

In this chapter you will do the following:

1. learn what leisure activities French people of different ages enjoy
2. learn about some leisure activities such as attending a play, including buying the tickets and discussing the play afterwards
3. learn to express your opinions of certain leisure activities
4. review how to talk about actions in the past tense and how to compare people and things
5. read and discuss newspaper articles about the opening of *Les Misérables* on Broadway, a French surfing champion, and a cross-country race
6. review how to express emotional reactions to the actions of others, certainty or uncertainty, uniqueness, and emotions or opinions about past events
7. learn about the history and tradition of «la chanson française» and read and discuss the poetic song *Les Feuilles mortes*, by Jacques Prévert

CULTURE

LES LOISIRS EN FRANCE

Le jardin du Luxembourg

INTRODUCTION

En France, le temps libre ne cesse d'augmenter. Aujourd'hui, les Français travaillent en moyenne 39 heures par semaine. Par conséquent, les gens ont de plus en plus de temps pour les loisirs. Pendant leurs heures de loisirs, ils font du sport, ils écoutent de la musique, ils regardent la télévision, ils bricolent, ils sortent avec des amis, etc. Et plus ils ont du temps libre, plus la partie de leur budget consacrée aux loisirs augmente.

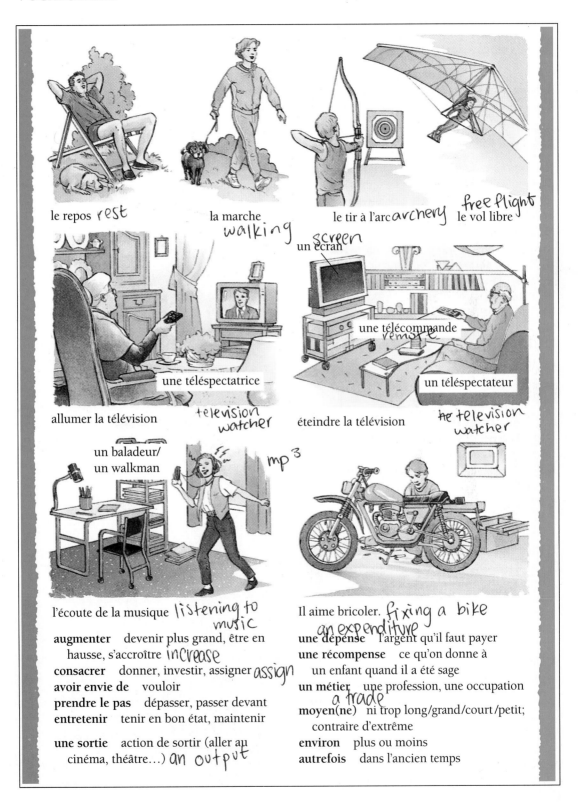

le repos *rest*

la marche *walking*

le tir à l'arc *archery*

le vol libre *free flight*

un écran *screen*

une téléspectatrice — *television watcher*

une télécommande *remote*

un téléspectateur *the television watcher*

allumer la télévision

éteindre la télévision

un baladeur/
un walkman

mp 3

l'écoute de la musique *listening to music*

augmenter   devenir plus grand, être en
hausse, s'accroître *increase*

consacrer   donner, investir, assigner *assign*

avoir envie de   vouloir

prendre le pas   dépasser, passer devant

entretenir   tenir en bon état, maintenir

une sortie   action de sortir (aller au
cinéma, théâtre…) *an output*

Il aime bricoler. *fixing a bike*

une dépense   l'argent qu'il faut payer *an expenditure*

une récompense   ce qu'on donne à
un enfant quand il a été sage

un métier   une profession, une occupation *a trade*

moyen(ne)   ni trop long/grand/court/petit;
contraire d'extrême

environ   plus ou moins

autrefois   dans l'ancien temps

Exercices

A **Loisirs sportifs.** Faites une liste…

1. de tous les sports individuels que vous connaissez.
2. de tous les sports collectifs (d'équipe) que vous connaissez.
3. des sports que vous faites ou que vous avez envie de faire.

B **Vos loisirs.** Donnez des réponses personnelles.

1. Vous aimez écouter de la musique?
2. Vous consacrez combien de temps environ à écouter de la musique?
3. Vous préférez quel genre de musique?
4. Est-ce que vous utilisez un baladeur?
5. Vous aimez regarder la télévision?
6. Aujourd'hui, vous allez allumer la télévision à quelle heure?
7. Et vous allez l'éteindre à quelle heure?
8. Vous passez combien d'heures par jour en moyenne devant le petit écran?
9. Vous tolérez bien ou mal les annonces publicitaires à la télé?
10. Vous avez une télécommande? Vous pratiquez le zapping?
11. Vous aimez bricoler?
12. Quelle récompense vous donnez-vous à vous-même quand vous avez bien travaillé?

C **Les loisirs, c'est sérieux.** Complétez.

1. Quand vous préparez votre budget, il ne faut pas oublier les _dépense_ de loisirs, c'est-à-dire l'argent dont vous aurez besoin pour les ___: aller au cinéma, etc.
2. Les loisirs coûtent de plus en plus cher: les dépenses de loisirs ___.
3. Pour gagner de l'argent, c'est-à-dire pour gagner sa vie, il faut exercer un ___ ou une profession.
4. Chez les Français, les sports individuels prennent le ___ sur les sports collectifs.
5. Un zappeur est une ___.
6. Celui qui regarde la télé est un ___; celle qui regarde la télé est une ___.
7. Pour obtenir de bons résultats sportifs, il faut ___ son équipement.
8. Après le travail, tout le monde mérite un peu de ___.
9. De nos jours, les gens ont de plus en plus de loisirs. Est-ce que c'était comme ça ___?

LES LOISIRS, LE TEMPS ET L'ARGENT

recreation, time and money [handwritten]

The French use a lot of time & money on leisure. [handwritten]

Les Français consacrent de plus en plus de temps et d'argent à leurs loisirs

Dans la vie d'un Français, le temps libre est trois fois plus long que le temps de travail. *3/4* [handwritten] Dans une vie moyenne (72 ans), le temps libre représente environ 25 ans, alors que le temps de travail et de scolarité en représente moins de 10. Le temps libre ne cesse d'ailleurs[1] d'augmenter. Cette augmentation profite surtout à la télévision, la pratique sportive, les sorties et spectacles.

Les Français consacrent en moyenne un peu plus de 7% de leur budget aux dépenses de loisirs, spectacles, enseignement, culture.

Le loisir n'est plus une récompense, mais une activité

Le temps libre se vivait autrefois comme une récompense. Il fallait avoir gagné sa vie à la sueur de son front[2], pour avoir droit au[3] repos, forme primaire du loisir.

L'individu se devait d'abord à sa famille, à son métier, à son pays, après quoi il pouvait penser à lui-même.

Les plus âgés des Français sont encore très sensibles[4] à cette notion de mérite, mais pour les plus jeunes, le loisir est un droit[5] fondamental. Il n'y a donc aucune raison de se cacher[6] ni d'attendre pour faire ce qu'on a envie de faire, bref pour «profiter de la vie».

---

[1] d'ailleurs   *besides, moreover*
[2] à la sueur de son front   *by the sweat of one's brow*
[3] avoir droit à   *to be entitled to*
[4] sensibles   *sensitive*
[5] un droit   *right*
[6] se cacher   *to hide*

individual, competitive, diverse sports

Le sport est plus individuel, moins compétitif, plus diversifié

Les Français sont globalement plus nombreux à avoir une activité sportive: un sur deux est concerné[7]—mais seulement un sur cinq peut être considéré comme un sportif régulier. Les sports individuels (comme le tennis et la marche) ont pris le pas sur les sports collectifs, qui sont peu pratiqués par les femmes.

Le nombre des activités sportives a lui aussi augmenté et il est de plus en plus fréquent d'en pratiquer plusieurs, plus ou moins régulièrement. Des sports nouveaux ou récents comme le base-ball, le golf, le canoë-kayak, le tir à l'arc, le vol libre ont de plus en plus d'adeptes[8]. Certaines activités comme le jogging et l'aérobic sont un peu en perte de vitesse[9], même si elles comptent encore beaucoup d'inconditionnels.

D'une manière générale, les Français cherchent moins à faire des performances et à aller au bout d'eux-mêmes[10] qu'à entretenir leur forme; le sport-plaisir prend le pas sur le sport-souffrance. Ils sont confortés dans cette idée par les médias qui, après en avoir fait l'apologie, dénoncent aujourd'hui les risques que peuvent présenter certaines activités comme le jogging, l'aérobic ou le tennis pour les personnes insuffisamment entraînées.

Dordogne: des jeunes français faisant du canoë et du kayak

---

[7] **concerné** *involved*
[8] **adeptes** *followers*
[9] **en perte de vitesse** *losing momentum*
[10] **aller au bout d'eux-mêmes** *to push themselves to the limit*

La musique a une place croissante dans la vie des Français

music in France

On constate une spectaculaire progression de l'écoute de la musique, sur disques, cassettes ou à la radio. Là encore, la naissance des baladeurs et des disques compacts, l'amélioration[11] des chaînes hi-fi et des postes de radio FM, ainsi que la baisse des prix, ont largement favorisé le mouvement.

L'augmentation de l'écoute musicale touche toutes les catégories de population sans exception, et tous les genres de musique, du jazz au rock en passant par la musique classique et l'opéra. Le phénomène est cependant plus marqué chez les jeunes. La moitié des 15–19 ans écoutent des disques ou cassettes tous les jours.

Les nouveaux comportements[12]

La diffusion de la télécommande, du magnétoscope, des jeux vidéo ou, plus récemment, de la réception par câble ou par satellite permet une plus grande maîtrise[13] de la télévision.

Les comportements des téléspectateurs sont progressivement transformés. Un téléspectateur sur quatre seulement décide à l'avance de son programme. La moitié décide au jour le jour. Le fait d'allumer la télévision est devenu un geste banal[14], plus qu'une décision.

Le zapping prend de plus en plus d'importance

Près des deux tiers des foyers[15] sont aujourd'hui équipés d'une télécommande. L'augmentation du nombre des chaînes et celle des publicités expliquent l'importance du zapping.

Les interruptions publicitaires sont de plus en plus mal tolérées, surtout pendant les films. 51% des personnes équipées de télécommande s'en servent pour éviter[16] la publicité.

---

[11] l'amélioration   *improvement*
[12] comportements   *behaviors*
[13] maîtrise   *mastery, command*
[14] banal   *commonplace, ordinary*
[15] foyers   *households*
[16] éviter   *to avoid*

Compréhension

A **Comment les Français occupent-ils leur temps libre?** Répondez.

1. Qu'est-ce que les Français consacrent à leurs loisirs?
2. Quelles activités profitent surtout de cette augmentation du temps consacré aux loisirs?
3. Quel pourcentage de leur budget les Français consacrent-ils aux dépenses de loisirs?
4. Pour les plus âgés, comment fallait-il gagner sa vie pour avoir droit au loisir du repos?
5. Qu'est-ce que c'est que le sport-plaisir?
6. Qu'est-ce que c'est que le sport-souffrance?
7. Lequel de ces deux types de sport les Français préfèrent-ils?
8. Quelle activité culturelle a une place croissante dans la vie des Français?
9. Quels genres de musique sont devenus plus populaires?

B **Les loisirs ont bien changé.** Analysez.

1. Pour un Français qui vit 72 ans, quelle est actuellement la proportion de temps libre par rapport au temps de travail?
2. Autrefois, que faisaient les Français de leur temps libre, s'ils en avaient?
3. Comparez les attitudes des plus âgés des Français à celles des plus jeunes en ce qui concerne le travail et les loisirs.
4. Expliquez ce que cette expression signifie: «Profiter de la vie».
5. Pourquoi les médias dénoncent-ils la pratique de certains sports?
6. Quelles sont les raisons qui ont favorisé la progression spectaculaire de l'écoute de la musique?
7. Qu'est-ce que le zapping et pour quelles raisons prend-il de plus en plus d'importance?

C **Oui ou non?** Corrigez d'après le texte.

1. Le temps libre continue à augmenter par rapport au temps de travail.
2. Le sport est la forme primaire du loisir.
3. Les Français préfèrent tous les sports compétitifs.
4. Les sports individuels sont très compétitifs.
5. Le nombre des activités sportives a augmenté.
6. L'intérêt pour la musique ne touche qu'un petit segment de la population.
7. La plupart des téléspectateurs savent exactement quels programmes ils vont regarder avant d'allumer la télévision.
8. Les interruptions publicitaires sont très bien tolérées par les Français.

Activités

A **Sondage-Jeunes.** À la question «Qu'aimez-vous faire quand vous ne travaillez pas?» les jeunes Français ont répondu qu'ils aimaient (dans l'ordre):

1. aller au cinéma
2. se réunir avec des copains
3. écouter de la musique
4. pratiquer un sport
5. voir leur petit(e) ami(e)
6. regarder la télévision
7. aller danser
8. faire les boutiques

Avec vos camarades de classe, faites un sondage sur les loisirs des Américains de 15 à 19 ans.

B **Comparaison entre Américains et Français.** En utilisant tous les renseignements qui vous ont été donnés au sujet des loisirs des Français, préparez une comparaison entre les loisirs des Français et ceux des Américains. Croyez-vous que les loisirs de ces deux groupes soient semblables ou différents? Justifiez votre opinion.

LE THÉÂTRE

VOCABULAIRE

la galerie

le deuxième balcon

le premier balcon

la corbeille

les places debout

l'orchestre

la scène

les coulisses

un fauteuil/une place

Les comédiens (acteurs) jouent une pièce de Molière (1622–1673). C'est une comédie intitulée *Le Bourgeois gentilhomme*.
Cette pièce a un énorme succès. Elle fait courir tout Paris.

une ride

Cet homme est âgé. Il a des rides.

Cette pièce se joue à
bureaux fermés.

Comédie-Française

LE BOURGEOIS
GENTILHOMME
de Molière

COMPLET

un entracte   temps qui sépare deux actes dans une
   représentation théâtrale
un gentilhomme   noble par sa naissance et / ou ses manières
une marquise   aristocrate, femme d'un marquis
le foyer (des artistes)   salle d'un théâtre où les acteurs
   s'assemblent avant et après le spectacle

génial   extraordinaire

hurler   crier très fort
hurler de rire   rire beaucoup et bruyamment
prendre des rides   devenir vieux, vieillir, prendre de l'âge

Exercices

A   **Au théâtre.**   Donnez des réponses personnelles.

1. Quand vous allez au théâtre, où préférez-vous vous asseoir: à l'orchestre, à la
   corbeille, au premier balcon, au deuxième balcon ou à la galerie?
2. Est-ce que vous aimez être assis(e) près de la scène?
3. Vous aimez les places debout?
4. Quels sont les fauteuils les plus chers: les fauteuils d'orchestre ou ceux
   de la galerie?
5. Les comédiens, les acteurs, vous intéressent?
6. Vous aimez aller dans les coulisses ou au foyer pendant l'entracte ou
   après la pièce?
7. Vous connaissez une pièce qui se joue ou qui s'est jouée à bureaux fermés?
   Laquelle?
8. Quel genre de pièces est-ce que vous préférez: les comédies ou les tragédies?
9. Quelle comédie ou quel comédien vous a fait hurler de rire?

B   **Synonymes.**   Exprimez d'une autre façon.

1. Cette pièce a eu un succès fou.
2. C'est une pièce extraordinaire.
3. C'est un homme qui a d'excellentes manières.
4. Elle est mariée à un marquis.
5. Elle a pris de l'âge.
6. Il crie très fort.

On va au théâtre?

CORINNE: On joue *Le Bourgeois gentilhomme* à la Comédie-Française ce soir. Tu veux y aller?

BERNARD: Tu rêves! Il n'y aura pas de places! Ça se joue à bureaux fermés depuis trois semaines!

CORINNE: Tu es sûr? Ce n'est pas le genre de pièce qui fait courir tout Paris, pourtant.

BERNARD: Écoute, on peut toujours téléphoner pour voir, mais je suis sûr qu'il n'y aura même pas de places debout.

CORINNE: Et si j'avais des billets, tu viendrais avec moi?

BERNARD: Bien sûr! Tu en as?

CORINNE: Oui, je les ai pris il y a quinze jours, mais je voulais te faire la surprise. Je savais bien que tu voudrais y aller. J'ai deux fauteuils d'orchestre.

Pendant l'entracte

CORINNE: Ah! J'adore! Et toi, ça te plaît? Qu'est-ce que tu en penses?

BERNARD: C'est vraiment très drôle. Ce nouveau riche qui veut apprendre les bonnes manières pour se faire aimer d'une marquise… C'est à hurler de rire! Et Roland Bertin est vraiment formidable dans ce rôle.

CORINNE: Oui, il est tout à fait génial en Monsieur Jourdain… Tu veux aller au foyer pour lui dire bonjour?

BERNARD: Non, pas vraiment. Ce qui m'intéresse c'est de voir les comédiens sur scène. C'est leur travail qui est fascinant. Et puis la pièce, bien sûr. Molière n'a pas pris une ride! Des Monsieur Jourdain, il y en a encore partout!

Compréhension

A **De quoi parlent-ils?** Répondez d'après la conversation.

1. On joue quelle pièce?
2. Où ça?
3. Pourquoi Bernard croit-il qu'il n'y aura pas de places?
4. De quoi est-ce qu'il est sûr?
5. Quelle est la surprise?
6. Quand Corinne a-t-elle pris les billets?
7. Qu'est-ce qu'elle a pris comme places?
8. Qui joue le rôle de Monsieur Jourdain (le bourgeois gentilhomme)?
9. Bernard a-t-il envie d'aller dire bonjour aux comédiens pendant l'entracte?
10. Qu'est-ce qui l'intéresse?
11. Est-ce qu'il trouve que Molière a vieilli?
12. D'après Bernard, est-ce que Monsieur Jourdain est un type d'homme qui a disparu?

B **Le compte-rendu de la pièce.** Donnez les renseignements suivants.

1. le nom du théâtre
2. le nom de la pièce
3. le nom de l'auteur
4. le nom du personnage principal de la pièce
5. le nom de l'acteur qui joue ce rôle
6. tout ce que vous savez sur Monsieur Jourdain

Activités de communication

A **Le programme.** Vous êtes à Paris avec un(e) ami(e). Vous voulez aller voir une pièce à la Comédie-Française. Regardez le programme ci-contre. Discutez avec votre ami(e) pour décider de quelle pièce vous allez voir. Votre ami(e) aime les pièces sérieuses et vous les comédies. Votre ami(e) aime aussi la musique. Travaillez avec un(e) camarade de classe qui jouera le rôle de l'ami(e).

B **À la location.** Maintenant que vous savez quelle pièce vous voulez aller voir et quand, vous allez—seul(e)—à la Comédie-Française pour prendre vos places. Vous êtes à la location et discutez avec l'employé(e). Vous voulez des places à l'orchestre, mais elles sont trop chères. Les places à la corbeille sont moins chères, mais il n'y en a plus. Vous prenez des places au premier balcon. Travaillez avec un(e) camarade qui jouera le rôle de l'employé(e).

C **À l'entracte.** Vous et votre ami(e) venez de voir les deux premiers actes de la pièce de votre choix. Demandez à votre ami(e) ce qu'il/elle en pense. Comment il/elle trouve les comédiens, etc. Dites ce que vous en pensez. Proposez-lui d'aller au foyer dire bonjour aux comédiens. Travaillez avec un(e) camarade qui jouera le rôle de l'ami(e).

THÉÂTRE

02 COMÉDIE-FRANÇAISE (892 places), 2, rue de Richelieu (1er) 40.15.00, 15, M° Palais-Royal. Location de 11h à 18h, 14 jours à l'avance. Pl: 40 à 137 F.

Amour pour amour
de William Congreve. Texte français de Guy Dumur. Mise en scène André Steiger. Avec Catherine Salviat, Dominique Rozan, Claude Mathieu, Guy Michel, Marcel Bozonnet, Louis Arbessier, Nathalie Nerval, Jean-Philippe Puymartin, François Barbin, Thierry Hancisse, Sonia Vollereaux, Pierre Vial, Anne Kessler.
Equivalence, substitution, identité... mais surtout troc, échange de marchandises... Le troc dans cette pièce où l'économie financière joue un rôle de premier plan; installation, confirmation et sanctification de l'idéologie marchande... c'est l'Angleterre des nouveaux trafics commerciaux... l'échange, celui des cœurs et des corps. (Mer 12, 20h30, Lun 17, 20h30.)

La Folle journée ou le Mariage de Figaro
Comédie en 5 actes de Beaumarchais. Mise en scène Antoine Vitez. Ensemble instrumental Dir. Michel Frantz. Avec Catherine Samie, Geneviève Casile, Alain Pralon, Dominique Rozan, Catherine Salviat et Dominique Constanza (en alternance), Richard Fontana, Claude Mathieu, Véronique Vella, Jean-François Rémi, Claude Lochy, Bernard Belin, Jean-Luc Bideau, Loïc Brabant.
Histoire d'une veille de noces agitée où Figaro, Suzanne, Marceline, Chérubin et Basile s'aiment, la Comtesse se dérobe, et le Comte les aime et les veut toutes. Tout l'esprit et la verve de Beaumarchais. (Dim 16, 20h30, Mardi 18, 20h30.)

Le Misanthrope
de Molière. Mise en scène Simon Eine. Avec Simon Eine, François Beaulieu, Nicolas Silberg, Yves Gasc, Martine Chevallier, Véronique Vella, Catherine Sauval.
Alceste hait tous les hommes. Il abomine la société et les conventions hypocrites. Par une singulière contradiction, il aime l'être le plus social, le plus coquet, le plus médisant, la jeune Célimène. Tout finira dans la fuite, cette impuissante médecine du tourment amoureux. (Jeu 13, 20h30.)

L'Avare
Comédie en cinq actes et en prose de Molière. Mise en scène de Jean-Paul Roussillon. Avec Michel Etcheverry, Michel Aumont, Françoise Seigner, Alain Pralon, Dominique Rozan, Véronique Vella, Jean-Paul Moulinot, Jean-François Rémi, Catherine Sauval, Michel Favory, Jean-Pierre Michaël et Tilly Dorville, Armand Eloi, Christine Lidon.
Les obsessions d'Harpagon rejaillissent sur toute sa famille et la perturbe. Il vit aussi un drame: homme mûr, il est amoureux d'une jeune fille et rival de son fils. Un classique. (Sam 15, 20h30, Dim 16, 14h.)

COMÉDIE FRANÇAISE

1680

SALLE RICHELIEU

THÉÂTRE DU VIEUX·COLOMBIER

LANGAGE

LES GOÛTS ET LES INTÉRÊTS

En français, comme en anglais, il y a plusieurs expressions pour exprimer ce que l'on aime.

J'aime beaucoup le livre que tu m'as donné.
Il me plaît beaucoup.
J'ai adoré le film de Spielberg.
Ça m'a beaucoup plu.

Il y a toujours des raisons pour lesquelles on aime quelque chose. Voici quelques expressions pour décrire ce que l'on aime. Certaines expressions sont en langage courant, d'autres en langage familier.

COURANT	FAMILIER
C'est extraordinaire.	*C'est extra.*
C'est formidable.	*C'est génial.*
C'est superbe.	*C'est super.*
C'est merveilleux.	*C'est super chouette.*
C'est sensationnel.	*C'est sensass.*
C'est magnifique.	*C'est terrible.*
C'est amusant.	*C'est rigolo.*
C'est vraiment drôle.	*C'est vachement marrant.*

C'est super!

Si l'on veut dire que quelque chose est intéressant, on dit:

> Je m'intéresse au théâtre.
> Le cinéma m'intéresse beaucoup.
> Ça m'attire beaucoup.
> Ça me passionne.

Il y a d'autres façons de dire que quelque chose vous intéresse. En voici quelques-unes:

> Je trouve ça intéressant.
> Je trouve ça passionnant.
> Je trouve ça fascinant.
> Je trouve ça amusant.
> Je trouve ça marrant.

Et finalement, une expression amusante, qui peut vous aider à exprimer combien vous aimez quelque chose ou quelqu'un: *être dingue de quelque chose/quelqu'un* (to be crazy about something/somebody). Mais attention au contexte, car le mot *dingue* peut aussi vouloir dire "crazy."

Elle est dingue de cette musique.	*She's crazy about this music.*
Ce mec est dingue de cette nana.	*This guy's crazy about (nuts over) that gal.*
Il devient dingue quand il la voit.	*He goes nuts (ape, bonkers) every time he sees her.*
Il est dingue, ce mec.	*That guy's crazy (nuts).*
Cette histoire est dingue.	*That story is crazy (unbelievable).*

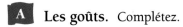

Exercices

A **Les goûts.** Complétez.

1. —Comment as-tu trouvé le film de Spike Lee?
   —Ça m'a beaucoup ___.
2. —Tu ___ le théâtre?
   —Oui, c'est très chouette. Je voudrais bien en faire.
3. —Ton chien est vraiment adorable.
   —Oui, je sais. Je l'___!

B **C'était vraiment bien.** Refaites le dialogue suivant en employant les expressions indiquées pour remplacer les expressions en italique.

—Tu *as vu ce film?*
—Oui, et j'ai beaucoup aimé.
—Moi aussi. Ça m'a beaucoup plu. J'ai trouvé ça *vraiment bien.*

C'est sensationnel!

1. voir cette pièce/très amusant
2. écouter cette cassette/formidable
3. entendre cette chanson/extraordinaire
4. regarder cette émission/magnifique
5. aller à ce concert/sensationnel
6. aller au match de tennis/superbe
7. lire ce livre/vraiment drôle
8. voir cette exposition d'art moderne/merveilleux

C **C'était vachement chouette.** Refaites l'Exercice B en remplaçant les adjectifs par des expressions plus familières. Suivez le modèle.

—Tu *as vu ce film?*
—Oui, et j'ai beaucoup aimé.
—Moi aussi. Ça m'a beaucoup plu. J'ai trouvé ça *vachement chouette.*

D **Opinions.** Donnez des réponses personnelles.

1. Le dernier livre que tu as lu, il t'a plu? Pourquoi? Comment l'as-tu trouvé?
2. Le dernier film que tu as vu, il t'a plu? Pourquoi? Comment l'as-tu trouvé?
3. La dernière pièce que tu as vue, elle t'a plu? Pourquoi? Comment l'as-tu trouvée?
4. Le dernier concert que tu as entendu, il t'a plu? Pourquoi? Comment l'as-tu trouvé?
5. Le dernier match que tu as vu, il t'a plu? Pourquoi? Comment l'as-tu trouvé?
6. La dernière exposition de peinture que tu as vue, elle t'a plu? Pourquoi? Comment l'as-tu trouvée?

THÉÂTRE, DANSE, MUSIQUE, MUSIQUES DU MONDE

26ᵉ SAISON

THÉÂTRE DE LA VILLE

THÉÂTRE MUNICIPAL POPULAIRE • PARIS DIRECTION GÉRARD VIOLETTE

E **Enquête.** Donnez des réponses personnelles.

1. Parmi les cours que vous suivez cette année, quels sont ceux qui vous intéressent le plus? Pourquoi?
2. Quels événements culturels vous attirent le plus? Pourquoi?
3. Quels sports vous passionnent le plus? Pourquoi?
4. Quels programmes de télévision vous plaisent le plus? Pourquoi?

F **L'amour, toujours.** Exprimez en français.

1. *He's crazy and she's crazy too.*
   Il est ___ et elle est ___.

2. *She's crazy about that guy.*
   Elle est ___ de ce mec.

3. *I know. And he flips out every time he sees her.*
   Je sais. Et lui, il devient ___ quand il la voit.

4. *The whole thing's nuts. I can't believe it.*
   C'est ___, cette histoire! C'est vraiment incroyable!

LES ANTIPATHIES

Pour exprimer ce que l'on n'aime pas, on peut dire:

> Je n'aime pas cette cassette.
> Cette musique ne me plaît pas.
> Je déteste cette musique.
> Elle me déplaît énormément.

Il y a des raisons pour lesquelles on aime certaines choses, et des raisons pour lesquelles on n'en aime pas d'autres.

C'est épouvantable!

COURANT	FAMILIER
C'est mauvais.	*C'est nul.*
C'est affreux.	*C'est moche.*
C'est ridicule.	*C'est tarte.*
C'est idiot.	*C'est débile.*
C'est épouvantable.	*C'est infect.*

Les mots *épouvantable* et *infect* indiquent la répulsion.

Il y a de temps en temps des choses que nous ne pouvons pas tolérer ou supporter, pour une raison ou une autre.

> Je ne peux pas supporter cette musique.
> Je ne peux pas supporter cette personne.

Une façon populaire de dire qu'on ne peut pas supporter quelqu'un ou quelque chose est d'utiliser le verbe *sentir*:

> Je ne peux pas sentir ce type.
> Je ne peux pas sentir son arrogance.

Pour exprimer ce qui n'est pas intéressant, on dit:

> **Le théâtre ne m'intéresse pas.**
> **Je trouve ça sans intérêt.**
> **Je ne trouve pas ça intéressant.**

Pour exprimer pourquoi on ne trouve pas ça intéressant, on peut dire:

COURANT	FAMILIER
C'est ennuyeux.	*C'est barbant.*
C'est embêtant.	*C'est rasoir.*

Voici quelques expressions qui expriment l'absence d'intérêt:

> **Cette musique me laisse froid(e).**
> **Je ne suis pas fana de cette musique.**

Exercices

A **Qu'est-ce que vous en pensez?** Donnez une phrase d'après le modèle.

> **Cette musique est affreuse.**
> *Je la déteste.*

1. Ce disque est épouvantable.
2. Cette musique est merveilleuse.
3. Cette pièce est vraiment débile.
4. Je trouve cette pièce géniale.
5. Ces livres sont ennuyeux.
6. Je trouve ces livres passionnants.
7. Ce film est super.
8. Je trouve ce film complètement nul.
9. Ce tableau est magnifique.
10. Je trouve ce tableau affreux.

B **Je ne peux pas supporter ça.** Faites une phrase avec chacun des mots suivants.

1. affreux
2. idiot
3. épouvantable
4. mauvais
5. ridicule

C **Je ne peux pas sentir ça.** Redites les mêmes choses en utilisant des mots plus familiers.

D **C'est à mourir d'ennui.** Complétez.

1. —Je n'aime pas du tout étudier l'histoire.
   —Le passé ne vous intéresse pas?
   —Non, je trouve ça ___.
   —C'est dingue. Moi, au contraire, je trouve ça ___.

2. —Son ami est très gentil, mais le pauvre, il parle beaucoup pour ne rien dire.
   —C'est vrai ce que tu dis. Je le trouve vraiment ___.
   —Il est tellement ___ que j'ai envie de dormir quand il parle.

E **Question de style.** Exprimez d'une autre façon.

1. Je n'aime pas cette musique.
2. Ce genre de livre me déplaît.
3. Je trouve cet article sans intérêt.
4. Je ne peux pas supporter cet homme.
5. Sa sculpture me laisse froid(e).

Le Musée Picasso à Paris

Activités de communication

A **Vachement chouette, ce film!** Vous et votre ami(e) français(e) venez de voir un film drôle. Votre ami(e) a détesté, mais vous, vous avez adoré. Discutez et donnez chacun(e) vos raisons. Travaillez avec un(e) camarade de classe qui jouera le rôle de l'ami(e).

B **C'est rasoir, cette musique!** Votre ami(e) français(e) vous a emmené(e) à un concert de sa musique favorite. Vous avez détesté. Discutez avec lui/elle, donnez chacun(e) vos raisons. Travaillez avec un(e) camarade qui jouera le rôle de l'ami(e).

C **Quel match sensationnel!** La mère/le père de votre ami(e) français(e) vous a emmené(e) voir un match de votre sport favori. Le match était passionnant. Discutez du match avec la mère/le père de votre ami(e). Dites ce qui vous a plu et pourquoi. Travaillez avec un(e) camarade qui jouera le rôle de la mère/du père de votre ami(e).

Vincent Van Gogh (1853–1890): «Autoportrait»

«La Chambre de Van Gogh»

D **Van Gogh, j'adore! C'est superbe!** Votre prof de dessin est français(e). Il/Elle vous a emmené(e) voir une exposition de peinture moderne. Discutez avec votre prof des peintres que vous aimez et de ceux que vous n'aimez pas. Et dites pourquoi. Travaillez avec un(e) camarade qui jouera le rôle du prof.

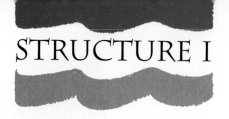

STRUCTURE I

L'imparfait et le passé composé — *Talking About Actions in the Past*

1. The choice of the *passé composé* or the imperfect depends upon whether the speaker is describing an action completed in the past, or a continuous or recurring action in the past.

2. The *passé composé* is used to express actions or events that began and ended at a definite time in the past.

> Je *suis sorti(e)* hier après-midi.
> Je *suis allé(e)* aux Galeries Lafayette où j'*ai acheté* des cadeaux.
> Ensuite je *suis allé(e)* au café où j'*ai pris* une glace.

3. The imperfect, in contrast to the *passé composé*, is used to express a continuous, repeated, or habitual action in the past. The moment when the action began or ended, or how long it lasted, is not important.

> Quand j'*étais* jeune, je *sortais* tous les soirs.
> J'*allais* souvent au cinéma.
> Je *fréquentais* les cabarets de Montmartre où *chantaient* des chanteurs célèbres.

4. Note the verb tenses in the following sentences.

> Quand il *était* jeune, il *sortait* tous les soirs. Hier soir, il *est sorti* aussi.
> Il *rentrait* toujours à minuit, mais hier soir il *est rentré* à onze heures.

5. Since most mental processes involve duration or continuance, verbs that deal with mental processes are most often in the imperfect. Common verbs of this type are:

savoir	désirer	penser	croire
vouloir	préférer	espérer	pouvoir

> Je *savais* qu'il *voulait* voir ce spectacle.

Exercices

A L'année dernière, j'avais beaucoup de temps libre. Répondez.

1. Qu'est-ce que tu faisais? Tu jouais au foot?
2. Et hier, tu as joué au foot?
3. Ton équipe gagnait toujours, l'année dernière?
4. Et hier, ton équipe a encore gagné?
5. Peyre a marqué le dernier but?
6. L'année dernière aussi, il marquait souvent le dernier but, n'est-ce pas?
7. Il avait toujours de la chance?
8. Hier, le gardien de but n'a pas bloqué le ballon?
9. Il n'a pas vu le ballon?

B Qu'est-ce qu'ils faisaient? Choisissez.

1. Marie sortait avec son fiancé ___.
   a. tous les soirs
   b. hier soir

2. Ils sont allés au cinéma ___.
   a. tous les vendredis
   b. vendredi soir

3. ___, ils faisaient une petite excursion au bord de la mer.
   a. Samedi dernier
   b. Tous les samedis

4. ___, ils allaient à Saint-Malo.
   a. Une fois
   b. De temps en temps

5. Ils y nageaient ___.
   a. une fois
   b. souvent

6. ___ qu'ils y sont allés, ils n'ont pas pu aller nager parce qu'il faisait très mauvais temps.
   a. Chaque fois
   b. La dernière fois

C Il allait toujours à la Martinique. Répondez.

1. Est-ce que Serge faisait un voyage à la Martinique tous les hivers?
2. Il allait à la Martinique en avion?
3. Et l'hiver dernier, il a fait un voyage à la Martinique?
4. Est-ce qu'il rendait visite à sa famille, chaque fois qu'il allait à la Martinique?
5. Et la dernière fois qu'il y est allé, est-ce qu'il a rendu visite à sa famille?
6. Quand il était à la Martinique, sa famille l'accompagnait toujours à la plage?
7. Ils nageaient dans la mer des Caraïbes?
8. Est-ce que Serge s'amusait chaque fois qu'il allait à la Martinique?
9. Et la dernière fois qu'il y est allé, il s'est bien amusé?

Une Martiniquaise en costume traditionnel

Le comparatif et le superlatif   *Comparing People or Things*

1. Review the comparative of adjectives:

	COMPARATIVE	ADJECTIVE	COMPARATIVE	
Il est	*plus* *moins* *aussi*	amusant	*que*	moi

2. Now, study the comparative of adverbs, verbs, and nouns:

	COMPARATIVE	ADVERB	COMPARATIVE	
Il sort	*plus* *moins* *aussi*	souvent	*que*	moi

VERB	COMPARATIVE		
Il s'amuse	*plus* *moins* *autant*	*que*	moi

	COMPARATIVE	NOUN	COMPARATIVE	
Il voit	*plus de* *moins de* *autant de*	films	*que*	moi

3. Review the superlative of adjectives:

	SUPERLATIVE		ADJECTIVE	
Il est	*le*		amusant	
Elle est	*la*	*plus*	amusante	*de* la classe
Ils sont	*les*	*moins*	amusants	
Elles sont	*les*		amusantes	

Note that in the superlative construction, an adjective that usually precedes the noun can either precede it or follow it.

C'est *le plus beau* (garçon) de la classe.
C'est (le garçon) *le plus beau* de la classe.

4. Now, study the superlative of adverbs, verbs, and nouns:

		SUPERLATIVE	ADVERB
C'est lui qui sort	*le*	*plus* *moins*	souvent.

	VERB	SUPERLATIVE	
C'est lui qui	*s'amuse*	*le*	*plus.* *moins.*

		SUPERLATIVE	NOUN
C'est lui qui voit	*le*	*plus de* *moins de*	films.

5. Remember that *bon* and *bien* have irregular forms in the comparative and superlative.

	COMPARATIVE	SUPERLATIVE
bon bien	*meilleur(e)* *mieux*	*le (la) (les) meilleur(e)(s)* *le mieux*

Jean est *meilleur* joueur *que* nous.
C'est *le meilleur* joueur *de* l'équipe.
Il joue *mieux que* personne.
C'est lui qui joue *le mieux*.

Exercices

A **Il n'y a pas de comparaison!**

Comparez ces deux personnes.

1.

Christophe   Philippe

2.

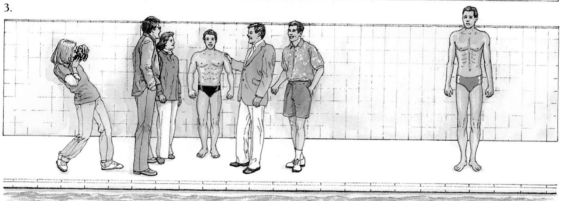

3.

B **Sondage.** Donnez des réponses personnelles.

1. Qui est le garçon le plus amusant de la classe?
2. Qui est la fille la plus amusante de la classe?
3. Qui est le plus sportif de la classe?
4. Qui est la plus sportive de la classe?
5. Qui est le plus fana de cinéma?
6. Qui est la plus fana de cinéma?
7. Qui est le meilleur élève de la classe?
8. Qui est la meilleure élève de la classe?
9. De tous les joueurs de l'équipe de football, qui joue le mieux?
10. De toutes les joueuses de l'équipe de basket-ball, qui joue le mieux?
11. Qui marque le plus de buts au football? Au basket-ball?
12. Qui parle le plus facilement en classe de français?

JOURNALISME

UN SPECTACLE

INTRODUCTION

Les Misérables est le roman le plus connu du célèbre écrivain français du XIXᵉ siècle, Victor Hugo. Il y a quelques années, deux Français ont décidé d'adapter ce roman pour en faire une comédie musicale.

L'article qui suit a annoncé, dans le *Journal Français d'Amérique*, l'arrivée des *Misérables* à Broadway. Ce grand spectacle s'est joué pendant longtemps à bureaux fermés, et il a encore un énorme succès.

VOCABULAIRE

un forçat

un policier

Le policier poursuit le forçat.

le déroulement   la succession entre une série d'evénéments, le développement

campagnard   de la campagne

Exercice

 Quel est le mot? Trouvez le mot qui correspond à la définition donnée ici.

1. l'agent de police, le gendarme
2. le condamné aux travaux forcés
3. l'évolution
4. qui est de la campagne
5. courir après quelqu'un qui s'échappe, un criminel, par exemple

THÉÂTRE

LES «MIS»

Acclamée à Paris et à Londres, *Les Misérables*, l'adaptation de l'œuvre de Victor Hugo, arrive à New York.

C'est à partir du 28 février que le Broadway Theater présentera ce spectacle musical géant produit par Cameron Mackintosh (le producteur de *Cats*) et dirigé par John Caird et Trevor Nunn.

Adapter un roman pour le théâtre n'est jamais chose facile. Mais vouloir adapter une œuvre littéraire qui comprend trois cent soixante-cinq chapitres et plus de mille pages pour en faire une comédie musicale semble proche de l'impossible.

Ce sont deux Français: Alain Boublil et Claude-Michel Schonberg qui avaient tout d'abord fait une première adaptation pour la version parisienne dirigée par Robert Hossein.

Les deux auteurs s'appuyaient sur[1] le fait que la majorité des Français, abreuvée de[2] Victor Hugo à l'école, connaissait déjà la poignante histoire de l'ex-forçat Jean Valjean poursuivi par le policier Javert, l'émouvant destin de Fantine et de sa fille Cosette, et les bravades de Gavroche sur les barricades.

Pour présenter *Les Misérables* à un public anglais ou américain, ils ont dû retourner au texte original afin d'en simplifier le déroulement. Plusieurs chansons ont été ajoutées pour le spectacle de Broadway. Les cinq actes couvrent dix-huit ans de l'histoire de la France au cours du dix-neuvième siècle. Les décors glissent[3] des scènes campagnardes aux petites rues de Paris, du café à l'usine, et des barricades à une splendide salle de bal.

Les Misérables a déjà battu les records de ventes de billets. Celles-ci ont même surpassé le succès de *Cats* en 1982.

Journal Français d'Amérique

Les Misérables
THE WORLD'S MOST POPULAR MUSICAL

⑤IMPERIAL THEATRE, 249 WEST 45TH ST.

---

[1] s'appuyaient sur   *counted on*   [2] abreuvée de   *steeped in*   [3] glissent de... à   *go from... to*

Compréhension

Une représentation des «Misérables», à Broadway

A **Un spectacle pas ordinaire.** Répondez d'après le texte.

1. De quelle œuvre littéraire parle-t-on dans cet article?
2. Où le spectacle a-t-il été acclamé avant d'arriver à New York?
3. Qui a produit ce spectacle?
4. Quel autre spectacle a-t-il produit?
5. Qui a adapté le roman?
6. Combien de chapitres ce roman a-t-il?
7. Et combien d'actes la comédie musicale a-t-elle?
8. Qui sont les personnages principaux des *Misérables*?
9. Comment a-t-il fallu changer la pièce pour un public anglais ou américain?
10. Quels records est-ce que *Les Misérables* a battus?

B **De quoi parle *Les Misérables*?** Complétez.

1. L'action de cette pièce a lieu ___.
2. Ses cinq actes couvrent ___.
3. Les scènes ont lieu ___.

Activité

Mise en scène. Après avoir lu l'extrait du roman *Les Misérables* donné à la page 256, travaillez avec des camarades de classe pour préparer un spectacle basé sur cet épisode. Présentez-le à une autre classe de français ou à vos parents.

La Surfeuse et le Coureur

Introduction

Brigitte Giménez est championne du monde de surf. Au cours d'une interview pour le magazine *Vital*, elle parle des trois lieux qu'elle préfère en France pour faire du surf. Ces trois lieux se trouvent près de Marseille.

Thierry Pantel est coureur. Il a participé à un cross (*cross country race*), organisé par le journal *Le Figaro,* dans le bois de Boulogne, à Paris. C'est à vous de décider pourquoi le titre dit qu'il a gagné «dans la tempête».

Vocabulaire

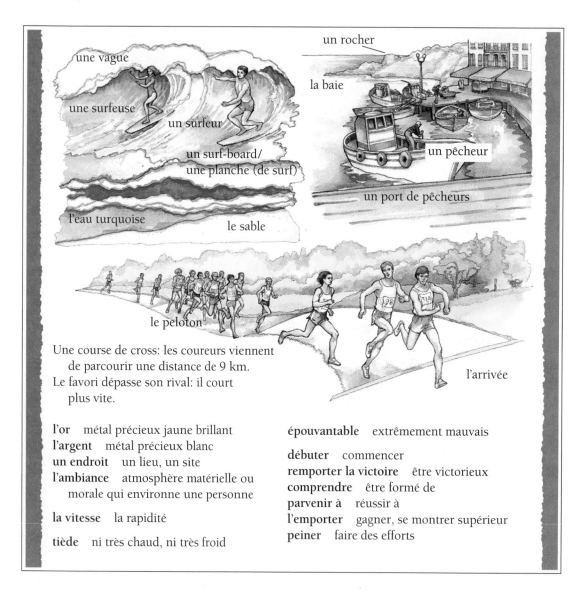

une vague
une surfeuse
un surfeur
un surf-board/
une planche (de surf)
l'eau turquoise
le sable

un rocher
la baie
un pêcheur
un port de pêcheurs

le peloton
l'arrivée

Une course de cross: les coureurs viennent de parcourir une distance de 9 km.
Le favori dépasse son rival: il court plus vite.

l'or   métal précieux jaune brillant
l'argent   métal précieux blanc
un endroit   un lieu, un site
l'ambiance   atmosphère matérielle ou morale qui environne une personne

la vitesse   la rapidité

tiède   ni très chaud, ni très froid

épouvantable   extrêmement mauvais

débuter   commencer
remporter la victoire   être victorieux
comprendre   être formé de
parvenir à   réussir à
l'emporter   gagner, se montrer supérieur
peiner   faire des efforts

Exercices

A **Un bon endroit pour faire du surf.** Répondez d'après les indications.

1. De quelle couleur est l'eau de cette baie? (turquoise)
2. Est-ce que la mer est calme? (non, vagues)
3. Est-ce que le vent est froid, chaud ou tiède? (tiède)
4. Qu'est-ce qu'il y a sur la plage? (sable, rochers)
5. C'est un port, ce petit village? (oui, pêcheurs)
6. Une championne débute ou pas? (non)
7. Qu'est-ce que les surfeurs et les coureurs aiment toujours? (vitesse)
8. Pourquoi la surfeuse aime-t-elle cet endroit? (joli, ambiance accueillante)

B **Quel est le mot?** Trouvez le mot qui correspond à la définition donnée ici.

1. accomplir un trajet déterminé
2. l'endroit, lieu où termine la course
3. celui qui court
4. un groupe de concurrents dans une course
5. métaux précieux
6. être formé de, inclure
7. laisser quelqu'un derrière soi
8. faire des efforts
9. réussir à
10. se montrer supérieur
11. horrible
12. l'atmosphère matérielle

C **Le coureur.** Complétez.

Il a ___ une distance de 14 kilomètres. Pendant le deuxième tour, il a
            1

beaucoup ___ pour ___ à ___ le ___ de concurrents. C'est lui qui a passé la
           2   3   4   5

ligne d'___ le premier. Il l'a ___ sur ses rivaux. Il a ___
         6   7   8

la ___. Il a reçu une coupe en argent et une
    9

médaille en ___.
             10

Jackie Boxberger, athlète français, reçoit la coupe.

TROIS SPOTS D'OR
POUR UNE SURFEUSE D'ARGENT

Dans la mythologie du surf, le «surfeur d'argent» est le Dieu[1] de la vague. Brigitte Giménez, championne du monde, a le vent pour maître et la mer comme univers. *Vital* est allé lui demander quels étaient ses trois lieux préférés— ses trois *spots*, en langage de surfeur—là où elle existe le plus fort. Dans les plaisirs les plus extrêmes. Sable blanc, vitesse, eaux turquoises la grisent[2] pour sa plus grande volupté.

«**En France, l'endroit** que j'aime le plus est celui où j'ai débuté, au Grau-du-Roi, près de Marseille. C'est la baie idéale: quelle que soit l'orientation du vent, il ramène[3] vers la plage. J'ai navigué là plusieurs années et j'y ai donné des cours. C'est le meilleur coin[4] pour débuter en surf-board car il est sécurisant. En plus, c'est un petit port de pêcheurs, l'ambiance y est sympa, pas «frime[5]».

L'hiver, il y a toujours des vagues pour s'entraîner[6]. L'été, juste une brise tiède de quinze nœuds[7], condition idéale pour les néophytes[8].

Pour faire de la vitesse, j'aime bien les Saintes-Maries-de-la-Mer et Carro, qui sont aussi près de chez moi (Brigitte habite Istres, près de Fos-sur-Mer). Mais à Carro, il faut avoir un bon niveau[9], c'est plein d'oursins[10] et de rochers.

Bizarrement, je connais plus de *spots* à l'étranger, parce qu'il est plus agréable de faire du surf au soleil, dans l'eau chaude et sans combinaison[11].

Brigitte Giménez: une championne solaire, marine et féminine.

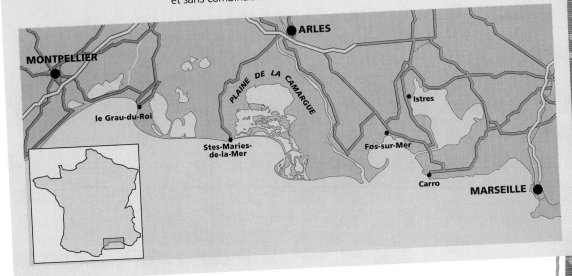

---

[1] **Dieu** *God*
[2] **grisent** *carry away*
[3] **ramène** *brings (one) back*

[4] **coin** *spot*
[5] **frime** *glitzy, flashy*
[6] **s'entraîner** *to practice on*
[7] **nœuds** *knots*

[8] **néophytes** *beginners*
[9] **avoir un bon niveau** *to be experienced*
[10] **oursins** *sea urchins*
[11] **combinaison** *wetsuit*

CROSS DU «FIGARO»

THIERRY PANTEL
GAGNE DANS LA TEMPÊTE

En dépit de[1] conditions atmosphériques épouvantables, Thierry Pantel a remporté le cross du «Figaro» avec une facilité déconcertante, hier, au bois de Boulogne. Parcourant une distance réduite par rapport à l'an dernier, de 12 km à 9 km, en 28'33, il a distancé Mohamed Ezzher, son plus sérieux rival, de 24 secondes.

De mémoire de promeneur du dimanche, on n'avait vu un temps pareil: ciel d'encre[2], pluie diluvienne[3], tonnerre[4] et même grêle[5]. C'est tout juste si Pantel a été gêné[6].

«Je m'étais dit que je devais rester avec les autres pendant les deux premiers des trois tours. Mais c'était plus fort que moi…»

Il est parti dès le premier kilomètre. Après le premier tour, il avait déjà une avance confortable sur Antonio Martins et Kamel Bouhaloufa. Ezzher suivait plus loin encore, dans ce qui restait d'un petit peloton comprenant, notamment, Cyrille Laventure, Bruno Le Stum et Bertrand Itsweire.

Dans le deuxième tour, Ezzher parvint à se replacer en seconde position, tandis que[7] Pantel faisait toujours la course en tête. Bien en ligne, la foulée[8] ample, il augmentait son avance. Pantel était si sûr de sa victoire qu'il termina, trempé[9] et crotté[10], en marchant.

Chez les femmes, c'est Farida Fates qui l'a emporté devant Marie-Pierre Duros. Cette dernière, qui a visible- ment peiné pour trouver la bonne allure[11], retrouva le bon rythme pour dépasser Jacqueline Étiemble puis Odile Ohier dans la longue ligne droite conduisant à l'arrivée. Mais Farida Fates, qu'elle a pourtant battue cet été dans le 1.500 mètres des championnats de France, était hors de portée[12].

---

[1] **en dépit de**   *in spite of*
[2] **ciel d'encre**   *ink-black sky*
[3] **pluie diluvienne**   *torrential rain*
[4] **tonnerre**   *thunder*
[5] **grêle**   *hail*
[6] **gêné**   *bothered*
[7] **tandis que**   *while*
[8] **la foulée**   *stride*
[9] **trempé**   *soaked*
[10] **crotté**   *covered with mud*
[11] **la bonne allure**   *the right speed*
[12] **hors de portée**   *out of reach*

Compréhension

A **La surfeuse.** Répondez d'après le texte.

1. Comment la surfeuse s'appelle-t-elle?
2. Où a-t-elle commencé à faire du surf?
3. Pourquoi le Grau-du-Roi est-il l'endroit qu'elle aime le plus?
4. Qu'est-ce qu'elle y a fait?
5. Qu'est-ce qu'il y a au Grau-du-Roi en hiver?
6. Quel endroit aime-t-elle pour faire de la vitesse?
7. Où habite Brigitte?
8. Pourquoi faut-il un bon niveau à Carro?
9. Où est-ce que Brigitte préfère faire du surf: en France ou à l'étranger? Pourquoi?

B **La course.** Donnez les renseignements suivants.

1. où la course a eu lieu
2. la distance que Pantel a parcouru
3. en combien de minutes il l'a parcourue
4. le nom de son plus sérieux rival
5. quand il s'est détaché des autres coureurs
6. à quel moment de la course il avait déjà une avance confortable
7. qui a gagné chez les femmes

C **Synonymes.** Exprimez d'une autre façon ce qui est en italique.

1. L'ambiance y est *agréable*.
2. C'est idéal pour les *débutants*.
3. Pour *aller très vite*, j'aime bien les Saintes-Maries-de-la-Mer.
4. Il faut *être expert*.
5. *Malgré* les conditions épouvantables, il a très bien couru.
6. Il y avait un ciel *noir*.
7. On a eu une pluie *torrentielle*.

Activités

A **L'endroit idéal pour le surf.** Connaissez-vous un endroit idéal pour faire du surf aux États-Unis? Expliquez à vos camarades pourquoi c'est un bon endroit. Si vous ne savez pas, faites des recherches.

B **Résultats sportifs.** Voici des résultats sportifs récents qui ont paru dans le journal français *Le Figaro*. Lisez-les et parlez de ceux qui vous intéressent avec un(e) camarade de classe.

Les résultats

ATHLÉTISME

Cross du Figaro

Thierry Pantel (CMSA Marignane) a remporté, dimanche 17 décembre, au bois de Boulogne, le Cross du Figaro, en parcourant les 9 kilomètres en 28 min 33 s. Il devance le titulaire de Bègles, Mohamed Ezzher, de 24 s.

Chez les dames, la victoire revient à Farida Fates, championne de France du 3 000 mètres depuis l'été dernier, qui a dominé Marie-Pierre Duros et Odile Ohier.

BASKET-BALL

Championnat de France
(dix-huitième journée)

*Racing Paris b. Villeurbanne.	102 - 101
*Avignon b. Tours	82 - 77
Limoges b. *Lorient	114 - 86
Cholet b. *Reims	79 - 76
Monaco b. *Roanne	84 - 83
*Antibes b. Montpellier	113 - 85
*Saint-Quentin b. Nantes	69 - 61
*Pau-Orthez b. Caen	119 - 100
Mulhouse b. *Gravelines	56 - 53

Classement. - 1. Limoges, 36; 2. Pau-Orthez et Mulhouse, 33; 4. Cholet, Antibes et Nantes, 30; 7. Saint-Quentin, 28; 8. Villeurbanne, et Monaco, 27; 10. Reims, 26; 11. Racing Paris, 25; 12. Gravelines, 24; 13. Montpellier, Roanne et Avignon, 23; 16. Lorient et Tours, 22; 18. Caen, 21.

ÉQUITATION

CSIO de Grenoble

Classement du Grand Prix (après barrages). - 1. Nelson Pessoa (Bré., *Spécial Envoy*), 0 point-38, 41; 2. Thomas Fuchs (Sui., *Dollar Girl*), 0 p.- 43, 55; 3. Terry Rudd (E-U, *Gazpacho*), 8 p.-37, 54; 4. Pierre Durand (Fra., *Jappeloup*), 0,5 p.-114,16; 5. Hervé Godignon (Fra., *La Belletière*), 8 p.-103,44.

FOOTBALL

Championnat de France
Première division
(vingt-troisième journée)

*Bordeaux b. Lille	3-1
*Marseille b. Nice	3-0
*Cannes et Sochaux	1-1
*Monaco b. Caen	2-1
Toulouse b. *Nantes	1-0
*Paris-SG b. Saint-Étienne	2-0
*Lyon et Metz	0-0
*Brest b. Toulon	2-1
Auxerre b. Montpellier	2-1
*Mulhouse b. RP 1	4-2

Classement. - 1. Bordeaux, 36 pts; 2. Marseille, 33; 3. Sochaux et Monaco, 27; 5. Toulouse, 26; 6. Paris-SG, 25; 7. Lyon, 23; 8. Auxerre, Saint-Étienne et Toulon, 22; 11. Nantes, Lille et Brest, 21; 14. Metz, Cannes et Caen, 20; 17. Mulhouse, 19; 18. Montpellier et RP 1, 18; 20. Nice, 17.

PATINAGE ARTISTIQUE

Championnat de France

Festival Surya Bonaly lors des championnats de France de patinage artistique, qui se sont achevés samedi à Annecy. Avec neuf triples sauts, la jeune fille a remporté la compétition et ainsi conservé son titre. Chez les messieurs, Eric Millot, vingt et un ans, remporte le concours devant un Axel Médéric malchanceux dans ses sauts.

RUGBY

Championnat de France
(cinquième journée)

POULE 1

Grenoble b. *Colomiers	18-9
*La Rochelle b. Chalon	20-16
*Dax b. Auch	29-22
*PUC b. Blagnac	14-12

Classement. - 1. Grenoble et Dax, 15 pts; 3. Colomiers, 11; 4. Auch, 10; 5. PUC, 9; 6. Chalon et La Rochelle, 7; 8. Blagnac, 6.

POULE 2

*Biarritz b. Montferrand	36-23
*Bègles b. Graulhet	16-10
Racing b. *Voiron	20-3
Bayonne b. *Bourgoin	31-15

Classement. - 1. Racing, 15 pts; 2. Biarritz, 13; 3. Montpellier, 11; 4. Bègles, 10; 5. Graulhet et Bayonne, 9; 7. Bourgoin, 8. Voiron, 5.

TENNIS

Finale de la Coupe Davis
à Stuttgart (All.)

Allemagne b. Suède... 3-2

M. Wilander (Suè.) b. C.-U. Steeb (All.), 5-7, 7-6, 6-7, 6-2, 6-3; B. Becker (All.) b. S. Edberg (Suè.), 6-2, 6-2, 6-4; B. Becker - E. Jelen (All.) b. A. Jarryd - J. Gunnarson (Suè.), 7-6, 6-4, 3-6, 6-7, 6-4; B. Becker (All.) b. M. Wilander (Suè.), 6-2, 6-0, 6-2; S. Edberg (Suè.) b. C.-U. Steeb (All.), 6-2, 6-4.

STRUCTURE II

Le subjonctif après les expressions d'émotion

Expressing Emotional Reactions to the Actions of Others

1. The subjunctive is used in clauses introduced by *que* that follow a verb or expression reflecting any type of emotion. Some such expressions are:

être content(e)   regretter
être heureux (-se)   craindre
être triste   avoir peur
être désolé(e)   c'est dommage
être fâché(e)   c'est malheureux
être furieux (-se)
être surpris(e)
être étonné(e)

2. Study the following examples:

Pierre n'est pas là.
Françoise *est contente* qu'il ne *soit* pas là.
Moi, je *suis triste* qu'il ne *soit* pas là.

The subjunctive is used because the information in the dependent clause is very subjective. What makes one person happy makes another sad.

Exercices

A **Tu es content ou triste?** Répondez.

1. Tu es content(e) que Michel vienne te rendre visite?
2. Tu es surpris(e) qu'il veuille faire le voyage?
3. Il est content que tu aies des billets pour le théâtre?
4. Tu es un peu étonné(e) qu'il soit dingue de théâtre?
5. Tu regrettes qu'il n'y ait plus de places pour le concert de rock?

B **Je le regrette.** Complétez.

1. Je regrette que son père ___ malade. (être)
2. Mais je suis content(e) qu'il ___ mieux. (aller)
3. C'est dommage qu'il ne ___ pas aller au concert avec nous. (pouvoir)
4. Tout le monde est étonné que je n'en ___ rien. (savoir)
5. Je suis surpris(e) que vous n'en ___ rien non plus. (savoir)

Le subjonctif dans les propositions relatives

Expressing Certainty or Uncertainty

1. A relative clause is one that modifies a noun. If a relative clause modifies a noun that refers to a specific, definite person or thing, the indicative is used in the clause.

> Je connais quelqu'un qui *connaît* bien la langue française.

2. If, however, the relative clause modifies a noun that refers to an indefinite person or thing, the subjunctive is used in the clause.

> Je cherche quelqu'un qui *connaisse* bien la langue française.

The subjunctive indicates uncertainty as to whether the person or thing in question exists or not.

Exercice

On cherche un programmeur ou une programmeuse. Suivez le modèle.

> savoir faire fonctionner cet ordinateur
> *Monsieur Leblanc cherche quelqu'un qui sache faire fonctionner cet ordinateur.*
> *Madame Mendras connaît quelqu'un qui sait faire fonctionner cet ordinateur.*

1. savoir parler français
2. pouvoir travailler huit heures par jour
3. avoir une formation en informatique
4. connaître plusieurs modèles d'ordinateurs
5. faire de la programmation
6. avoir au moins deux ans d'expérience
7. être libre de voyager
8. être libre de suite

Le subjonctif après un superlatif

Expressing Uniqueness

The subjunctive is also used in a relative clause that modifies a superlative, negative, or restrictive statement, since the information in the clause is very subjective. It is based on the speaker's opinion or emotion rather than reality.

> C'est *le meilleur* livre que je *connaisse.*
> Il *n'y* a *personne* qui *puisse* jouer de la guitare comme lui.
> C'est *la seule* personne qui *sache* le faire.

Exercice

La salle de l'Opéra de Paris (Palais Garnier)

Une représentation de l'opéra de Lully, «Atys» (1676)

 Le seul? Complétez.

1. C'est le seul cinéma qui ___ un grand écran. (avoir)
2. Paul est la seule personne qui ___ ce qui est arrivé. (savoir)
3. Il n'y a personne d'autre qui ___ le faire. (pouvoir)
4. Malheureusement, c'est la seule personne qui me ___. (comprendre)
5. Il n'y a rien que tu ___ me dire pour me faire changer d'avis. (pouvoir)
6. C'est vraiment le meilleur livre que je ___. (connaître)
7. C'est le seul opéra qui lui ___. (plaire)
8. Il n'y a aucun chanteur qui ___ chanter ce rôle comme lui. (pouvoir)

Le passé du subjonctif

Expressing Emotions or Opinions About Past Events

1. To express opinions or emotions about past events, one uses the past subjunctive.

> **Je souhaite qu'il *ait fait* un bon voyage.**
> **Je suis très content qu'ils *soient arrivés* à l'heure.**
> **C'est le meilleur livre que j'*aie* jamais *lu*.**

2. The past subjunctive is formed by using the present subjunctive of the helping verb *avoir* or *être* and the past participle of the verb.

PARLER	ARRIVER
que j' aie parlé	que je sois arrivé(e)
que tu aies parlé	que tu sois arrivé(e)
qu'il ait parlé	qu'il soit arrivé
qu'elle ait parlé	qu'elle soit arrivée
que nous ayons parlé	que nous soyons arrivé(e)s
que vous ayez parlé	que vous soyez arrivé(e)(s)
qu'ils aient parlé	qu'ils soient arrivés
qu'elles aient parlé	qu'elles soient arrivées

Exercices

A **Un vol raté.** Répondez.

1. Tu regrettes qu'elle ne soit pas arrivée?
2. Tu es désolé(e) qu'elle ait raté son vol?
3. Tu es surpris(e) qu'elle ne soit pas arrivée à l'aéroport à l'heure?
4. Tu as peur qu'il n'y ait plus de vols aujourd'hui?
5. Tu es fâché(e) qu'elle n'ait pas quitté la maison plus tôt pour aller à l'aéroport?

B **Une possibilité.** Complétez.

1. J'ai peur qu'il ___ hier. (téléphoner)
2. Il est possible qu'il ___ quand tu n'étais pas chez toi. (venir)
3. Il se peut qu'il ___ sans laisser de message. (partir)
4. Je suis surpris que tu n'___ pas ___ ses parents. (appeler)
5. Je leur ai téléphoné, mais il n'y avait pas de réponse. Il est possible qu'ils ___ en vacances. (partir)

C **C'était super!** Donnez des réponses personnelles.

1. Quel est le meilleur livre que tu aies jamais lu?
2. Quel est le meilleur film que tu aies jamais vu?
3. Quelle est la plus belle actrice que tu aies jamais vue?
4. Quelle est la plus belle chanson que tu aies jamais entendue?
5. Quel est le spectacle le plus intéressant que tu aies jamais vu?

LITTÉRATURE

LES FEUILLES MORTES

Jacques Prévert

AVANT LA LECTURE

Vous allez lire un poème qui a été mis en musique et est devenu une chanson très célèbre. En lisant ce poème, pensez aux questions suivantes: Qui parle? À qui? Ils sont ensemble?

VOCABULAIRE

Les feuilles tombent. On les ramasse à la pelle.

La chanteuse chante une chanson dans un cabaret.

se souvenir   rappeler, revenir en mémoire, le contraire d'oublier
remercier   dire merci, exprimer sa gratitude
effacer   faire disparaître, causer la disparition
fidèle   qui manifeste un attachement constant, une fidélité constante

Exercices

A   **Le bord de la mer en automne.**   Répondez.

1. Est-ce que la mer a des vagues?
2. Y a-t-il du sable sur la plage?
3. Il y a des pas sur le sable?
4. Est-ce que la mer efface les pas?
5. Quand les feuilles tombent, on les ramasse comment?

B   **Familles de mots.**   Choisissez le mot qui correspond.

1. se souvenir	**a.** une chanson
2. chanter	**b.** un attachement
3. fidèle	**c.** l'oubli
4. remercier	**d.** un souvenir
5. oublier	**e.** une disparition
6. disparaître	**f.** merci
7. attacher	**g.** la fidélité

C   **Une chanteuse de cabaret.**   Complétez.

1. La ___ travaille dans un cabaret.
2. Elle chante une ___ populaire.
3. Son public l'applaudit. La chanteuse a un public ___.
4. Elle ___ son public.
5. Elle n'___ jamais les goûts de son public. Elle s'en ___ toujours.

INTRODUCTION

La chanson française a commencé il y a très longtemps.

Au Moyen Âge, les troubadours et les trouvères allaient de ville en ville et chantaient l'amour et la guerre (*war*). Ils chantaient dans les rues et dans les fêtes.

Au XVIIIe siècle, les gens se réunissaient dans des cafés appelés «caveaux» pour écouter des chansons.

Au XIXe siècle, le «cabaret» a remplacé le caveau. Les plus fameux des cabarets se trouvaient à Montmartre, un quartier de Paris où les gens aimaient aller le soir.

Ensuite, il y a eu les grands music-halls, dont certains, comme «les Folies-Bergère», existent toujours.

En 1877, le phonographe est inventé, et vers 1900, le disque fait son apparition. Après cela, il n'est plus nécessaire d'aller dans un cabaret ou un music-hall pour écouter des chansons. On peut le faire chez soi.

Édith Piaf (1915–1963)

Après la Deuxième Guerre mondiale, la chanson française, c'est Édith Piaf. «La môme Piaf» *(The kid sparrow)*, comme on l'appelle, est née sur le trottoir, à Belleville, un quartier pauvre de Paris. Née dans la rue, elle a d'abord chanté dans la rue. «Mon conservatoire, c'est la rue», disait-elle. Piaf était une chanteuse populaire. Elle n'avait pas de public particulier. Elle chantait pour tous. Toute petite et toujours habillée d'une petite robe noire, elle chantait d'une voix forte et profonde. Elle chantait la vie, la mort, l'amour, la gaieté. Elle chantait aussi la pauvreté qu'elle connaissait si bien.

Yves Montand (1921–1991)

Yves Montand est un autre chanteur célèbre de l'après-guerre. Il est né en Italie en 1921. Il est arrivé tout jeune en France. Il a commencé sa carrière en chantant des chansons de cow-boy. Puis, il a eu la chance de rencontrer Édith Piaf qui lui a donné des conseils et l'a lancé dans le monde de la chanson. Ensuite, Yves Montand a rencontré quelqu'un qui allait changer son répertoire en l'orientant vers la chanson poétique—le poète, Jacques Prévert. Montand a commencé à chanter des poèmes de Prévert, mis en musique par Joseph Kosma.

Les Feuilles mortes est la plus célèbre de ces chansons poétiques. Chantée par Yves Montand, mais aussi par Édith Piaf, cette chanson a aussi été chantée par des chanteurs de tous les pays du monde, dans toutes les langues du monde!

Les Feuilles mortes

Oh! Je voudrais tant que tu te souviennes
des jours heureux où nous étions amis
En ce temps-là la vie était plus belle
et le soleil plus brûlant qu'aujourd'hui   **plus brûlant**   *hotter*
Les feuilles mortes se ramassent à la pelle...
Tu vois je n'ai pas oublié
Les feuilles mortes se ramassent à la pelle
les souvenirs et les regrets aussi
et le vent du nord les emporte   **les emporte**   *sweeps them away*
dans la nuit froide de l'oubli   **oubli**   *oblivion*
Tu vois je n'ai pas oublié
la chanson que tu me chantais

C'est une chanson qui nous ressemble
Toi tu m'aimais
et je t'aimais
Et nous vivions tous deux ensemble
toi qui m'aimais
et que j'aimais
Mais la vie sépare ceux qui s'aiment
tout doucement
sans faire de bruit
et la mer efface sur le sable
les pas des amants désunis...   **amants**   *lovers*

Mais mon amour silencieux et fidèle
sourit toujours et remercie la vie
Je t'aimais tant tu étais si jolie
Comment veux-tu que je t'oublie
En ce temps-là la vie était plus belle
et le soleil plus brûlant qu'aujourd'hui
Tu étais ma plus douce amie...   **plus douce amie**   *sweetest love*
Mais je n'ai que faire des regrets
Et la chanson que tu chantais
toujours toujours je l'entendrai

C'est une chanson qui nous ressemble
Toi tu m'aimais
et je t'aimais
Et nous vivions tous deux ensemble
toi qui m'aimais
et que j'aimais
Mais la vie sépare ceux qui s'aiment
tout doucement
sans faire de bruit
et la mer efface sur le sable
les pas des amants désunis   Jacques PRÉVERT, *Les Feuilles mortes*, ©Enoch Cie

Compréhension

A **Qu'est-ce qui se passe?** Répondez d'après la lecture.

1. Qui est «tu» dans «Oh! Je voudrais tant que *tu* te souviennes»?
2. Comment étaient les jours quand les amants étaient ensemble?
3. Comment était la vie?
4. Comment était le soleil?
5. Que fait le vent du nord?
6. Qu'est-ce que le poète n'a pas oublié?
7. Qu'est-ce que la vie sépare?
8. Que fait la mer?
9. Qui a fait les pas sur le sable?

B **De quoi s'agit-il?** Analysez.

1. Quelles sont les émotions que cette chanson évoque?
2. À qui le poète parle-t-il?
3. Où est-elle? Pourquoi sont-ils séparés?
4. Qu'est-ce qu'il n'oubliera jamais?
5. Pourquoi?
6. Pourquoi le poète a-t-il donné le titre *Les Feuilles mortes* à ce poème?

C **L'amour et le temps.** Expliquez.

1. *Les feuilles mortes se ramassent à la pelle*
   les souvenirs et les regrets aussi
   et le vent du nord les emporte
   dans la nuit froide de l'oubli

2. *Mais la vie sépare ceux qui s'aiment*
   tout doucement
   sans faire de bruit
   et la mer efface sur le sable
   les pas des amants désunis

Activités

A **La chanson française.** Résumez l'histoire de la chanson française en un paragraphe.

B **Qu'est-ce que vous en pensez?** La vie des chanteurs et chanteuses était plus, ou moins, intéressante avant l'invention du phonographe et des disques? Pourquoi?

C **La musique que vous aimez.** Si la musique vous intéresse, préparez un exposé sur l'histoire de votre musique favorite.

LE PAYS

OBJECTIFS

In this chapter you will do the following:

1. learn about the European Community and how it came about
2. discuss American character traits and compare them to those of the French
3. express personal impressions, opinions, and reactions
4. review how to identify cities, countries, and continents; how to refer to places or things already mentioned; and how to tell what you and other people will do
5. read and discuss newspaper articles about ecology, endangered species, and a desert people called the Touaregs
6. learn how to tell what you and other people will do before a future event; how to use the future or future perfect tense after certain conjunctions; and how to use the present or the imperfect tense after certain time expressions
7. read and discuss these literary works: a poetic song, *Gens du Pays*, by Gilles Vigneault; a short story, *La Dernière Classe*, by Alphonse Daudet

153

L'Union Européenne

Introduction

Les États-Unis se sont construits petit à petit, en ajoutant état après état. C'est un peu ce qui se passe en Europe actuellement avec l'Union Européenne (UE), qui comprend maintenant quinze pays.

La grande différence est que les pays d'Europe, contrairement aux états américains, ne sont pas des états nouveaux et sans passé, mais des pays qui ont des centaines, sinon des milliers, d'années d'histoire derrière eux.

la guerre
the war

une arme
weapon

le charbon
charcoal

l'acier
pre-stressed steal

une fusée
rocket

une frontière
frontier, border

industrial
un industriel   un chef d'industrie,
   personne qui possède des usines
c'est grave   c'est sérieux

librement   d'une façon libre
à l'étranger   dans un autre pays que le sien
faire peur à   provoquer la peur

Exercices

Poste frontière entre la France et l'Espagne

A **Oui ou non?** Corrigez.

1. Quand on est à l'étranger, on est dans son pays.
2. L'acier est un métal précieux.
3. Un industriel est un ouvrier.
4. Quand il y a une frontière, en général, on ne peut pas passer librement.
5. Quand on va dans un pays étranger, en général, il faut passer la douane.
6. Il ne faut pas faire peur aux enfants.

B **Contraires.** Choisissez le contraire.

1. commun   a. calme
2. inquiet   b. rassurer
3. industriel   c. agricole
4. étranger   d. domestique
5. faire peur   e. individuel

[handwritten annotations: common, worried, industrial, abroad, scare / calm, reassurance, agriculture, domestic, individual]

C **Suite d'idées.** Choisissez la phrase qui suit le mieux la première.

1. Ne soyez pas inquiet. *do not worry*
2. Il voyage beaucoup. *He travels a lot*
3. Quel cri horrible! *How horrible cry!*
4. Cette montre n'est pas en argent.
5. Mes amis sont très riches. *my friends are very wealthy*
6. On est en démocratie, ici! *there is democracy here!*
7. Tout le monde parle français et espagnol. *everyone speaks french/spanish.*

a. C'est de l'acier. *this is steel* *this watch is not silver*
b. Ce n'est pas grave. *It does not matter*
c. Vous m'avez fait peur. *You made me afraid*
d. On peut parler librement! *we can speak freely*
e. Il est toujours à l'étranger. *it is still abroad*
f. C'est à côté de la frontière. *Its a side of the border.*
g. Leur père est un gros industriel du Nord.

D **L'un ne va pas sans l'autre.** Complétez.

1. Pour faire la ___, il faut des armes.
2. Pour fabriquer des armes, il faut de ___.
3. Pour fabriquer de l'acier, il faut du ___.
4. Pour avoir une industrie, il faut des ___.
5. Pour aller dans l'espace, il faut une ___.

L'HISTOIRE DE L'UNION EUROPÉENNE

La Communauté européenne du charbon et de l'acier

Après la Deuxième Guerre mondiale, deux Français, Jean Monnet et Robert Schuman, proposent que les pays européens mettent en commun leur charbon et leur acier, puisque[1] ces deux matières peuvent servir à fabriquer des armes. Les deux hommes pensent que cela rendra la guerre impossible entre Européens. Six pays acceptent: la France, l'Allemagne, la Belgique, les Pays-Bas, le Luxembourg et l'Italie. Ils signent un traité, le traité de Paris, en 1951.

La Communauté économique européenne ou Marché commun

C'est un Belge, Paul-Henri Spaak, qui a l'idée de mettre en commun toute l'économie de ces pays. C'est le traité de Rome, signé en 1957, qui forme la CEE, la Communauté économique européenne. Tous les produits pourront éventuellement circuler librement dans les pays membres de la Communauté: il n'y aura plus de frontières, plus de douane.

L'idée du Marché commun fait peur à beaucoup d'industriels, parce que la Communauté prend beaucoup de décisions communes dans les domaines de l'industrie, l'énergie, les monnaies, etc. Mais la possibilité

La signature du traité de Paris, en 1951

---

[1] **puisque**   *since, seeing that*

Strasbourg: Le Parlement européen

de vendre librement à l'étranger, et la coopération avec des industriels étrangers les forcent à moderniser leurs équipements. Finalement, l'économie des pays membres de la CEE est en pleine expansion.

La CEE s'agrandit et devient l'Union Européenne

En 1973, la Grande-Bretagne, l'Irlande et le Danemark entrent dans la CEE. L'Europe n'est pas encore aussi puissante[2] que les États-Unis ou le Japon, mais elle représente[3] une force dans le monde.

Aux six premiers états membres s'ajoutent:
- la Grèce (1981)
- l'Espagne et le Portugal (1988)
- l'Autriche, la Finlande et la Suède (1995).

En 1993, après le traité de Maastricht qui renforce l'infrastructure commune, la CEE devient simplement l'Union Européenne. C'est l'Europe sans frontières avec le gouvernement installé à Bruxelles, le parlement à Strasbourg et la Cour de Justice à Luxembourg. Il y a un drapeau européen, un passeport européen, un permis de conduire européen, une monnaie[4] européenne appelée «l'euro».

[2] **puissante**   *powerful*
[3] **représente**   *is*
[4] **monnaie**   *currency*

La fusée Ariane

L'Europe se fait lentement parce qu'elle réunit des pays qui sont très différents: sept pays sont des monarchies, huit pays sont des républiques; certains pays sont grands, d'autres petits; certains sont riches, d'autres moins riches. Il y a onze langues différentes, sans parler des langues régionales comme le basque, le catalan, etc.

Et pourtant aujourd'hui, l'Europe est une réalité: les Européens s'habillent plus ou moins de la même façon, ils écoutent plus ou moins la même musique, ils regardent plus ou moins les mêmes émissions à la télévision (surtout depuis les retransmissions par satellite), ils mangent plus ou moins la même chose. Et puis, ils réalisent avec grand succès des projets communs, comme la fusée «Ariane», par exemple.

À l'heure actuelle[5], de nombreux pays européens, en particulier de l'Europe de l'Est, s'intéressent à faire partie de l'Union Européenne. Les «États-Unis d'Europe» ne sont pas loin.

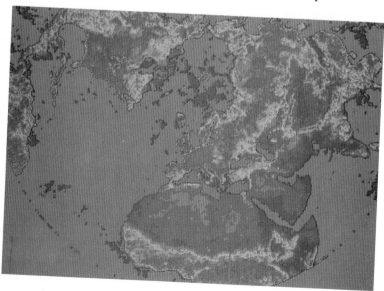

Vue de l'Europe et de l'Afrique du Nord, prise par le satellite de météorologie «Météosat»

[5] à l'heure actuelle   *at the present time*

Compréhension

A **Les Européens.** Répondez aux questions d'après le texte.

1. Qui sont les fondateurs de l'Union Européenne?
2. Que veut dire CEE?
3. Que veut dire le terme «Marché commun»?
4. Comment s'appelle la CEE après le traité de Maastricht?
5. Qu'est-ce qu'il y a à Bruxelles? Et à Strasbourg? Et à Luxembourg?
6. Citez (give) des différences entre les pays de l'Union Européenne.
7. Citez un projet commun.
8. Pourquoi est-ce que les «États-Unis d'Europe» ne sont pas loin?

La monnaie européenne, l'euro

B **Oui ou non?** Corrigez.

1. L'Union Européenne a été fondée après la Deuxième Guerre mondiale.
2. Au début, l'Union Européenne réunissait six pays.
3. Tout le monde pensait que l'idée d'un marché commun était excellente.
4. L'euro est la monnaie européenne.
5. L'Europe réunit des pays qui sont très semblables.
6. Les différences entre Européens diminuent.
7. Aucun autre pays ne veut faire partie de l'Union Européenne.

C **Familles de mots.**
Choisissez le mot qui correspond.

1. région
2. nation
3. industrie
4. Europe
5. communauté
6. économie

a. commun
b. économique
c. régional
d. industriel
e. national
f. européen

Activités

A **Pour ou contre l'Union Européenne?** Quels sont les avantages que l'Union Européenne offre à ses pays membres? Faites des recherches et discutez avec vos camarades.

B **Les Français.** Quelle idée vous faites-vous des Français? Voici une liste de dix qualités et de dix défauts. Classez-les par ordre d'importance: par exemple, mettez 1 à la qualité la plus importante à votre avis, et 10 à la moins importante.

Qualités
Honnêtes
Travailleurs
Propres
Sérieux
Intelligents
Énergiques
Courageux
Débrouillards (*resourceful*)
Sympathiques
Accueillants (*friendly*)

Défauts
Malhonnêtes
Paresseux (*lazy*)
Vieux jeu (*old-fashioned*)
Froids, distants
Bavards (*talkative*)
Entêtés (*stubborn*)
Agressifs
Menteurs (*liars*)
Contents d'eux
Hypocrites

Comparez ensuite vos résultats à ceux d'un sondage récent fait auprès des Américains. D'après les Américains, les Français sont:

Qualités
1. Sympathiques
2. Accueillants
3. Intelligents
4. Débrouillards
5. Travailleurs
6. Propres
7. Sérieux
8. Honnêtes
9. Énergiques
10. Courageux

Défauts
1. Contents d'eux
2. Bavards
3. Froids, distants
4. Entêtés
5. Hypocrites
6. Agressifs
7. Paresseux
8. Vieux jeu
9. Menteurs
10. Malhonnêtes

C **Les Américains.** Quelle idée vous faites-vous des Américains? Reprenez la liste des dix qualités et des dix défauts, et classez-les par ordre d'importance. Comparez ensuite votre liste «américaine» avec votre liste «française». D'après vous, les Américains sont-ils très différents des Français?

CONVERSATION

AMÉRICAINS ET FRANÇAIS

VOCABULAIRE

Cette femme est pressée.

Cet homme est nerveux. Il s'énerve facilement.

se rencontrer à mi-chemin

le qu'en-dira-t-on   ce que les autres disent de vous

frapper   surprendre, impressionner

reconnaître   admettre pour vrai, accepter

prêt à   disposé à

chauvin   qui défend son pays à tout prix

Exercices

A **Oui ou non?** Corrigez.

1. Si on se préoccupe du qu'en-dira-t-on, on est très heureux.
2. Quand on est frappé par une chose, on la remarque.
3. Quand on est pressé, on a le temps de faire ce qu'on veut.
4. Quand on reconnaît une chose, on refuse d'admettre qu'elle est vraie.
5. Quand on est chauvin, on est fanatique.
6. Quand on est calme, on s'énerve facilement.

B **Définitions.** Trouvez le mot qui correspond.

1. le contraire de calme
2. ce que les autres disent de vous
3. se retrouver
4. disposé à
5. à égale distance de deux points
6. quelqu'un qui est patriotique à l'extrême

Semblables ou pas?

PAUL: Moi, tu vois, ce qui m'a tout de suite frappé chez les Américains, c'est leur calme. On dit toujours qu'ils sont relax, et je crois que, de base, c'est vrai. Ils ne s'énervent pas facilement comme les Français. C'est peut-être parce qu'ils se préoccupent moins que nous du qu'en-dira-t-on.

ÉRIC: Oh, écoute, il ne faut pas exagérer! Qui est-ce qui a inventé le stress? C'est tout de même pas les Français. Bon, maintenant, on en souffre aussi, mais c'est parce qu'on imite tout ce que font les Américains: la musique, la télé, les vêtements, et maintenant, le stress.

PAUL: Oui, mais ce n'est pas le stress à la française, où tout le monde est nerveux, est toujours pressé, n'écoute pas ce que les autres disent.

ÉRIC: Moi, je ne sais pas, mais je trouve que les Américains sont très sur la défensive. Si tu fais la plus petite critique des États-Unis, ils voient rouge et te tombent dessus à bras raccourcis[1]!

PAUL: Là, tu exagères! Ils ne sont pas plus chauvins que les Français, les Anglais ou n'importe quel autre peuple! C'est sûr, chacun défend son pays, mais je trouve que les Américains sont assez prêts à reconnaître une supériorité culturelle, historique et artistique aux pays du «Vieux Monde».

ÉRIC: Oui, tu as peut-être raison. Enfin moi, finalement, j'ai l'impression que les Américains commencent à avoir les problèmes que les Européens ont depuis toujours, et que nous, nous commençons à profiter de la vie «à l'américaine». Alors on finira bien par se rencontrer à mi-chemin!

[1] te tombent…à bras raccourcis *jump all over you*

Compréhension

A **Les arguments de Paul.**
Complétez.

1. Les Américains sont calmes. Ils ne ___ pas comme les Français.
2. Le stress à l'américaine n'est pas le stress ___.
3. En France, on est toujours en train de courir partout; on est toujours ___.
4. Les Américains ne sont pas plus ___ que n'importe quel autre peuple.
5. La ___ du «Vieux Monde» en matière artistique est reconnue par les Américains.

B **Les arguments d'Éric.**
Complétez.

1. Éric trouve que Paul ___.
2. Les Français ___ du stress.
3. Les Français font comme les Américains; ils les ___.
4. Les Américains défendent tout de suite leur pays: ils sont ___.
5. Éric n'en est pas sûr, mais il ___ que les Américains commencent à avoir les mêmes problèmes que les Européens.
6. Éric pense qu'Américains et Européens finiront par se rencontrer ___.

Activités de communication

A **Imitation.** D'après ce que vous venez d'apprendre ou d'après ce que vous savez, en quoi est-ce que les Européens imitent les Américains? En quoi est-ce que les Américains imitent les Européens? Travaillez avec un(e) camarade.

B **Être ou ne pas être chauvin.** Faites une liste de tous les arguments que quelqu'un de chauvin pourrait présenter en faveur des États-Unis. Faites une liste des arguments qui seraient présentés par quelqu'un qui n'est pas chauvin. Travaillez avec un(e) camarade.

C **Supériorité ou infériorité.** Vous discutez avec un(e) Européen(ne) de vos supériorités et infériorités respectives. Travaillez avec un(e) camarade.

LANGAGE

IMPRESSIONS PERSONNELLES

Pour exprimer une première impression, vous dites:

> Ce qui m'a frappé (le plus), c'est…
> Ce que j'ai tout de suite remarqué, c'est…
> Ce qui m'a vraiment étonné(e), c'est…
> J'ai vraiment été surpris(e) par…

J'ai été vraiment déçu…

Si cette impression a été négative, vous pouvez dire:

J'ai été vraiment déçu(e) par…	*I was really disappointed by…*
Je m'attendais à quelque chose de plus que…	*I was expecting something more than…*

Si cette impression a été positive, vous pouvez dire:

Par contre, j'ai été enthousiasmé(e) par…	*However, I was filled with enthusiasm by…*
J'ai été vraiment emballé(e) par…	*I was really thrilled by…*

Si vous voulez exprimer une opinion, vous pouvez dire:

> J'ai l'impression que…
> Je trouve que…
> Je pense que…
> Je crois que…
> D'après moi,…
> Pour moi,…
> À mon avis,…

Si vous voulez nuancer votre opinion, vous dites:

C'est un peu comme si…
Dans un sens,…
Enfin moi, finalement,…

Oh, tu exagères!

Vous réagissez à ce qu'un(e) ami(e) vous dit de la manière suivante:

OUI	NON
C'est vrai.	Ce n'est pas vrai.
Tu as raison.	Tu as tort.
C'est exact.	Tu te trompes.
Effectivement…	Tu exagères!

Activité de communication

Impressions, bonnes et mauvaises. Imaginez que vous vous trouvez dans les situations suivantes. Donnez vos impressions, qu'elles soient bonnes ou mauvaises, à un(e) camarade.

1. Vous êtes allé(e) en vacances dans un nouvel endroit.
2. Vous êtes allé(e) voir un film que votre camarade vous avait recommandé.
3. Votre camarade critique votre chanteur/chanteuse préféré(e). Vous le/la défendez.
4. Vous parlez à un(e) ami(e) qui vient de faire un voyage en France. Demandez-lui ce qui l'a frappé(e) ou étonné(e) chez les Français et quelles ont été ses réactions à la culture française.

STRUCTURE I

| Les prépositions avec des noms géographiques | *Talking About Cities, Countries, and Continents* |

1. *À* and *de* are used with names of cities to express the English prepositions "in," "at," "to," and "from."

Le parlement européen est *à* Strasbourg.	Nos amis français viennent *de* Strasbourg.
La tour Eiffel est *à* Paris.	Nous téléphonons *de* Paris.
Nous sommes *à* Amsterdam.	Je vous écris *d'*Amsterdam.

There are very few exceptions to the above rule. Cities such as *La Nouvelle-Orléans, Le Caire, Le Havre*, which have articles as part of their name, retain the article. The article *le* is combined with *à* or *de*.

| *au* Caire | *du* Caire |
| *au* Havre | *du* Havre |

2. *En* and *de* are used with feminine geographical names. The gender of most countries, continents, and provinces of France is feminine. As a general rule of thumb, all names that end in a silent *-e* are feminine.

Il passe ses vacances *en* Espagne.	Ces touristes viennent *de* Belgique.
Nous voyageons *en* Europe.	Elles reviennent *d'*Asie.
Elle habite *en* Provence.	Ils viennent *de* Bourgogne.

En and *de* are also used with masculine names beginning with a vowel. There is a liaison sound with *en* and elision with *de*.

| J'habite *en* Israël. | Je viens *d'*Israël. |

Un joli village en Provence

3. *Au* and *du* are used with masculine geographical names beginning with a consonant. All names of countries that do not end in a silent -*e* are masculine. There are a few exceptions, such as: *le Mexique, le Cambodge, le Zaïre*.

au Japon	*du* Japon
au Portugal	*du* Portugal
au Canada	*du* Canada
au Maroc	*du* Maroc
au Mexique	*du* Mexique

4. *Aux* and *des* are used with names of countries which are in the plural, such as *les États-Unis* or *les Pays-Bas*.

Nous vivons *aux* États-Unis.	Nous venons *des* États-Unis.
Elle va *aux* Pays-Bas.	Elle revient *des* Pays-Bas.

5. For masculine names of states or provinces beginning with a consonant, *dans le* is used, unless these states or provinces are thought of as quasi-countries, in which case, *au* is used.

Il habite *dans le* Vermont.	Il vient *du* Vermont.
Elle vit *dans le* Poitou.	Elle vient *du* Poitou.

Il habite *au* Texas.	Il vient *du* Texas.
Elle vit *au* Québec.	Elle vient *du* Québec.

Note that *au Québec/du Québec* refers to the province, which is called *le Québec*. To refer to the city, which is just *Québec*, you say *à Québec/de Québec*.

Le Québec: la vallée du Saint-Laurent en automne

Exercices

A **Un peu de géographie.**
Répondez.

1. Où est Paris?
2. Où est Madrid?
3. Où est Bruxelles?
4. Où est Berlin?
5. Où est Montréal?
6. Où est New York?
7. Où est Lisbonne?
8. Où est Moscou?
9. Où est Tel-Aviv?
10. Où est Copenhague?

B **En voyage.** Complétez.

1. Ils nous ont écrit ___ Russie.
2. Ils reviennent ___ États-Unis dimanche.
3. Ils viennent ___ Portugal.
4. Ils nous ont téléphoné ___ Espagne.
5. Ils vont ___ France au Portugal.
6. Ils ne reviennent pas ___ Mexique avant le
   mois prochain.

C **L'amour des voyages.** Complétez.

1. Ils vont ___ Saint-Brieuc, ___ Bretagne.
2. Ensuite, ils vont ___ Deauville, ___
   Normandie.
3. Ils pensent aller aussi ___ Londres, ___
   Angleterre.
4. Moi, je veux faire un voyage ___ Asie. J'ai
   très envie d'aller ___ Tokyo, ___ Japon,
   et ___ Shanghai, ___ Chine.
5. J'ai un ami qui adore les pays du Maghreb.
   Il est allé ___ Tunis, ___ Tunisie, et ___
   Alger, ___ Algérie. Et je crois qu'il est allé
   ___ Fès, ___ Maroc.
6. Ma sœur fait de l'espagnol, et elle a très
   envie d'aller ___ Amérique du Sud. Elle
   veut aller ___ Lima, ___ Pérou, et ___
   Bogotà, ___ Colombie.

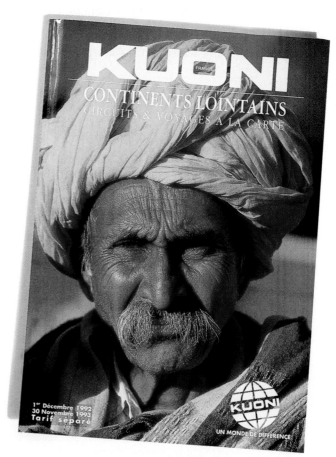

Le pronom *y*

Referring to Places or Things
Already Mentioned

1. The pronoun *y* replaces a prepositional phrase that is introduced by a preposition of place or direction, other than *de*. Like all other pronouns, *y* immediately precedes the verb it is tied to.

Ils vont *à Paris*.	Ils y vont.
Ils sont allés *au Québec*.	Ils y sont allés.
Ils voudraient aller *en France*.	Ils voudraient y aller.

2. The pronoun *y* is also used to replace the object of a verb followed by the preposition *à*, if that object refers to a thing.

J'ai répondu *à sa lettre*.	J'y ai répondu.
Il obéit *aux lois*.	Il y obéit.

Remember that when the noun following *à* is a person, rather than a thing, the noun is the indirect object of the verb, and therefore the indirect object pronouns *lui* or *leur* are used.

J'ai répondu *au professeur*.	Je *lui* ai répondu.
Il obéit *à ses parents*.	Il *leur* obéit.

3. The concept of "there" must always be expressed in French, even though it is often omitted in English.

—Quand vas-tu à Paris?	—*When are you going to Paris?*
—J'y vais demain.	—*I'm going tomorrow.*
—Luc est dans sa chambre?	—*Luc is in his room?*
—Oui, il y est.	—*Yes, he is.*

4. The pronoun *y* seldom occurs with another object pronoun in the same sentence. When it does, *y* follows the other pronoun.

Il *m'*a retrouvé *à Paris*.	Il *m'*y a retrouvé.
Je *l'*ai aperçu *sur les Champs-Élysées*.	Je *l'*y ai aperçu.
Elle *s'*intéresse *à la peinture*.	Elle *s'*y intéresse.

In sentences with *en*, *y* precedes *en*.

Il *y a de la neige*?	Il y en a.

5. The pronoun *y* is used in the following idiomatic expressions.

Ça y est!	*That's it. Finished!*
J'y suis!	*I get it!*

Exercices

Bruxelles: la Grand-Place

A **La Communauté européenne.** Remplacez les mots en italique par le pronom *y*.

1. Ils ont signé un traité *à Paris*.
2. Les produits pourront circuler *en Europe*.
3. Ils ne s'arrêteront plus *aux frontières*.
4. La Grande-Bretagne entre *dans la CEE*.
5. Le gouvernement est installé *à Bruxelles*.
6. On parle le catalan *en Catalogne*.

B **Souvenirs.** Refaites les phrases, en utilisant *y, lui* ou *leur.*

1. Je pense souvent à mon pays.
2. Je jouais tout le temps au foot.
3. Je faisais toujours attention aux conseils de mes professeurs.
4. J'obéissais bien à mes parents.
5. Je répondais toujours poliment à ma grand-mère.
6. Elle s'intéressait beaucoup à mes activités.

C **Départ.** Répondez en utilisant le pronom *y*.

1. Tes amis vont au Maroc?
2. Tu les accompagnes à l'aéroport?
3. Tu les invites au buffet de l'aéroport?
4. Ils ont le temps de t'accompagner au buffet?
5. Tu les accompagnes à la porte d'embarquement?
6. Tu peux les accompagner à bord de l'avion?

L'Eurotunnel: la dernière percée, le 28 juin 1991

Le futur

Telling What You and Other People Will Do

1. The future of regular verbs and many irregular verbs is formed by adding the appropriate endings to the infinitive of the verb. In the case of verbs ending in -*re*, the final -*e* is dropped before the future endings are added.

INFINITIVE	parler	finir	attendre	ENDINGS
FUTURE	je **parlerai**	je **finirai**	j' **attendrai**	-*ai*
	tu **parleras**	tu **finiras**	tu **attendras**	-*as*
	il/elle/on **parlera**	il/elle/on **finira**	il/elle/on **attendra**	-*a*
	nous **parlerons**	nous **finirons**	nous **attendrons**	-*ons*
	vous **parlerez**	vous **finirez**	vous **attendrez**	-*ez*
	ils/elles **parleront**	ils/elles **finiront**	ils/elles **attendront**	-*ont*

Note that many verbs which are irregular in the present tense have a regular future tense.

écrire: j'**écrirai**, tu **écriras**, etc.
boire: je **boirai**, tu **boiras**, etc.
connaître: je **connaîtrai**, tu **connaîtras**, etc.

2. The future tense expresses an action or event that will take place sometime in the future. Following are some common adverbial expressions that can be used with the future.

demain   bientôt
après-demain   dimanche prochain
dans deux jours   la semaine prochaine, le mois prochain
un de ces jours   l'année prochaine, l'été prochain

Ils se *mettront* d'accord *un de ces jours.*
Nous *reparlerons* de ce problème *la semaine prochaine.*

3. Remember that in French, the construction *aller* + infinitive is frequently used to describe an event that will happen in the near future.

Je *vais* lui *téléphoner.*   Nous *allons* y *aller.*

4. Stem-changing verbs have irregular future forms. The future tense of these verbs is not based on the infinitive, but rather on the third person singular of the present tense + *r* + the future endings.

INFINITIVE	PRESENT	FUTURE	
acheter	il *achète*	j' *achèterai*	nous *achèterons*
lever	il *lève*	je *lèverai*	nous *lèverons*
mener	il *mène*	je *mènerai*	nous *mènerons*
appeler	il *appelle*	j' *appellerai*	nous *appellerons*
jeter	il *jette*	je *jetterai*	nous *jetterons*
employer	il *emploie*	j' *emploierai*	nous *emploierons*
essayer	il *essaie*	j' *essaierai*	nous *essaierons*

5. The following verbs have irregular stems in the future tense. The endings, however, are regular.

aller	j' *irai*	courir	je *courrai*
avoir	j' *aurai*	mourir	je *mourrai*
être	je *serai*	pouvoir	je *pourrai*
faire	je *ferai*	voir	je *verrai*
savoir	je *saurai*	envoyer	j' *enverrai*
vouloir	je *voudrai*	tenir	je *tiendrai*
devoir	je *devrai*	venir	je *viendrai*
recevoir	je *recevrai*	valoir	il *vaudra*
s'asseoir	je *m'assiérai*	falloir	il *faudra*
		pleuvoir	il *pleuvra*

Le Parlement européen en session, à Strasbourg

Exercices

A **L'Europe de l'avenir?** Répondez d'après le modèle.

> Nous ne parlons pas la même langue.
> *Mais bientôt, si, nous parlerons la même langue.*

1. Nous n'utilisons pas la même monnaie.
2. Nous n'avons pas les mêmes coutumes.
3. Nous n'allons pas dans les autres pays pour travailler.
4. Nous ne voyageons pas facilement.
5. Nous n'aimons pas trop les étrangers.
6. Nous ne vendons pas nos produits librement.
7. Nous ne réunissons pas tous les pays d'Europe.

«Columbus»: la partie européenne de la future station spatiale internationale

B **Vos enfants.** Répondez en utilisant le futur.

1. Vous, vous apprenez dans des livres. Et vos enfants?
2. Vous, vous voyagez en avion. Et vos enfants?
3. Vous, vous mangez de la nourriture. Et vos enfants?
4. Vous, vous allez au cinéma. Et vos enfants?
5. Vous, vous parlez une ou deux langues. Et vos enfants?
6. Vous, vous habitez sur la Terre. Et vos enfants?

C **Il dira n'importe quoi.** Complétez au futur.

1. Il dit qu'il ___ le faire. (savoir)
2. Il dit qu'il ___ le faire. (pouvoir)
3. Il dit qu'il ___ de le faire. (essayer)
4. Il le ___? (faire)
5. On ___. (voir)
6. Il ___ impressionner ses amis. (vouloir)
7. Tout le monde ___ voir ce qu'il fait. (venir)
8. Est-ce que ça ___ la peine d'aller voir? (valoir)
9. S'il réussit, la compagnie ___ son invention. (employer)
10. Sinon, elle la ___. (jeter)

D **Projets.** Complétez.

1. Demain, je…
2. L'été prochain, mes parents…
3. Un de ces jours, mon frère…
4. L'année prochaine, mes amis et moi, nous…
5. Dimanche prochain, ma sœur…
6. La semaine prochaine, tu…
7. Dans deux jours, toi et Monique, vous…

JOURNALISME

L'ÉCOLOGIE

INTRODUCTION

L'écologie, l'environnement, la protection de la nature, tout le monde en parle, en France comme aux États-Unis.

Mais ces débats sur l'écologie peuvent être difficiles à suivre si on ne sait pas ce que veulent dire certains termes de base, comme «eutrophisation» par exemple. Vous savez ce que ça veut dire, vous? Non? Alors, lisez l'article qui suit, paru récemment dans *Phosphore*, le magazine des lycéens français.

Vocabulaire

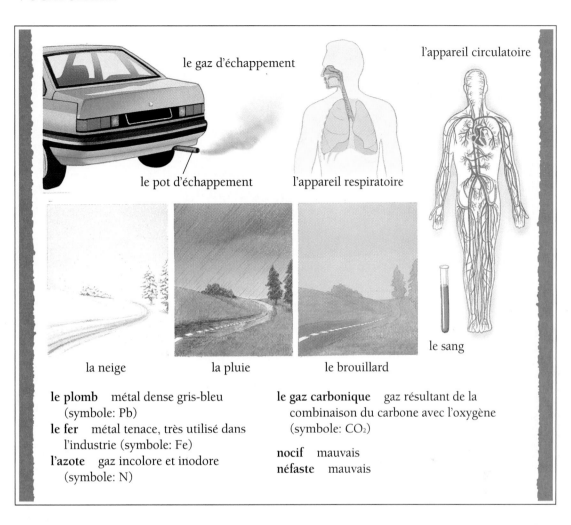

le gaz d'échappement

l'appareil circulatoire

le pot d'échappement

l'appareil respiratoire

le sang

la neige   la pluie   le brouillard

le plomb   métal dense gris-bleu
(symbole: Pb)

le fer   métal tenace, très utilisé dans
l'industrie (symbole: Fe)

l'azote   gaz incolore et inodore
(symbole: N)

le gaz carbonique   gaz résultant de la
combinaison du carbone avec l'oxygène
(symbole: CO_2)

nocif   mauvais
néfaste   mauvais

Exercice

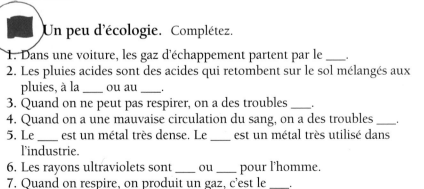

Un peu d'écologie.   Complétez.

1. Dans une voiture, les gaz d'échappement partent par le ___.
2. Les pluies acides sont des acides qui retombent sur le sol mélangés aux
   pluies, à la ___ ou au ___.
3. Quand on ne peut pas respirer, on a des troubles ___.
4. Quand on a une mauvaise circulation du sang, on a des troubles ___.
5. Le ___ est un métal très dense. Le ___ est un métal très utilisé dans
   l'industrie.
6. Les rayons ultraviolets sont ___ ou ___ pour l'homme.
7. Quand on respire, on produit un gaz, c'est le ___.
8. L'___ est un gaz incolore et inodore. Ses oxydes peuvent être très nocifs pour
   les êtres vivants.

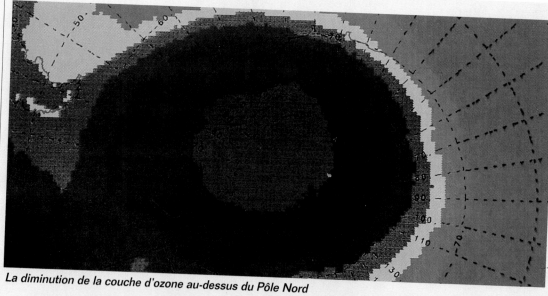

La diminution de la couche d'ozone au-dessus du Pôle Nord

POUR COMPRENDRE L'ÉCOLOGIE

AGRICULTURE BIOLOGIQUE

Culture ou élevage respectant les équilibres naturels et n'utilisant aucun produit chimique.

BIODÉGRADABLE

Se dit d'une substance susceptible d'être décomposée par des organismes vivants (bactéries).

ÉCOLOGIE

Mot inventé en 1866 par le biologiste allemand Haeckel. Du grec «oïkos» (maison). Science des relations des êtres vivants avec leur milieu[1] et des êtres vivants entre eux.

EUTROPHISATION

Quand l'eau (mer, lac, rivière…) contient trop de richesses nutritives, certains petits organismes pullulent[2]. En se développant, ils absorbent l'oxygène de l'eau au détriment d'autres espèces[3]. L'eutrophisation est due au déversement[4] dans l'eau de phosphates (les détergents en contiennent) ou de nitrates (dans les engrais[5]).

OXYDES D'AZOTE

Rejetés par les gaz d'échappement des voitures, ils sont produits par la combustion des carburants[6] à haute température. Effets nocifs sur les êtres vivants.

OZONE

L'ozone est un gaz présent dans la stratosphère (entre 20 et 40 km d'altitude) où il forme une couche[7] qui protège la planète des rayonnements solaires ultraviolets B, très néfastes pour l'homme.

PLUIES ACIDES

Pollution due aux rejets gazeux des industries et des pots d'échappement de voitures. Dans l'atmosphère, ces polluants sont transformés en acides (sulfuriques et nitriques) qui retombent au sol mélangés aux[8] pluies, neiges et brouillards. Les pluies acides font dépérir[9] les forêts, polluent certains lacs et cours d'eau, et provoquent des troubles respiratoires et circulatoires chez l'homme.

POT CATALYTIQUE

Situé entre le moteur et le pot d'échappement d'une voiture, c'est pour l'instant l'une des meilleures techniques de réduction d'émissions polluantes. Il transforme en partie les gaz polluants en vapeur d'eau, en azote et en gaz carbonique. Le pot catalytique ne fonctionne qu'avec de l'essence sans plomb.

RECYCLAGE

Le recyclage consiste à récupérer les déchets[10] pour les transformer. Ils peuvent ainsi resservir (verre, papier, fer, etc.)

---

[1] **milieu**   *environment*
[2] **pullulent**   *proliferate*
[3] **espèces**   *species*
[4] **le déversement**   *pouring*

[5] **les engrais**   *fertilizers*
[6] **carburants**   *fuels*
[7] **une couche**   *layer*

[8] **mélangés aux**   *mixed with*
[9] **dépérir**   *to wither*
[10] **les déchets**   *waste*

Compréhension

 A **Oui ou non.** Corrigez.

1. L'agriculture biologique utilise des produits chimiques.
2. «Biodégradable» veut dire qui se décompose naturellement.
3. Le terme «écologie» vient du latin.
4. Les détergents contiennent des phosphates. *oui*
5. Les oxydes d'azote sont rejetés par les voitures. *non*
6. La couche d'ozone protège les hommes des rayons ultraviolets. *oui*

B **Définitions.** Trouvez le mot qui correspond.

1. les polluants qui proviennent des gaz d'échappement des voitures
2. science des relations entre l'homme et son environnement
3. la culture ou l'élevage qui n'utilise pas de produits chimiques
4. un appareil qui sert à réduire les gaz polluants qui s'échappent d'une voiture
5. la récupération des déchets

Activités

A **Recyclage.** Vous organisez un programme de recyclage dans votre ville. Déterminez ce que vous allez recycler et comment, les jours de recyclage, etc. Travaillez en petits groupes.

B **Campagne publicitaire.** Vous faites une campagne publicitaire pour un produit «écologiquement» bon. Choisissez un produit, puis «vendez-le»—écrivez une publicité, faites une affiche, etc. Travaillez avec un(e) camarade.

Le recyclage du verre, à Paris

LA PROTECTION DES ANIMAUX

INTRODUCTION

Nous devons aujourd'hui apprendre à protéger les animaux. Nous devons leur assurer non seulement la possibilité de bien vivre, mais aussi un territoire adapté à leurs besoins. Il y a en effet des centaines d'espèces animales qui n'ont plus de territoire parce qu'on a coupé les arbres de leur forêt, par exemple.

Pour en savoir plus sur la disparition de certaines espèces animales et ce qu'on peut faire pour sauver celles qui sont en danger, lisez l'article qui suit, paru dans le magazine pour jeunes, *Okapi*.

VOCABULAIRE

un bouquetin

un loup

une baleine

un manchot

Des bouquetins en train de brouter. Ils broutent.
Les loups pourchassent un bouquetin.

un ours

L'ours brun a une belle fourrure brune.

Ils abattent un arbre.

une corne

Cet homme va à la chasse. Il va chasser.   Le chasseur essaie d'échapper au rhinocéros.

la crainte   la peur
la chair   la viande
une réserve   un parc national
la paix   le contraire de la guerre

sûr   pas dangereux

se vêtir   mettre des vêtements, s'habiller

Exercices

A   Quelques animaux.
Répondez d'après les dessins.

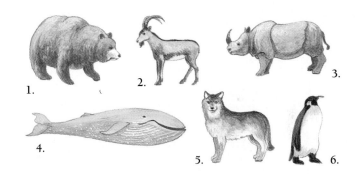

1. C'est un tigre?
2. C'est une antilope?
3. C'est un éléphant?
4. C'est un cochon?
5. C'est une vache?
6. C'est une poule?

B   Des animaux et des hommes.   Complétez.

1. Le rhinocéros d'Afrique a deux ___; celui d'Asie n'en a qu'une.
2. Les rhinocéros sont des herbivores: ils ___ l'herbe de la savane.
3. Les campeurs ont été attaqués par un ours: il les a ___, mais ils ont pu lui ___.
4. Les hommes préhistoriques chassaient les animaux pour se nourrir de leur ___.
5. Et ils utilisaient la ___ de ces animaux pour se vêtir.
6. C'est un chasseur. Il aime ___.
7. Il va à la ___ tous les jours pendant la saison.
8. Les animaux ont été tellement chassés, qu'ils vivent dans la ___ de l'homme.
9. Seuls, les animaux qui vivent dans des ___ vivent en paix. Ce sont pour eux des endroits ___.
10. Ces arbres étaient trop vieux, il a fallu les ___.

CES ANIMAUX
EN DANGER DE MORT

Dans le beau film de Jean-Jacques Annaud, *La Guerre du feu*[1], trois hommes se réfugient dans un arbre isolé de la savane, pour échapper à une horde de lions.

Ils restent perchés là, plusieurs jours, car les lions ne se lassent[2] pas de les guetter[3]…

Dans ces temps reculés[4], les hommes, bien peu nombreux sur Terre, vivaient dans la crainte des animaux…

Des milliers d'espèces ont disparu

Dès qu'ils[5] ont su fabriquer des armes, les hommes ont chassé les animaux. Ils se sont nourris de leur chair, ils se sont vêtus avec leurs fourrures. Ils ont cru trouver des propriétés miraculeuses dans les cornes du rhinocéros ou du bouquetin des Alpes.

Ainsi, pendant des siècles[6], les espèces animales ont été pourchassées, sans relâche[7], par l'homme. Mais, depuis cinquante ans, elles disparaissent à un rythme de plus en plus rapide. En effet, la population humaine a beaucoup augmenté.

Pour gagner de l'espace, partout, on a abattu des forêts entières. Les animaux qui vivaient là, cachés[8], ont peu à peu été privés de tout ce qui faisait leur vie[9]: leur habitat, leur territoire de chasse, leur nourriture. Des milliers d'espèces se sont raréfiées; d'autres ont disparu.

C'est ainsi que, dans quelques années, les tigres du Bengale, les ours des Pyrénées et les loups d'Europe pourraient disparaître, si on ne fait rien.

Il existe une variété infinie d'espèces animales. Pourtant, les hommes n'en exploitent que quelques-unes pour l'élevage: les poules, les vaches, les cochons… Mais qui sait quelle espèce pourrait être utile dans l'avenir[10]?

Des antilopes dans les champs normands?

Imaginons, par exemple, que les espaces désertiques s'étendent de plus en plus. En Afrique, l'oryx*, qui a failli disparaître[11], est un des rares animaux capables de brouter sur des terres arides. Il pourrait, demain, nourrir un grand nombre d'êtres humains.

Et si les climats venaient à se réchauffer, qui sait s'il n'y aura pas, un jour, des antilopes dans les champs de Normandie!

Depuis plusieurs années, les hommes ont enfin décidé de sauver les animaux. Pour certaines espèces, il était déjà trop tard. Pour d'autres, il était juste temps de créer des espaces naturels, des parcs ou des réserves où, maintenant, ils peuvent se reproduire en paix.

Depuis 1989, le commerce de l'ivoire est interdit: l'extermination massive des éléphants est donc freinée. Les baleines, qui étaient menacées d'extinction, sont peut-être sauvées.

Aujourd'hui, sur la Terre, un seul espace reste sûr pour le monde animal: c'est le continent Antarctique. En 1991, les gouvernements ont décidé de ne pas l'exploiter pendant cinquante ans. Des milliers de manchots ont, devant eux, des jours tranquilles sur ces terres glacées. ■

---

[1] **La Guerre du feu** *Quest for Fire*
[2] **se lassent** *tire*
[3] **guetter** *to watch, lie in wait*
[4] **reculés** *distant, remote*

[5] **dès qu'ils** *as soon as they*
[6] **siècles** *centuries*
[7] **sans relâche** *without respite*
[8] **cachés** *hidden*

[9] **vie** *life*
[10] **l'avenir** *future*
[11] **a failli disparaître** *very nearly disappeared*
* **oryx** *large straight-horned African antelope*

Compréhension

A **Sauvons les animaux!** Répondez d'après le texte.

1. Pourquoi les premiers hommes avaient-ils peur des animaux?
2. Quand les hommes ont-ils commencé à chasser les animaux?
3. Dans quoi les hommes ont-ils trouvé des propriétés miraculeuses?
4. Qu'ont fait les hommes pour gagner de l'espace?
5. Quel en a été le résultat?
6. Quelles espèces animales pourraient bien disparaître?
7. Quels sont les animaux que les hommes utilisent pour l'élevage?
8. Quels autres animaux pourraient-ils un jour utiliser?
9. Comment a-t-on freiné l'extermination des éléphants?
10. Pourquoi les manchots peuvent-ils dormir tranquillement?

B **Oui ou non?** Corrigez d'après le texte.

1. Il y a très longtemps, les hommes avaient peur des animaux.
2. Les hommes chassaient les animaux pour se nourrir et s'habiller.
3. Depuis cinquante ans, les espèces animales disparaissent de plus en plus vite.
4. Les hommes exploitent beaucoup d'espèces animales pour l'élevage.
5. L'oryx d'Afrique a besoin de beaucoup d'eau pour vivre.
6. On trouve déjà des antilopes en Normandie.
7. De nos jours, les éléphants et les baleines sont sauvés.
8. On ne pourra pas chasser sur le continent Antarctique jusqu'en 2041.

Terre sauvage
UN AUTRE REGARD SUR LA NATURE

TARIF ETUDIANT

1 an (11 numéros) = 256 F
au lieu de 319 F
(prix de vente au numéro)

Activités

A   **La chasse.** Faites une liste des arguments en faveur de la chasse et une liste des arguments contre la chasse. Faites un sondage dans votre classe pour savoir la position de vos camarades sur ce sujet.

B   **Être ou ne pas être végétarien.** Doit-on manger de la viande ou pas? Faites une liste des arguments en faveur et une liste des arguments contre. Faites un sondage dans votre classe.

C   **Animaux en voie de disparition.** Le texte cite trois espèces animales qui pourraient bien disparaître: le tigre du Bengale, l'ours des Pyrénées et le loup d'Europe. Connaissez-vous d'autres espèces qui sont en voie de disparition (en train de disparaître)? Faites un exposé sur une espèce animale en danger dans votre pays ou ailleurs (*elsewhere*).

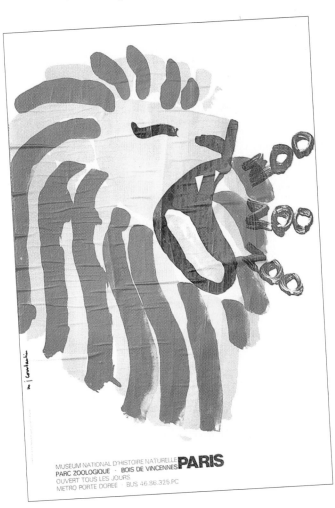

MUSEUM NATIONAL D'HISTOIRE NATURELLE **PARIS**
PARC ZOOLOGIQUE · BOIS DE VINCENNES
OUVERT TOUS LES JOURS
METRO PORTE DOREE · BUS 46.86.325.PC

LES TOUAREGS

INTRODUCTION

Les animaux ne sont pas les seuls êtres vivants que le monde moderne prive de tout ce qui était leur vie. Certains peuples aussi doivent faire face au même destin: les Touaregs, par exemple.

Si ce nom ne vous dit rien, lisez les renseignements suivants, avant de lire le reportage à la page 188, paru originairement dans *Phosphore*.

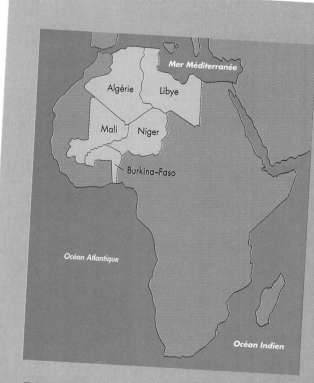

■ TERRITOIRE

Les Touaregs sont d'origine berbère et comptent environ un million de personnes réparties au Niger (600 000) et au Mali (300 000). Le reste se répartissant entre la Libye, le Burkina-Faso et l'Algérie. Divisés en une infinité de tribus, nomades ou sédentaires, ils n'ont qu'un point commun: la langue touarègue, le tamacheq.

■ LES HOMMES BLEUS

L'expression, qui date de la colonisation, a fait le tour du monde. Quand vient l'âge de la puberté, les Touaregs se drapent le visage avec une longue pièce de tissu, le «chèche», teintée à l'indigo. Cette teinture, qui se dépose sur le visage, a valu aux Touaregs le surnom «d'hommes bleus».

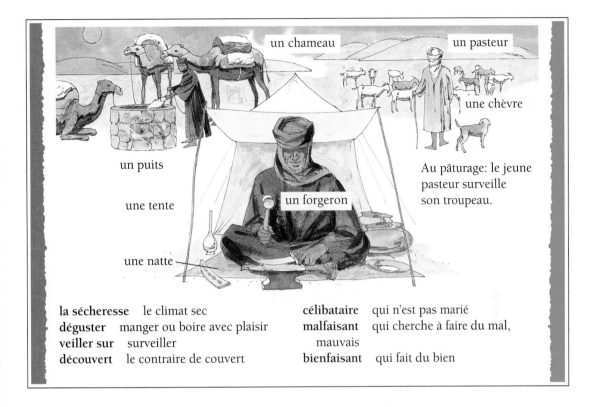

un chameau

un pasteur

une chèvre

un puits

Au pâturage: le jeune pasteur surveille son troupeau.

une tente

un forgeron

une natte

la sécheresse   le climat sec
déguster   manger ou boire avec plaisir
veiller sur   surveiller
découvert   le contraire de couvert

célibataire   qui n'est pas marié
malfaisant   qui cherche à faire du mal, mauvais
bienfaisant   qui fait du bien

Exercices

A   **Dans le désert.**   Complétez.

1. Comme animaux, les nomades ont des ___ et des ___.
2. Les nomades ne vivent pas dans des maisons, mais dans des ___.
3. Ils dorment sur des ___.
4. Ils prennent de l'eau dans des ___.
5. Il fait toujours chaud et sec, mais les nomades ont l'habitude de la ___.
6. Les femmes ne portent pas le voile. Elles ont le visage ___.
7. C'est la femme qui ___ les enfants et les chèvres.
8. Dans le désert, l'eau est ___. On la déguste avec plaisir.

B   **Définitions.**   Trouvez le mot qui convient.

1. quelqu'un qui travaille le fer
2. quelqu'un qui garde un troupeau de chèvres
3. l'endroit où un troupeau broute
4. qui n'a pas de mari ou de femme
5. qui cherche à faire du mal

NOMADES

Nomades dans l'âme[1], les Touaregs ont toujours été en conflit avec les Noirs sédentaires. Leur nomadisme s'articule autour de l'élevage. Les Touaregs se déplacent en suivant les pâturages pour que chèvres et chameaux aient toujours de quoi se nourrir.

LES HOMMES BLEUS

Au Mali, au Niger et en Algérie, on n'a jamais beaucoup aimé les Touaregs, ces nomades du désert. Mais depuis deux ans, la situation empire[2]. Attaques, représailles sanglantes, guérilla: les morts se comptent par centaines.

THÉ AU SAHARA

Les Touaregs ne mangent jamais en public. Seul le thé se déguste en famille ou entre amis.

[1] **l'âme** *soul*   [2] **empire** *is getting worse*

FEMMES

Bien que musulmanes, les femmes touarègues
ont le visage découvert, contrairement aux
hommes. Lorsqu'elles se marient, elles
deviennent propriétaires de la «maison», une
tente constituée de nattes. En cas de divorce,
elles repartent dans leur famille avec leur
maison, laissant l'homme sans abri[3].

[3] **abri**   *shelter*

L'HEURE DU PUITS

Dans ce monde de sable et de sécheresse, il faut parfois descendre à plus de trente mètres pour trouver l'eau bienfaisante. Le puits est aussi le lieu de toutes les rencontres[4]. Regards, plaisanteries, sourires entre jeunes célibataires…

PLUS-QUE-NOMADES

Les forgerons forment une classe à part. Ces familles d'artisans vont et viennent entre tribus. Les femmes travaillent le cuir, les maris le bois[5] et le métal.

[4] **rencontres** *encounters*   [5] **le bois** *wood*

LA COLÈRE[6] DES HOMMES BLEUS

DEPUIS PRÈS D'UN SIÈCLE, LES TOUAREGS, HABITANTS ANCESTRAUX DU SAHARA, LUTTENT[7] POUR PRÉSERVER LEUR IDENTITÉ.

Que réclament[8] les Touaregs? Rien, ou presque. Ils souhaitent vivre selon leur culture, et non pas, comme on l'a parfois écrit, obtenir leur indépendance. Les Touaregs sont de tradition nomade, ils sont partout chez eux et ont toujours vécu en bons termes avec les autres ethnies.

Les hommes bleus veulent simplement vivre en paix le long des oueds[9], élever leurs troupeaux, cultiver leurs champs et préparer, comme chaque année, les caravanes de sel*. La vie est assez dure comme ça dans ces régions où le désert ne cesse d'avancer, et où une seule sécheresse peut être fatale à tout un troupeau, seul bien du pasteur nomade.

Aujourd'hui, la situation n'est pas brillante. Pourchassés par l'armée, les Touaregs du Mali s'entassent[10] par milliers dans des camps de fortune[11] dans le sud algérien, mais aussi au Niger, en Libye, au Burkina-Faso et en Mauritanie. Exténués[12] par la fatigue, la faim et la typhoïde. Dépendants d'une aide humanitaire qui arrive au compte-gouttes[13]. Triste épilogue, pour ces grands nomades qui ne souhaitaient que le droit à la différence.

CEUX DE LA LIMITE

Les Kel-Tedale («ceux de la limite») vivent aux portes du terrible désert du Ténéré. Très pauvres, ils comptent parmi les derniers véritables nomades touaregs. Une famille voyage seule, l'homme est responsable des chameaux, la femme veille sur les enfants, la tente et le troupeau de chèvres.

---

[6] **la colère** *anger*
[7] **luttent** *fight*
[8] **réclament** *demand*
[9] **le long des oueds** *along the wadis (river beds—usually dry, except during the rainy season)*

[10] **s'entassent** *are crammed*
[11] **camps de fortune** *makeshift refugee camps*
[12] **exténués** *exhausted*
[13] **arrive au compte-gouttes** *is doled out sparingly*

* **les caravanes de sel** *camel caravans transporting salt from Saharan mines to markets in Nigeria, where the Touaregs sell the salt and buy cereals like millet*

Compréhension

A **Oui ou non?** Corrigez d'après le texte.

1. Les Touaregs sont sédentaires.
2. Ils n'ont pas d'animaux.
3. Les Touaregs sont aimés des autres peuples.
4. Ils ne mangent jamais en public.
5. Les femmes touarègues portent le voile.
6. C'est le mari qui est le propriétaire de la tente familiale.
7. Le puits est l'endroit où hommes et femmes se rencontrent.
8. Les artisans restent toujours dans la même tribu.
9. Les femmes travaillent le bois et le métal, et les maris travaillent le cuir.
10. Les Touaregs veulent vivre selon leur culture.
11. Les Touaregs n'ont pas un seul bien.

B **Les hommes bleus.** Répondez d'après le texte.

1. Pourquoi les Touaregs se déplacent-ils en suivant les pâturages?
2. Que dégustent-ils en famille?
3. Quand un couple se marie, qui devient propriétaire de la tente?
4. Que se passe-t-il quand un couple divorce?
5. Où se rencontrent les jeunes gens célibataires?
6. Comment vivent les artisans?
7. Que réclament les Touaregs?
8. Comment vivent-ils?
9. Quel peut être le résultat d'une grande sécheresse?
10. Quelle est la situation des Touaregs aujourd'hui?

Activités

A **Étonnant!** Il y a sans doute des aspects de la vie des Touaregs qui vous ont surpris. Dites ce qui vous a surpris et pourquoi.

B **La vie dans le désert.** Décrivez un jour dans la vie d'une famille de Touaregs.

C **Le droit à la différence.** Expliquez la dernière phrase de l'article: «Triste épilogue pour ces grands nomades qui ne souhaitaient que le droit à la différence.»

STRUCTURE II

Le futur antérieur

*Telling What You and Others
Will Do Before a Future Event*

---

1. The *futur antérieur,* or future perfect, is formed by using the future tense of the helping verb *avoir* or *être* and the past participle of the verb.

FINIR	ALLER
j' aurai fini	je serai allé(e)
tu auras fini	tu seras allé(e)
il aura fini	il sera allé
elle aura fini	elle sera allée
nous aurons fini	nous serons allé(e)s
vous aurez fini	vous serez allé(e)(s)
ils auront fini	ils seront allés
elles auront fini	elles seront allées

2. The future perfect is used to express a future action that will be completed prior to another future action.

> Nous *irons* à Paris en mai.
> Malheureusement, nos amis
> *seront* déjà *partis.*

> *We will go to Paris in May.*
> *Unfortunately our friends will*
> *have already left.*

Both actions are in the future. However, "our friends" will have left Paris before we arrive. Study the following examples.

> Ils *rentreront* à Paris en juin.
> Malheureusement, nous *aurons*
> déjà *repris* l'avion pour New York.

> *They will come back to Paris in June.*
> *Unfortunately, we'll have already*
> *taken a plane back to New York.*

> Nous ne *verrons* pas nos amis avant
> le mois de septembre.
> Mais nous *nous serons parlé*
> au téléphone avant ça.

> *We won't see our friends before the*
> *month of September.*
> *But we'll have talked with one*
> *another on the phone before that.*

Remember that *être* is the helping verb used with reflexive verbs.

Exercices

A **Avant que Grand-mère n'arrive.** Répondez d'après le modèle.

> **Il faut que tu aies fini tes devoirs.**
> *Mais oui, quand elle arrivera, j'aurai fini mes devoirs.*

1. Il faut que tu aies fait la vaisselle.
2. Il faut que Valérie ait rangé sa chambre.
3. Il faut que Christophe soit rentré de l'école.
4. Il faut que vous soyez allés faire les courses.
5. Il faut que vous ayez mis la table.
6. Il faut que vous ayez pris un bain.
7. Il faut que tu te sois fait couper les cheveux.
8. Il faut que vous ayez préparé le dîner.

B **Dans cent ans, la Terre sera un désert:...** Faites des phrases avec les mots donnés. Utilisez le futur antérieur.

> **...nous/détruire la planète**
> *Dans cent ans, la Terre sera un désert: nous aurons détruit la planète.*

1. ...nous/abattre tous les arbres
2. ...les industries/polluer tous les cours d'eau
3. ...des centaines d'espèces animales/disparaître
4. ...les êtres humains/devenir trop nombreux
5. ...ils/détruire l'environnement
6. ...ils/se détruire eux-mêmes

Le futur et le futur antérieur avec *quand*

Using the Future or Future Perfect After Certain Conjunctions

The future tense or the future perfect is used after the following conjunctions of time when the verb in the main clause is in the future, the future perfect, or the imperative.

Note that the present tense or the past perfect is used in English.

quand	*when*	**dès que**	*as soon as*
lorsque	*when*	**pendant que**	*while*
aussitôt que	*as soon as*	**tandis que**	*while*

Je vous téléphonerai *quand j'arriverai.*   I'll call you *when I arrive.*
Il sera parti *lorsque vous arriverez.*   He will have left *when you arrive.*
***Dès que** tu auras acheté* un fax,   *As soon as you have bought* a fax
    dis-le moi.   machine, tell me.

Exercices

A **Futurs écologistes.** Redites la même chose en suivant le modèle.

> **Moi, je veux passer un mois en mer pour étudier les baleines.**
> *Quand je passerai un mois en mer, j'étudierai les baleines.*

1. Moi, je veux aller au Sahara pour photographier les Touaregs.
2. Lui, il veut faire des études en agriculture biochimique pour essayer de trouver de nouveaux engrais.
3. Eux, ils veulent aller en Amazonie pour essayer d'arrêter la déforestation.
4. Nous, nous voulons aller dans les Pyrénées pour trouver les derniers ours et les transporter dans un zoo.

Un ours des Pyrénées

B **Premier jour à Paris.** Complétez en utilisant soit le futur, soit le futur antérieur.

1. Dès que vous ___, téléphonez-moi. (s'installer)
2. Vous ___ des courses pendant que je ___. (faire, travailler)
3. Aussitôt que j'___ une table, nous ___ partir. (réserver, pouvoir)
4. Céline ___ vous voir quand ses enfants ___ en vacances. (venir, partir)

Le présent et l'imparfait avec *depuis*

Using the Present or the Imperfect Tense After Certain Time Expressions

---

1. The expressions *depuis, il y a… que, voilà… que, ça fait… que* are used with the present tense to describe an action that began at some time in the past and continues in the present. Look at the following examples.

    —*Depuis* quand *êtes*-vous à Bruxelles?

    —Je *suis* ici *depuis* vingt ans.

    —*Depuis* quand *travaillez*-vous ici?

    —Je *travaille* ici *depuis* cinq ans.

    —*How long have you been in Brussels?*

    —*I've been here for twenty years.*

    —*How long have you been working here?*

    —*I have been working here for five years.*

    Il y a cinq ans *que* je *travaille* ici.

    Voilà cinq ans *que* je *travaille* ici.

    Ça fait cinq ans *que* je *travaille* ici.

    Note that English uses the present perfect progressive because it considers that the action began in the past. French uses the present tense because it considers that, even though the action started in the past, it continues in the present.

2. The expressions *depuis, il y avait… que,* and *ça faisait… que* are used with the imperfect tense to describe an action or a condition that had begun in the past and was still happening or in effect at a given moment in the past when something else happened. Note the tenses in the following sentences.

    Elle *habitait* en France *depuis* six mois quand son frère a décidé de lui rendre visite.

    She had been living in France for six months when her brother decided to visit her.

    Il y *avait* deux heures *qu'il travaillait* quand le téléphone a sonné.

    He had been working for two hours when the telephone rang.

3. If the time construction involves a date, only *depuis* can be used.

    Je travaille ici *depuis 1990.* *I've been working here since 1990.*

Exercices

A **Personnellement.** Répondez.

1. Depuis quelle date habitez-vous dans la ville où vous habitez maintenant?
2. Depuis quand connaissez-vous votre meilleur(e) ami(e)?
3. Depuis combien de temps êtes-vous dans la même école?
4. Depuis combien de temps faites-vous du français?
5. Depuis combien de temps vos parents se connaissent-ils?
6. Depuis combien d'années faites-vous des maths? Et de l'anglais?

B **Combien de temps?** Complétez.

1. Mon frère Serge ___ de l'espagnol depuis deux ans quand il ___ d'apprendre le français. (faire, décider)
2. Depuis longtemps, il ___ aller à Madrid, et puis tout d'un coup, il ___ d'aller à Bruxelles. (vouloir, choisir)
3. Ça ne faisait que deux jours qu'il ___ à Bruxelles quand il ___ Eugénie. (être, rencontrer)
4. Il y avait un an qu'il ___ Carol lorsqu'il ___ amoureux d'Eugénie. (connaître, tomber)
5. Et maintenant, ça fait deux mois qu'il ___ à Eugénie, et moi ça fait deux mois que je ___ avec Carol! (écrire, sortir)

Une fête à Bruxelles

LITTÉRATURE

Gens du Pays

Gilles Vigneault

Avant la lecture

La vie qui passe est un thème souvent chanté par les poètes. Essayez de penser à ce que veulent dire pour vous les mots «jeunesse» et «vieillesse».

Vocabulaire

semer

récolter

un ruisseau

un étang

La neige fond au soleil.

Je t'aime.

des fleurs

Il lui parle d'amour.
Elle le laisse faire.

les gens   les hommes et les femmes, les êtres humains
l'amour   quand on aime quelqu'un, on a de l'amour pour cette personne
les vœux   les expressions comme «Bonne Année!» et «Bonne Santé!»
l'espoir (m.)   le fait d'espérer

se mirer   se regarder

Exercices

A   **Familles de mots.**   Choisissez le mot qui correspond.

1. espérer
2. récolter
3. se mirer
4. souhaiter
5. vivre
6. former
7. courir
8. aimer
9. semer

a. le souhait
b. la course
c. la vie
d. l'amour
e. le miroir
f. la forme
g. les semailles
h. la récolte
i. l'espoir

B   **Au Québec.**   Complétez.

1. Les Québécois sont les ___ qui vivent au Québec.
2. Pour le Nouvel An, ils se présentent leurs meilleurs ___.
3. Ils s'offrent des bouquets de ___.
4. Quand le printemps arrive, la neige ___.
5. Les ___ deviennent des rivières.
6. Et les ___ deviennent des lacs.
7. L'été, les jeunes font la fête, et les vieux les ___ faire. L'été dure si peu!

INTRODUCTION

Gens du Pays est une chanson de Gilles Vigneault, auteur et compositeur québécois. Gilles Vigneault est né en 1928 à Natashquan, une petite ville au bord du golfe du Saint-Laurent.

Gens du Pays est souvent chanté au Québec lors de réunions officielles. C'est devenu, pour ainsi dire, l'hymne national du Québec.

LECTURE

Gens du Pays

Le temps qu'on a pris
Pour dire je t'aime
C'est le seul qui reste
Au bout de° nos jours   au bout de   *at the end of*
Les vœux que l'on fait
Les fleurs que l'on sème
Chacun° les récolte en soi-même°   chacun   *everyone*
Au beau jardin du temps qui court   soi-même   *himself*

Gens du Pays
C'est votre tour°   tour   *turn*
de vous laisser
Parler d'amour

Le temps de s'aimer
Le jour de le dire
Fond comme la neige
Aux doigts du printemps
C'est l'temps de nos joies
C'est l'temps de nos rires
Ces yeux où nos regards se mirent
C'est demain que j'avais vingt ans.

Gens du Pays...

Le ruisseau des jours
Aujourd'hui s'arrête
Et forme un étang
Où chacun peut voir
Comme en un miroir
L'amour qu'il reflète
Pour ces cœurs° à qui je souhaite   cœurs   *hearts*
Le temps de vivre nos espoirs

Gens du Pays...

Gilles VIGNEAULT, *Gens du Pays*

Compréhension

A **La nature.** Classez les images de la nature qu'utilise le poète dans l'une ou l'autre des catégories suivantes.

l'amour   le temps

1. les fleurs
2. le jardin
3. la neige
4. le printemps
5. le ruisseau
6. l'étang

B **Chanson.** Répondez d'après le texte.

1. Qu'est-ce qui reste à la fin d'une vie?
2. Qu'est-ce qui permet d'oublier qu'on vieillit?
3. À qui le poète déclare-t-il son amour?
4. Qu'est-ce qu'il leur souhaite?

Activités

A **Images.** À quelles images de la nature associez-vous la vie, le temps, la jeunesse, la vieillesse, vieillir?

B **Hymne.** Cette chanson est devenue l'hymne populaire du Québec, surtout du Québec qui se voudrait indépendant du reste du Canada. Quels sont les vers qui peuvent aussi avoir un sens politique? Expliquez.

C **Le Québec.** Renseignez-vous sur la loi 101 concernant l'emploi du français et de l'anglais au Québec en envoyant une lettre à l'Office de la langue française à Montréal. (Votre professeur vous donnera l'adresse.) Après avoir reçu la réponse, dites si vous êtes pour ou contre, et pourquoi.

LA DERNIÈRE CLASSE

Alphonse Daudet

AVANT LA LECTURE

Qu'est-ce que le patriotisme? Comment se manifeste-t-il? Qu'êtes-vous prêt(e) à faire ou à ne pas faire pour votre pays?

VOCABULAIRE

Le maître d'école est en colère. Il tape sur le bureau avec sa règle.
Il donne des coups de règle sur le bureau.

Le maître gronde l'élève. Il le punit.

la patrie   pays que l'on considère comme le sien

épeler   dire une à une les lettres d'un mot

étouffer   ne plus pouvoir respirer

interroger   poser des questions

remercier   dire «merci»

faire de la peine à quelqu'un   rendre cette personne triste

s'en vouloir   se reprocher

vide   le contraire de plein

épuisé   extrêmement fatigué

jusqu'au bout   jusqu'à la fin

Exercices

A **Synonymes.** Exprimez d'une autre façon ce qui est en italique.

1. Il nous *a posé des questions*.
2. Nous l'avons écouté jusqu'*à la fin*.
3. Il aimait beaucoup *son pays*.
4. Nous *mettions de l'eau sur* ses plantes.
5. Il nous *dit merci*.
6. Il *se reproche de* ne pas avoir été gentil avec elle.
7. Elle lui *donne des coups*.
8. Ils sont *très fatigués*.

B **Le mot juste.** Complétez.

1. Quand un enfant n'est pas sage, on le ___ et on le ___.
2. Je n'arrive plus à respirer! J'___.
3. Je n'arrive pas à lire sa lettre. Il a une ___ horrible.
4. Comme les gens ne comprennent pas son nom, il est obligé de l'___.
5. Quand on veut que son chien vienne, on le ___.
6. Elle lui a dit qu'elle ne l'aimait pas; ça lui a fait beaucoup de ___.
7. Il était très élégant: il avait mis un ___ et un ___.
8. Ils font beaucoup de publicité pour ce produit. Ils mettent des ___ partout.

C **Définitions.** Trouvez le mot qui correspond.

1. le contraire de calme
2. faire la morale à un enfant
3. un insecte jaune et noir qui pique
4. un bureau dans une salle de classe
5. le contraire de récompenser
6. le contraire de vide
7. long siège sur lequel plusieurs personnes peuvent s'asseoir
8. objet qui sert à tracer une ligne ou à mesurer une longueur
9. ce que font les pigeons pour communiquer entre eux
10. Quand les fleurs «ont soif», on les ___.

Deux jeunes filles en costume alsacien

INTRODUCTION

Alphonse Daudet (1840–1897) est né à Nîmes, dans le sud de la France. Ses parents étaient de riches commerçants, mais ils se sont ruinés, et Daudet a donc dû travailler très jeune. Monté à Paris, Daudet est devenu journaliste et écrivain.

La célébrité est venue avec la publication de deux livres de contes, l'un intitulé *Les Lettres de mon moulin*, l'autre *Les Contes du Lundi*.

Les Lettres de mon moulin sont des contes fantaisistes, amusants et tendres, dans lesquels Daudet met en scène des personnages typiques du Midi (sud de la France).

Les Contes du Lundi sont inspirés par les événements qui ont suivi la guerre franco-allemande de 1870 et la défaite des Français: en particulier, l'occupation de l'Alsace par les Allemands.

La Dernière Classe est un de ces contes. C'est l'histoire d'un petit Alsacien, Franz, qui assiste à l'occupation de «sa patrie» par les troupes prussiennes et se voit interdire l'usage de la langue française: seul l'allemand sera enseigné dans les écoles publiques.

«*La bataille de Königgratz*»—Peinture par Bleibtreu

Obernai en Alsace: la place du Marché

La Dernière Classe

Ce matin-là, j'étais très en retard pour aller à l'école, et j'avais grand-peur d'être grondé, d'autant que° M. Hamel nous avait dit qu'il nous interrogerait sur les participes, et je n'en savais pas le premier mot. Un moment l'idée me vint de manquer la classe et de prendre ma course à travers champs.

Le temps était si chaud, si clair!

On entendait les oiseaux siffler dans le bois, et dans le pré Rippert, derrière la scierie°, les Prussiens qui faisaient l'exercice. Tout cela me tentait bien plus que la règle des participes; mais j'eus la force de résister, et je courus bien vite vers l'école.

En passant devant la mairie, je vis qu'il y avait du monde arrêté près des affiches. Depuis deux ans, c'est de là que nous sont venues toutes les mauvaises nouvelles, et je pensai sans m'arrêter:

«Qu'est-ce qu'il y a encore?»

Alors, comme je traversais la place en courant, le forgeron° Wachter, qui était là avec son apprenti en train de lire° l'affiche me cria:

«Ne te dépêche pas tant, petit; tu y arriveras toujours assez tôt° à ton école!»

d'autant que *all the more so since*

scierie *sawmill*

forgeron *blacksmith*

en train de lire *reading*

tôt *early*

Je crus qu'il ne parlait pas sérieusement, et j'entrai tout épuisé dans la petite cour de M. Hamel.

D'ordinaire°, au commencement de la classe, il se faisait un grand bruit qu'on entendait jusque dans la rue, les pupitres ouverts, fermés, les leçons qu'on répétait très haut° tous ensemble pour mieux apprendre, et la grosse règle du maître qui tapait sur les tables:

«Un peu de silence!»

Je comptais sur toute cette agitation pour aller à ma place sans être vu; mais, justement, ce jour-là, tout était tranquille, comme un matin de dimanche. Par la fenêtre ouverte, je voyais mes camarades déjà rangés à leurs places°, et M. Hamel, qui passait et repassait avec la terrible règle en fer° sous le bras. Il fallut ouvrir la porte et entrer au milieu de ce grand calme. J'étais rouge et j'avais très peur!

Eh bien! non. M. Hamel me regarda sans colère° et me dit très doucement:

«Va vite à ta place, mon petit Franz: nous allions commencer sans toi.»

J'enjambai° le banc et je m'assis tout de suite. Alors seulement, je remarquai que notre maître avait son bel habit qu'il ne mettait que pour les grandes occasions. Du reste°, toute la classe avait quelque chose d'extraordinaire et de solennel°. Mais ce qui me surprit le plus, ce fut de voir au fond de° la salle, sur les bancs qui restaient vides d'habitude, des gens du village assis et silencieux comme nous, le vieux Hauser avec son chapeau, l'ancien° maire, l'ancien facteur, et puis d'autres personnes encore. Tout ce monde-là avait l'air triste; et Hauser avait apporté un vieux livre qu'il tenait grand ouvert sur ses genoux, avec ses grosses lunettes posées sur les pages.

Pendant que je m'étonnais de tout cela, M. Hamel était monté dans sa chaire°, et de la même voix douce et grave dont il m'avait reçu, il nous dit:

«Mes enfants, c'est la dernière fois que je vous fais la classe. L'ordre est venu de Berlin de ne plus enseigner que l'allemand dans les écoles de l'Alsace et de la Lorraine... Le nouveau maître arrive demain. Aujourd'hui, c'est votre dernière leçon de français. Je vous prie d'°être bien attentifs.»

Ces quelques paroles me bouleversèrent°. Ah! les misérables, voilà ce qu'ils avaient affiché à la mairie.

Ma dernière leçon de français!...

Et moi qui savais à peine écrire°! Je n'apprendrais donc jamais! Il faudrait donc en rester là... Comme je m'en voulais maintenant du temps perdu, des classes manquées à courir dans les champs ou à rêver° le nez en l'air. Mes livres que tout à l'heure encore je trouvais si ennuyeux, si lourds° à porter, ma grammaire, mon histoire, me semblaient à présent de vieux amis qu'il me ferait beaucoup de peine à quitter. C'est comme M. Hamel. L'idée qu'il allait partir, que je ne le verrais plus, me faisait oublier les punitions, les coups de règle.

d'ordinaire	*usually*
haut	*loudly*
rangés... places	*sitting in rows*
règle en fer	*iron ruler*
colère	*anger*
j'enjambai	*I stepped over*
du reste	*moreover*
solennel	*solemn*
au fond de	*at the back of*
ancien	*former*
était... chaire	*had sat at his desk*
je vous prie de	*please*
bouleversèrent	*stunned*
qui... écrire	*who could hardly write*
rêver	*dream*
lourds	*heavy*

Pauvre homme!

C'est en l'honneur de cette dernière classe qu'il avait mis ses beaux habits du dimanche et maintenant je comprenais pourquoi ces vieux du village étaient venus s'asseoir au bout de la salle. Cela semblait dire qu'ils regrettaient de ne pas y être venus plus souvent, à cette école. C'était aussi comme une façon de remercier notre maître de ses quarante ans de bons services et de rendre leurs devoirs à la patrie qui s'en allait°...

de rendre... allait *to pay their respects to the homeland that was dying*

C'est à ce moment que j'entendis appeler mon nom. C'était mon tour de réciter. Que n'aurais-je pas donné pour pouvoir dire tout au long cette fameuse règle des participes, bien haut, bien clair, sans une faute? Mais je m'embrouillai° aux premiers mots, et je restai debout à me balancer sur mes jambes, tout triste, sans oser lever la tête°. J'entendais M. Hamel qui me parlait:

je m'embrouillai *I got mixed up*

sans... tête *not daring to look up*

«Je ne te dirai rien, mon petit Franz, tu dois être assez puni... voilà ce que c'est. Tous les jours on se dit: «Bah! j'ai bien le temps. J'apprendrai demain.» Et puis tu vois ce qui arrive. Ah! Malheureusement, notre Alsace a toujours remis son instruction au lendemain. Maintenant ces gens-là peuvent nous dire: «Comment! Vous prétendiez être Français et vous ne savez ni lire ni écrire votre langue!» Dans tout ça, mon pauvre Franz, ce n'est pas encore toi le plus coupable°. Nous avons tous notre bonne part de reproches° à nous faire.

coupable *guilty*

part de reproches *share of the blame*

«Vos parents n'ont pas assez tenu à° vous voir instruits. Ils aimaient mieux vous envoyer travailler à la terre ou dans les textiles pour avoir de l'argent en plus. Moi-même, n'ai-je rien à me reprocher? Est-ce que je ne vous ai pas souvent fait arroser mon jardin au lieu de travailler? Et quand je voulais aller pêcher, est-ce que je me gênais pour vous donner congé°?»

n'ont... tenu à *have not been keen enough*

est-ce que... congé? *did I mind if I gave you the day off?*

Alors, d'une chose à l'autre, M. Hamel se mit à nous parler de la langue française, disant que c'était la plus belle langue du monde, la plus claire, la plus solide: qu'il fallait la garder entre nous et ne jamais l'oublier. Elle resterait le symbole de notre liberté. Puis, il prit une grammaire et nous lut notre leçon. J'étais étonné de voir comme je comprenais. Tout ce qu'il disait me semblait facile, facile. Je crois aussi que je n'avais jamais si bien écouté et que lui non plus n'avait jamais mis autant de patience à ses explications. On aurait dit qu'avant de s'en aller, le pauvre homme voulait nous donner tout son savoir°, nous le faire entrer dans la tête finalement.

savoir *knowledge*

La leçon finie, on passa à l'écriture. Pour ce jour-là, M. Hamel nous avait préparé des exemples tout neufs sur lesquels était écrit: «France, Alsace. France, Alsace.» Cela faisait comme des petits drapeaux plantés tout autour de la classe. Il fallait voir comme chacun essayait de bien faire—et quel silence! On n'entendait rien que les plumes° sur le papier. Un moment des abeilles entrèrent: mais personne n'y fit attention, pas même les tout petits qui s'appliquaient à faire leurs lettres, avec un cœur, une conscience, comme si cela

plumes *pens*

était du français... Sur le toit° de l'école, des pigeons roucoulaient tout bas, et je me disais en les écoutant:

«Est-ce qu'on ne va pas les obliger à chanter en allemand, eux aussi?»

De temps en temps, quand je levais les yeux de dessus ma page, je voyais M. Hamel immobile dans sa chaire et fixant les objets autour de lui, comme s'il avait voulu emporter° dans son regard toute sa petite maison d'école... Pensez! depuis quarante ans, il était là à la même place, avec sa cour en face de lui et sa classe toute pareille°. Seulement les bancs, les pupitres s'étaient polis par l'usage; les arbres de la cour avaient grandi, et le houblon° qu'il avait planté lui-même entourait maintenant les fenêtres jusqu'au toit. Quelle torture ça devait être pour ce pauvre homme de quitter toutes ces choses, et d'entendre sa sœur qui allait, venait, dans la chambre au-dessus, en train de fermer leurs valises! Car ils devaient partir le lendemain, s'en aller du pays pour toujours.

Tout de même°, il eut le courage de nous faire la classe jusqu'au bout. Après l'écriture, nous eûmes la leçon d'histoire; ensuite, les petits chantèrent tous ensemble le BA BÉ BI BO BU°. Là-bas, au fond de la salle, le vieux Hauser avait mis ses lunettes, et, tenant son abécédaire° à deux mains, il épelait les lettres avec eux. On voyait qu'il s'appliquait lui aussi; sa voix tremblait d'émotion, et

toit	*roof*
emporter	*to carry off*
toute pareille	*exactly the same*
houblon	*hop vine*
tout de même	*all the same*
BA... BU	exercise for practicing vowels
abécédaire	*elementary reader*

c'était si drôle de l'entendre, que nous avions tous envie de rire et de pleurer°. Ah! je m'en souviendrai de cette dernière classe...

Tout à coup, on entendit sonner midi. Au même moment, les trompettes des Prussiens qui revenaient de l'exercice éclatèrent° sous nos fenêtres... M. Hamel se leva, tout pâle, dans sa chaire. Jamais il ne m'avait semblé si grand.

«Mes amis, dit-il, mes, je... je... »

Mais quelque chose l'étouffait. Il ne pouvait pas terminer sa phrase.

Alors il se tourna vers le tableau, prit un morceau de craie et, en appuyant de toutes ses forces, il écrivit aussi gros qu'il put:

«Vive la France!»

Puis il resta là, la tête contre le mur°, sans parler, avec sa main, il nous faisait signe:

«C'est fini... allez-vous-en.»

pleurer   *to weep*

éclatèrent   *rang out*

mur   *wall*

Alphonse DAUDET, *Contes du Lundi*

APRÈS LA LECTURE

Compréhension

A   **Franz.**   Répondez d'après la lecture.

1. Pourquoi Franz avait-il peur d'être grondé?
2. Qu'est-ce qu'il a vu devant la mairie?
3. Qu'est-ce qu'il y avait toujours au commencement de la classe?
4. Qu'est-ce qui a étonné Franz?
5. Quel âge avait Franz, d'après vous?
6. De quoi s'en voulait-il pendant cette dernière classe?

7. Qu'est-ce qu'il avait envie de faire en entendant le vieux Hauser?
8. Quels sentiments a-t-il ressentis envers son vieux professeur à la fin de la dernière classe: la peur, la colère, la pitié, le respect, l'admiration? Choisissez.

B   **Monsieur Hamel.**   Répondez d'après la lecture.

1. D'après vous, quel genre de professeur était M. Hamel?
2. Comment M. Hamel s'était-il habillé pour cette dernière classe?
3. Depuis combien de temps était-il professeur?
4. Après la leçon de français, à quelle leçon M. Hamel est-il passé?
5. Que faisait M. Hamel pendant que les enfants écrivaient?
6. Qu'a fait le vieux professeur avant de dire aux élèves de s'en aller?

C   **Valeurs.**   Répondez d'après la lecture.

1. Quels sont les passages où il est question de patriotisme? Expliquez.
2. Quels sont les passages qui vous ont le plus ému(e)? Pourquoi?
3. Quelle(s) leçon(s) pouvez-vous tirer de cette histoire?

La bataille de Reischoffen (Alsace), le 6 août 1870

Activités

A **L'histoire du professeur.** Racontez l'histoire du point de vue de M. Hamel.

B **Un jour dans la vie de Franz.** Racontez un jour dans la vie de Franz avant la dernière classe.

C **La guerre de 70.** Faites un exposé sur la guerre franco-allemande de 1870. Travaillez avec un(e) camarade.

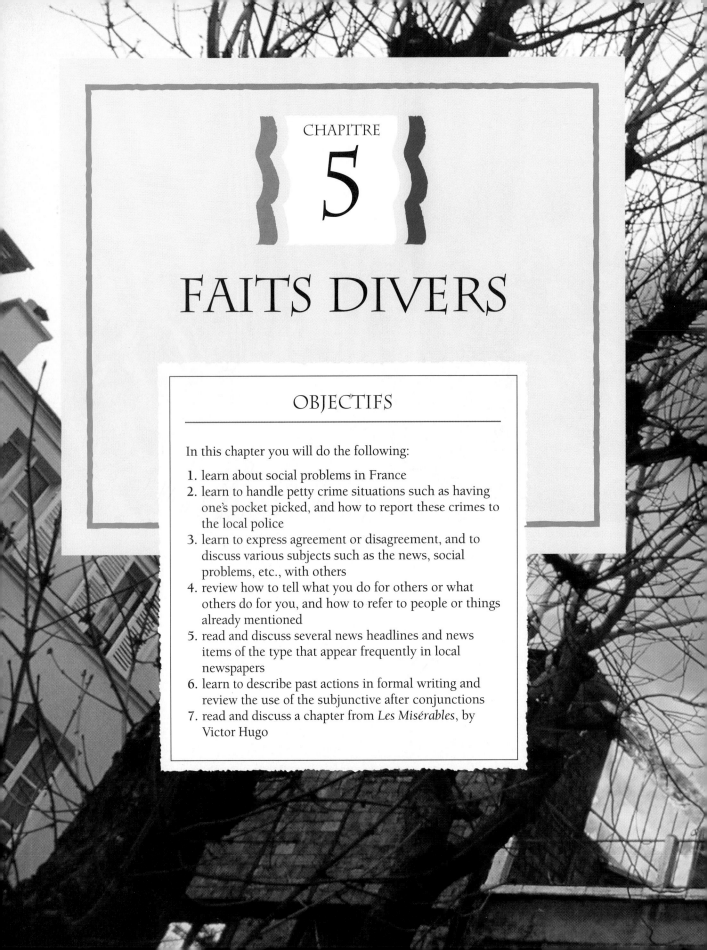

FAITS DIVERS

OBJECTIFS

In this chapter you will do the following:

1. learn about social problems in France
2. learn to handle petty crime situations such as having one's pocket picked, and how to report these crimes to the local police
3. learn to express agreement or disagreement, and to discuss various subjects such as the news, social problems, etc., with others
4. review how to tell what you do for others or what others do for you, and how to refer to people or things already mentioned
5. read and discuss several news headlines and news items of the type that appear frequently in local newspapers
6. learn to describe past actions in formal writing and review the use of the subjunctive after conjunctions
7. read and discuss a chapter from *Les Misérables*, by Victor Hugo

CULTURE

LES FAITS DIVERS

INTRODUCTION

Les faits divers sont des événements qui se passent tous les jours, dans n'importe quelle ville ou village. Les faits divers intéressent les gens qui habitent la région, mais ces petits événements n'ont pas d'intérêt pour le reste du pays ou du monde. Les faits divers (homicides, accidents, incendies, etc.) reflètent souvent les maux de la société.

une agglomération

en rase campagne

un casque

un vol

Elle a abîmé le parcmètre et endommagé sa voiture.

un voleur

Les motocyclistes doivent porter le casque.

une vitre

un cambrioleur

un pompier

Il casse une vitre de la fenêtre.
Il entre par effraction. C'est un cambriolage.

Les pompiers se battent contre l'incendie/le feu.

tuer   causer la mort d'une manière violente
dépasser   excéder, aller au-delà
constater   vérifier, établir la vérité

le chiffre   le nombre, le montant, le total, la somme
la baisse   la diminution
la hausse   l'augmentation
la une   la première page du journal

l'actualité   l'ensemble des événements actuels, ce qui se passe en ce moment
la suppression   l'abolition, l'action de terminer l'existence de quelque chose
la peine de mort   la condamnation à mort

mortel   qui cause la mort
grave   sérieux
périlleux   dangereux
malgré   en dépit de

Exercices

A Votre expérience. Donnez des réponses personnelles.

1. Vous préférez conduire en rase campagne ou dans les agglomérations?
2. Vous portez un casque quand vous faites de la moto?
3. Y a-t-il beaucoup de cambriolages là où vous habitez?
4. Est-ce que la police arrête les cambrioleurs?
5. Est-ce qu'il y a des gens qui abîment les parcmètres et cassent les vitres des cabines téléphoniques?
6. Est-ce qu'il y a beaucoup d'incendies dans votre ville?
7. Est-ce que vous suivez l'actualité? Quels sont les gros titres à la une des journaux, aujourd'hui?

B L'actualité. Complétez.

1. Un ___ vole. Il prend ce qui n'est pas à lui. Il commet un ___.
2. Un ___ cambriole. Il entre par effraction dans une maison pour y voler quelque chose. Il commet un ___.
3. Il y a très peu de circulation sur les routes en ___.
4. Il a ___ le parcmètre. On ne peut plus s'en servir.
5. Malheureusement, le nombre d'accidents de moto mortels continue à augmenter ___ les campagnes pour le port du casque.
6. Il y a des gens qui sont pour la ___ de la peine de mort, et il y en a d'autres qui sont contre.
7. Un ___ se bat contre le feu.

C Synonymes. Exprimez d'une autre façon ce qui est en italique.

1. Le conducteur *est allé au-delà de* la limitation de vitesse.
2. Les gendarmes *ont vérifié* qu'il conduisait sans casque.
3. *La somme* des accidents causés par la consommation excessive d'alcool est énorme.
4. Qui est en faveur ou contre *l'abolition* de la peine de mort?
5. Il y a *une diminution* du nombre des accidents de la route en rase campagne.
6. Vous verrez l'article *sur la première page* du journal.
7. Il a souffert de *sérieuses* blessures.
8. Ils avaient des blessures *qui ont causé sa mort*.
9. C'était une situation *dangereuse*.

D Quel est le mot? Trouvez le mot qui correspond à la définition donnée ici.

1. celui qui entre par effraction dans une maison pour y voler quelque chose
2. causer des dommages
3. commettre un meurtre
4. ce que doivent porter les motocyclistes
5. sérieux
6. qui cause la mort
7. l'abolition
8. excéder
9. le contraire de «baisse»

ACCIDENTS ET DÉLINQUANCE

Les accidents de la route

La proportion des accidents mortels sur la route reste plus élevée en France que dans les autres grands pays occidentaux[1]. Parmi les pays industrialisés, la France est l'un de ceux où l'on meurt le plus sur la route: 410 conducteurs ou passagers tués par million de voitures en circulation. À titre de comparaison, le chiffre est de 270 en Allemagne et de 260 au Royaume-Uni[2].

Pour les motocyclistes, les chiffres sont encore plus accablants[3]: 122 morts par an pour 100 000 motos en circulation, contre 82 au Japon et aux États-Unis.

La vitesse est la principale cause des accidents. Malgré les campagnes d'incitation à la prudence largement diffusées[4] par les médias, 67% des conducteurs reconnaissent qu'il leur est arrivé de dépasser la limitation de vitesse.

Le respect de la limitation de vitesse et de la signalisation est très insuffisant dans les agglomérations; les accidents qui s'y produisent sont d'ailleurs[5] trois fois plus nombreux qu'en rase campagne, mais ils sont moins graves. Dans les grandes villes, Paris en tête, la traversée des rues constitue souvent une périlleuse aventure.

40% des accidents mortels sont imputables à[6] l'alcool

Chaque jour, plusieurs centaines de milliers d'usagers de la route conduisent en état d'ivresse[7].

Délinquance: en hausse?

Après quatre années de baisse, on a enregistré une hausse. L'évolution de la délinquance est très contrastée selon le degré d'urbanisation. Ainsi, la Gendarmerie nationale, principalement implantée dans les zones rurales ou peu urbanisées, a enregistré une baisse de la criminalité, alors que la Police nationale, qui couvre surtout les zones urbanisées, constatait une hausse de 7, 2%. On constate que le taux[8] de criminalité augmente proportionellement à la taille des agglomérations. La récente hausse

---

[1] **occidentaux** *Western*
[2] **Royaume-Uni** *United Kingdom*
[3] **accablants** *overwhelming*
[4] **diffusées** *broadcast*
[5] **d'ailleurs** *moreover, besides*

[6] **imputables à** *attributable to*
[7] **en état d'ivresse** *under the influence (of alcohol)*
[8] **taux** *rate*

de la petite délinquance est due principalement à celle des vols.

Les formes nouvelles de la délinquance

À côté des formes traditionnelles de la délinquance (vols, cambriolages, homicides, etc.) se sont développées depuis quelques années des pratiques plus modernes. Trois d'entre elles font régulièrement la une de l'actualité, et représentent des dangers considérables pour l'avenir des nations développées: le terrorisme, le piratage informatique, le trafic et l'usage de la drogue. Il faut y ajouter le vandalisme et la fraude fiscale.

Les actes de terrorisme sont, avec les meurtres, ceux qui impressionnent le plus les Français. Leur nombre peut varier considérablement, en fonction de la situation politique internationale (les deux tiers des attentats[9] ont des mobiles politiques).

Le malaise social, en particulier celui

ressenti[10] par les jeunes, se traduit par une véritable explosion du vandalisme. Parcmètres, cabines téléphoniques, voiture de métro ou de chemin de fer, tout est bon pour montrer son mépris[11] du patrimoine[12] public et donc de la société. Dans sa forme primaire, le vandalisme consiste à casser, abîmer, enlaidir, salir[13]. Dans sa forme culturelle, il se manifeste par les graffitis et autres moyens d'expression s'appropriant les surfaces publiques pour communiquer clandestinement son mal de vivre.

Les Français restent plutôt favorables au rétablissement de la peine de mort

Beaucoup de Français ont vu dans l'abolition du châtiment suprême la menace d'un nouvel accroissement[14] de la criminalité. Pourtant[15], cinq ans après la suppression de la peine capitale, le nombre de crimes de sang[16] n'a pas augmenté. La même constatation avait déjà pu être faite dans d'autres pays où la peine de mort avait été abolie.

---

[9] **deux tiers des attentats**   *two-thirds of murder/assassination attempts*
[10] **ressenti**   *felt*
[11] **mépris**   *contempt, scorn*
[12] **patrimoine**   *property*

[13] **enlaidir, salir**   *make ugly, make dirty*
[14] **l'accroissement**   *increase*
[15] **pourtant**   *however, nevertheless*
[16] **de sang**   *violent*

ACCIDENTS ET DÉLINQUANCE

Compréhension

A Oui ou non? Corrigez d'après le texte.

1. Le taux d'accidents mortels en France est inférieur à celui de la plupart des pays européens.
2. Beaucoup de conducteurs reconnaissent avoir, de temps en temps, dépassé la limitation de vitesse.
3. Les accidents en rase campagne sont moins graves que ceux dans les agglomérations.
4. On ne doit jamais conduire en état d'ivresse.
5. Plus le degré d'urbanisation est élevé, plus le taux de criminalité l'est aussi.
6. Le terrorisme n'inquiète pas beaucoup les Français.
7. Le trafic et l'usage de la drogue n'existent pas en France.
8. Les Français sont plutôt contre le rétablissement de la peine de mort.
9. La suppression de la peine de mort provoque une hausse de la criminalité.

B La police française a beaucoup à faire? Répondez d'après le texte.

1. Quelle est la principale cause des accidents de la route?
2. Qu'est-ce que les médias essaient de faire?
3. Où la plupart des accidents se produisent-ils?
4. À quoi 40% des accidents mortels sont-ils imputables?
5. Quelles zones la Gendarmerie nationale couvre-t-elle?
6. Quelles zones la Police nationale couvre-t-elle?
7. Quelles sont les formes nouvelles de la délinquance?
8. Que reflètent les actes de terrorisme?
9. Comment s'exprime le vandalisme en France et aux États-Unis?

Activités

A Les «Faits divers». Préparez quelques gros titres pour les «Faits divers» d'un journal français. Prenez comme modèle les «Faits divers» de votre journal local.

B Un cambriolage. Écrivez un article pour un journal français. Décrivez un cambriolage. Donnez les détails suivants:

> l'heure, le lieu, l'adresse, les circonstances, ce qui a été volé, ceux qui ont découvert le crime, les témoins (*witnesses*), la description du cambrioleur, etc.

C La délinquance. Écrivez plusieurs paragraphes en français sur la délinquance dans votre ville ou village.

D La conduite des Américains. Faites des recherches sur la proportion des accidents mortels aux États-Unis. Quelle est la cause principale de ces accidents? Est-ce qu'il est plus dangereux de conduire en France ou aux États-Unis?

CONVERSATION

AU VOLEUR!

VOCABULAIRE

le complice   un pickpocket

la victime

Le complice pousse la victime. Et le pickpocket prend le portefeuille.

Au voleur! Arrêtez-le!

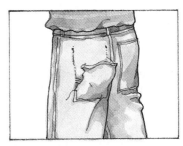

La poche est déchirée.

La victime va au commissariat pour déclarer le vol.

un truc   ce qu'on fait pour tromper, duper quelqu'un
se rendre compte   réaliser, comprendre

avancer   aller vers l'avant
détourner l'attention de quelqu'un   le distraire

Exercices

A **Definitions.** Donnez le mot qui correspond.

1. celui qui vole
2. ce qu'on fait pour duper quelqu'un
3. réaliser
4. distraire quelqu'un
5. aller vers l'avant

B **Votre expérience.** Donnez des réponses personnelles.

1. Il y a beaucoup de vols là où vous habitez?
2. Il y a des pickpockets?
3. Il faut faire attention aux pickpockets, surtout quand il y a beaucoup de monde?
4. Qui est la victime d'un vol, le voleur ou le volé?
5. Votre poche est déchirée?
6. Il est gentil de pousser les gens pour avancer?
7. Quel est le truc des pickpockets?
8. Qui est-ce qui détourne l'attention de la victime?
9. La victime se rend compte qu'on la vole?
10. Qu'est-ce que l'on doit crier quand un pickpocket vient de vous voler?
11. Où va-t-on pour déclarer le vol?

Scène de la vie

Au commissariat

ALICE: Je voudrais déclarer un vol.

AGENT: C'est vous, la victime?

ALICE: Oui, c'est moi, Alice Pétrof. On m'a volée dans le métro.

AGENT: Quand ça?

ALICE: Il y a quelques minutes—à peu près un quart d'heure.

AGENT: Où, exactement?

ALICE: À la station Stalingrad.

AGENT: Le voleur était armé?

ALICE: Non, je ne crois pas. C'était un pickpocket. Je ne me suis même pas rendue compte qu'il me volait.

AGENT: Vous pouvez m'expliquer ce qui est arrivé?

ALICE: Oui, il y avait beaucoup de monde sur le quai. Quelqu'un m'a poussée. Je croyais qu'il voulait avancer. Quelques minutes après, dans le métro, j'ai remarqué que mon sac était ouvert.

AGENT: Oui, c'est le truc classique. Ils travaillent à deux. Un des deux voleurs vous pousse pour détourner votre attention, pendant que le complice ouvre votre sac et vous prend votre portefeuille… Vous aviez combien d'argent?

ALICE: 500 francs, et puis mes cartes de crédit.

AGENT: Vous pourriez me faire une description de l'individu qui vous a poussée?

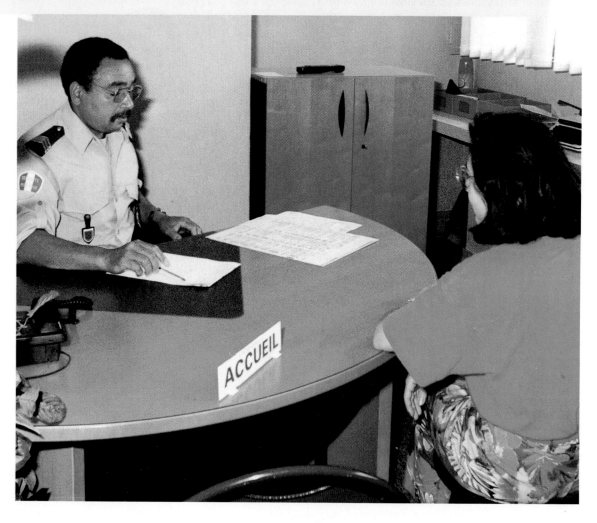

Compréhension

A **La déclaration de la victime.** Répondez d'après la conversation.

1. Qu'est-ce qu'Alice a déclaré à l'agent de police?
2. Où a-t-elle fait sa déclaration?
3. Qui l'a volée?
4. Où a-t-elle été volée?
5. Il y avait combien de voleurs?
6. Pourquoi a-t-elle été poussée?
7. Pendant qu'un des voleurs la poussait, que faisait le complice?
8. Qu'est-ce qu'ils lui ont pris?
9. Elle a perdu combien d'argent?
10. Elle peut faire une description des voleurs?

B **Familles de mots.** Choisissez le mot qui correspond.

1. déclarer
2. voler
3. armer
4. expliquer
5. pousser
6. déchirer
7. distraire
8. décrire
9. avancer

a. une explication
b. une déchirure
c. un voleur
d. l'avant
e. une distraction
f. une déclaration
g. une description
h. une arme
i. une poussée

Activités de communication

A **Journal télévisé.** Vous êtes journaliste à la télévision française. Un crime vient d'être commis. Vous le décrivez. Donnez:

> le nom de la victime, le type de crime, où il a eu lieu, quand il a eu lieu, l'heure exacte, le nombre d'individus impliqués, les conséquences, une description du (des) criminel(s)

B **Au commissariat.** Vous êtes en France. Vous venez d'être victime d'un crime. Vous allez au commissariat faire votre déclaration. Préparez-la avec un(e) camarade qui sera l'agent de police.

LANGAGE

D'ACCORD OU PAS

Vous pouvez utiliser les expressions suivantes pour indiquer que vous êtes d'accord avec quelqu'un ou quelque chose:

> Je suis d'accord (avec vous/avec ça).
> Je suis d'accord pour prendre cette décision.
> Je suis de votre avis.
> C'est aussi mon avis.

Je suis tout à fait d'accord!

L'expression *Ça me convient* veut dire: «Je peux le faire, il n'y a pas de problème ou d'inconvénient».

Pour exprimer que vous n'êtes pas d'accord, vous pouvez dire:

> Je ne suis pas d'accord avec…
> Je suis contre cette idée.
> Je désapprouve ce projet.
> Je ne suis pas convaincu(e).

Je ne suis pas du tout d'accord!

Exercice

Vous êtes pour ou contre? Dites si vous êtes d'accord ou pas d'accord.

1. Il est préférable de vivre dans une région où le climat est ni trop chaud, ni trop froid.
2. On devrait diminuer les heures de travail, de quarante à trente-cinq heures par semaine.
3. Le gouvernement devrait subventionner les universités pour que les études soient gratuites.
4. On doit faire tout son possible pour faire disparaître la faim dans le monde.
5. On devrait permettre aux jeunes d'obtenir leur permis de conduire à l'âge de quinze ans.
6. On devrait avoir six cours par semestre.
7. On devrait avoir des cours pendant l'été.
8. On devrait avoir des cours six jours par semaine.
9. On devrait rétablir la peine de mort.
10. On devrait avoir des campagnes contre les conducteurs qui conduisent après avoir bu.
11. L'alcool-test est juste.
12. On devrait augmenter la limitation de vitesse sur les autoroutes.

Oui, Non, Peut-Être

Quand une personne dit quelque chose et que vous voulez indiquer que vous êtes d'accord, vous pouvez dire:

Oui.	Exactement.
C'est vrai.	Parfaitement.
Absolument.	Effectivement.
Tout à fait.	C'est entendu.
Bien sûr.	Bien entendu.
D'accord.	Sans aucun doute.
Vous avez raison.	

Absolument!

Quand vous voulez indiquer que vous n'êtes pas du tout d'accord, vous pouvez dire:

Non.	Il n'en est pas question.
Absolument pas.	Pas question!
Pas du tout.	C'est exclus.
Rien à faire.	C'est hors de question.

Pas question!

Si vous voulez indiquer que vous ne savez pas si vous êtes d'accord ou pas, vous pouvez dire:

Peut-être.	Si vous voulez (tu veux).
Pourquoi pas?	Si vous le dites (tu le dis).
On verra.	Vous croyez (tu crois)?
C'est possible.	C'est une possibilité.

Exercice

 Qu'est-ce que vous en pensez? Donnez des réponses personnelles.

1. L'année prochaine, il y aura des cours le samedi.
2. On va supprimer les vacances d'été.
3. Il n'y aura plus d'examen de fin d'année.
4. Il y aura une soirée dansante tous les samedis dans le gymnase de l'école.
5. Les garçons devront porter une veste et une cravate en classe.
6. Les cours commenceront à midi.
7. Il n'y aura plus de bus scolaires. Tous les élèves seront obligés d'aller à l'école à pied.
8. Les garçons et les filles seront séparés. Il n'y aura plus d'écoles mixtes.

SAVOIR CONVERSER

Pour commencer une conversation, vous pouvez dire:

> **Dis donc, Camille, tu sais que…?**
> **Alors, Julien, qu'est-ce que tu penses de…?**

Si pendant la conversation vous voulez prendre la parole, vous pouvez dire:

> **Moi, je trouve que…**   **Mais…**
> **Écoute(z),…**   **Oui, mais…**

Si vous voulez dire quelque chose qui est lié à ce qu'un autre vient de dire, vous pouvez dire:

> À propos…

> **À propos,…**
> **Ça me fait penser que…**

Et si vous voulez changer la conversation, vous pouvez dire:

> **Dis donc,…**   **Dites,…**   **Alors,…**

avant de continuer sur un autre sujet.

Exercice

 Qu'est-ce que vous diriez?

1. pour commencer une conversation
2. pour prendre la parole pendant une conversation
3. pour changer la direction de la conversation
4. pour établir un lien avec quelque chose que quelqu'un d'autre vient de dire

Activités de communication

A **La peine de mort, pour ou contre?** Discutez avec un(e) camarade.

B **La liberté de porter des armes, pour ou contre?** Discutez avec un(e) camarade.

STRUCTURE I

Les pronoms compléments
directs et indirects

*Telling What You Do for Others or
What Others Do for You*

1. Remember that the pronouns *me, te, nous,* and *vous* can function as either direct or indirect objects.

DIRECT OBJECT	INDIRECT OBJECT
Luc *me* voit.	Luc *me* donne le journal.
Luc ne *me* voit pas.	Luc ne *me* donne pas le journal.
Luc *m'*a vu(e).	Luc *m'*a donné le journal.
Luc ne *m'*a pas vu(e).	Luc ne *m'*a pas donné le journal.
Luc veut *me* voir.	Luc veut *me* donner le journal.
Luc ne veut pas *me* voir.	Luc ne veut pas *me* donner le journal.

Note that the object pronouns, direct or indirect, come directly before the verb to which their meaning is tied.

2. The pronouns *le, la,* and *les* function as direct objects. They can replace either a person or a thing, and the pronoun must agree in gender and number with the noun it replaces.

Tu connais *Paul*?	Tu *le* connais?
Tu as connu *Paul*?	Tu *l'*as connu?
Tu cherches *Jeanne*?	Tu *la* cherches?
Tu as cherché *Jeanne*?	Tu *l'*as cherchée?
Il vole *les touristes*?	Il *les* vole?
Il a volé *les touristes*?	Il *les* a volés?
Il prend *les cassettes*?	Il *les* prend?
Il a pris *les cassettes*?	Il *les* a prises?

Note that the past participle of the verb must agree in gender and number with the direct object pronoun that precedes it. This also applies to *me, te, nous, vous* when they are direct object pronouns:

MARIE: **Ils *m'*ont vue.**
LUC ET MARC: **Elle *nous* a regardés.**

3. The pronouns *lui* and *leur* are indirect object pronouns. They can replace either a masculine or a feminine noun referring to a person or persons.

Je donne l'argent *à Éric*.	Je *lui* donne l'argent.
J'ai donné l'argent *à Éric*.	Je *lui* ai donné l'argent.
Je donne l'argent *à Marie*.	Je *lui* donne l'argent.
J'ai donné l'argent *à Marie*.	Je *lui* ai donné l'argent.
Je donne l'argent *à mes amis*.	Je *leur* donne l'argent.
J'ai donné l'argent *à mes amis*.	Je *leur* ai donné l'argent.

Note that the past participle of the verb does NOT agree with the indirect object pronoun.

Exercices

A Elle te voit? Répondez.

1. Est-ce que Françoise te voit?
2. Elle te parle?
3. Elle t'invite à la fête de Marie-Louise?
4. Elle te demande d'acheter un cadeau pour Marie-Louise?
5. Elle va t'accompagner au magasin?

B Il m'a téléphoné? Complétez.

—François ___ a téléphoné, Nathalie.
1

—Il ___ a téléphoné? Qu'est-ce qu'il
2

voulait ___ dire? Il ___ a laissé
3   4

un message?

—Il voulait ___ dire qu'il serait en retard.
5

—Il sera en retard? Pourquoi?

—Il y avait un accident sur l'autoroute.

—Tu ___ dis que François était dans un accident?
6

—Non, tu ne ___ as pas écoutée. Je ne ___ ai
7   8

pas dit ça. Je ___ ai dit qu'il y avait un accident.
9

Je ne sais même pas si François ___ a vu.
10

C **Marie est à l'aéroport.** Remplacez l'expression en italique par un pronom.

1. Marie dit bonjour *à l'employé de la compagnie aérienne*.
2. Elle parle *à l'employé*.
3. Elle sort *son billet* de sa poche.
4. Elle donne *son billet* à l'employé.
5. L'employé regarde *son billet*.
6. L'employé donne une carte d'embarquement *à Marie*.
7. Marie regarde *la carte d'embarquement*.
8. Elle dit «merci» *à l'employé*.
9. Elle parle *à ses amis*.
10. Ses amis entendent *l'annonce du départ de son vol*.
11. Marie embrasse *ses amis*.
12. Elle dit «au revoir» *à ses amis*.

D **Tu le connais?** Répondez par «oui», puis par «non», en utilisant le pronom qui correspond à l'expression en italique.

1. Tu connais *Jacques*?
2. Tu parles *à Jacques*?
3. Jacques *t*'invite à sa fête?
4. Il invite *tous ses amis* à sa fête?
5. Il envoie des invitations *à ses amis*?
6. Il envoie *les invitations* aujourd'hui?
7. Tu vas aider *Jacques* à écrire les invitations?
8. Tu vas demander les adresses *à Jacques*?

E **Faits divers.** Répondez par «oui» en remplaçant les noms par des pronoms.

1. Tu as vu l'accident?
2. Tu as aidé les victimes?
3. Quand l'ambulance est arrivée, ils ont transporté les blessés à la salle des urgences?
4. Les médecins et les infirmiers ont soigné les malades dans la salle des urgences?
5. Tu as vu le crime?
6. Le pickpocket a volé ton portefeuille?
7. Il a déchiré ta poche?
8. Il a pris ton sac?
9. Tu as déclaré le crime?
10. Tu as parlé à l'agent de police?
11. Les vandales ont abîmé la statue?
12. Les policiers ont arrêté le criminel?

Deux pronoms compléments ensemble

Referring to People and Things Already Mentioned

1. In many sentences there are both a direct and an indirect object pronoun. The indirect object pronouns *me, te, nous,* and *vous* always precede the direct object pronouns *le, la, les.*

Il *te* demande *ton billet.*	Il *te le* demande.
Il *me* donne *ma carte d'embarquement.*	Il *me la* donne.
Il *nous* rend *nos passeports.*	Il *nous les* rend.
Il ne *vous* a pas rendu *votre billet.*	Il ne *vous l'*a pas rendu.

2. When the direct object pronoun *le, la,* or *les* is used with *lui* or *leur,* however, *le, la,* or *les* precedes the indirect object.

Elle donne *son billet à l'agent.*	Elle *le lui* donne.
Il donne *sa carte d'embarquement à Luc.*	Il *la lui* donne.
Il rend *leurs passeports aux garçons.*	Il *les leur* rend.
Il n'a pas rendu *son passeport à Luc.*	Il ne *le lui* a pas rendu.

3. Study the following chart.

me te nous vous	*before*	le la l' les	*before*	lui leur

Exercices

A Quelqu'un m'a volé. Suivez le modèle.

> —**Tu as perdu ta carte d'identité?**
> —*Je ne l'ai pas perdue. Quelqu'un me l'a volée.*

1. Tu as perdu ton portefeuille?
2. Tu as perdu ton permis de conduire?
3. Tu as perdu ton passeport?
4. Tu as perdu ton sac à dos?
5. Tu as perdu ta veste?
6. Tu as perdu tes cartes de crédit?
7. Tu as perdu tes lunettes?
8. Tu as perdu tes clés?
9. Tu as perdu tes bagages?

B **Il lui a donné quelque chose.** Remplacez l'expression en italique par un pronom.

1. Il lui a donné *le journal*.
2. Il lui a donné *la lettre*.
3. Il lui a donné *les timbres*.
4. Il lui a donné *l'adresse*.
5. Il lui a donné *le numéro de téléphone*.
6. Il lui a donné *les clés*.
7. Il lui a donné *la voiture*.
8. Il lui a donné *le permis de conduire*.
9. Il lui a donné *les papiers*.

C **À bord de l'avion.** Remplacez les expressions en italique par des pronoms.

1. Le steward nous demande *nos cartes d'embarquement*.
2. Nous donnons *nos cartes d'embarquement au steward*.
3. Il regarde *nos cartes*, ensuite il nous rend *nos cartes*.
4. Il nous indique *nos sièges*.
5. Avant le décollage, une hôtesse de l'air explique *les règlements de sécurité à tous les passagers*.
6. Elle fait *les annonces aux passagers* en anglais et en français.
7. Après le décollage, le personnel de cabine nous sert *le dîner*.
8. Après le dîner, j'ai envie de dormir un peu. Je vois un oreiller. Je demande *l'oreiller au steward*.
9. Il me donne *l'oreiller*.
10. Mon copain a froid. Il veut une couverture. Il demande *la couverture à l'hôtesse*.
11. Elle donne *la couverture à mon copain*.
12. Dans une heure, elle va nous montrer *le film*.

Les pronoms compléments avec l'impératif

Commands Referring to People or Things Already Mentioned

1. In the affirmative command, direct or indirect object pronouns follow the verb, and *me* and *te* become *moi* and *toi*. When both a direct and an indirect object pronoun are used, the direct object pronouns *le, la,* and *les* precede *moi, toi, nous, vous, lui,* and *leur*. Note that the object pronouns are connected to the verb by hyphens.

Donne-*moi* le livre.	**Donne-*le-moi*.**
Passe-*lui* le sel.	**Passe-*le-lui*.**
Donnez-*leur* la cassette.	**Donnez-*la-leur*.**

2. In the negative command, direct or indirect object pronouns precede the verb. When both a direct and an indirect object pronoun are used, the order is the usual one.

Ne *me* donne pas le livre.	Ne *me le* donne pas.
Ne *lui* passe pas le sel.	Ne *le lui* passe pas.
Ne *leur* donnez pas la cassette.	Ne *la leur* donnez pas.

Exercices

A **Dis-moi ce que tu veux que je fasse.** Suivez le modèle.

> —**Je t'attends ici ou à la banque?**
> —*Attends-moi ici.*

1. Je te retrouve à 5 h 30 ou à 6 h?
2. Je t'attends devant le restaurant ou dans le restaurant?
3. Je te téléphone le matin ou l'après-midi?
4. Je vous réserve une table de trois couverts ou de quatre couverts?
5. Je vous achète trois billets ou quatre billets pour le théâtre?

L'Opéra-Bastille

B Un voleur te parle. Suivez le modèle.

> Je veux ton porte-monnaie.
> *Je le veux. Donne-le-moi.*

1. Je veux ton portefeuille.
2. Je veux ton argent.
3. Je veux ta veste en cuir.
4. Je veux ta moto.
5. Je veux tes cartes de crédit.
6. Je veux tes clés.

C Donnez un coup de fil à Marc.
Complétez.

—Tu veux que je téléphone à Marc?

—Oui, dis-___ de venir à 7 h. J'aurai
       ₁

besoin de son aide. Et demande-___
                             ₂

d'apporter ses nouvelles cassettes.

—Et Nicole et Lisette?

—Oui, téléphone-___ aussi.
              ₃

D Une recette compliquée. Suivez
le modèle.

> —Elle veut le sel?
> —*Oui, passe-le-lui, s'il te plaît.*

1. Elle veut le lait?
2. Elle veut le beurre?
3. Elle veut les carottes?
4. Elle veut les oignons?
5. Elle veut la crème?
6. Elle veut la moutarde?
7. Elle veut les œufs?

E Oui et non! Suivez le modèle.

> —Les enfants veulent le transistor.
> —*D'accord! Donne-le-leur.*
> —*Non! Ne le leur donne pas.*

1. Les enfants veulent la cassette.
2. Ils veulent les vidéos.
3. Ils veulent le magnétoscope.
4. Annie veut la bicyclette.
5. Gilles veut les disques.
6. Carole veut le téléphone sans fil.

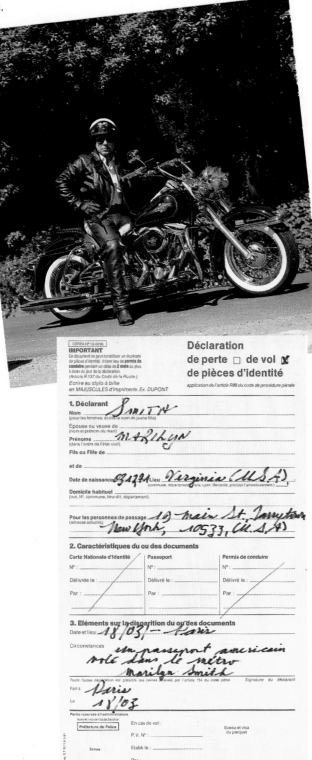

JOURNALISME

LA MANCHETTE

INTRODUCTION

On veut savoir ce qui se passe dans le monde. Que fait-on? Mais on achète un journal! Là, à la une, on lit en gros caractères, la manchette. Ensuite, on lit les gros titres. Si un article semble intéressant, on lit le premier para-graphe et, si on veut savoir tous les détails, on finit par lire tout l'article. C'est toujours la manchette et les gros titres qui attirent l'attention. Il ne faut pas sous-estimer l'importance d'un titre bien écrit.

VOCABULAIRE

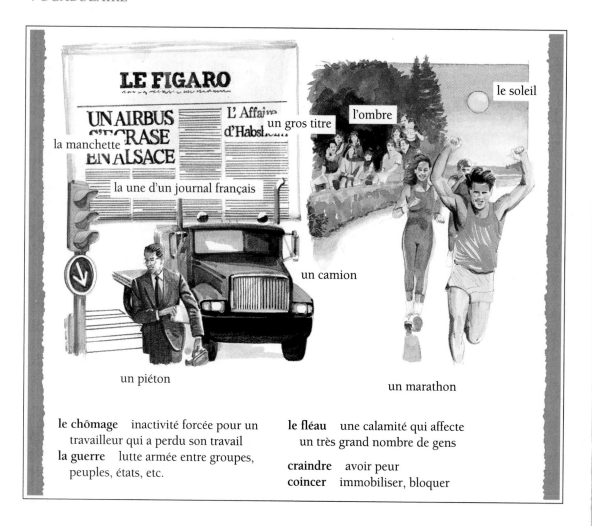

la manchette

LE FIGARO

UN AIRBUS S'ECRASE EN ALSACE

L'Affaire d'Habsbourg

la une d'un journal français

un gros titre

l'ombre

le soleil

un camion

un piéton

un marathon

le chômage   inactivité forcée pour un travailleur qui a perdu son travail
la guerre   lutte armée entre groupes, peuples, états, etc.

le fléau   une calamité qui affecte un très grand nombre de gens

craindre   avoir peur
coincer   immobiliser, bloquer

Exercices

A **D'après vous.** Répondez.

1. Qui est en chômage: un travailleur qui a du travail ou un travailleur qui veut travailler sans pouvoir trouver de travail?
2. Est-ce que la drogue est un fléau social de notre époque?
3. Où y a-t-il la guerre, en ce moment?
4. Qui traverse la rue quand les voitures sont arrêtées aux feux?
5. Comment s'appelle la grande course qui a lieu à New York au mois d'octobre?
6. Que donne l'arbre l'été, quand il y a du soleil?
7. Dans quel véhicule est-ce qu'on transporte des marchandises ou des produits agricoles?
8. Quand on lit un journal, est-ce qu'on lit tout? Qu'est-ce qu'on lit vraiment?

B **L'actualité passée, présente et future.** Complétez.

1. Tout le monde craint le chômage. Tout le monde en ___.
2. Le sida est le ___ de notre époque.
3. Pendant ce siècle, il y a eu deux ___ mondiales et de nombreuses guerres régionales.
4. La victime de l'accident était ___ entre le mur et le camion.
5. Le soleil peut être dangereux: quand il y a beaucoup de soleil, il faut se mettre à ___.
6. Il y aura beaucoup de coureurs dans le ___ de Paris.
7. Elle a gagné la coupe. Son nom est à la ___ de tous les journaux.

LE FIGARO

premier quotidien national français

IMMOPAR
*vous présente
ses meilleurs vœux
pour l'année 1992*
58, avenue d'Iéna 75116 PARIS - Tél.: 47.23.44.44

★ ★ ★ ★ ★ MARDI 21 JANVIER (N° 14 747) – ÉDITION DE 5 HEURES – PRIX: 5,50 FRANCS

Un piéton coincé entre une maison et un camion

15, rue Falguière, 75501 Paris Cedex 15

BOURSE ★

FONDATEUR : HUBERT BEUVE-MÉRY
DIRECTEUR : JACQUES LESOURNE

QUARANTE-NEUVIÈME ANNÉE - N° 14614 - 6 F

MERCREDI 22 JANVIER

Euroscepticisme allemand

LES FRANÇAIS CRAIGNENT PLUS LE CHÔMAGE QUE LA GUERRE

A l'approche d'une année 1994 j
scrutins délicats pour lui, le char
se trouve au prises avec un
comparable à celle qu'affronta
Mitterand en septembre 1992
éviter que son action en fav
construction européenne ne
contre lui, comment en faire u
valorisant aux yeux d'une op
entière accaparée par les
intérieurs du moment? momen

Le premier coup est parti, il
jours, de l'intérieur même
conservateur, quand le ministre
Bavière, le chrétien-social Edm
n'hésitant pas à s'en prendre
déclaré qu'il fallait en finir ave
européenne initiée par Konra
que la réunification crée d
nouvelle». P
nationale all
le pas sur le
d'un   Etat

C'est un f
dirigeant b
respecte le
répété ven
représente
contre   la
envahissan
la Cour c
confirmé
dessaisiss
souverai

En se fai
nationale
Stoiber
de politiq
relatif de
fédérale s
e

DIMANCHE A
AUTEUIL
15 PARTANTS
Un provincial
pour battre
les Parisiens

NOS QUATRE
PAGES JAUNES

France-Soir

TIERCÉ, QUARTÉ +, QUINTÉ + *dimanche*

37, rue du Louvre, 75070 Paris Cedex 02 - Tél.: 44.82.87.00 ● ISSN 0182-5860 ● Petites annonces - Tél.: 45.62.44.00 ● Sainte Bertille ● N° 15.316
Départements 60, 75,77,78,91,92,93,94,95 France-Soir + TV Magazine: 5,50 F
Autres départements France-Soir: 5 F

Samedi 6 novembre   DHJ A

UN MINI-MARATHON AVEC MAXI-PARTICIPATION

MILLIAUD
Horloger-Joaillier
PARIS - LE HAVRE - ROUEN
"REVERSO"
Jaeger-LeCoultre

LE FIGARO

premier quotidien national français

MILLIAUD
Horloger-Joaillier
8, RUE ROYALE
42 86 96 16
"REVERSO"
Jaeger-LeCoultre

★ ★ ★ ★ ★ MARDI 21 JANVIER (N° 14 747) – ÉDITION DE 5 HEURES – PRIX: 5,50 FRANCS

UN FLÉAU: L'ALCOOLISME AU VOLANT

15, rue Falguière, 75501 Paris Cedex 15

CINQUANTIÈME ANNÉE - N° 15171 - 7 F

- **DIMANCHE 7 - LUNDI 8 NOVEMBRE**

FONDATEUR : HUBERT BEUVE-MÉRY
DIRECTEUR : JACQUES LESOURNE

LE GOUVERNEMENT S'ATTAQUE AU CHÔMAGE

L'Accord de libre-échange nord-américain en difficulté aux Etats-Unis

Compréhension

Question de style. Exprimez d'une autre façon.

1. Il y aura un petit marathon avec beaucoup de concurrents.
2. Le piéton était immobilisé entre un camion et un mur.
3. L'alcoolisme cause des accidents de voiture, des accidents de la route.
4. Le chômage inquiète sérieusement les Français.
5. Le gouvernement lutte contre le chômage.

Activités

A **Gros titres.** Relisez les gros titres à la page 236, et décidez ce que chacun décrit:

un accident   un problème social   un sport

B **La version anglaise.** Imaginez que vous travaillez pour un journal américain. Donnez une version anglaise de chaque gros titre.

C **Un journal français.** Imaginez qu'un journal français paraît dans votre région et que vous y travaillez. Quels seraient les gros titres aujourd'hui?

À La Rubrique «Faits Divers»

INTRODUCTION

Les faits divers d'un journal ne sont pas les événements les plus importants de la journée, mais ils peuvent être aussi intéressants que des romans ou des contes.

Beaucoup de faits divers sont tristes et quelques-uns sont tragiques—comme les accidents de la route, les homicides et autres crimes. Mais il y a aussi des faits divers joyeux—des histoires qui finissent bien, par exemple.

Vous allez lire trois faits divers: le premier décrit une tragédie aérienne; le deuxième rend compte d'un accident; et le dernier raconte un événement incroyable, mais vrai.

VOCABULAIRE

l'appareil

l'épave

les secours

les sauveteurs

Les sauveteurs ont dégagé les blessés de l'appareil.

le car-ferry

une baleine

le quai

Le car-ferry pousse la baleine qu'il a éperonnée.

une chatte

un chaton

un paillasson

La chatte lèche son chaton, couché sur le paillasson.

franchir   passer une limite

avoir du mal à   avoir de la difficulté à
confier   remettre à la garde de quelqu'un
s'écraser   être déformé par un choc violent
localiser   situer
se précipiter (à)   aller vite vers un endroit, courir

une commune   une municipalité, une ville
une fillette   une petite fille
un rescapé   individu qui est sorti sain et sauf d'un accident ou d'une catastrophe
un survivant   personne qui a échappé à la mort

natal   de la naissance

Exercices

A   **Pour mieux comprendre.** Répondez.

1. L'appareil s'est écrasé dans une forêt?
2. Les secours ont localisé l'avion?
3. Les sauveteurs ont trouvé l'épave?
4. Ils ont dégagé les blessés de l'appareil?
5. Il y avait des survivants?
6. Un des rescapés était une fillette?
7. Qu'est-ce que le car-ferry a éperonné?
8. Qui est assis sur le paillasson?
9. Que fait la chatte?

B   **Des synonymes.** Exprimez d'une autre façon ce qui est en italique.

1. *L'avion* s'est écrasé la nuit dans le brouillard.
2. Les secours *ont retrouvé l'avion* sur *la municipalité* de Maennolsheim.
3. L'avion s'est écrasé près du village *où est né* le pilote.
4. Les sauveteurs *ont libéré* les blessés de l'appareil.
5. Les journalistes *avaient des difficultés à* comprendre ce qui s'était passé.
6. Ils *ont couru rapidement* vers les survivants pour les interviewer.
7. Un des blessés *a remis* son chat *à la garde* d'un journaliste.

Un Airbus d'Air Inter s'écrase en Alsace

*Plusieurs survivants dans le vol Lyon-Strasbourg,
qui avait 96 personnes à bord.
Tout contact avait été perdu cinq minutes avant l'atterrissage.*

L'Airbus A-320 d'Air Inter assurant[1], hier soir, le vol IT 5148 Lyon-Strasbourg s'est écrasé en Alsace, à 500 mètres au sud du mont Sainte-Odile.

- **L'appareil**, qui avait décollé de l'aéroport de Satolas à 18 h 30, était attendu à 19 h 25 à Strasbourg. Tout contact radio a été perdu à 19 h 20, cinq minutes avant l'atterrissage.
- **Quatre-vingt-dix voyageurs**, dont un bébé, et six membres d'équipage se trouvaient à bord.
- **Les secours** ont mis plus de quatre heures pour localiser l'avion, retrouvé peu avant minuit sur la commune de Maennolsheim, à une cinquantaine de kilomètres de la capitale alsacienne.
- **Les premiers rescapés**—onze blessés, dont une fillette—étaient dégagés vers 1 heure[2] du matin. Mais d'autres gémissements[2] étaient entendus par les sauveteurs dans les débris de l'appareil.
- **Le «plan rouge»** avait été déclenché[3]. Plus d'une centaine d'hommes de la Sécurité civile, ainsi que d'importants moyens médicaux, ont été mobilisés. Deux cents gendarmes et trois cents militaires, aidés d'hélicoptères et d'un Mirage F1, ont ratissé[4] la zone avant de découvrir l'épave.

- **Les recherches** ont été rendues particulièrement difficiles par la nuit, le brouillard[5] et la configuration du terrain, un paysage accidenté[6] recouvert de forêts de sapins.
- **Deux accidents** ont déjà affecté des appareils de ce type. Le premier, à Habsheim (en Alsace déjà), a provoqué la mort de trois passagers le 26 juin 1988. Le second, au sud de l'Inde, a fait quatre-vingt-dix morts le 14 février 1990.

[1] **assurant** *used by*
[2] **gémissements** *moans*
[3] **déclenché** *launched*
[4] **ratissé** *combed*
[5] **brouillard** *fog*
[6] **accidenté** *hilly*

Alsace: une forêt de sapins

Un hélicoptère de la Sécurité civile

Compréhension

A **Oui ou non?** Corrigez d'après le texte.

1. L'avion s'est écrasé en Normandie.
2. Tout contact radio a été perdu vingt minutes avant l'atterrissage.
3. Les secours ont eu du mal à localiser l'appareil.
4. Un bébé était parmi les premiers rescapés.
5. L'accident a eu lieu à une heure de l'après-midi.
6. Quatre-vingt-dix personnes ont ratissé la zone avant de découvrir l'appareil.
7. Il n'y avait jamais eu de problèmes avant avec des Airbus.

B **Compte-rendu.** Expliquez.

1. Pourquoi est-ce que les secours ont eu du mal à trouver l'épave?
2. Comment ont-ils réussi à trouver l'appareil?

C **Résumé des faits.** Donnez les renseignements suivants.

1. le nom de la compagnie aérienne
2. le type d'appareil utilisé
3. le numéro du vol
4. sa destination
5. l'heure de l'accident
6. le lieu de l'accident
7. le nombre de personnes à bord
8. le nombre d'heures mises pour trouver l'avion
9. le nombre de personnes qui ont participé à la recherche de l'avion
10. le nombre de blessés
11. le nombre de morts dans les deux autres accidents affectant des Airbus

Le car-ferry éperonne une baleine

Au cours de la traversée Nice-Calvi, hier après-midi, le car-ferry «Corse» a éperonné une baleine au large de[1] l'Île de Beauté*. Poussant devant lui l'animal qui mesure une vingtaine de mètres de long, il l'a ramené à quai à Calvi.

Si l'on en croit certains avis, jamais un cétacé[2] en bonne santé ne se laisserait éperonner en surface. De là à conclure que la baleine était malade, et que les «boues rouges[3]» de la Montedison** en sont responsables, il n'y avait qu'un pas que beaucoup ont rapidement franchi[4].

Compréhension

Une collision pas ordinaire. Répondez d'après le texte.

1. D'où venait le car-ferry et où allait-il quand il a eu cet accident?
2. Qu'est-ce qu'il a éperonné?
3. Combien la baleine mesurait-elle?
4. Où le car-ferry l'a-t-il ramenée?
5. D'après certaines personnes, est-ce que la baleine était en bonne santé?
6. Qu'est-ce qui aurait causé sa maladie?

[1] **au large de**   off
[2] **un cétacé**   whale
[3] **les boues rouges**   red sludge
[4] **il n'y avait qu'un pas... franchi**   *it didn't take much for many people to reach this conclusion*

* **l'île de Beauté**   *surname given to Corsica*
** **la Montedison**   *Italian chemical company which dumps its waste (from the manufacture of aluminum) in the Mediterranean Sea, off the coast of Corsica*

Un chaton parcourt[1] 1.000 km pour retrouver ses anciens[2] maîtres

Un petit chat, qui ne supportait[3] pas l'exil en Allemagne où l'avaient conduit ses nouveaux maîtres, a parcouru plus de 1.000 km en deux ans pour revenir auprès de sa maison natale à Tannay, près de Clamecy (Nièvre).

Peu de temps après sa naissance, Gribouille avait été confié par sa maîtresse à un voisin gendarme qui devait être muté[4] quelques semaines plus tard à Reutliegen, près de Stuttgart. Quelques jours après son arrivée en Allemagne, le chaton disparaissait.

Il est réapparu, deux ans plus tard, durant l'été, galeux[5], amaigri, sur le paillasson de Mme Martinet, après avoir parcouru plus de 1.000 km et avoir franchi une frontière. «J'ai eu du mal à le reconnaître, mais sa mère s'est jetée sur lui pour le lécher», confie sa maîtresse. «Il avait l'habitude de se coucher sur le thym au pied du prunier[6], il s'y est précipité»... «Cette fois, on le garde», a-t-elle ajouté.

Compréhension

Le long voyage d'un petit chat. Complétez d'après le texte.

1. Le chaton a parcouru…
2. Il voulait retrouver…
3. Son voyage a duré…
4. Le chaton avait été confié à….
5. Son nouveau maître avait été muté à…
6. Le chaton est réapparu…
7. … l'a reconnu tout de suite.

Activités

A Un accident d'avion. Vous êtes journaliste. Écrivez un article au sujet d'un accident d'avion.

B Le journal d'un chaton. Imaginez que vous êtes le chaton qui est rentré chez ses premiers maîtres. Écrivez tout ce que «vous» avez fait et pourquoi.

C La réaction de ses maîtres. Imaginez que vous êtes le maître/la maîtresse du chaton. Écrivez une lettre à un(e) ami(e) en lui décrivant tout ce qui est arrivé. Décrivez vos émotions et vos réactions.

[1] **parcourt** *travels*
[2] **anciens** *former*
[3] **ne supportait pas** *couldn't bear*
[4] **muté** *transferred*
[5] **galeux** *covered with scabs*
[6] **prunier** *plum tree*

STRUCTURE II

Le passé simple des verbes réguliers

Describing Past Actions in Formal Writing

1. Like the *passé composé*, the *passé simple* indicates an action completed sometime in the past. But unlike the *passé composé*, which is used in conversation and informal writing, the *passé simple* is used in formal writing only. You will therefore encounter it a great deal as you read French literature or read about French history.

2. To form the *passé simple* of regular verbs, the infinitive ending -*er,* -*ir,* or -*re* is dropped and the *passé simple* endings are added to the stem. Note that regular -*ir* and -*re* verbs have the same endings in the *passé simple*.

INFINITIVE	PARLER	
STEM	*parl-*	ENDINGS
PASSÉ SIMPLE	je **parlai**	-*ai*
	tu **parlas**	-*as*
	il/elle/on **parla**	-*a*
	nous **parlâmes**	-*âmes*
	vous **parlâtes**	-*âtes*
	ils/elles **parlèrent**	-*èrent*

INFINITIVE	FINIR	ATTENDRE	
STEM	*fin-*	*attend-*	ENDINGS
PASSÉ SIMPLE	je **finis**	j' **attendis**	-*is*
	tu **finis**	tu **attendis**	-*is*
	il/elle/on **finit**	il/elle/on **attendit**	-*it*
	nous **finîmes**	nous **attendîmes**	-*îmes*
	vous **finîtes**	vous **attendîtes**	-*îtes*
	ils/elles **finirent**	ils/elles **attendirent**	-*irent*

3. Remember that verbs ending in -*cer* have a cedilla before the vowel *a*, and verbs that end in -*ger* add an *e* before the vowel *a*.

il commença   **nous mangeâmes**

4. The verbs below follow the same pattern as regular *-ir* and *-re* verbs in the formation of the *passé simple*.

INFINITIVE	PASSÉ SIMPLE	
dormir	il dormit	ils dormirent
partir	il partit	ils partirent
sentir	il sentit	ils sentirent
servir	il servit	ils servirent
sortir	il sortit	ils sortirent
offrir	il offrit	ils offrirent
ouvrir	il ouvrit	ils ouvrirent
découvrir	il découvrit	ils découvrirent
suivre	il suivit	ils suivirent
rompre	il rompit	ils rompirent
combattre	il combattit	ils combattirent

Exercices

A **Compte-rendu oral d'un texte écrit.** Mettez les phrases suivantes au *passé composé*.

1. Le directeur entra dans le salon.
2. Il se dirigea vers le patron.
3. Le patron se leva.
4. Les deux hommes se saluèrent.
5. Le directeur attendit.
6. Enfin le patron commença à parler.
7. Le directeur répondit.
8. Les deux hommes discutèrent longtemps.
9. Le directeur réussit à convaincre le patron.
10. Le patron changea d'avis.
11. Les deux hommes se serrèrent la main.
12. Ils partirent déjeuner ensemble.

B **Pour en faire un événement historique.** Récrivez les phrases suivantes au passé simple. Suivez le modèle.

> **Le président est rentré ce matin.**
> *Le président rentra le matin du 15 janvier.*

1. Son avion a atterri à huit heures.
2. À huit heures trois, le président est descendu de l'avion.
3. Il a salué les dignitaires.
4. Les dignitaires l'ont applaudi.
5. Le président s'est dirigé tout de suite vers la capitale.
6. Il est arrivé à l'Assemblée nationale à neuf heures.
7. Tous les députés se sont levés quand le président est entré.
8. Le président a commencé à parler.
9. Les députés ont écouté attentivement.
10. Quand le président a fini son discours, les députés se sont levés et l'ont applaudi.
11. Il est sorti de l'Assemblée nationale.
12. Les journalistes l'ont suivi.
13. Le président a refusé de parler aux journalistes.
14. Il est parti pour le Palais de l'Élysée, sa résidence.

Le passé simple des verbes irréguliers

Describing Past Actions in Formal Writing

1. Many irregular verbs that end in -*ir* and -*re* use the past participle as the stem of the *passé simple*. Note the forms in the chart below.

INFINITIVE	PAST PART.	PASSÉ SIMPLE	
mettre	*mis*	il mit	ils mirent
prendre	*pris*	il prit	ils prirent
conquérir	*conquis*	il conquit	ils conquirent
dire	*dit*	il dit	ils dirent
s'asseoir	*assis*	il s'assit	ils s'assirent
rire	*ri*	il rit	ils rirent
sourire	*souri*	il sourit	ils sourirent
avoir	*eu*	il eut	ils eurent
boire	*bu*	il but	ils burent
connaître	*connu*	il connut	ils connurent
courir	*couru*	il courut	ils coururent
croire	*cru*	il crut	ils crurent
devoir	*dû*	il dut	ils durent
lire	*lu*	il lut	ils lurent
plaire	*plu*	il plut	ils plurent
pouvoir	*pu*	il put	ils purent
recevoir	*reçu*	il reçut	ils reçurent
savoir	*su*	il sut	ils surent
vivre	*vécu*	il vécut	ils vécurent
vouloir	*voulu*	il voulut	ils voulurent
falloir	*fallu*	il fallut	
pleuvoir	*plu*	il plut	
valoir	*valu*	il valut	

Paris: l'Assemblée nationale

2. The following irregular verbs have irregular stems for the *passé simple*. The stem is not based on either the infinitive or the past participle.

INFINITIVE	PASSÉ SIMPLE	
être	il fut	ils furent
mourir	il mourut	ils moururent
voir	il vit	ils virent
faire	il fit	ils firent
écrire	il écrivit	ils écrivirent
conduire	il conduisit	ils conduisirent
construire	il construisit	ils construisirent
traduire	il traduisit	ils traduisirent
vaincre	il vainquit	ils vainquirent
naître	il naquit	ils naquirent
craindre	il craignit	ils craignirent
peindre	il peignit	ils peignirent
rejoindre	il rejoignit	ils rejoignirent
tenir	il tint	ils tinrent
venir	il vint	ils vinrent
devenir	il devint	ils devinrent

3. All irregular verbs in the *passé simple* have endings that belong to one of the following categories.

je	*-us*	*-is*	*-ins*
tu	*-us*	*-is*	*-ins*
il/elle/on	*-ut*	*-it*	*-int*
nous	*-ûmes*	*-îmes*	*-înmes*
vous	*-ûtes*	*-îtes*	*-întes*
ils/elles	*-urent*	*-irent*	*-inrent*

L'Assemblée nationale en session

Exercices

A **Alfred de Vigny.** Faites un compte-rendu oral de ce texte: remplacez le passé simple par le passé composé.

Le grand écrivain Alfred de Vigny naquit dans une famille noble en 1797. À cette époque, juste après la Révolution, les aristocrates étaient méprisés (*scorned*) par la plupart des gens. Au collège, les étudiants persécutèrent Vigny à cause de sa noblesse.

Pour gagner honneur et gloire au service de son pays, Vigny décida d'entrer dans l'armée. Il fut envoyé dans le sud de la France. Il passa quelques années dans le Midi où il fit la connaissance d'une belle Anglaise, Lydia Bunbury, fille d'un millionnaire. Il tomba amoureux d'elle et la demanda en mariage. Il obtint la permission. Mais son beau-père, un excentrique, le détestait car il n'aimait pas les Français. Il partit immédiatement après le mariage de sa fille. Il n'écrivit même pas le nom de son gendre (*son-in-law*) dans son carnet d'adresses, tant il avait envie de l'oublier.

Quelques années plus tard, le poète français Lamartine fit la connaissance d'un riche Anglais qui visitait l'Italie. À cette époque, Lamartine était secrétaire d'ambassade à Florence et il invita l'Anglais à dîner à l'ambassade. Pendant le dîner, l'Anglais dit à M. de Lamartine que sa fille avait épousé un grand poète français. Lamartine lui en demanda le nom, mais l'Anglais ne put pas se rappeler le nom de son gendre. Lamartine énuméra le nom de plusieurs poètes célèbres, mais à chaque nom l'Anglais disait: «Ce n'est pas ça.» Enfin Lamartine nomma le comte de Vigny. Notre excentrique répondit: «Ah oui! Je crois que c'est ça.»

B **Un écrivain décrit un vol.** Complétez au passé simple.

1. Le voleur ___ (écouter)
2. Il n' ___ aucun bruit. (entendre)
3. Il ___ la porte. (pousser)
4. Il ___ dans la chambre. (entrer)
5. Un homme qui y dormait ___ un peu. (bouger)
6. Le voleur ___ . (s'arrêter)
7. Il ___ perdu. (se croire)
8. Il ___ autour de lui. (regarder)
9. Il ___ le chandelier. (voir)
10. Il ___ le chandelier. (saisir)
11. Il le ___ sous son bras. (mettre)
12. Il ___ la chambre à grands pas. (traverser)
13. Il ne ___ pas regarder vers l'homme qui dormait. (vouloir)
14. Il ___ le chandelier dans son sac. (jeter)
15. Il ___ la porte. (ouvrir)
16. Il ___ . (s'échapper)

C **La vie de Louis XIV.** Vous êtes historien(ne): récrivez ces notes au passé simple.

1. Louis XIV est né à Saint-Germain-en-Laye en 1638.
2. À la mort de son père, Louis XIV est devenu roi de France à l'âge de cinq ans.
3. Le roi a vécu sous la tutelle (*supervision*) de Mazarin.
4. Mazarin lui a fait épouser Marie-Thérèse d'Autriche en 1660.
5. Ils ont eu un fils, le Grand Dauphin.
6. À la mort de Mazarin, Louis XIV a pris le pouvoir à vingt-trois ans.
7. Il s'est révélé tout de suite un monarque absolu.
8. Il a envoyé des représentants dans toutes les provinces.
9. Ils ont été chargés de faire exécuter ses ordres.
10. À partir de 1680, il a eu des agents partout.
11. Il a fait construire le château de Versailles.
12. Entre 1661 et 1695, trente mille hommes ont travaillé à la construction de ce palais.
13. Le roi s'est entouré d'une Cour resplendissante composée de plusieurs milliers de serviteurs et de toute la haute noblesse de France.
14. Il a gardé les nobles auprès de lui.
15. Les descendants des ducs de Normandie, de Bourgogne et de Bretagne sont devenus les valets du roi.
16. Louis XIV a soutenu (*supported*) la bourgeoisie.
17. Colbert, fils d'un marchand, est devenu ministre en 1661.
18. Sous Colbert, des industries nouvelles se sont développées dans toutes les provinces.
19. Dès le début du règne, Louis XIV a voulu imposer à l'extérieur la prédominance française.
20. Tout le temps qu'il a été roi, il y a eu une succession de guerres. Ses difficultés ont commencé avec la guerre de Hollande.
21. Les Hollandais ont rompu les digues (*dikes*) du Zuiderzee, et une inondation affreuse a chassé les troupes françaises.

«Louis XIV» par Rigaud

22. En 1685, Louis XIV a commis une faute grave. Il a révoqué l'Édit de Nantes pour supprimer (*suppress*) le protestantisme en France.
23. Des milliers de huguenots ont quitté la France et ont porté leurs talents à l'étranger.
24. Louis XIV, le Roi-Soleil, est mort en 1715, laissant son pays dans un état de grande pauvreté.

Le subjonctif après les conjonctions

Using the Subjunctive After Conjunctions

1. The subjunctive is used after the following conjunctions:

bien que	*although*
quoique	*although*
pourvu que	*provided that*
à moins que	*unless*
sans que	*without*
de crainte que	*for fear that*
de peur que	*for fear that*
de sorte que	*so that*
de façon que	*so that*
de manière que	*so that*
pour que	*in order that*
afin que	*in order that, so that*
avant que	*before*
jusqu'à ce que	*until*

2. Study the following sentences:

Il fera le voyage *bien qu*'il n'*ait* pas assez d'argent.
Il prendra l'avion *pourvu que* vous le *preniez* aussi.
Il ne prendra pas l'avion *à moins que* vous (ne) le *preniez* aussi.
Il ne partira pas *sans que* nous le *voyions*.
Le guide parle aux touristes *pour qu*'ils *sachent* ce qu'ils vont voir.
Il leur parle lentement *de peur qu*'ils ne *comprennent* pas son accent.
Il leur parle ainsi, *de façon qu*'ils le *comprennent*.
Nous parlerons à Jacques *avant qu*'il (ne) *parte*.

3. Note that the conjunctions *de façon que*, *de sorte que*, and *de manière que* can also be followed by the indicative when the result of the action of the clause is an accomplished fact. This is most often the case when the verb of the dependent clause is in the past.

Il a parlé lentement de façon que tout le monde *a compris* ce qu'il a dit.	Il parlera lentement de façon que tout le monde *comprenne* ce qu'il dira.

In the sentence on the left, the indicative is used since he already spoke and it is a known fact that everyone understood. In the sentence on the right, it is not yet known if everyone will understand even though he will speak slowly.

4. The following conjunctions are often used with *ne* in the dependent clause. *Ne* in this case does not indicate a negative.

avant que	de peur que
à moins que	de crainte que

Je voudrais lui parler *avant qu*'elle (ne) *parte*.
Je lui parlerai ce soir, *à moins qu*'elle (ne) *doive* travailler.

Exercices

A **Pourvu qu'ils puissent le faire!** Suivez le modèle.

Elle partira pourvu qu'elle…
  a. être en forme
  b. pouvoir prendre la voiture

Elle partira pourvu qu'elle soit en forme.
Elle partira pourvu qu'elle puisse prendre la voiture.

1. Elle partira pourvu qu'elle…
   a. finir son travail
   b. pouvoir obtenir la permission
   c. avoir la journée libre

2. Le professeur enseigne de façon que ses élèves…
   a. apprendre beaucoup
   b. comprendre tout ce qu'il dit
   c. connaître bien la matière qu'il enseigne

B **Il n'a pas un caractère facile.** Complétez.

1. Il partira sans que personne le ___.
   (savoir)
2. Il ira pourvu que tu y ___ aussi.
   (aller)
3. Il ne fera rien à moins que nous ne
   lui ___ de le faire. (dire)
4. Il ne le fera pas quoiqu'il ___ assez
   d'argent. (avoir)
5. Sa sœur, elle, le fera bien qu'elle n'___
   pas un sou. (avoir)
6. Je le lui expliquerai de manière qu'il
   le ___ et sans qu'il ___ fâché.
   (comprendre, être)
7. Je le lui dirai avant qu'il ne ___.
   (partir)
8. Je resterai ici jusqu'à ce qu'il ___.
   (revenir)
9. Nous ne dirons rien de peur qu'il ___
   une scène. (faire)
10. Nous ferons tout pour qu'il ___ bien.
    (se sentir)

LITTÉRATURE

LES MISÉRABLES

Victor Hugo

AVANT LA LECTURE

Vous allez lire un chapitre du célèbre roman de Victor Hugo, *Les Misérables*.

Dans ce chapitre, deux hommes sont face à face. Le premier, l'évêque, est un homme très pieux qui veut aider tout le monde—un homme qui aime faire le bien. Le deuxième, Jean Valjean, un ancien forçat qui vient de sortir du bagne, est un homme rendu mauvais par ses années de captivité.

Jean Valjean va faire quelque chose de très mal. Quelqu'un va découvrir ce qu'il a fait—son crime. Les gendarmes vont-ils arrêter Jean Valjean? Sera-t-il à nouveau condamné? C'est ce que vous saurez en lisant ce chapitre des *Misérables*.

VOCABULAIRE

le bagne

un chandelier

un forçat

le placard

le chevet

la cheminée

la serrure
la clef/clé

les couverts en argent / l'argenterie

la lune

le mur

Le voleur escalade le mur.

Il saute par-dessus.

Il s'enfuit.

un
évêque

le soleil levant

L'évêque se promène dans le jardin.

Il se baisse pour ramasser
un panier.

s'enfuir   s'échapper, se retirer
rapidement

briser   mettre en pièces, détruire, casser

appartenir   être la propriété de
quelqu'un

voler   prendre la propriété de quelqu'un
d'autre

l'argent   métal précieux (moins précieux
que l'or)

le sommeil   état d'une personne qui dort

le bien   ce qui possède une valeur, ce
qui est juste

le mal   ce qui est contraire à la vertu, à
la morale, au bien

le goût   sens qui permet de discerner la
saveur des aliments

On frappe à la porte.

une méprise   le fait de prendre une
chose pour une autre, un malentendu,
une confusion

à voix basse   l'action de ne pas parler
très fort

Exercices

A **Dans le jardin de l'évêque.** Répondez.

1. La lune se lève le matin ou le soir?
2. Le soleil brille le jour ou la nuit?
3. On voit le soleil levant le matin ou le soir?
4. L'évêque se promène dans son jardin pour voir le soleil levant?
5. Il se baisse pour ramasser quoi dans son jardin?
6. De quoi le jardin est-il entouré?
7. L'évêque saute par-dessus le mur?
8. Quelqu'un frappe à la porte?
9. La clé est dans la serrure de la porte?
10. L'évêque s'enfuit?

B **Quelle est la définition?** Choisissez.

1. le bagne ⟍ c.
2. un forçat f.
3. voler g.
4. un évêque k.
5. le bien ⟍ a.
6. une méprise i.
7. le sommeil l.
8. s'enfuir d.
9. ramasser b.
10. briser e.
11. se promener h.
12. le chevet j.

  a. le contraire du mal
  b. prendre une chose qui est sur le sol
  c. prison avec travaux forcés
  d. s'échapper
  e. détruire
  f. un condamné aux travaux forcés
  g. prendre une chose qui n'est pas à soi
  h. marcher, faire une promenade
  i. un malentendu
  j. la tête du lit
  k. un dignitaire ecclésiastique
  l. état de quelqu'un qui dort

C **D'après vous.** Complétez.

1. Le ___ était condamné aux travaux forcés dans un ___.
2. Les prisons sont entourées de hauts ___.
3. De temps en temps, des prisonniers essaient d'___ le mur pour ___.
4. Un voleur est un criminel dont le crime est de ___.
5. Je n'ai pas compris ce qu'il a dit parce qu'il parlait à ___. Je n'ai rien entendu.
6. Je dors bien. J'ai le ___ profond.
7. Qui a ___ la fenêtre? Il y a des morceaux de verre partout.
8. Je n'aime pas du tout ce vin. Il a le ___ de vinaigre.
9. Il a mis les assiettes et l'argenterie dans le ___.
10. Elle a de très beaux couverts d'___. Cette argenterie lui vient de sa grand-mère.
11. C'est une nuit froide d'hiver. Il y a un feu dans la ___.
12. Il lit à la lumière d'un ___.
13. Un voleur prend ce qui ne lui ___ pas.

INTRODUCTION

Victor Hugo occupe une place exceptionnelle dans la littérature française.

Il naquit en 1802 à Besançon où son père était commandant. Par la suite, son père devint général, et Victor accompagna le général Hugo dans les pays où l'appela le service de l'Empereur Napoléon Ier: Naples en 1808, l'Espagne en 1811–1812. Au retour d'Espagne, Victor habita Paris avec sa mère et souffrit de la mésentente[1] entre ses parents.

En 1814, après la séparation de ses parents, Victor Hugo devint interne à la pension Cordier et fit ses études au lycée Louis-le-Grand où il obtint de nombreux succès scolaires. C'est au lycée, à quinze ans, qu'il composa ses premiers poèmes.

En 1822, à l'âge de vingt ans, il commença à publier poèmes, drames et romans. Et au cours des années, il devint «l'écho sonore» de son siècle. En 1845, Victor Hugo commença à méditer sa grande œuvre *Les Misérables*.

Publié en 1862, cet énorme roman est dominé par une thèse humanitaire. Pour Hugo, les misérables sont les infortunés et les infâmes. Il croit qu'il y a des infortunés parce qu'il y a de la misère et de la pauvreté. Il croit aussi que beaucoup d'infortunés deviennent des infâmes, à cause de l'injustice et de l'indifférence de la société.

Le héros, Jean Valjean, est un infortuné qui a été envoyé au bagne pour avoir volé du pain. Quand il sort du bagne, les autorités lui donnent un passeport jaune d'ancien forçat. Ce passeport le rend suspect partout et il ne peut pas trouver de travail. Il commence à devenir criminel. L'évêque de Digne, surnommé monseigneur Bienvenu pour sa compassion pour les malheureux, accueille chez lui Jean Valjean. Monseigneur Bienvenu a une mission évangélique: il veut aider Jean Valjean.

---

[1] **la mésentente** *dissension*

LES
MISÉRABLES

L'évêque continuait de dormir dans une paix° profonde sous ce regard effrayant°.

Un reflet de lune faisait confusément visible au-dessus de la cheminée le crucifix qui semblait leur ouvrir les bras à tous les deux, avec une bénédiction pour l'un et un pardon pour l'autre. Tout à coup Jean Valjean remit sa casquette sur son front, puis marcha rapidement, le long du lit, sans regarder l'évêque, droit au placard qu'il entrevoyait° près du chevet; il leva le chandelier de fer° comme pour forcer la serrure; la clef y était; il l'ouvrit; la première chose qui lui apparut fut le panier d'argenterie; il le prit, traversa la chambre à grands pas sans précaution et sans

paix *peace*
effrayant *terrifying*

entrevoyait *caught a glimpse of*
fer *iron*

«Le vol de l'argenterie»

s'occuper du bruit, gagna° la porte, rentra dans l'oratoire, ouvrit la fenêtre, saisit son bâton°, enjamba l'appui° du rez-de-chaussée, mit l'argenterie dans son sac, jeta le panier, franchit° le jardin, sauta par-dessus le mur comme un tigre, et s'enfuit.

Le lendemain, au soleil levant, monseigneur° Bienvenu se promenait dans son jardin. Madame Magloire accourut vers lui toute bouleversée°.

—Monseigneur, monseigneur, cria-t-elle, votre grandeur° sait-elle où est le panier d'argenterie?

—Oui, dit l'évêque.

—Jésus Dieu soit béni°! reprit-elle. Je ne savais ce qu'il était devenu.

L'évêque venait de ramasser le panier dans une plate-bande°. Il le présenta à Madame Magloire.

—Le voilà.

—Eh bien! dit-elle. Rien dedans! et l'argenterie?

—Ah! repartit° l'évêque. C'est donc l'argenterie qui vous occupe? Je ne sais où elle est.

—Grand bon Dieu! elle est volée! c'est l'homme d'hier soir qui l'a volée.

En un clin d'œil°, avec toute sa vivacité de vieille alerte, madame Magloire courut à l'oratoire, entra dans l'alcôve et revint vers l'évêque. L'évêque venait de se baisser et considérait en soupirant° un plant de cochléaria des Guillons* que le panier avait brisé, en tombant à travers la plate-bande. Il se redressa° au cri de madame Magloire.

—Monseigneur, l'homme est parti! l'argenterie est volée!

Tout en poussant cette exclamation, ses yeux tombaient sur un angle du jardin où on voyait des traces d'escalade. Le chevron° du mur avait été arraché°.

—Tenez! c'est par là qu'il s'en est allé. Il a sauté dans la ruelle Cochefilet! Ah! l'abomination! il nous a volé notre argenterie.

L'évêque resta un moment silencieux, puis leva son œil sérieux, et dit à madame Magloire avec douceur:

—Et d'abord, cette argenterie était-elle à nous?

Madame Magloire resta interdite°. Il y eut encore un silence, puis l'évêque continua:

—Madame Magloire, je détenais à tort° et depuis longtemps cette argenterie. Elle était aux pauvres. Qui était cet homme? Un pauvre évidemment.

—Hélas! Jésus! repartit madame Magloire. Ce n'est pas pour moi ni pour mademoiselle. Cela nous est bien égal. Mais c'est pour monseigneur. Dans quoi monseigneur va-t-il manger maintenant?

L'évêque la regarda d'un air étonné:

—Ah ça! est-ce qu'il n'y a pas des couverts d'étain°?

Madame Magloire haussa les épaules.

—L'étain a une odeur.

---

* **cochléaria des Guillons** *type of plant belonging to the family of plants called* Cruciferae *which includes the cabbage, turnip, and mustard*

gagna *reached*

saisit son bâton *grabbed his stick*

enjamba l'appui *stepped over the sill*

franchit *crossed*

monseigneur *His Grace (My Lord)*

bouleversée *upset*

votre grandeur *Your Grace*

béni *blessed*

plate-bande *flowerbed*

repartit *replied*

clin d'œil *wink of the eye*

en soupirant *with a sigh*

se redressa *straightened up*

le chevron *top tile*
arraché *broken*

resta interdite *was taken aback*

je détenais à tort *I wrongly kept*

étain *pewter*

«Le souper chez l'évêque Myriel»

—Alors, des couverts de fer.

Madame Magloire fit une grimace expressive.

—Le fer a un goût.

—Eh bien, dit l'évêque, des couverts de bois.

Quelques instants après, il déjeunait à cette même table où Jean Valjean s'était assis la veille°. Tout en déjeunant, monseigneur Bienvenu faisait gaiement remarquer à sa sœur qui ne disait rien, et à madame Magloire qui grommelait sourdement°, qu'il n'est nullement besoin d'une cuiller ni d'une fourchette, même en bois, pour tremper° un morceau de pain dans une tasse de lait.

—Aussi a-t-on idée! disait madame Magloire toute seule en allant et venant, recevoir un homme comme cela! et le loger à côté de soi! et quel bonheur° encore qu'il n'ait fait que voler! Ah! mon Dieu! cela fait frémir° quand on songe°!

Comme le frère et la sœur allaient se lever de table, on frappa à la porte.

—Entrez, dit l'évêque.

La porte s'ouvrit. Un groupe étrange et violent apparut sur le seuil°. Trois hommes en tenaient un quatrième au collet°. Les trois hommes étaient des gendarmes; l'autre était Jean Valjean.

Un brigadier de gendarmerie, qui semblait conduire le groupe, était près de la porte. Il entra et s'avança vers l'évêque en faisant le salut militaire.

—Monseigneur... dit-il.

À ce mot, Jean Valjean, qui était morne° et semblait abattu°, releva la tête d'un air stupéfait.

—Monseigneur! murmura-t-il. Ce n'est donc pas le curé°?

la veille *the night before*

grommelait sourdement *grumbled to herself*

tremper *dunk*

bonheur *luck*

frémir *shudder*

on songe *one thinks about it*

le seuil *doorstep, threshold*

au collet *by the scruff of the neck*

morne *glum*

abattu *exhausted, despondent*

le curé *parish priest*

—Silence! dit un gendarme. C'est monseigneur l'évêque.

Cependant monseigneur Bienvenu s'était approché aussi vivement que son grand âge le lui permettait.

—Ah! vous voilà! s'écria-t-il en regardant Jean Valjean. Je suis aise° de vous voir. Eh bien, mais! je vous avais donné les chandeliers aussi, qui sont en argent comme le reste et dont vous pourrez bien avoir deux cents francs. Pourquoi ne les avez-vous pas emportés avec vos couverts?

Jean Valjean ouvrit les yeux et regarda le vénérable évêque avec une expression qu'aucune langue humaine ne pourrait rendre.

—Monseigneur, dit le brigadier de gendarmerie, ce que cet homme disait était donc vrai? Nous l'avons rencontré. Il allait comme quelqu'un qui s'en va. Nous l'avons arrêté pour voir. Il avait cette argenterie...

—Et il vous a dit, interrompit l'évêque en souriant, qu'elle lui avait été donnée par un vieux bonhomme de prêtre° chez lequel il avait passé la nuit? Je vois la chose. Et vous l'avez ramené° ici? C'est une méprise°.

—Comme cela, reprit le brigadier, nous pouvons le laisser aller?

—Sans doute, répondit l'évêque.

Les gendarmes lâchèrent° Jean Valjean, qui recula°.

—Est-ce que c'est vrai qu'on me laisse? dit-il d'une voix presque inarticulée et comme s'il parlait dans le sommeil.

—Oui, on te laisse, tu n'entends donc pas? dit un gendarme.

—Mon ami, reprit l'évêque, avant de vous en aller, voici vos chandeliers. Prenez-les.

Il alla à la cheminée, prit les deux flambeaux° d'argent et les apporta à Jean Valjean. Les deux femmes le regardaient faire sans un mot, sans un geste, sans un regard qui pût déranger° l'évêque.

Jean Valjean tremblait de tous ses membres. Il prit les deux chandeliers machinalement et d'un air égaré°.

—Maintenant, dit l'évêque, allez en paix. À propos, quand vous reviendrez, mon ami, il est inutile de passer par le jardin. Vous pourrez toujours entrer et sortir par la porte de la rue. Elle n'est fermée qu'au loquet° jour et nuit.

Puis se tournant vers la gendarmerie:

—Messieurs, vous pouvez vous retirer.

Les gendarmes s'éloignèrent°.

Jean Valjean était comme un homme qui va s'évanouir°.

L'évêque s'approcha de lui, et lui dit à voix basse:

—N'oubliez pas, n'oubliez jamais que vous m'avez promis d'employer cet argent à devenir honnête homme.

Jean Valjean, qui n'avait aucun souvenir d'avoir rien promis, resta interdit. L'évêque avait appuyé sur ces paroles° en les prononçant. Il reprit avec solennité:

—Jean Valjean, mon frère, vous n'appartenez plus au mal, mais au bien. C'est votre âme° que je vous achète; je la retire aux pensées noires° et à l'esprit de perdition°, et je la donne à Dieu.

Victor Hugo, *Les Misérables*

aise	*pleased*
prêtre	*priest*
ramené	*brought back*
une méprise	*misunderstanding*
lâchèrent	*released*
recula	*drew back*
flambeaux	*candlesticks*
déranger	*disturb*
l'air égaré	*distraught*
fermée... au loquet	*latched*
s'éloignèrent	*withdrew*
s'évanouir	*to faint*
paroles	*words*
âme	*soul*
aux pensées noires	*evil thoughts*
l'esprit de perdition	*feeling of despair*

Après la lecture

Compréhension

A **On a volé l'argenterie de l'évêque.** Répondez d'après la lecture.

1. Qui a volé l'argenterie de l'évêque?
2. Qui a découvert le crime?
3. Où l'évêque était-il quand Madame Magloire lui a annoncé que l'argenterie avait été volée?
4. Avec qui l'évêque a-t-il pris le petit déjeuner?
5. Qui a frappé à la porte quand l'évêque se levait de table?
6. Avec qui les gendarmes étaient-ils?

B **L'évêque a pitié de Jean Valjean.** Complétez d'après la lecture.

1. L'évêque a trouvé le panier qui avait contenu l'argenterie dans ___. Mais quand il l'a trouvé, il était vide. Il n'y avait rien dedans.
2. L'évêque a dit que l'argenterie n'était pas à lui, qu'elle appartenait ___.
3. L'évêque a dit à Jean Valjean qu'il lui avait donné aussi ___.
4. Il a dit à Jean Valjean que quand il reviendrait, il pourrait entrer dans la maison par ___.

C **L'évêque veut sauver Jean Valjean.** Expliquez.

1. Pourquoi l'évêque n'avait-il pas besoin de l'argenterie?
2. Pourquoi l'évêque a-t-il dit: «Je suis aise de vous voir» à Jean Valjean quand il est entré avec les gendarmes?
3. Pourquoi les gendarmes avaient-ils arrêté Jean Valjean?
4. Pourquoi les gendarmes l'ont-ils laissé aller?
5. Pourquoi l'évêque donne-t-il les chandeliers à Jean Valjean?

Activités

A **Les émotions de Jean Valjean.** Écrivez un paragraphe dans lequel vous imaginez ce que peuvent être les émotions de Jean Valjean pendant cet épisode.

B **Au théâtre.** Écrivez une petite pièce basée sur ce chapitre des *Misérables*.

C **Le prochain épisode.** À votre avis, qu'est-ce que Jean Valjean devient après cet épisode? Il continue sa vie de criminel ou il devient un honnête homme?

D **Toujours actuel, Victor Hugo?** Est-ce que les idées de Victor Hugo peuvent être appliquées à la société contemporaine? Est-ce qu'il y a de la misère dans notre société? Est-ce que la misère crée des infortunés? Est-ce que les infortunés deviennent souvent des infâmes? Comment? Pourquoi? L'injustice et l'indifférence existent-elles toujours? Donnez des exemples.

E **Jean Valjean à la une des journaux.** Les vols sont des faits divers qui apparaissent tous les jours dans les journaux. Récrivez ce chapitre comme si c'était un fait divers pour un journal français.

Une représentation des «Misérables» à Broadway

CHAPITRE

6

LES VALEURS

OBJECTIFS

In this chapter you will do the following:

1. learn what values are important to the French, both young and old, and compare them with yours
2. talk about who does the chores in your house and decide whether the tasks are divided fairly among your family members
3. learn how to express congratulations, best wishes, and condolences in typical real-life situations
4. review how to express "some" and "any," refer to things and people already mentioned, and express "who," "whom," "which," and "that"
5. read and discuss the daily announcements page of a French newspaper and a magazine article about a French priest who has dedicated his life to working with the poor
6. learn how to express "of which" and "whose," how to write complex sentences using prepositions and relative pronouns, how to express certainty and doubt, and how to talk about past actions that precede other past actions
7. read and discuss the poetic song "La Mauvaise Réputation" by Georges Brassens; a letter from *Lettres persanes* by Montesquieu; and the poem "Liberté" by Paul Éluard

Adultes/Jeunes

Introduction

Les jeunes et les moins jeunes ont-ils les mêmes valeurs? Dans le sondage qui suit, trois générations ont été interrogées: celle des 15–20 ans, celle des 21–49 ans et celle des 50 ans et plus. Les résultats vous surprendront peut-être.

Vocabulaire

une bonne conduite

une mauvaise conduite

avoir la cote   être populaire
mentir   dire quelque chose de faux, ne pas dire la vérité
nouer une relation   faire une relation
l'exigence   l'action d'exiger, de demander impérativement

la foi   le fait de croire en quelque chose
le mensonge   l'acte de mentir
la patrie   son pays

interdit   pas permis, défendu

Exercices

A **Familles de mots.** Choisissez le mot qui correspond.

1. poli
2. honnête
3. menteur
4. interdit
5. autoritaire
6. tolérant
7. exigeant
8. libre
9. patriotique

a. l'interdiction
b. la liberté
c. la politesse
d. l'exigence
e. l'honnêteté
f. le mensonge
g. l'autorité
h. la patrie
i. la tolérance

B **Contraires.** Donnez le contraire des mots suivants.

1. permis
2. intolérant
3. impoli
4. exigeant

C **Qualité ou défaut?** Dites s'il s'agit d'une qualité ou d'un défaut.

1. la tolérance
2. la politesse
3. le courage
4. l'exigence
5. l'honnêteté
6. le mensonge

D **Conseils.** Complétez les phrases.

1. Il faut toujours être très poli, bien élevé. Votre ___ doit être irréprochable.
2. Il ne faut pas être désagréable si vous voulez ___ une relation avec quelqu'un.
3. Il faut toujours être honnête; il ne faut jamais ___.
4. Pour avoir la ___, il faut être gentil avec les autres.
5. Il faut croire en quelque chose. Il faut avoir la ___.

Le 11 novembre au tombeau du soldat inconnu sous l'arc de Triomphe

SONDAGE

notre temps
PHOSPHORE

Adultes/jeunes: Avez-vous les mêmes valeurs?

LES VALEURS IMPORTANTES POUR VOUS

En tête de vos valeurs, vous avez placé la tolérance et l'honnêteté.

• **La tolérance**: *«Respecter l'autre, admettre ses opinions, écouter ses différences, voilà une valeur moderne en accord avec notre époque»*, nous dit le sociologue François de Singly. Les grandes utopies collectives du XXᵉ siècle (le communisme, par exemple) ou le fanatisme religieux (exemple iranien) ont poussé à l'extrême l'intolérance. Aujourd'hui, la tolérance apparaît comme le principal rempart contre la barbarie, le fascisme, le racisme.

Mais faut-il tolérer pour autant l'intolérable? Peut-on accepter n'importe quoi[1] au nom du respect des différences? *«C'est la moindre des choses[2] d'accepter une opinion adverse, d'argumenter sans se fâcher, mais faut-il discuter tranquillement avec des racistes et admettre leur point du vue?»* se demande Anne, en terminale à Maisons-Alfort.

• **L'honnêteté.** Vous ne confondez pas cette valeur avec le respect de la propriété—qui ne vient, elle, qu'en quinzième position.

Vous préférez donner à l'honnêteté son sens fort: le refus du mensonge à soi-même et aux autres.

Quelles sont les valeurs qui comptent le plus pour vous, qui vous paraissent les plus fondamentales?	
les 15–20 ans répondent	%
La tolérance, le respect des autres	46
L'honnêteté	44
La politesse, les bonnes manières	39
Le respect de l'environnement, de la nature	32
L'obéissance	26
La générosité	25
Le goût de l'effort, du travail	21
La solidarité avec les gens, avec les peuples	19
Le sens de la famille	17
La réussite sociale, l'esprit de compétition	16
Le courage	15
La patience, la persévérance	13
La fidélité, la loyauté	13
Le sens de la justice	10
Le respect de la propriété	8
Le sens du devoir	7
L'autorité, le sens du commandement	6
La recherche spirituelle, la foi	5
Le respect de la tradition	5
L'attachement à la patrie	4
Le civisme, le respect du bien commun	3

[1] **n'importe quoi**   *anything and everything*
[2] **la moindre des choses**   *the least one can do*

«*La tolérance, la politesse, cela dépend du contexte. L'honnêteté, c'est une règle absolue. Sans elle, il n'y a pas de relations possibles avec les autres*», proclame Serge, en seconde dans un lycée parisien.

• **La politesse.** Vous êtes surpris de voir cette vertu un peu désuète[3] dans le peloton de tête[4]? Pas les sociologues! Ils savent qu'aujourd'hui, la politesse est vue comme le passage obligé pour engager un dialogue, pour nouer une relation.

À notre époque de valorisation des relations de proximité, tout ce qui nous permet de mieux communiquer avec notre environnement immédiat a la cote.

«*Après les grandes remises en question des années 68 et suivantes qui ont permis de conquérir des libertés nouvelles, on redécouvre la commodité des codes de bonne conduite qui mettent de l'huile dans les rouages[5]. Mais, attention*», prévient le sociologue François de Singly, «*une société ne revient jamais à son point de départ. Elle passe des compromis entre le nouveau et l'ancien pour inventer autre chose.*»

Ainsi, en 1968, les étudiants proclamaient: «*Il est interdit d'interdire.*»

Aujourd'hui, ils acceptent l'obéissance, contrainte qu'on se donne à soi-même. Mais ils refusent l'autorité, cette contrainte qui est imposée de l'extérieur.

LES VALEURS DE VOS PARENTS ET GRANDS-PARENTS

Quelles sont les valeurs qui comptent le plus pour vous, qui vous paraissent les plus fondamentales?	
les 21–49 ans répondent	**%**
La tolérance, le respect des autres	45
L'honnêteté	41
La politesse, les bonnes manières	39
Le goût de l'effort, du travail	34
Le sens de la famille	30
Le respect de l'environnement, de la nature	28
les 50 ans et plus répondent	**%**
Le goût de l'effort, du travail	47
L'honnêteté	47
La politesse, les bonnes manières	37
La tolérance, le respect des autres	33
Le sens de la famille	29
Le courage	21

Autour de la table familiale, ça baigne[6]! Disparu le conflit de générations! Les mêmes valeurs importantes sont partagées par vous, vos parents et vos grands-parents.

Vos parents ont été les contemporains, actifs ou passifs, de la révolution qui a bouleversé[7] les mentalités ces vingt dernières années. Plus souples, moins bardés[8] de certitudes qu'autrefois,

---

[3] **désuète**   old-fashioned
[4] **le peloton de tête**   at the top of the list

[5] **mettent de l'huile dans les rouages** lit: oil the gears; make things run smoothly

[6] **ça baigne**   everything's cool
[7] **bouleversé**   drastically changed
[8] **bardés de**   filled with

ils ont privilégié avant tout le dialogue. La politique, hier source d'interminables affrontements[9], ne fait plus se dresser[10] les fils contre les pères. On préfère évoquer des craintes[11] partagées, celles du chômage ou de la pollution.

Les grands-parents aussi participent à ce grand consensus. Seule rupture, la place donnée au travail par cette génération qui a connu le plein-emploi et la salarisation triomphante.

L'environnement est à coup sûr la valeur montante, celle que les nouvelles générations veulent promouvoir. «*Tous les sondages le confirment, ce sont les jeunes qui poussent toute la société à une plus grande exigence écologique. C'est pour eux la forme moderne du civisme*», affirme le politologue Roland Cayrol.

LES VALEURS QUI NE SONT PLUS FONDAMENTALES

Quatre valeurs sont en baisse quel que soit l'âge: la patrie, la foi, la tradition, l'autorité. Ce qui change selon la catégorie, c'est l'intensité du rejet. La patrie, par exemple, est rejetée par 22% des plus de 50 ans, 38% des 20–50 ans et 45% des 15–20 ans.

La foi s'effrite[12] aussi un peu plus à chaque génération. Elle est jugée dépassée[13] par 19% des plus de 50 ans, 35% des 20–50 ans et 42% des jeunes. Encore faut-il savoir de quoi on parle.

Pour le théologien et moraliste Xavier Thévenot, vivre, c'est déjà un acte de foi: «*Décider d'avoir un*

LES VALEURS QUI NE SONT PLUS FONDAMENTALES

Quelles sont les valeurs dont vous pensez qu'elles ne devraient plus, aujourd'hui, être considérées comme fondamentales?

les 15–20 ans répondent	%
L'attachement à la patrie	45
La recherche spirituelle, la foi	42
L'autorité, le sens du commandement	29
Le respect de la tradition	24
Le respect de la propriété	11
les 21–49 ans répondent	**%**
L'attachement à la patrie	38
La recherche spirituelle, la foi	35
L'autorité, le sens du commandement	30
Le respect de la tradition	18
La réussite sociale, l'esprit de compétition	13
Les 50 ans et plus répondent	**%**
L'autorité, le sens du commandement	24
L'attachement à la patrie	22
La recherche spirituelle, la foi	19
Le respect de la tradition	13
La réussite sociale, l'esprit de compétition	10

enfant, continuer à vivre quand on est accablé par[14] le malheur, lutter[15] contre l'absurde, c'est déjà croire, selon lui. L'acte de croire a une dimension sociale et la recherche spirituelle n'est pas une fuite[16] dans un monde imaginaire. Elle consiste à se poser les questions fondamentales: À quoi bon vivre? Pourquoi sommes-nous sur Terre? D'où vient le mal? Ces questions, les jeunes se les posent* et ils ont besoin de donner un sens à leur vie.»

Pour Amandine, 17 ans, la foi se vit aussi au quotidien. «*Chaque jour, je fais un retour sur ce que je vis et je m'interroge. Cela me pousse à éviter la facilité, à donner toujours un peu plus. Par exemple, en tant que déléguée de classe, j'essaye d'avoir un rôle d'entraide et de ne pas me contenter d'une tâche administrative.*»

---

[9] **affrontements** *confrontations*
[10] **se dresser contre** *rise up against*
[11] **craintes** *fears*

[12] **s'effrite** *is crumbling away, disintegrating*
[13] **dépassée** *outmoded*

[14] **accablé par** *weighed down by, overwhelmed by*
[15] **lutter** *to fight*
[16] **fuite** *flight, escape*

Compréhension

A **Oui ou non?** Corrigez d'après le texte.

1. L'honnêteté et la tolérance sont les valeurs les plus importantes pour les jeunes.
2. L'honnêteté est plus importante que la tolérance.
3. La politesse n'est pas nécessaire pour communiquer avec les autres.
4. Les jeunes sont très attachés à la patrie.
5. Les jeunes ont besoin de donner un sens à leur vie.
6. Les générations ne se battent (*fight*) plus pour des raisons politiques.
7. Les jeunes ne se préoccupent pas d'écologie.
8. Enfants et parents parlent du chômage et de la pollution.

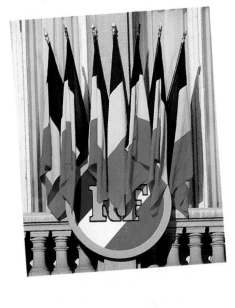

B **De quoi parle-t-on?** Dites de quoi il s'agit.

1. respecter l'autre personne, admettre ses opinions, écouter ses différences
2. être contre des gens à cause de la couleur de leur peau
3. avoir de bonnes manières
4. faire ce que quelqu'un vous dit de faire
5. se poser des questions fondamentales
6. aimer travailler

Activités

A **Sondage.** Reprenez les catégories du sondage et faites une enquête à l'école et chez vous. Comparez vos résultats à ceux de vos camarades et étudiez les similarités et les différences entre les Français et les Américains.

B **Débats.**

1. Répondez à la question d'Anne: «C'est la moindre des choses d'accepter une opinion adverse, d'argumenter sans se fâcher, mais faut-il discuter tranquillement avec les racistes et admettre leur point de vue?»
2. Que pensez-vous de cette phrase de Serge: «L'honnêteté, c'est une règle absolue. Sans elle, il n'y a pas de relations possibles avec les autres.»

CONVERSATION

VIVRE EN FAMILLE

VOCABULAIRE

vider les ordures

faire le marché

s'énerver   se fâcher

mettre la main à la pâte   travailler

répartir   distribuer

se plaindre   protester, exprimer son mécontentement

faire une comédie   s'énerver, faire une scène

une tâche ménagère   faire la vaisselle, faire la lessive, etc.

gâché   qui est dépensé sans discernement, inutilement

équitablement   avec justice

ce n'est pas sorcier   ce n'est pas difficile

Exercices

A **Définitions.** Trouvez le mot.

1. travailler
2. se fâcher
3. un travail que l'on doit faire pour la famille
4. distribuer
5. avec justice
6. c'est facile
7. qui est dépensé inutilement
8. dire qu'on n'est pas content

B **Que fait-on dans la famille Vernier?** Répondez d'après les dessins.

1. Qui fait la vaisselle?
2. Qui lave la voiture?
3. Qui vide les ordures?
4. Qui fait le ménage (*housework*)?
5. Qui fait la cuisine?
6. Qui fait le marché?
7. Qui fait la lessive?
8. Qui travaille dans le jardin?

À chacun sa tâche

ÉMILIE: Depuis que Maman a recommencé à travailler, c'est pas la joie à la maison. Papa et Maman sont toujours en train de discuter pour savoir qui doit faire quoi, et en fin de compte, rien n'est fait.

LOUISE: Ben, il faut que vous vous organisiez un peu. Ce n'est pas sorcier, vous n'êtes que trois. Nous, à la maison, on est cinq, et il y a Olivier qui est tout petit.

ÉMILIE: Oui, mais ta mère ne travaille pas.

LOUISE: Ma mère? Mais si, elle travaille! Elle est prof d'anglais. Simplement, chacun a ses responsabilités. Moi, c'est la vaisselle et les ordures, mon frère, c'est la lessive; mon père, c'est les courses et ma mère, c'est la cuisine et Olivier.

ÉMILIE: On a bien essayé, mais Papa dit toujours que ça ne presse pas. Tiens, par exemple, la semaine dernière, Papa devait faire la vaisselle. Tous les jours il a dit qu'il la ferait le lendemain, si bien qu'on a utilisé toute la vaisselle qu'on avait jusqu'à ce qu'il n'y ait plus un plat de propre. Alors, tu sais ce que Maman a fait?

LOUISE: Non.

ÉMILIE: Elle est allée acheter des assiettes en papier et des couverts en plastique. Papa en a fait une comédie! Il a dit que c'était de l'argent de gâché. Alors Maman s'est énervée et lui a dit qu'il n'avait pas le sens des responsabilités, et que s'il ne faisait pas la vaisselle, elle, elle ne ferait plus la cuisine, et patati, et patata.

LOUISE: C'est sûr qu'il faut que tout le monde mette la main à la pâte et que les tâches soient réparties équitablement. Chez nous, ça marche assez bien. De temps en temps, c'est Papa qui fait les courses... Quand il se plaint que Maman dépense trop d'argent, elle l'envoie faire le marché et après ça, il ne se plaint plus du tout.

Compréhension

La maison. Répondez d'après le texte.

1. Pourquoi les parents d'Émilie discutent-ils?
2. Comment les choses se passent-elles chez Louise?
3. Que fait la mère de Louise quand son mari se plaint?
4. Combien y a-t-il d'enfants dans la famille de Louise?
5. Que doit faire le père d'Émilie?
6. Que fait-il?
7. Qu'a fait la mère d'Émilie quand il n'y avait plus de vaisselle propre?
8. Quand la mère de Louise envoie-t-elle son mari faire les courses? Pourquoi?

Activités de communication

A **Tâches ménagères.** Tout d'abord, faites une liste de toutes les tâches à exécuter chez vous. (N'oubliez pas la vaisselle à faire, le chien à nourrir, etc.) Indiquez qui fait chaque tâche. Décidez si votre famille est plutôt traditionnelle ou plutôt moderne. Ensuite, comparez votre famille à celles de vos camarades.

B **Au travail!** Reprenez la liste que vous avez faite pour l'Activité A. À votre avis, les tâches sont-elles réparties équitablement dans votre famille? Si elles ne le sont pas, répartissez-les d'une façon équitable.

C **Et les hommes?** Croyez-vous que les hommes doivent partager les tâches ménagères? Pourquoi?

D **En excursion.** Votre classe doit partir en excursion pendant le week-end. Vous décidez tout d'abord où vous allez aller, ce que vous devez amener et qui sera chargé de quoi.

LANGAGE

FÉLICITATIONS ET CONDOLÉANCES

Que dit-on dans les circonstances suivantes?

Naissance

Permettez-moi de vous féliciter pour la naissance
  de votre petit(e)…
Toutes mes félicitations pour…
Avec tous mes vœux de bonne santé
  pour la maman.
Comme il/elle est mignon(ne)!
C'est tout le portrait de sa mère/son père.
Il/Elle a les mêmes yeux, le même nez, le même
  sourire… que son père/sa mère.

C'est tout le portrait de son père!

Mariage

Toutes mes félicitations pour votre mariage!
Tous mes vœux de bonheur.
Je vous souhaite d'être très heureux.
Vous êtes faits l'un pour l'autre.
Quel beau couple!
À votre santé!

Anniversaire

Bon Anniversaire!
Joyeux Anniversaire!
Tous mes vœux.

Joyeux Anniversaire!

Noël

Joyeux Noël!

Nouvel An

> Bonne Année!
> Bonne Santé!
> Tous mes vœux pour la nouvelle année
> Mes meilleurs vœux pour vous et les vôtres
> Que cette nouvelle année vous apporte prospérité, bonheur…

Décès

> Je vous présente mes plus sincères condoléances.
> C'est avec une grande tristesse que j'ai appris le décès de…
> La mort de… m'a fait beaucoup de peine.
> J'ai beaucoup de peine pour toi.
> C'était un homme/une femme remarquable.

Activités de communication

A **Vivent les mariés!** Vous et votre camarade avez été invités au mariage de l'un de vos cousins et vous devez porter un toast aux nouveaux mariés. Vous rédigez ce toast et vous l'apprenez par cœur. Récitez-le à vos camarades qui vous diront ce qu'ils en pensent.

B **Un bébé.** Votre cousine vient d'avoir un bébé que vous ne trouvez pas très beau, mais vous voulez tout de même dire quelque chose de gentil à votre cousine. Que lui dites-vous?

C **La veille du Jour de l'An.** Toute la classe célèbre le Jour de l'An ensemble.

1. Qu'est-ce que vous vous dites à minuit?
2. Chacun d'entre vous fait un vœu pour cette nouvelle année. Partagez-le avec vos camarades.

D **Pauvre Fido!** Le chien (ou un autre animal) de votre ami(e) est mort. Présentez-lui vos condoléances.

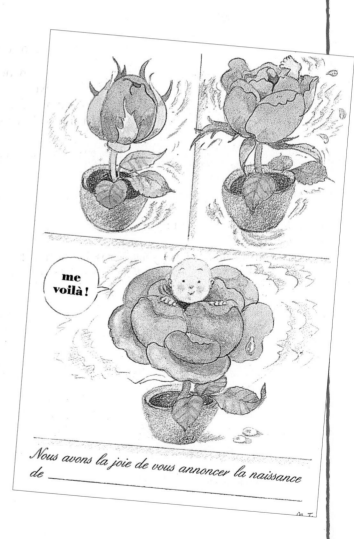

me voilà!

Nous avons la joie de vous annoncer la naissance de _____

STRUCTURE I

Le partitif

Talking About an Indefinite Quantity

1. When speaking only of a certain quantity or part of a whole, the partitive articles *du*, *de la*, and *des* are used. *Du* and *de la* become *de l'* in front of a word beginning with a vowel. In English, the partitive is expressed by "some," "any," or no word at all.

Avez-vous de la patience?	*Do you have patience?*
Il faut du courage!	*You need courage!*
Il faut de l'autorité.	*You need authority!*
J'ai des amis français.	*I have some French friends.*

Note that in English, "some" or "any" can be omitted. In French, the partitive cannot be omitted.

2. In the negative, *du*, *de la*, *de l'*, and *des* change to *de* or *d'*.

J'ai de la patience.	Je n'ai pas de patience.
Il faut du courage.	Il ne faut pas de courage.
Il faut de l'autorité.	Il ne faut pas d'autorité.
J'ai des amis français.	Je n'ai pas d'amis français.

3. Remember that a noun used in a general sense, not a specific sense, is preceded by the articles *le*, *la*, *l'*, or *les*.

Je déteste l'intolérance.
J'aime beaucoup le thé.
J'adore les livres.

4. Here are some helpful hints. Verbs that express likes and dislikes are usually followed by the definite articles *le*, *la*, *l'*, *les* + a noun.

LE, LA, L', LES—General Sense

adorer	détester
aimer	préférer
aimer mieux	

The following verbs are often followed by a partitive construction: *du*, *de la*, *de l'*, *des* + a noun.

DU, DE LA, DE L', DE—Partitive

acheter	manger
avoir	prendre
boire	vendre
commander	

5. Remember that in the negative, only the partitive becomes *de*.

> Je *n'*aime *pas les* mariages.
>
> BUT
>
> Il *n'*y aura *pas de* mariage cette année.

Exercices

A **Pour être professeur.** Complétez.

1. Il faut avoir ___ patience.
2. Il faut préparer ___ cours.
3. Il faut corriger ___ devoirs.
4. Il faut avoir ___ ordre.
5. Il faut avoir ___ bon sens.

B **Qui va faire les courses?**
Répondez d'après le modèle.

> —Il y a des fruits?
> —Non, il faut acheter des
>   fruits.
> —De toute façon, je n'aime
>   pas les fruits.

1. Il y a du fromage?
2. Il y a des sardines?
3. Il y a de la crème?
4. Il y a de l'orangeade?
5. Il y a des yaourts?
6. Il y a du poisson?
7. Il y a des saucisses?
8. Il y a du dessert?

C **La famille d'Éric.** Complétez.

Éric a ___(1) sœurs, mais il n'a pas ___(2) frères. Les sœurs d'Éric font ___(3) études universitaires à l'Université de Grenoble. Catherine fait ___(4) anglais, mais Michèle ne fait pas ___(5) anglais. Elle fait ___(6) russe. Catherine est très sportive et elle fait toujours ___(7) sport. Michèle ne fait jamais ___(8) sport. Elle déteste ___(9) sport.

Quand les deux sœurs vont au restaurant, Catherine commande toujours ___(10) poisson. Elle aime bien ___(11) poisson. Mais Michèle n'aime pas du tout ___(12) poisson. Elle commande toujours ___(13) viande. Elle ne commande pas ___(14) bœuf, elle préfère ___(15) agneau.

Le pronom *en*

1. The pronoun *en* replaces a partitive construction.

Je voudrais *du pain*.	J'*en* voudrais.
Il mange *de la viande*.	Il *en* mange.
Elle prépare *des légumes*.	Elle *en* prépare.

2. The pronoun *en* also replaces a noun qualified by a specific quantity.

Il a *un frère*.	Il *en* a un.
Je veux deux *œufs*.	J'*en* veux deux.
Elle a beaucoup *d'amis*.	Elle *en* a beaucoup.
Nous avons un peu *d'argent*.	Nous *en* avons un peu.

3. *En* also replaces all other phrases introduced by *de* referring to a thing.

Il vient *de Rome*.	Il *en* vient.
Il est fier *de son travail*.	Il *en* est fier.
Il parle trop *de son travail*.	Il *en* parle trop.
Il n'a pas besoin *de ton aide*.	Il n'*en* a pas besoin.

4. Note, however, that when the preposition *de* is followed by a person, stress pronouns are used, not *en*.

Elle parle *de son travail*.	Elle *en* parle.
Elle parle *de sa fille*.	Elle parle *d'elle*.
Elle est fière *de son travail*.	Elle *en* est fière.
Elle est fière *de sa fille*.	Elle est fière *d'elle*.

5. Also note that in cases in English when "some" or "any" is not used, *en* must be used in French.

Tu as des œufs?	*Do you have any eggs?*
Oui, j'en ai.	*Yes, I do.*

6. Like the other object pronouns, the pronoun *en* comes directly before the verb to which its meaning is tied.

Elle vend *des timbres*.	Elle *en* vend.
Elle ne vend pas *de timbres*.	Elle n'*en* vend pas.
Elle a vendu *des timbres*.	Elle *en* a vendu.
Elle n'a pas vendu *de timbres*.	Elle n'*en* a pas vendu.
Elle va vendre *des timbres*.	Elle va *en* vendre.
Elle ne va pas vendre *de timbres*.	Elle ne va pas *en* vendre.

7. When there are several object pronouns in a sentence, *en* always comes last.

Elle a vendu *des timbres à ses amis*.	Elle *leur en* a vendu.
Elle *m'*a donné *de l'argent*.	Elle *m'en* a donné.

Exercices

A **Oui ou non?** Répondez en utilisant *en*.

1. Il y a du pain?
2. Il y a des carottes?
3. Il y a du lait?
4. Il y a du vin?
5. Tu as acheté de la viande?
6. Tu as mis du beurre dans les carottes?

B **Les courses.** Répondez en utilisant *en*.

1. Tu as assez d'argent?
2. Tu vas acheter deux bouteilles d'eau minérale?
3. Tu peux manger deux côtelettes?
4. On a besoin d'un kilo de tomates?
5. On a besoin de plus d'un litre de lait?
6. Tu veux plusieurs oranges?

C **Angoisses.** Refaites les phrases en utilisant *en*.

1. Elle ne parle jamais de son travail.
2. Elle n'est pas fière de son travail.
3. Elle a besoin de son travail.
4. Il parle de ses difficultés.
5. Il a peur des conséquences de son acte.

D **La famille.** Répondez avec des pronoms.

1. Il parle quelquefois de son fils?
2. Il a besoin de son aide?
3. Elle est fière de son fils?
4. Elle est fière de sa fille?
5. Elle est fière de ses enfants?
6. Elle est contente de leur succès?

E **L'argent!** Complétez la conversation.

—Tu as parlé à ton père de tes problèmes financiers?
—Oui, je ___ ___ ai parlé.
—Et alors? Il t'a donné de l'argent?
—Oui, il ___ ___ a donné.
—Il ___ ___ a donné beaucoup?

—Ouais. Il ___ ___ a donné assez pour l'instant.
—J'espère que tu ne vas pas ___ emprunter à tes copains.
—Ne t'en fais pas! Je ne ___ ___ demanderai certainement pas.

Les pronoms relatifs *qui* et *que*   *Making Complex Sentences*

1. A relative pronoun introduces a clause that modifies a noun. The relative pronoun *qui* functions as the subject of the clause and may refer to either a person or a thing.

> **La jeune fille *qui* vient d'entrer est la femme de mon frère.**
> **L'alliance *qui* est à son doigt est très belle.**

2. The relative pronoun *que* (*qu'*) functions as the direct object of the clause. Like *qui*, *que* may refer to either a person or a thing.

> **Le garçon *que* nous avons vu hier est le mari de Marie.**
> **L'alliance *qu'*il lui a donnée est très belle.**

Note that if a relative clause introduced by *que* is in the *passé composé*, the past participle agrees with the noun represented by *que* which is a preceding direct object.

3. When there is no definite antecedent, *ce qui* and *ce que* are used.

> **Dites-moi *ce qui* s'est passé.**
> **Je n'ai pas compris *ce qu'*il a dit.**

Exercices

A **Un bon livre.** Complétez avec *qui* ou *que*.

1. La fille ___ parle maintenant est très intéressante.
2. Oui, et le discours ___ elle donne est très intéressant.
3. Tu as lu le livre ___ elle a écrit?
4. Oui, c'est le livre ___ Maman vient de m'acheter.
5. C'est un livre ___ va se vendre comme des petits pains!
6. Oui, c'est un premier livre ___ va avoir un succès fou.

B **Voyage.** Combinez les deux phrases en une seule en utilisant *qui* ou *que*.

1. Alain est un homme. Il aime voyager.
2. Il a fait des voyages. Il aime les décrire à ses amis.
3. Il a fait des tas de photos. Il les a prises pendant ses voyages.
4. Il a des amis. Ils habitent à Carthage.
5. Carthage est un très joli village. Carthage se trouve près de Tunis.
6. Ses amis ont une très belle villa. Elle donne sur la mer.
7. Alain va visiter les célèbres ruines romaines. Elle datent des guerres puniques.
8. Il va aussi visiter le cimetière américain. Le cimetière se trouve à Carthage.

Carthage: les ruines romaines

C **Confusion.** Complétez avec *ce qui* ou *ce que*.

1. Je ne comprends pas ___ tu dis.
2. Tu ne comprends pas ___ je dis parce que tu ne sais pas ___ est arrivé.
3. C'est vrai. Dis-moi ___ est arrivé.
4. Tu ne sais pas ___ Michèle a écrit dans sa lettre?
5. Non, mais je vais bientôt savoir ___ elle a écrit.

Le pronom relatif *dont*   *Expressing "Of Which" and "Whose"*

1. You have already seen that the relative pronouns *qui* and *que* are used to join two sentences. *Qui* replaces the subject of the relative clause and *que* replaces the direct object of the clause. The relative pronoun *dont* is also used to join two sentences. *Dont* replaces the preposition *de* and its object in the relative clause.

> Il parle à une femme. *Elle* travaille avec lui.
> Il parle à une femme *qui* travaille avec lui.
>
> Elle va manger dans un restaurant. Il a recommandé *ce restaurant*.
> Elle va manger dans un restaurant *qu*'il a recommandé.
>
> Il a fait un voyage. Il parle souvent *de son voyage*.
> Il a fait un voyage *dont* il parle souvent.
>
> Les femmes sont sans abri. Elle s'occupe *de ces femmes*.
> Les femmes *dont* elle s'occupe sont sans abri.

2. The following is a list of verbs and verbal expressions which take *de: parler de, s'occuper de, se souvenir de, avoir envie de, avoir besoin de, être content(e) de, avoir peur de.*

3. *Dont* is also the equivalent of "whose," "of whom," and "of which" in English.

> Il a épousé une fille. Les parents *de cette fille* sont très riches.
> Il a épousé une fille *dont* les parents sont très riches.
>
> Il a épousé une fille. Je connais les parents *de cette fille*.
> Il a épousé une fille *dont* je connais les parents.

Note the placement of *les parents* in the above example. It is the direct object of the verb *connaître*, and contrary to English usage, it remains after the verb.

Exercices

A **Le vieil homme.** Combinez les deux phrases en une seule.

1. Voilà le vieil homme. Je t'ai déjà parlé de ce vieil homme.
2. Il a un bon travail. Il est content de ce travail.
3. Il a une petite maison. Il s'occupe bien de cette maison.
4. Va lui porter ce livre. Il a besoin de ce livre.
5. C'est un homme très gentil. Tu ne devrais pas avoir peur de cet homme.

B **Familles.** Combinez les deux phrases en une seule.

1. Elle est fiancée à un garçon. Je connais la sœur de ce garçon.
2. Il a rencontré une fille. Le nom de cette fille est Marie.
3. Ce garçon est célèbre. J'ai oublié le nom de ce garçon.
4. C'est une femme remarquable. Il reconnaît son importance.
5. Je sors avec une fille. Le père de cette fille travaille avec mon père.

C **Les sans-abri.** Complétez avec *qui, que* ou *dont*.

Partout dans le monde il y a des sans-abri, des gens _____ n'ont pas de maison
et _____ dorment dans les stations de métro ou dans les parcs. Ce sont les gens _____
on a l'habitude de voir sur les trottoirs des grandes villes avec des panneaux en
carton _____ disent: «J'ai faim» ou «Au chômage, je cherche du travail». Il y en a
d'autres _____ mendient dans les couloirs des stations de métro en jouant de la
musique. Ces gens, _____ personne ne s'occupe vraiment, sont souvent des gens
comme vous et moi mais _____ n'ont pas eu de chance et _____ la société a un peu
peur. Il faut faire quelque chose pour aider ces gens à obtenir ce _____ ils ont besoin.

JOURNALISME

LES GRANDES OCCASIONS

INTRODUCTION

De nombreux journaux ont un carnet du jour où l'on annonce les événements de la vie. On envoie au journal les faire-part (les annonces) de naissance, de fiançailles, de mariage, de décès et les amis ainsi informés envoient leurs félicitations ou leurs condoléances. Dans le carnet du jour, on trouve aussi des communications diverses.

VOCABULAIRE

les fiançailles

la naissance

D'abord, ils se fiancent.
Ensuite, ils se marient.
Le mariage aura lieu dans un an.

Leur bébé est né la semaine dernière.

les obsèques, l'enterrement

décéder   mourir

Exercices

A   **Votre famille.**   Répondez personnellement.

1. Quelle est votre date de naissance?
2. Quel est le nom de jeune fille de votre mère?
3. Êtes-vous déjà allé(e) à un mariage? Racontez.
4. Qui s'occupe des obsèques dans votre ville?

B   **Marie et Jean.**   Complétez.

Marie, qui est ___ en 1970, et Jean, qui est ___ en 1968, sont amoureux l'un de
          1   2
l'autre. Ils vont bientôt ___ , et ensuite, ils vont ___ . Les annonces des ___ et
                         3   4   5
du ___ vont paraître dans le journal local.
     6

Trois ans plus tard, ils célèbrent ___ d'un garçon. Malheureusement, les ___ de
                                   7   8
la grand-mère de Marie ont lieu quand le bébé a un mois seulement.

le carnet du jour

naissances

M. Marc BABOIN-JAUBERT et Mme, née

Alix d'Archimbaud, Inès ont la joie d'annoncer la naissance de

Laetitia

Lyon, le 12 décembre 1992.

M. et Mme Jean-Jacques HANAPPIER

ont la grande joie de vous annoncer la naissance de leurs septième, huitième et neuvième petits-enfants,

Louis
à Lyon, le 22 février 1992, chez

Jérôme et Marie HANAPPIER

Margaux
à Paris, le 3 mai 1992, chez
Bertrand et Sophie PEYRELONGUE

Nicolas
à Paris, le 11 décembre 1992, chez
Vincent et Muriel HANAPPIER

adoptions

M. Olivier de DREUZY et Mme, née

Pascaline Peugeot, ont la joie d'annoncer l'arrivée de

Clémence

née à Paris, le 8 septembre 1992.

fiançailles

M. Joël CHANTECAIL et Mme, née
Elisabeth Corre,

M. Jean-Claude BREMME et Mme, née Claude Helm,
ont le plaisir d'annoncer les fiançailles de leurs enfants

Béatrix et François

Montesson. Paris.

M. et Mme Jean-Jacques CHATEAU
M. et Mme François TARD

ont la joie d'annoncer les fiançailles de leurs enfants

Sibylle et Frédéric

M. Philippe CREMER et Mme, née Céline Monod,
M. Jean-Pierre GAUME
Mme Erlgard von UNOLD-GAUME

sont heureux d'annoncer les fiançailles de leurs enfants

Luce et Eric

signatures

Francesca-Yvonne CAROUTCH

signera

«Le Livre de la Licorne»
et
«Demeures du souffle»

à la
Galerie EOLIA
Françoise FRANCISCI

le lundi 21 décembre 1992, de 18 h 30 à 20 h 30, 10, rue de Seine, Paris (6e).

mariages

M. et Mme Patrick BOMMART

sont heureux de vous faire part du mariage de leur fils

Thierry
avec
Tereza GOUVÉAS

qui sera célébré à Ribeirao Preto (Brésil), le samedi 26 décembre 1992.

Véronique DELAUNEY
et
Philippe DELAERE

sont heureux de vous faire part de leur mariage, célébré dans l'intimité, le 12 décembre 1992.

communications diverses

M., Mme Jacques VERNE

anciens élèves de l'École nationale d'Administration

rappellent à leurs amis qu'ils vivent une agréable retraite[1], sans souci de santé[2].

Résidence Cap-Cabourg, Esc.P, 14390 Cabourg.

remerciements

Dominique BAGOUET

nous a quittés le 9 décembre. Ses parents, sa famille, ses amis, la compagnie Bagouet, centre chorégraphique national de Montpellier Languedoc-Roussillon, remercient tous ceux qui, par leurs divers témoignages, ont manifesté leur soutien[3] et leur amitié.

deuils[4]

Mme Catherine Ferri, ses enfants et petits-enfants, M. et Mme Jacques Bossu et leurs enfants, M. et Mme Christian Pernet et leurs enfants, Mlle Anna Guénegou ont la tristesse de vous faire part du décès de

Mme Roland PERNET

née Janine Favre, survenu le 16 octobre 1992.

Ses obsèques seront célébrées en la chapelle de l'Est, au cimetière du Père-Lachaise, à Paris (20e), le mercredi 21 octobre 1992, à 14 heures.

7, rue Jean-Baptiste-Charcot, 92400 Courbevoie.

La Fondation de France
L'Action Musicale
Pierre Wissmer

font part du décès de

Pierre WISSMER

compositeur de musique, survenu le 3 novembre 1992, à Valcros (Var).

Ils rendent hommage à

Marie Anne WISSMER

décédée le 1er mai 1990, qui fut un ardent défenseur de la musique contemporaine française.

Un concert commémoratif sera annoncé par voie de presse.

9, square de Mondovy, Résidence Rivoli, 78150 Le Chesnay.

---

[1] **retraite** *retirement*

[2] **sans souci de santé** *free from health worries*

[3] **soutien** *support*

[4] **deuils** *deaths, losses*

Compréhension

A **Familles.** Répondez d'après le texte.

1. Comment s'appellent les grands-parents de Laetitia?
2. Combien de petits-enfants ont M. et Mme Jean-Jacques Hanappier?
3. Donnez les prénoms de trois des enfants de M. et Mme Jean-Jacques Hanappier.
4. Qui annonce le mariage de Véronique Delauney et Philippe Delaere?
5. D'après vous, que faisait Dominique Bagouet?

B **Traditions.** Commentez.

1. Que pensez-vous de l'idée d'annoncer une adoption?
2. À votre avis, pourquoi est-ce que M. et Mme Jacques Verne ont mis une annonce dans «Communications Diverses»?
3. Qui était Pierre Wissmer? Sa femme est-elle encore en vie?
4. Comment savez-vous qu'elle s'intéressait à la musique?
5. Comment va-t-on leur rendre hommage? Qu'en pensez-vous?

Activités

A **Vos parents.** Écrivez le faire-part (l'annonce) des fiançailles ou du mariage de vos parents.

B **Comparaisons.** Demandez aux élèves de «Journalisme» de vous aider à analyser les différences de style entre les annonces dans le carnet du jour français (page 286) et le même genre d'annonces dans votre journal local. Ensuite, choisissez une annonce dans votre journal et récrivez-la pour un journal français.

Paris: le cimetière du Père-Lachaise

ENTRETIEN AVEC L'ABBÉ PIERRE

INTRODUCTION

L'abbé Pierre est un prêtre qui a dédié sa vie aux pauvres, aux sans-abri (ceux qui n'ont pas de domicile), aux démunis[1] de ce monde. Toute sa vie, il a combattu la misère et le malheur. L'abbé Pierre est une grande figure, symbole de solidarité et de générosité. Il est, avec le commandant Cousteau, la personnalité préférée des Français, jeunes et adultes de même.

VOCABULAIRE

une étoile ★

Un mendiant mendie.

---

[1] **démunis**   *poor, underprivileged*

se crever beaucoup se fatiguer
être matraqué(e) recevoir beaucoup de
    coups
laisser une empreinte laisser une impression
réjouir quelqu'un le rendre heureux
une sinistrose un pessimisme
    excessif

aisé qui a de l'argent
dépassé plus à la mode

une entreprise

Société I.P.A.

un homme d'affaires

Exercices

A **Familles de mots.** Choisissez le mot
qui correspond.

1. des démunis _g_
2. un mendiant _e_
3. un emploi _g_ . _a_
4. une entreprise _f_
5. une matraque _d_
6. un combat _b_
7. une étoile _c_

  a. employer
  b. combattre
  c. étoilé
  d. matraquer
  e. mendier
  f. entreprendre
  g. démunir

B **Définitions.** De quel mot s'agit-il?

1. une société qui vend ou produit quelque chose
2. un homme qui travaille pour une société
3. une personne qui n'a pas de domicile
4. un pessimisme excessif
5. une personne qui demande de l'argent aux
   autres dans la rue
6. le malheur
7. point brillant dans le ciel, la nuit
8. laisser une impression

C **Contraires.** Donnez le contraire des mots suivants.

1. le bonheur
2. aisé
3. rendre triste
4. ne pas se fatiguer
5. à la mode
6. l'égoïsme

LE POINT DE VUE DE L'ABBÉ PIERRE

« et les autres? »

Phosphore: Toute votre vie a été un combat pour soulager[1] la misère, être auprès des plus démunis. Qu'est-ce qui a guidé votre action?

L'abbé Pierre

Abbé Pierre: On peut donner deux directions à sa vie. Choisir de s'occuper de soi, de son confort, de sa réussite. Ou à l'inverse, se dire constamment: «Et les autres?», ne pas supporter d'être heureux sans les autres et savoir que ce bonheur-là est illusoire. Comment prend-on cette deuxième voie? En ce qui me concerne, cela remonte à mon enfance. Mon père était un homme d'affaires aisé qui, le dimanche matin, à l'insu de[2] tous, de moi en premier, devenait le coiffeur des pouilleux[3]. Un matin, quand j'avais 12 ans, il m'emmena avec lui. Dans une salle sordide, au milieu d'une trentaine de mendiants, je vis mon père qui les épouillait[4]. Ce fut le choc. Pour le croyant que je suis, cela s'appelle la grâce.

Une fois qu'une vie a pris une direction, reste le pilotage au jour le jour pour ne pas perdre le cap[5]. Mes sept années de noviciat, avant de devenir prêtre, ont été décisives. Elles furent très dures. Chaque nuit, nous étions réveillés et nous devions pendant deux heures nous consacrer à l'adoration. Cela a laissé en moi une empreinte, comme une seconde nature me poussant vers l'adoration. Comment la définir? Comme un éblouissement[6] supportable, un éblouissement devant la beauté des gens et des choses. C'est là aussi que j'ai trouvé la force de me reposer la question en permanence: «Et les autres?»

[1] **soulager** *relieve*
[2] **à l'insu de** *unbeknownst to*
[3] **pouilleux** *lice-ridden*
[4] **épouillait** *was delousing*
[5] **reste le pilotage… pour ne pas perdre le cap** *daily steering will keep it from straying from its course*
[6] **éblouissement** *bedazzlement*

La générosité n'arrive pas en tête des valeurs dans notre sondage. Le monde serait-il plus égoïste que jamais?

Nous sommes matraqués par les catastrophes, les famines, les guerres. Les télés, les journaux nous font vivre dans une sinistrose épouvantable[7]. Et l'on se sent impuissant[8]. Mais je ne crois pas qu'on soit moins généreux qu'autrefois[9]. Regardez la Somalie! Dès qu'on propose aux jeunes une action concrète, ils sont d'accord pour se mobiliser.

Mais il faut aussi se battre[10] contre les causes de la misère. Et ça, c'est un combat politique. Les jeunes doivent s'intéresser à la politique, s'informer, faire l'effort de comprendre les données politiques, économiques, sociales de chaque problème. Ils doivent s'engager, que ce soit dans des associations, syndicats, partis ou autre structure nouvelle.

Mais je remarque que dans votre sondage, l'honnêteté est très bien placée. Et cela me réjouit. L'homme honnête, c'est le réaliste qui refuse de rêver. Ce n'est pas celui qui exige un égalitarisme absolu. C'est celui qui, là où il est, fait bien ce qu'il a à faire. C'est l'industriel qui se crève pour trouver des commandes et maintenir l'emploi dans son entreprise. C'est la mère de famille qui, avec les moyens qu'elle a, élève bien ses enfants.

Paris: des sans-abri dans une tente de fortune

Vous qui avez été un résistant pendant la guerre de 1939–1945, qu'avez-vous à dire à ceux qui pensent que la patrie, le civisme, c'est dépassé?

C'est bien normal que la jeunesse ne vibre pas pour des valeurs comme le patriotisme. La patrie n'est pas menacée.

Les jeunes ont bien compris que les problèmes sont de plus en plus planétaires, qu'on est dépendant les uns des autres pour nos matières premières, nos exportations, notre environnement.

Que vous inspire le désordre, voire[11] le chaos, du monde actuel? Peut-on encore être optimiste?

Nous sommes une génération droguée d'informations, condamnée à tout savoir du malheur des autres. Mais je ne crois pas que cela soit pire qu'avant. Je lisais récemment un récit des temps mérovingiens*. Eh bien, c'était une époque horrible!

Étalé en permanence sous nos yeux, le malheur prend le pas sur[12] la beauté, sur la bonté[13]. Nous devons savoir regarder ce qui est beau. Je salue le père de famille qui réveille son petit garçon pour lui faire admirer la beauté d'un ciel étoilé.

---

[7] **épouvantable**   *terrible, dreadful*
[8] **impuissant**   *powerless*
[9] **autrefois**   *in the past*
[10] **se battre**   *fight*

[11] **voire**   *even*
[12] **prend le pas sur**   *overshadows*
[13] **bonté**   *goodness*

* **mérovingiens**   *referring to the Merovingian dynasty who ruled Gaul (ancient name for France) from 511 to 751*

Compréhension

A Décisions. Répondez d'après le texte.

1. Quelles deux directions peut-on donner à sa vie?
2. Quand l'abbé Pierre a-t-il choisi sa voie?
3. Quelle était la profession de son père?
4. Que faisait-il le dimanche matin?
5. Comment l'abbé Pierre voit-il les gens et les choses?
6. D'après l'abbé Pierre sommes-nous moins généreux maintenant qu'avant?
7. Pour l'abbé Pierre, l'homme honnête, c'est «celui qui, là où il est, fait bien ce qu'il a à faire». Quels exemples donne-t-il?
8. Pourquoi les jeunes pensent-ils que la patrie, le civisme, c'est dépassé?
9. Le monde est-il plus chaotique qu'avant?
10. Que devons-nous faire pour faire face au malheur?

B L'abbé Pierre.

1. D'après l'abbé Pierre, quel est le problème créé par les médias? Êtes-vous d'accord? Y en a-t-il d'autres à votre avis? Expliquez-les.
2. D'après cet entretien, écrivez un paragraphe qui résume la philosophie de l'abbé Pierre.

Activités

A L'aide humanitaire. Avec vos camarades, vous allez créer une organisation humanitaire. Choisissez d'abord une spécialité, puis élisez un(e) président(e), un(e) trésorier(ère), un(e) responsable du marketing, de la collecte des fonds, etc. Établissez un plan d'action et chacun fera un rapport à la classe sur ses fonctions et ses activités.

B Personnalité. Choisissez une personnalité, américaine ou autre, qui tout comme l'abbé Pierre, a passé sa vie à soulager la misère des autres. Faites un rapport sur sa vie.

C Débats.

1. L'abbé Pierre dit que «les jeunes doivent s'intéresser à la politique, s'informer, faire l'effort de comprendre les données politiques, économiques, sociales de chaque problème». Quelles sont ses raisons, et êtes-vous d'accord avec lui?
2. Pour l'abbé Pierre, l'homme honnête est «celui qui, là où il est, fait bien ce qu'il a à faire». Donnez vos propres exemples.
3. Que répondriez-vous à la dernière question de l'entretien: «Que vous inspire le désordre, voire le chaos, du monde actuel? Peut-on encore être optimiste?»

D Que faites-vous? Y a-t-il des clubs dans votre école ou votre église qui s'occupent des problèmes sociaux de votre ville? Faites-vous partie d'un de ces clubs? Décrivez ce que vous faites pour aider les autres.

STRUCTURE II

Les prépositions avec les pronoms relatifs

Making Complex Sentences

1. *Lequel, laquelle, lesquels,* and *lesquelles* are relative pronouns used to join two sentences. They follow prepositions and refer to things.

> C'est une voiture. Je suis parti en vacances *avec cette voiture.*
> C'est la voiture *avec laquelle* je suis parti en vacances.

> C'est un travail. J'ai beaucoup à faire *pour ce travail.*
> C'est un travail *pour lequel* j'ai beaucoup à faire.

2. The following contractions occur when *lequel* follows *à* and *de.*

à + lequel = auquel	à + lesquels = auxquels
à + laquelle = à laquelle	à + lesquelles = auxquelles

de + lequel = duquel	de + lesquels = desquels
de + laquelle = de laquelle	de + lesquelles = desquelles

> C'est un bureau. Je me suis adressé *à ce bureau.*
> C'est le bureau *auquel* je me suis adressé.

> C'est un parc. Il habite *près de ce parc.*
> C'est le parc près *duquel* il habite.

Note that *lequel, lesquels,* and *lesquelles* are only contracted with the preposition *de* when *de* is part of a longer prepositional phrase (*à côté de, en face de,* etc.). Otherwise, *dont* is used. Study the following examples.

> DONT
> Je t'ai parlé *d'un travail.*   C'est le travail *dont* je t'ai parlé.

> LEQUEL
> J'habite *à côté de ces magasins.*   Ce sont les magasins *à côté desquels* j'habite.

3. Note that when referring to a place or time, *où* is frequently used.

> J'habite dans une ville.   C'est la ville *où* j'habite.
> Il est parti cette année-là.   C'est l'année *où* il est parti.

4. After a preposition other than *de*, *lequel* is generally used only to refer to things. *Qui* is used to refer to people. Study the following chart.

	PEOPLE	THINGS
DE + NOUN	dont	dont
OTHER PREP. + NOUN	(avec) qui	(avec) lequel, laquelle (avec) lesquels, lesquelles
à + noun	à qui	auquel, à laquelle auxquels, auxquelles
(près) de + noun	(près) de qui	(près) duquel, de laquelle (près) desquels, desquelles
LOCATION chez (dans, sur, à)	chez qui	où
TIME		où

Exercices

A **Mon ami.** Complétez.

1. C'est une personne ___ j'aime bien.
2. C'est une personne avec ___ je parle souvent.
3. C'est une personne pour ___ je travaille.
4. C'est une personne ___ je t'ai souvent parlé.
5. C'est une personne à côté de ___ j'habite.
6. C'est une personne chez ___ je déjeune souvent.

B **Mon travail.** Complétez.

1. C'est un travail ___ j'aime assez.
2. C'est un travail ___ je pense beaucoup.
3. C'est un travail sans ___ je ne peux pas vivre.
4. C'est un travail ___ j'ai besoin.

C **Souvenirs.** Complétez.

1. C'est l'année ___ je suis parti.
2. C'est la raison pour ___ je suis parti.
3. Ce sont des moments ___ je pense souvent.
4. C'est une personne ___ je me souviens très bien.
5. Ce sont des gens pour ___ je ferais tout.

D **Jeu.** Faites des phrases selon le modèle.

la France
La France, c'est un pays où on mange bien.

1. les États-Unis
2. les professeurs
3. les élèves
4. les parents
5. les sports
6. les copains

Le subjonctif avec des expressions de doute

Expressing Uncertainty and Doubt

1. The subjunctive is used after any expression that implies doubt or uncertainty since it is not known whether the action will take place or not.

   Je doute qu'il vienne demain.
   Je ne crois pas qu'ils aient le temps de venir.

2. If the statement implies certainty rather than doubt, the indicative, not the subjunctive, is used.

   Je crois qu'ils viendront demain.
   Je suis sûr qu'ils n'ont pas le temps de lire ça.

3. Below is a list of common expressions of doubt and certainty.

SUBJUNCTIVE	INDICATIVE
douter que	ne pas douter que
ne pas être sûr(e) que	être sûr(e) que
ne pas être certain(e) que	être certain(e) que
ne pas croire que	croire que
ne pas penser que	penser que
il n'est pas sûr que	il est sûr que
il n'est pas certain que	il est certain que
il n'est pas probable que	il est probable que
il n'est pas évident que	il est évident que
ça m'étonnerait que	

Exercices

A **Luc sait tout.** Répondez selon le modèle.

> **Luc croit que Marie réussira à l'examen.**
> *Moi, je doute qu'elle réussisse à l'examen.*

1. Luc croit qu'elle sait toutes les réponses.
2. Il croit qu'ils nous donneront les résultats tout de suite.
3. Il croit que Marie aura les résultats demain.
4. Luc croit que tout le monde sera d'accord avec lui.

B **Pas d'accord.** Répondez en utilisant la forme négative du verbe en italique. Faites les changements nécessaires.

1. Je *doute* qu'il vienne.
2. Je *suis certain* qu'il le saura.
3. Je *crois* qu'il sera d'accord avec nous.
4. Je *suis sûre* qu'elle voudra y participer.
5. Il *est évident* que ce projet l'intéresse beaucoup.

Le plus-que-parfait

Talking About a Past Action that Occurred Before Another Past Action

1. The *plus-que-parfait* is formed by using the imperfect tense of either *avoir* or *être* and the past participle.

INFINITIF	PARLER	ARRIVER	SE COUCHER
PLUS-QUE-PARFAIT	j' avais parlé tu avais parlé il avait parlé elle avait parlé on avait parlé nous avions parlé vous aviez parlé ils avaient parlé elles avaient parlé	j' étais arrivé(e) tu étais arrivé(e) il était arrivé elle était arrivée on était arrivé nous étions arrivé(e)s vous étiez arrivé(e)(s) ils étaient arrivés elles étaient arrivées	je m'étais couché(e) tu t'étais couché(e) il s'était couché elle s'était couchée on s'était couché nous nous étions couché(e)s vous vous étiez couché(e)(s) ils s'étaient couchés elles s'étaient couchées

2. The *plus-que-parfait* describes a past action that occurred before another past action in the *passé composé* or imperfect.

> **Ils *étaient* déjà *partis* quand je *suis* arrivé.**
> *They had already left when I arrived.*
>
> **Sa mère ne *savait* pas qu'il s'*était* marié.**
> *His mother didn't know that he had gotten married.*

3. The rules of agreement for the past participle in the *plus-que-parfait* are the same as those for the past participle in the *passé composé*.

> **La vaisselle? Elle l'avait déjà faite quand je me suis proposé.**

Exercices

A **Avant et après.** Formez une phrase d'après le modèle.

> **Ils sont partis avant. Je suis arrivé après.**
> *Ils étaient déjà partis quand je suis arrivé.*

1. Ils sont arrivés avant. Je suis arrivé après.
2. Ils sont rentrés avant. Je suis rentré après.
3. Ils l'ont vu avant. Je l'ai vu après.
4. Ils lui ont parlé avant. Je lui ai parlé après.
5. Ils l'ont fait avant. Je l'ai fait après.
6. Ils ont fini avant. J'ai fini après.

B **L'inverse.** Dites l'inverse de ce que vous avez dit précédemment dans l'Exercice A.

> **Je suis parti avant. Ils sont arrivés après.**
> *J'étais déjà parti quand ils sont arrivés.*

C **C'est fait.** Faites des phrases d'après le modèle.

> **faire le ménage**
> *Ils avaient déjà fait le ménage quand je suis arrivé.*

> **se marier**
> *Je ne savais pas que tu t'étais marié.*

1. déménager
2. partir en vacances
3. faire la vaisselle
4. finir de manger
5. se coucher
6. se lever
7. commencer son cours

Le nettoyage municipal à Paris

LITTÉRATURE

La Mauvaise Réputation

Georges Brassens

Avant la lecture

Anticonformiste: qui s'oppose au conformisme, dit le dictionnaire. *Conformisme: fait de se conformer aux normes et aux usages.* En français, le terme a souvent un sens péjoratif; il implique une attitude passive qui accepte tout sans poser de questions. Qu'est-ce que le conformisme pour vous?

Georges Brassens

Vocabulaire

sonner le clairon

marcher au pas

croiser quelqu'un   un voleur   lancer la patte

un aveugle   une personne qui ne peut pas voir
un cul-de-jatte   une personne qui n'a pas de jambes
un manchot   une personne à qui il manque un bras ou les deux
un sourd-muet   une personne qui ne peut ni entendre ni parler

ça va de soi   c'est évident
cela ne me regarde pas   ce n'est pas mon affaire
sauf   excepté

Exercices

A   Définitions. De quel mot s'agit-il?

1. quelqu'un qui n'a pas de bras
2. quelqu'un qui n'a pas de jambes
3. quelqu'un qui ne voit pas
4. quelqu'un qui n'entend pas
5. quelqu'un qui ne peut pas parler
6. quelqu'un qui prend la propriété des autres
7. faire tomber quelqu'un

B   Au village. Complétez.

1. Le 14 juillet, c'est la ___ nationale.
2. Les soldats marchent ___.
3. Le clairon ___.
4. La fanfare joue de la ___.
5. Tout le monde était là ___ Mélanie qui était malade.
6. Moi, je ne veux pas le savoir. Ça ne me ___ pas!
7. Mais mon pauvre ami, c'est évident! Ça va ___!
8. J'ai ___ des tas de gens que je connaissais dans la rue.

INTRODUCTION

La chanson française a une longue tradition de popularité et de diversité. Les chansons françaises sont célèbres dans le monde entier. *La Mer* de Charles Trenet (*Somewhere beyond the Sea*) et *Les Feuilles mortes* de Jacques Prévert (*Autumn Leaves*) sont célèbres dans le monde entier. Dans des genres différents, de nombreux chanteurs deviennent célèbres. Certains le restent quelques années, d'autres s'imposent au-delà des modes passagères et dominent la chanson française. Parmi eux, Georges Brassens et Jacques Brel, tous deux disparus, dominent toujours la chanson française de l'après-guerre. La chanson qui suit est de Georges Brassens. Georges Brassens, (1921–1981) est un auteur, compositeur et interprète de chansons françaises. Ses chansons sont écrites dans un style très simple et parlent de l'amitié, l'amour, les copains et la mort. Il s'accompagnait simplement à la guitare (sans amplificateur) et chantait l'anticonformisme avec sensibilité.

LECTURE

La Mauvaise Réputation

1. Au village sans prétention
   J'ai mauvaise réputation
   Qu'je m'démène ou qu'je reste coi°
   Je pass' pour un je-ne-sais-quoi
   Je ne fais pourtant de tort° à personne
   En suivant mon ch'min de petit bonhomme°

   Refrain:

   Mais les brav's gens° n'aiment pas que
   L'on suive une autre route qu'eux
   Non les brav's gens n'aiment pas que
   L'on suive une autre route qu'eux

   Tout le monde médit° de moi
   Sauf les muets, ça va de soi!

Qu'je m'démène ou qu'je reste coi   *whether I try or do nothing*

fais... de tort   *harm*

En suivant mon ch'min de petit bonhomme   *carrying on in my own sweet way*

les brav's gens   *decent people*

médit   *badmouths*

2. Le jour du 14 juillet
   Je reste dans mon lit douillet°   douillet   *cozy*
   La musique qui marche au pas
   Cela ne me regarde pas
   Je ne fais pourtant de tort à personne
   En n'écoutant pas le clairon qui sonne

   (Refrain)

   Tout le monde me montre du doigt
   Sauf les manchots, ça va de soi.

3. Quand j'croise un voleur malchanceux°   malchanceux   *unlucky*
   Poursuivi par un cul-terreux°   cul-terreux   *peasant (derog.), yokel*
   J'lanc' la patte et, pourquoi le taire°   le taire   *keep (it) quiet*
   Le cul-terreux se r'trouv' par terre
   Je ne fais pourtant de tort à personne
   En laissant courir les voleurs de pommes

   (Refrain)

   Tout le monde se rue sur° moi   se rue sur moi   *pounces on me*
   Sauf les culs-de-jatte, ça va de soi.

4. Pas besoin d'être Jérémie*
   Pour d'viner l'sort° qui m'est promis   d'viner l'sort   *guess the fate*
   S'ils trouv'nt une corde à leur goût°   à leur goût   *that suits them*
   Ils me la passeront au cou°   cou   *neck*
   Je ne fais pourtant de tort à personne
   En suivant les ch'mins qui n'mènent pas à Rome

   (Refrain)

   Tout l'mond' viendra me voir pendu°   pendu   *hanged*
   Sauf les aveugles, bien entendu!

---

* *Jérémie est un prophète juif.*

Georges BRASSENS,
«La Mauvaise Réputation»,
Poèmes et Chansons,
© Éditions du SEUIL, 1993

LA MAUVAISE RÉPUTATION

1. Au vil - lage sans pré - ten - tion J'ai mau - vaise rép - u - ta - tion
Qu'je m'dé - mène ou que je reste coi

Je pass' pour un je - ne - sais - quoi

Je ne fais pour-
tant de tort à per - son - ne
ch'min de pe - tit
En suiv - ant mon
bon - hom - me

Mais les brav's gens n'aim - ent pas que L'on suive une au - tre rou - te

qu'eux   Non   qu'eux.
Tout le mon - de mé - dit de

301

Compréhension

A **Quoi qu'il fasse.** Répondez d'après le texte.

1. Dans la première strophe (*stanza*), de quoi l'auteur se plaint-il?
2. Que fait-il le jour du 14 juillet? Est-ce très patriotique?
3. Qui aide-t-il dans la troisième strophe?
4. Quelle est la réaction des villageois?
5. D'après l'auteur, quel pourrait bien être son sort?

B **Ironie.** Relevez dans le texte tout ce qui indique que les «brav's gens» ne sont pas si braves que ça.

C **Humour.** Relevez dans le texte les expressions ou situations amusantes. Quelles sont celles qui vous amusent le plus? Pourquoi?

Activités

A **La Réputation.** Donnez un titre à chaque strophe, et racontez ce qui se passe à la troisième personne.

B **Plaidoirie.** Prenez la défense de l'auteur et essayez de redresser (*rectify*) le tort qu'on lui a fait.

C **Pour ou contre le conformisme.** Dans quel(s) cas doit-on être conformiste, dans quel(s) cas doit-on ne pas l'être? Donnez des exemples concrets. Discutez vos exemples avec vos camarades.

Lettres persanes

Montesquieu

Avant la lecture

Réfléchissez à la façon dont vous vous habillez. Est-ce que vous vous habillez pour être à l'aise, pour être agréable à regarder, pour choquer? Il est sûr qu'à tort ou à raison, on juge les autres sur les apparences. À votre avis, comment les autres vous voient-ils quand ils vous rencontrent pour la première fois?

Vocabulaire

un arc-en-ciel

des lorgnettes

endosser   mettre

des habits   des vêtements

affreux   horrible

un tailleur

une cheminée

Exercice

M. Berne. Complétez.

1. M. Berne fait des habits. C'est un ___.
2. Il regarde la pendule *(clock)* sur la ___.
3. Le soleil a immédiatement suivi la pluie. Maintenant il y a un bel ___.
4. M. Berne prend ses ___ parce qu'il va au théâtre ce soir.
5. Il ___ son manteau et il sort.
6. La pièce est vraiment horrible. Les acteurs sont ___!

INTRODUCTION

Montesquieu (1689–1775) fut un des philosophes français du XVIIIe siècle. Comme les autres philosophes du Siècle des Lumières—Voltaire, Rousseau, Diderot—il s'intéressait beaucoup à l'histoire et à la philosophie politique. Ses idées et celles des autres philosophes exercèrent une profonde influence sur la société et préparèrent la Révolution française de 1789.

Montesquieu écrivit son roman satirique, *Les Lettres persanes,* en 1721. Dans ce roman, deux Persans, Rica et Usbek, arrivent en France pour la première fois. Ils regardent tout ce qui les entourent comme deux hommes transportés dans un autre monde. De leur perspective naïve et curieuse, tout chez les Français leur semble extraordinaire et parfois bizarre. Dans une série de lettres, ils décrivent d'une manière ironique leurs impressions des mœurs de la société française et des institutions politiques de l'époque.

Dans la Lettre XXX, Rica décrit d'une façon très humoristique la réaction des Français quand ils voient un Persan pour la première fois et qu'ils se demandent: «Comment peut-on être Persan?»

Montesquieu, lui, en nous montrant le caractère des Français, nous pose la question: «Comment peut-on être Français?»

Miniature persane, XVIIIe siècle

LETTRES
PERSANES

LETTRE XXX
RICA AU MÊME, À SMYRNE

Les habitants de Paris sont d'une curiosité qui va jusqu'à l'extravagance. Lorsque j'arrivai, je fus regardé comme si j'avais été envoyé du Ciel: vieillards, hommes, femmes, enfants, tous voulaient me voir. Si je sortais, tout le monde se mettait aux fenêtres; si j'étais aux Tuileries, je voyais aussitôt un cercle se former autour de moi: les femmes mêmes faisaient un arc-en-ciel, nuancé de mille couleurs, qui m'entourait; si j'étais aux spectacles, je trouvais d'abord cent lorgnettes dressées contre° ma figure: enfin jamais homme n'a tant été vu que moi. Je souriais quelquefois d'entendre des gens qui n'étaient presque jamais sortis de leur chambre, qui disaient entre eux: «Il faut avouer° qu'il a l'air bien persan.» Chose admirable! je trouvais de mes portraits partout; je me voyais multiplié dans toutes les boutiques, sur toutes les cheminées: tant on craignait° de ne m'avoir pas assez vu.

Tant d'honneurs ne laissent pas d'être à charge°: je ne me croyais pas un homme si curieux et si rare; et, quoique j'aie très bonne opinion de moi, je ne me serais jamais imaginé que je dusse° troubler le repos d'une grande ville où je n'étais point° connu. Cela me fit résoudre à quitter l'habit persan et à en endosser un à l'européenne, pour voir s'il resterait encore dans ma physionomie quelque chose d'admirable. Cet essai me fit connaître ce que je valais réellement: libre de tous les ornements étrangers, je me vis apprécié au plus juste. J'eus sujet de me plaindre de° mon tailleur, qui m'avait fait perdre en un instant l'attention et l'estime publique: car j'entrai tout à coup dans un néant° affreux. Je demeurais° quelquefois une heure dans une compagnie sans qu'on m'eût regardé et qu'on m'eût mis en occasion d'ouvrir la bouche. Mais, si quelqu'un, par hasard, apprenait à la compagnie que j'étais Persan, j'entendais aussitôt autour de moi un bourdonnement°: «Ah! ah! Monsieur est Persan? c'est une chose bien extraordinaire! Comment peut-on être Persan?»

De Paris, le 6 de la lune de Chalval, 1712.

MONTESQUIEU, *Lettres Persanes*, GARNIER-FLAMMARION

---

dressées contre	*pointed at*
avouer	*admit*
craignait	*were afraid*
ne laissent pas… charge	*were a burden*
dusse	*could*
ne… point	*ne… pas (literary form)*
me plaindre de	*complain about*
néant	*obscurity*
demeurais	*stayed*
bourdonnement	*buzzing*

Compréhension

A **Un Persan à Paris.** Répondez d'après le texte.

1. D'après Rica, comment sont les Parisiens?
2. Quand Rica est arrivé à Paris, comment est-il regardé?
3. Que se passait-il quand il sortait?
4. À quoi Rica compare-t-il les femmes qui l'entourent?
5. Où voyait-on des portraits de Rica?
6. Que décide de faire Rica?
7. Quelle est alors la réaction des gens?
8. Sur qui Rica met-il la faute?

B **Humour.** Relevez dans le texte les phrases qui montrent que Rica a un très bon sens de l'humour.

C **Les autres.** Décrivez l'attitude des gens qui entourent Rica avant et après son changement.

D **Morale.** Quelle est la morale de cette histoire?

Activités

«Collation dans un jardin»

A **Moi et les autres.** Que feriez-vous pour attirer l'attention des personnes suivantes?

vos camarades de classe
les amis de vos parents
vos professeurs
les gens dans la rue

Comparez vos réponses à celles de vos camarades.

B **L'habit ne fait pas le moine** (*You can't judge a book by its cover*).
Il nous arrive souvent de nous tromper sur une personne. Racontez une histoire qui vous est arrivée à ce sujet.

LIBERTÉ

Paul Éluard

AVANT LA LECTURE

Le sondage de la page 266 indique que l'attachement à la patrie est un peu dépassé. Dans quels cas croyez-vous que cet attachement redevienne important?

VOCABULAIRE

des genêts

un sentier

des cendres

un nid

une cloche

un moulin

un étang

Exercices

A | **Définitions.** De quel mot s'agit-il?

1. un petit lac
2. ce qui reste après un feu
3. ce qui brille la nuit
4. ce qui forme un escalier
5. maison pour les oiseaux
6. des fleurs jaunes
7. on y fait de la farine
8. les bateaux ont besoin de sa lampe
9. une petite route
10. ce que le roi porte sur la tête
11. elle sonne

Max Ernst: «L'Europe après la pluie»

B | **Associations.** Quels mots vont ensemble?

1. un nid   a. des nuages
2. un phare   b. le désert
3. la pluie   c. la lune
4. le sable   d. des bateaux
5. une vitre   e. une fenêtre
6. des murs   f. un roi
7. des marches   g. un escalier
8. le soleil   h. un oiseau
9. une couronne   i. une maison

INTRODUCTION

Paul Éluard (1895–1952) est un poète passionné par le langage. Tout jeune, il est influencé par le mouvement surréaliste qui prône l'exploration systématique de l'inconscient et s'intéresse à «la poésie involontaire». Peu à peu, il s'éloigne des surréalistes, mais garde le rêve et l'imaginaire qu'il allie à une simplicité et une candeur humaine. Les événements politiques de l'époque, d'abord la guerre civile espagnole, puis la Deuxième Guerre mondiale le voient s'engager à fond[1] dans la lutte[2] anti-fasciste. Le poème que vous allez lire ouvre le recueil[3] *Poésie et Vérité* publié en 1942. «Liberté» est l'un des grands chefs-d'œuvre de la poésie de la Résistance.

LECTURE

Liberté

Sur mes cahiers d'écolier
Sur mon pupitre° et les arbres   pupitre   *desk*
Sur le sable sur la neige
J'écris ton nom

Sur toutes les pages lues
Sur toutes les pages blanches
Pierre sang° papier ou cendre   sang   *blood*
J'écris ton nom

Sur les images dorées°   dorées   *golden*
Sur les armes des guerriers
Sur la couronne des rois
J'écris ton nom

Sur la jungle et le désert
Sur les nids sur les genêts
Sur l'écho de mon enfance
J'écris ton nom

Sur les merveilles des nuits
Sur le pain blanc des journées
Sur les saisons fiancées
20 J'écris ton nom

Sur tous mes chiffons° d'azur   chiffons   *rags*
Sur l'étang soleil moisi°   moisi   *mildewed*
Sur le lac lune vivante
J'écris ton nom

Max Ernst: «Au Rendez-vous des Amis» (1922)

---

[1] **s'engager à fond**   *involve himself completely*
[2] **la lutte**   *struggle*
[3] **recueil**   *collection*

Sur les champs sur l'horizon
Sur les ailes des oiseaux
Et sur le moulin des ombres
J'écris ton nom

Sur chaque bouffée d'aurore°   bouffée d'aurore   *glow of light at dawn*
Sur la mer sur les bateaux
Sur la montagne démente°   démente   *fantastic*
J'écris ton nom

Sur la mousse des nuages
Sur les sueurs° de l'orage   sueurs   *sweat*
Sur la pluie épaisse et fade°   épaisse et fade   *heavy and dull*
J'écris ton nom

Sur les formes scintillantes°   scintillantes   *sparkling*
Sur les cloches des couleurs
Sur la vérité physique°   la vérité physique   *physical reality*
40 J'écris ton nom

Sur les sentiers éveillés°   éveillés   *wide awake, alert*
Sur les routes déployées
Sur les places qui débordent°   débordent   *overflow*
J'écris ton nom

Sur la lampe qui s'allume
Sur la lampe qui s'éteint
Sur mes maisons réunies
J'écris ton nom

Sur le fruit coupé en deux
Du miroir et de ma chambre
Sur mon lit coquille° vide   coquille   *shell*
J'écris ton nom

Sur mon chien gourmand et tendre
Sur ses oreilles dressées°   dressées   *pricked up*
Sur sa patte maladroite°   patte maladroite   *clumsy paw*
J'écris ton nom

Sur le tremplin° de ma porte   tremplin   *springboard*
Sur les objets familiers
Sur le flot du feu béni°   le flot du feu béni   *flood of sacred fire*
60 J'écris ton nom

Sur toute chair° accordée   chair   *flesh*
Sur le front de mes amis
Sur chaque main qui se tend°   se tend   *is extended*
J'écris ton nom

Sur la vitre des surprises
Sur les lèvres attentives
Bien au-dessus du silence
J'écris ton nom

Sur mes refuges détruits
Sur mes phares écroulés°
Sur les murs de mon ennui
J'écris ton nom

écroulés   *in ruins*

Sur l'absence sans désirs
Sur la solitude nue°
Sur les marches de la mort
J'écris ton nom

nue   *naked*

Sur la santé revenue
Sur le risque disparu
Sur l'espoir sans souvenirs
80 J'écris ton nom

Et par le pouvoir d'un mot
Je recommence ma vie
Je suis né pour te connaître
Pour te nommer

Liberté.

Paul ÉLUARD, *Poésie et Vérité*, 1942,
© Librairie GALLIMARD, éditeur

APRÈS LA LECTURE

*Groupe de maquisards après la libération de Montceau-les-Mines
(SAÔNE-et-LOIRE), septembre 1944*

Compréhension

A   La Nature. Jusqu'à la ligne 40, le poète utilise des images de la nature. Lesquelles?

B   L'humanité. Le poète passe ensuite à des images liées aux êtres humains. Lesquelles?

Activités

A   La Résistance. Pendant la guerre et l'occupation, Paul Éluard entre dans la Résistance, ainsi que deux autres poètes, Robert Desnos et Louis Aragon. Tous trois deviennent les poètes de la Résistance. Lisez quelques poèmes de ces écrivains et étudiez également l'époque troublée à laquelle ils ont été écrits.

B   Écriture automatique. Influencés par Freud, les surréalistes voulaient explorer l'inconscient. Pour le faire, ils utilisaient deux méthodes, l'écriture automatique et le compte-rendu des songes (*dreams*). Essayez de faire de l'écriture automatique: écrivez (en français, bien sûr) tout ce qui vous vient à l'esprit, sans réfléchir à ce que vous écrivez. Comparez avec ce que vos camarades ont écrit.

SANTÉ ET BIEN-ÊTRE

OBJECTIFS

In this chapter, you will do the following:

1. learn about French people's concern about their health and physical fitness, and what they do to maintain both
2. learn to handle health care situations such as having a medical checkup
3. learn how to discuss your physical or emotional health
4. review how to tell what people do or did at one point in the past for themselves or for each other; how to ask "who," "whom," and "what"
5. read and discuss magazine articles about the ear and noise, and snacking between meals
6. review how to express "which one(s)," "this one," "that one," "these," or "those"; learn more about telling what belongs to you and others
7. read and discuss excerpts from the following literary works: *Le Malade imaginaire*, a play by Molière; and *Knock ou le Triomphe de la médecine*, a play by Jules Romains

CULTURE

La Santé des Français

INTRODUCTION

«Comment vas-tu?» est presque toujours la première question que des amis se posent quand ils se rencontrent. La santé—la nôtre et celle de nos amis—nous intéresse toujours. De plus, non seulement nous voulons être en bonne santé mais, de nos jours, nous voulons aussi être «en forme». La forme—physique, mentale et morale—est très importante pour notre bien-être. Nous faisons tout pour préserver notre santé et notre bien-être.

VOCABULAIRE

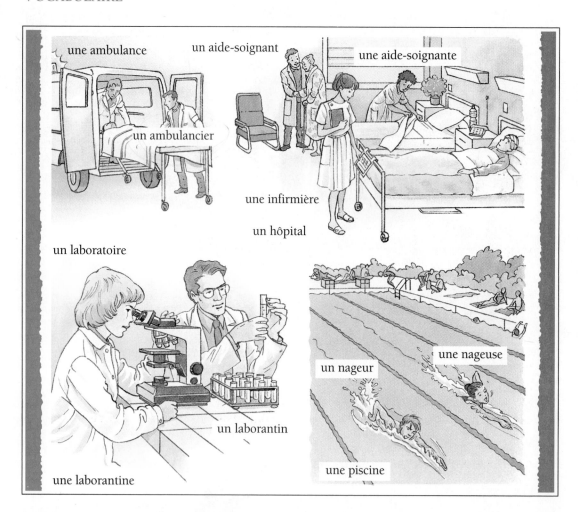

une ambulance

un aide-soignant

une aide-soignante

un ambulancier

une infirmière

un hôpital

un laboratoire

un laborantin

une laborantine

une nageuse

un nageur

une piscine

un cavalier   une cavalière

Ils font de l'équitation.

Ils font de la marche.

Ils font du ski de fond.

Ils font de la randonnée.

prévenir   prendre des précautions pour ne pas avoir de problème (de santé ou autre), assurer la prévention

guérir   délivrer d'un mal physique ou mental, rendre la santé

privilégier   favoriser, donner une situation privilégiée

se plaindre   exprimer son mécontentement ou sa souffrance

les dépenses   les frais, les charges, les sommes d'argent à payer

un ménage   un groupe familial vivant ensemble

l'accueil   l'action d'accueillir, de recevoir; la réception

la rémunération   le salaire, l'argent qu'on reçoit pour faire quelque chose

la recherche   l'action de chercher, la quête; les études qu'on fait pour découvrir quelque chose de nouveau

l'accroissement   l'action d'augmenter, l'augmentation

un terrain de plein air   un terrain de sport, de jeux

Exercices

A **D'après vous.** Répondez.

1. Qu'est-ce qu'un ambulancier conduit?
2. Qui aide les infirmiers et infirmières dans un hôpital?
3. Qui aide les techniciens et techniciennes dans un laboratoire?
4. Pour être un bon nageur ou une bonne nageuse, où faut-il aller nager?
5. Qu'est-ce qu'il faut faire comme sport pour devenir un bon cavalier ou une bonne cavalière?
6. Tu préfères le ski de fond ou le ski alpin?
7. Tu préfères la marche ou le jogging?
8. Tu préfères la randonnée ou l'alpinisme?
9. Tu essaies de prévenir les maladies?
10. Le médecin veut toujours guérir les malades?
11. Il est toujours possible de guérir les malades?
12. Est-ce que toutes les familles ou tous les ménages ont des dépenses médicales?
13. Est-ce que la Sécurité Sociale en France rembourse beaucoup de dépenses médicales (des frais médicaux)?
14. Est-ce que les médecins font de la recherche en laboratoire?

B **Le mot juste.** Complétez.

1. La ___ qu'un médecin reçoit s'appelle des honoraires.
2. En ce moment, il est impossible de ___ les gens qui ont le sida. Il faut continuer la ___ pour découvrir et développer un vaccin et des remèdes.
3. Il faut que chaque ___ consacre une partie de son budget familial aux ___ médicales.
4. L'___ de la pratique du sport est vraiment un phénomène mondial, surtout dans les pays industrialisés.
5. De nos jours, même les villages ont une piscine, un terrain de ___ et des courts de tennis.
6. Ils vont ___ de leurs conditions de travail qui ne sont pas très bonnes.

C **Familles de mots.** Choisissez le mot qui correspond.

1. marcher d.   a. la prévention
2. prévenir a.   b. la rémunération
3. dépenser e.   c. l'accueil
4. rémunérer b.   d. la marche
5. accueillir c.   e. la dépense

LA SANTÉ ET LE SPORT

Malgré les progrès considérables de la recherche médicale, les Français n'ont jamais eu aussi peur de la maladie, ni autant fait d'efforts pour la prévenir ou la guérir. Les dépenses de santé représentent 17% du budget des ménages en 1990 contre 8% en 1963.

La santé apparaît comme une condition nécessaire pour réussir sa vie

Mieux vaut être riche et en bonne santé que pauvre et malade. Jamais cette vérité[1] d'évidence n'aura été autant ressentie[2] que dans la société actuelle. Une société dure et compétitive qui tend à privilégier, dans les faits comme dans l'imagerie populaire, ceux qui affichent[3] une forme physique parfaite. La santé paraît d'autant plus[4] précieuse aux Français qu'elle constitue de plus en plus un atout[5] dans leur vie professionnelle et personnelle.

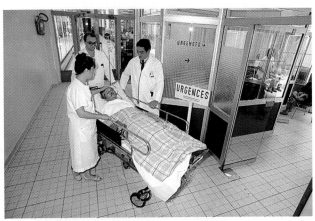

Les professions de santé

Un million de personnes exercent une profession de santé: près de 600 000 pratiquent des activités médicales ou paramédicales; plus de 400 000 sont agents des services hospitaliers, aides-soignants, ambulanciers, laborantins ou psychologues.

Le nombre de médecins a beaucoup augmenté; il est aujourd'hui pléthorique[6]. Il en est de même de la capacité d'accueil des hôpitaux. Beaucoup de membres de la profession médicale se plaignent de leurs conditions de travail et de leur rémunération, ainsi que de la dégradation de leur statut social. Depuis 1975, le pouvoir d'achat[7] des médecins généralistes a diminué régulièrement.

---

[1] **vérité** *truth*
[2] **ressentie** *felt*
[3] **affichent** *parade, sport*
[4] **d'autant plus… que** *all the more… since*
[5] **un atout** *asset*
[6] **pléthorique** *excessive*
[7] **pouvoir d'achat** *buying power*

Les activités physiques

Depuis le début des années 80, les sportifs sont plus nombreux et plus assidus[8]. Pourtant, la pratique sportive ne concerne encore qu'un peu moins d'un Français sur deux et reste modeste par rapport à[9] d'autres pays.

L'évolution des préférences et des pratiques est significative de l'état de la société française. Les sports en vogue sont plus individuels. La recherche du plaisir est plus importante que celle de la performance.

L'accroissement de la pratique du sport répond à un désir, collectif et inconscient, de mieux supporter les agressions de la vie moderne par une meilleure résistance physique. Elle traduit aussi la place prise par l'apparence dans une société qui valorise souvent plus la forme (dans tous les sens du terme) que le fond[10]. Elle a été aussi favorisée par le développement des équipements sportifs des communes (gymnases, piscines, courts de tennis, terrains de plein air).

Plus d'un Français sur trois pratique un sport individuel; un sur quinze pratique un sport collectif

La grande lame de fond[11] de l'individualisme ne pouvait pas épargner[12] le sport. L'engouement[13] pour le jogging, puis pour l'aérobic en a été, dès le début des années 80, la spectaculaire illustration. On peut y ajouter le tennis, l'équitation, le ski, le squash, le golf et bien d'autres sports.

Les femmes sont en train de rattraper[14] les hommes dans la pratique des sports individuels

Depuis une dizaine d'années, les femmes ont réduit leur retard sur les hommes en matières sportives. Les sports d'équipe ne les passionnent pas (à l'exception du basket et du hand-ball). Elles se ruent[15] en revanche[16] sur les sports individuels: plus de 75% des pratiquants de la gymnastique ou de la danse sont des femmes, plus de 60% des nageurs ou des cavaliers.

Les femmes sont aussi nombreuses que les hommes à pratiquer le ski de fond, la marche, la randonnée ou le hand-ball.

[11] **la grande lame de fond** *groundswell*
[12] **épargner** *to spare*
[13] **l'engouement** *craze*
[14] **en train de rattraper** *catching up with*
[15] **se ruent sur** *to throw themselves into*
[16] **en revanche** *on the other hand*

---

[8] **assidus** *devoted*
[9] **par rapport à** *in comparison with*
[10] **le fond** *essence*

Compréhension

A **Oui ou non?** Corrigez d'après le texte.

1. De nos jours, les Français ont moins peur de la maladie qu'avant.
2. De nos jours, on fait plus pour prévenir et guérir les maladies que dans le passé.
3. Les dépenses de santé d'un ménage typique ont baissé.
4. Le nombre de médecins a augmenté en France.
5. Mais la capacité d'accueil des hôpitaux a baissé.
6. En France, le pouvoir d'achat des médecins augmente régulièrement, il devient de plus en plus fort.
7. Les Français sont plus sportifs que les autres Européens.
8. Les sports collectifs passionnent les Françaises.
9. L'apparence et la forme sont devenues de plus en plus importantes.
10. Les sportifs en France sont plus nombreux et plus assidus depuis la fin des années 80.
11. Les agressions de la vie moderne n'ont rien à voir avec la pratique du sport.
12. On considère en général que les Français sont très individualistes.
13. Les femmes n'ont rattrapé les hommes dans la pratique d'aucun sport.
14. Le basket et le hand-ball sont des sports populaires en France.
15. La plupart des personnes qui font la gymnastique sont des femmes.

MOI, JE DONNE MON SANG.
C'EST POUR LA VIE.

CENTRE
DE TRANSFUSION SANGUINE
DES ALPES MARITIMES
ST LAURENT DU VAR
TEL: 93 22 37 58

DOCTEUR
CONVENTIONNÉ
MÉDECINE GÉNÉRALE
RHUMATISMES
DE 15ᴴ A 19ᴴ 30
TEL. 233-48-49

B **Dans la société française actuelle.** Répondez d'après le texte.

1. Qui tend à être privilégié dans la société française actuelle?
2. Combien de personnes exercent une profession de santé?
3. De quoi se plaignent de nombreux membres de la profession médicale?
4. Quels sont les sports en vogue depuis le début des années 80?
5. Quels sont les deux sports collectifs que les femmes tendent à pratiquer?

C **Qu'est-ce que vous en pensez?** Expliquez.

1. La santé paraît d'autant plus précieuse aux Français qu'elle constitue de plus en plus un atout dans leur vie personnelle et professionnelle.
2. Dans la pratique d'un sport, la recherche du plaisir est plus importante que celle de la performance.
3. L'accroissement de la pratique du sport répond à un désir, collectif et inconscient, de mieux supporter les agressions de la vie moderne par une meilleure résistance physique.
4. La grande lame de fond de l'individualisme ne pouvait pas épargner le sport.

Activités

A **Médecins français et américains.** Vous venez d'apprendre certains faits sur la situation des médecins français. Croyez-vous que la situation des médecins américains soit la même? Écrivez un paragraphe où vous comparez les deux.

B **Le sport aux États-Unis.** Les sports individuels attirent les Français beaucoup plus que les sports collectifs. Si un Français vous demandait si la situation est semblable aux États-Unis, que répondriez-vous?

C **Les Américains sont individualistes?** Le texte que vous venez de lire dit: «La grande lame de fond de l'individualisme (français) ne pouvait pas épargner le sport.» Cette phrase indique que les Français sont de vrais individualistes. Que diriez-vous des Américains? Ils préfèrent les activités individuelles ou les activités «de groupe»? Justifiez votre opinion.

D **Discussion et débat.** Discutez avec un(e) camarade qui n'a pas la même opinion que vous sur cette dernière question. Préparez un débat pour la classe.

Une randonnée dans les Alpes près de Chamonix

CONVERSATION

EN PLEINE FORME

VOCABULAIRE

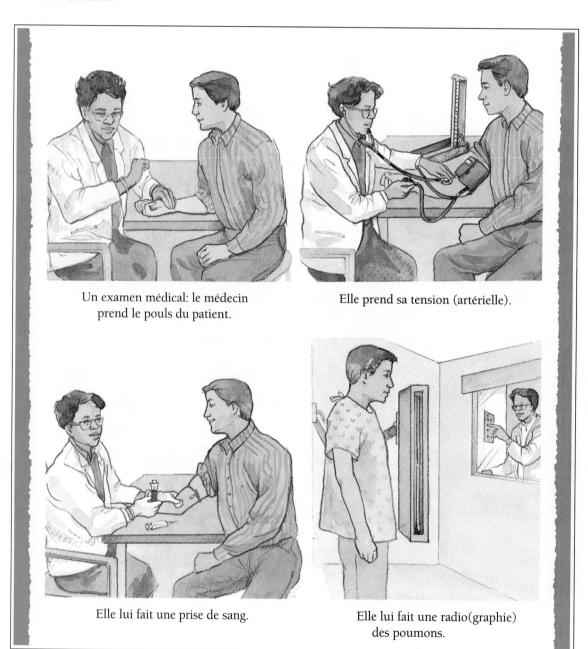

Un examen médical: le médecin
prend le pouls du patient.

Elle prend sa tension (artérielle).

Elle lui fait une prise de sang.

Elle lui fait une radio(graphie)
des poumons.

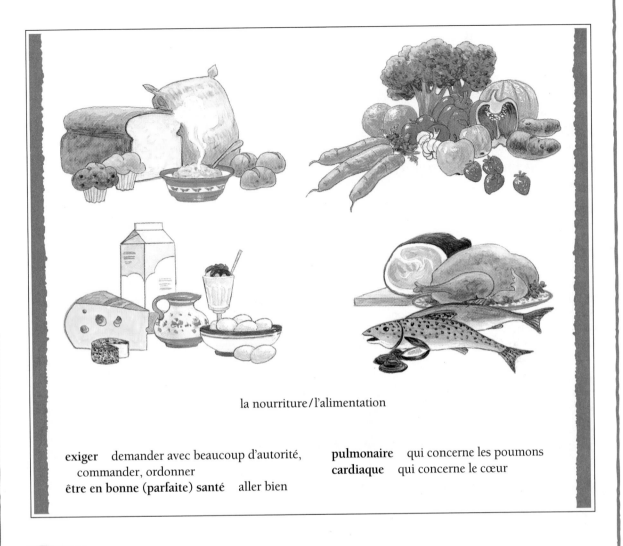

la nourriture/l'alimentation

exiger   demander avec beaucoup d'autorité, commander, ordonner
être en bonne (parfaite) santé   aller bien

pulmonaire   qui concerne les poumons
cardiaque   qui concerne le cœur

Exercices

A **Oui ou non?** Corrigez si nécessaire.

1. Une tension (artérielle) élevée est dangereuse.
2. Pour faire une prise de sang, il faut faire une piqûre.
3. Une radio(graphie) est une photographie faite avec des rayons X.
4. Prendre le pouls est une activité sportive.
5. Quand on respire, on utilise ses poumons.

B **Quel est le mot?** Trouvez le mot qui correspond à la définition donnée ici.

1. quand on se réfère aux poumons
2. aller très bien
3. ordonner
4. les aliments, ce qu'on mange
5. quand on se réfère au cœur

Christophe (25 ans) rend visite à sa mère, Mme Perrin. Comme toujours, elle veut tout savoir de la vie de son fils préféré.

Le médecin me trouve en parfaite santé!

CHRISTOPHE: Je viens de passer un examen médical.

MME PERRIN: Pourquoi? Tu es malade?

CHRISTOPHE: Non, mais je veux faire de la plongée sous-marine et le club exige un examen médical complet.

MME PERRIN: Qu'est-ce que le médecin t'a fait?

CHRISTOPHE: Il m'a pris le pouls et la tension.

MME PERRIN: Et alors?

CHRISTOPHE: Normaux. J'ai 120 sur 74 de tension.

MME PERRIN: Il t'a fait une prise de sang?

CHRISTOPHE: Oui, et ça je n'aime pas du tout! Mais il faut bien, pour faire une analyse de sang!

MME PERRIN: Tu as les résultats?

CHRISTOPHE: Oui, il m'a dit que tout est normal: le cholestérol, le sucre… tout ça, ça va.

MME PERRIN: Il t'a fait une radio des poumons?

CHRISTOPHE: Oui, négatif: pas de problèmes pulmonaires. Et l'électrocardiogramme est normal: pas de troubles cardiaques.

MME PERRIN: Autrement dit, tu es en bonne santé?

CHRISTOPHE: Absolument! En parfaite santé!

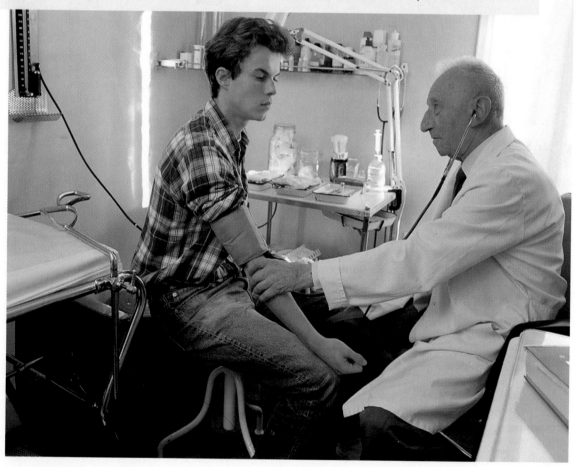

toujours → always   Pleine → full   bonne → correct, good
nourriture → nutrition/   Forme → form   beaucoup → ~~good~~ a lot of food
food

Et je suis en pleine forme!

CHRISTOPHE: Et je suis en pleine forme!

MME PERRIN: Tu es en bonne forme parce que tu
fais beaucoup de sport. Tu fais toujours du
jogging?

CHRISTOPHE: Oui, je fais toujours mes 10 km par
semaine. Et puis, je fais très attention à ce que je
mange. La nourriture, c'est important!

MME PERRIN: Tu commences la journée par un bon
petit déjeuner, j'espère?

CHRISTOPHE: Certainement! Le matin, je bois un
grand jus d'orange, et je mange un yaourt et
des céréales. Et puis, je fais trois repas par jour,
et je ne mange jamais entre les repas.

MME PERRIN: Jamais? Tu es sûr?!

CHRISTOPHE: Disons, *presque* jamais!

céréales → cereal   repas → meal   Bois →   Certainement
semaine → per week   presque → almost   drink   → certainly
                      parce que →   yaourt →
                      because   yogurt

Compréhension

A **Comment va Christophe?** Répondez d'après la conversation.

1. Qu'est-ce que Christophe vient de passer?
2. Pour quelle raison?
3. Qu'est-ce que le médecin lui a fait?
4. Il a reçu les résultats?
5. Quels sont les résultats?
6. Il a des problèmes ou des troubles?
7. Il est en bonne santé?
8. Il est en forme?
9. Que fait-il pour rester en forme?
10. Quand mange-t-il?
11. Il mange entre les repas?
12. Que mange-t-il au petit déjeuner?

B **Le dossier médical de Christophe.** Donnez les renseignements suivants sur la santé de Christophe.

1. sa tension artérielle
2. le résultat de son analyse de sang
3. le résultat de sa radiographie des poumons
4. le résultat de son électrocardiogramme
5. les sports qu'il pratique
6. le nombre de repas qu'il fait chaque jour

Activités de communication

A **Chez le médecin.** Vous voulez devenir membre d'un club d'alpinisme. Ce club exige que vous alliez voir votre médecin pour un examen médical complet. Avec un(e) camarade de classe, préparez la conversation que vous allez avoir avec votre médecin. Votre camarade jouera le rôle du médecin.

B **Il faut être en forme pour faire du ski.** Un(e) ami(e) vous invite à aller passer une semaine à la montagne pour faire du ski. Vous n'en avez jamais fait. Votre ami(e) vous dit que ce n'est pas difficile, mais qu'il faut être en forme—ce qui n'est pas votre cas. Vous demandez à votre ami(e) ce qu'il faut que vous fassiez pour vous mettre en forme. Travaillez avec un(e) camarade de classe qui jouera le rôle de votre ami(e).

Ski alpin au Canada

LANGAGE

LA SANTÉ PHYSIQUE

Quand quelqu'un vous pose la question: «Comment allez-vous?» ou «Comment vas-tu?», vous pouvez répondre:

POSITIF	NÉGATIF
Je vais très bien.	Pas très bien.
Ça va bien.	Comme ci, comme ça.
Je suis en pleine forme.	Je ne suis pas en forme.
	Je ne suis pas dans mon assiette.*
	Je suis souffrant(e).
	Je suis malade.

Notez qu'il y a une différence entre «Je suis souffrant(e)» et «Je suis malade»: «malade» indique quelque chose de plus grave que «souffrant(e)».

Je ne suis pas dans mon assiette.

Quand on vous pose la question: «Qu'est-ce que tu as?» (*What's the matter?*) ou «Qu'est-ce qui ne va pas?» (*What's wrong?*), vous pouvez donnez des détails:

COURANT	FAMILIER
J'ai (un rhume/la grippe/etc.)	
J'ai mal à (la tête/l'estomac/etc.)	
Je suis très fatigué(e).	Je suis crevé(e).
Je dors tout le temps.	Je dors debout.
Je n'ai pas d'appétit.	J'ai un appétit d'oiseau.
J'ai beaucoup de fièvre.	J'ai une fièvre de cheval.

J'ai une fièvre de cheval.

* This expression is somewhat familiar.

Si quelqu'un vient de vous dire qu'il est malade, vous pouvez lui dire:

Soigne-toi bien!	Soignez-vous bien!
Remets-toi vite!	Remettez-vous vite!
Je te souhaite un prompt	Je vous souhaite un prompt
rétablissement.	rétablissement.

Exercices

A **Et vous? Comment va la santé?** Donnez des réponses personnelles.

1. Comment allez-vous aujourd'hui?
2. Vous êtes en forme?
3. Vous connaissez quelqu'un qui est malade?
   Qui? Qu'est-ce qu'il (elle) a?
4. Vous connaissez quelqu'un qui est souffrant?
   Qui? Qu'est-ce qu'il (elle) a?
5. Vous êtes en pleine forme quand vous avez
   un rhume? Comment êtes-vous?
6. Vous êtes fatigué(e) en ce moment?
7. Vous dormez bien ou mal?
8. Vous avez bon appétit?

B **Question de style.** Exprimez d'une
autre façon.

1. Ça va?
2. Je vais très bien.
3. Je ne vais pas très bien.
4. Il n'a rien de grave. Il a un rhume,
   c'est tout.
5. Il n'a pas d'appétit.
6. Qu'est-ce que je suis fatigué(e)!
7. Il dort tout le temps, ce type.
8. Elle a une grosse fièvre.
9. Nous vous souhaitons un prompt
   rétablissement.

LE BIEN-ÊTRE PSYCHOLOGIQUE

Il y a des choses qui vous rendent contents et il y en a d'autres qui vous rendent mécontents.

Pour exprimer votre contentement, vous pouvez utiliser les expressions suivantes:

COURANT	FAMILIER
Je me sens bien.	J'ai le moral.
Je suis de bonne humeur.	Je suis de bon poil.
Je suis très content(e).	Je suis super-content(e).
Je suis très heureux (-se).	Je suis vachement heureux (-se).

Pour exprimer votre mécontentement, vous pouvez utiliser les expressions suivantes:

COURANT	FAMILIER
Je suis triste.	J'ai le moral à zéro.
Je suis déprimé(e).	J'ai le cafard.
J'ai beaucoup de peine.	J'ai le cœur gros.
Je suis énervé(e).	Je suis sur les nerfs.
Je suis de mauvaise humeur.	Je suis de mauvais poil.
Je suis fâché(e)/en colère.	Je suis furax.
Je suis furieux (-se).	Je suis furibard(e).

J'ai le cafard.

Les choses qui vous rendent mécontents vous affectent d'une façon négative parce qu'elles vous ennuient (*annoy*). Pour exprimer votre ennui, vous pouvez dire:

COURANT	FAMILIER
C'est ennuyeux.	C'est rasoir!
	C'est embêtant!
Ça m'ennuie.	Ça me rase!
	Ça m'embête!
J'en ai assez.	J'en ai marre!
Tu nous ennuies.	Tu nous rases!
Tu nous embêtes.	Tu nous casses les pieds!

Oh, là là!

J'en ai marre!

Notez que le verbe *ennuyer* est très utilisé en français, et qu'il peut avoir des sens différents selon le contexte.

Ce discours m'*ennuie*.	*This speech **bores** me.*
Il fait des choses qui m'*ennuient*.	*He does things that **annoy** me.*
Ça m'*ennuie* de vous demander de l'argent.	*It **bothers** (**upsets**) me to ask you for money.*
Ça m'*ennuie* de refaire ce que je viens de faire.	*I **don't like** to redo what I have just done.*

Enfin, de temps en temps nous avons tous besoin d'un peu d'encouragement. Pour encourager quelqu'un à faire ou à endurer quelque chose, vous pouvez dire:

Vas-y! (Allez-y!)
Allez, du courage!
Allez, ça ira bientôt mieux!
Allez, encore un petit effort!
Ça y est presque!

Exercices

A **Et vous? Comment va le moral?**

Donnez des réponses personnelles.

1. Vous êtes content(e) ou triste, aujourd'hui?
2. Vous êtes toujours content(e)?
3. Vous êtes de bonne humeur ou de mauvaise humeur, aujourd'hui?
4. Vous êtes toujours de bonne humeur?
5. Vous êtes déprimé(e) en ce moment?

QUAND LA VIE FAIT MAL

LA PORTE OUVERTE
Quelqu'un à qui parler
accueil anonyme et gratuit
21, rue Duperré - 75009 Paris - Tél. 874 69 11
4, rue des Prêtres-Saint-Séverin - 75005 Paris
Métro Convention - sur le quai

B **Comment réagissez-vous?** Imaginez que vous êtes dans les situations suivantes. Qu'est-ce que vous dites?

1. Votre petit frère fait toujours des choses que vous n'aimez pas du tout, des bêtises.
2. Votre ami(e) a pris votre bicyclette et il(elle) l'a perdue. Il(Elle) l'a laissée quelque part.
3. Un(e) de vos ami(e)s est très malade.
4. Vous venez de recevoir une très bonne nouvelle.
5. Vous venez de gagner à la loterie.
6. Vous savez que vous allez recevoir de très mauvaises notes.
7. Vous le ferez si c'est absolument nécessaire, mais vous ne voulez pas.
8. Votre ami(e) a presque fini ses devoirs et il(elle) se sent un peu frustré(e).

C **Question de style.** Exprimez d'une autre façon.

1. C'est ennuyeux, ça.
2. Ça m'embête.
3. Je suis énervé(e).
4. Il est en colère.
5. J'en ai assez.
6. Tu m'ennuies.
7. Tes bêtises m'ennuient.
8. Elle est furieuse.
9. Elle est triste, la pauvre.
10. Il est de mauvaise humeur.
11. Tu te sens bien?
12. Je suis déprimé(e).
13. Il a de la peine.
14. Elle est très heureuse.
15. Allez, encore un petit effort!

Il est énervé.

D **Quelles sont les choses qui vous ennuient?** Complétez. Donnez des réponses personnelles.

1. Je suis de mauvais poil quand…
2. Ça me casse les pieds de…
3. Je suis sur les nerfs quand…
4. Je suis furax de…
5. J'ai le cafard si…

Il est furax.

E **Quelles sont les choses qui les ennuient?** Complétez. Donnez des réponses personnelles.

1. Je connais bien mon prof, et je sais qu'il ne sera pas content si je…
2. Mes parents deviennent furieux quand…
3. Ça ennuie mes amis que je…
4. Mes frères sont de mauvaise humeur quand…
5. Ma grand-mère a de la peine si…

Activités de communication

A **Meilleure santé!** Vous aviez rendez-vous avec un(e) ami(e) pour jouer au tennis, dimanche. Samedi matin, vous vous réveillez avec la grippe. Vous téléphonez à votre ami(e) pour lui dire que vous ne pourrez pas jouer avec lui (elle) et pourquoi. Votre ami(e) est désolé(e), mais lui (elle) aussi ne se sent pas bien. Vous échangez des détails sur vos problèmes de santé, et des encouragements. Travaillez avec un(e) camarade de classe qui jouera le rôle de votre ami(e).

B **Quand on fait du sport, on se sent mieux.** Vous rencontrez trois copains sur la plage. Ils ont l'air de s'ennuyer. Vous leur proposez d'aller faire de la planche à voile. Vos copains réagissent très négativement. Vous leur demandez ce qui ne va pas. L'un dit qu'il est triste, l'autre qu'elle est déprimée, le troisième qu'il a de la peine. Vous demandez à chacun(e) pourquoi. Et puis vous les encouragez à venir faire de la planche à voile pour oublier leurs problèmes. Travaillez avec trois camarades de classe qui joueront les rôles de vos copains.

On fait de la planche à voile sur l'Erdre, près de Nantes.

STRUCTURE I

Les verbes réfléchis

Telling What People Do for Themselves or for Each Other

1. A reflexive verb is one whose action is both performed and received by the subject.

Je *me* **lave.**	*I wash myself.*
Il *se* **rase.**	*He's shaving (himself).*

   It is the reflexive pronoun (here: *me* and *se*) which indicates that the action of the verb is reflected back on the subject. Review the following.

SE LAVER	S'HABILLER
je *me* lave	je *m'* habille
tu *te* laves	tu *t'* habilles
il/elle/on *se* lave	il/elle/on *s'* habille
nous *nous* lavons	nous *nous* habillons
vous *vous* lavez	vous *vous* habillez
ils/elles *se* lavent	ils/elles *s'* habillent

   Other commonly used reflexive verbs are:

s'amuser	se baigner	se brosser	se coucher
se lever	se peigner	se raser	se réveiller

2. Remember that a reflexive pronoun is used only when the subject also receives the action of the verb. If a person or object other than the subject receives the action of the verb, no reflexive pronoun is used. Compare the following sentences.

REFLEXIVE	NON-REFLEXIVE
Pierre *se* lave.	Il lave *sa voiture*.
Anne *se* couche.	Anne couche *le bébé*.
Je *me* regarde dans le miroir.	Je regarde *la télé*.

3. A reciprocal verb is one in which people do something to or for each other. A reciprocal verb in French functions the same way as a reflexive verb. Review the following examples.

Nous *nous* voyons souvent.   *We see **each other** often.*
Ils *s'*embrassent sur la joue.   *They kiss **one another** on the cheek.*

4. In the negative, *ne* is placed before the reflexive pronoun, and *pas (plus, jamais)* follows the verb.

Je *ne* me couche *pas* avant minuit.
Il *ne* se rase *plus* tous les jours.
Elles *ne* se parlent *jamais*.

5. When a reflexive verb is used in the infinitive form, the reflexive pronoun must agree with the subject.

Je vais *me* coucher.

Exercices

A   **Et vous?** Donnez des réponses personnelles.

1. Comment t'appelles-tu?
2. Tu te couches à quelle heure?
3. Et tu te lèves à quelle heure?
4. Est-ce que tu te réveilles facilement?
5. Tu te laves le matin ou le soir?
6. Tu te brosses les dents après le petit déjeuner?
7. Tu t'habilles avant de prendre le petit déjeuner?

Il se lave la figure.

B **La routine quotidienne.** Complétez.

1. Je ___ à 7 heures du matin. (se lever)
2. Quand je ___, je ___ la figure et je ___ les dents. (se lever, se laver, se brosser)
3. Mais ma sœur ne ___ pas à 7 heures. Elle ___ à 7 heures, mais elle reste au lit jusqu'à 7 heures et demie. (se lever, se réveiller)
4. Elle ne ___ pas le matin. Elle ___ le soir avant de ___. (se laver, se laver, se coucher)
5. Nous prenons notre petit déjeuner et ensuite nous ___ les dents. (se brosser)
6. À quelle heure ___-tu? (se lever)
7. Et ta sœur, à quelle heure ___-t-elle? (se lever)
8. Est-ce que vous ___ le soir avant de ___? (se laver, se coucher)

C **Pour soi ou pour les autres?** Complétez avec le pronom réfléchi quand c'est nécessaire.

1. Je ___ couche à onze heures du soir.
2. Je ___ lave avant de me coucher.
3. Maman ___ lave le bébé, ensuite papa ___ couche le bébé.
4. Elle ___ amuse bien à l'école.
5. Elle ___ amuse tous mes amis aussi.
6. Tous les matins, je ___ réveille mon frère. Si je ne ___ réveillais pas mon frère, il ne ___ lèverait pas.
7. Mon chien a de très longs poils (*fur*). Je ___brosse souvent mon chien.

D **C'est réciproque.** Complétez.

1. Je la vois tous les jours et elle me voit tous les jours. Nous ___ ___ à l'école.
2. Il lui donne la main et elle lui donne la main. Ils ___ ___ la main chaque fois qu'ils se rencontrent.
3. Elle me connaît et je la connais. Nous ___ ___ depuis longtemps.
4. Elle m'écrit souvent et je lui écris souvent. Nous ___ ___ souvent.
5. Elle m'aime et je l'aime. Nous ___ ___ beaucoup.
6. Pierre aime Thérèse et Thérèse aime Pierre. Ils ___ ___ beaucoup.
7. Il l'embrasse et elle l'embrasse. Ils ___ ___ sur les joues.

Ils s'embrassent sur les joues.

Les verbes réfléchis au passé composé

Telling What People Did for Themselves or for Each Other at One Point in the Past

1. The *passé composé* of reflexive verbs is formed with *être*, not *avoir*.

SE LEVER	S'AMUSER
je *me* suis levé(e)	je *me* suis amusé(e)
tu *t'* es levé(e)	tu *t'* es amusé(e)
il *s'* est levé	il *s'* est amusé
elle *s'* est levée	elle *s'* est amusée
nous *nous* sommes levé(e)s	nous *nous* sommes amusé(e)s
vous *vous* êtes levé(e)(s)	vous *vous* êtes amusé(e)(s)
ils *se* sont levés	ils *se* sont amusés
elles *se* sont levées	elles *se* sont amusées

2. The past participle of reflexive verbs agrees in gender and number with the reflexive pronoun when the reflexive pronoun is the direct object of the sentence.

> **Elle s'est** *lavée*. **Elles se sont** *lavées*.
> **Il s'est** *lavé*. **Ils se sont** *lavés*.

3. When the reflexive pronoun is not the direct object of the sentence, there is no agreement of the past participle.

> **Elle s'est** *lavé* **les mains.** **Elles se sont** *lavé* **les mains.**
> **Il s'est** *lavé* **les mains.** **Ils se sont** *lavé* **les mains.**

In the above sentences, *les mains* (not the reflexive pronoun *se*) is the direct object of the sentence. *Se* is the indirect object. Consequently, there is no agreement of the past participle.

4. With reciprocal verbs in the *passé composé*, it is very important to determine whether the reflexive pronoun is a direct or an indirect object. When the reciprocal pronoun is the direct object of the verb, the past participle must agree with the reciprocal pronoun. If the pronoun is the indirect object, however, there is no agreement.

DIRECT OBJECT PRONOUN	INDIRECT OBJECT PRONOUN
Ils se sont *embrassés*.	Ils se sont *donné* la main.
Ils se sont *fiancés*.	Ils se sont *parlé*.
Ils se sont *mariés*.	Ils se sont *souri*.

Note that some verbs like *se parler* or *se sourire* never have a direct object, consequently their past participle is invariable.

5. In the negative, *ne* is placed before the reflexive pronouns, and *pas (plus, jamais)* follows the verb *être*.

> Je *ne* me suis *pas* amusé(e).
> Elle *ne* s'est *jamais* mariée.
> Ils *ne* se sont *plus* parlé, après ça.

Elles se sont parlé.

Exercices

A **Qui s'est couché de bonne heure?** Répondez.

1. Est-ce que Jacques s'est couché de bonne heure hier soir?
2. Et sa sœur? Elle s'est couchée de bonne heure aussi?
3. Est-ce que Jacques s'est endormi tout de suite?
4. Et sa sœur Annette? Elle s'est endormie tout de suite?
5. À quelle heure se sont-ils réveillés ce matin?
6. Se sont-ils levés tout de suite?

B **Ce matin.** Mettez au passé composé.

1. Je me réveille à sept heures.
2. Je me lève tout de suite.
3. Ma mère se lève à la même heure.
4. Mon père ne se lève pas avant huit heures.
5. Je me lave, et ensuite ma mère se lave.
6. Mon père se lave en dernier, et il se rase.
7. Nous nous habillons rapidement.
8. Corinne et Anne, vous vous dépêchez ce matin?

Il s'est habillé.

C **Florence et les autres.** Faites l'accord quand c'est nécessaire.

1. Florence s'est lavé___.
2. Elle s'est lavé___ les mains avant de manger.
3. Avant de sortir, elle s'est habillé___.
4. Elle s'est brossé___ les cheveux.
5. Ses frères se sont rasé___.
6. Ils se sont lavé___ la figure et les mains.
7. Et ils se sont vite habillé___.
8. Paul, tu t'es dépêché___ ce matin?

D **Isabelle et Philippe s'aiment bien?** Répondez par «oui» ou par «non».

1. Isabelle et Philippe se sont vus hier?
2. Ils se sont embrassés quand ils se sont rencontrés?
3. Ils se sont donné la main?
4. Ils se sont souri?
5. Ils se sont parlé longtemps?

E **L'histoire de Gigi et Robert.**

Faites l'accord quand c'est nécessaire.

1. Ils se sont regardé___.
2. Ils se sont souri___.
3. Ils se sont dit___ bonjour.
4. Ils se sont présenté___.
5. Ils se sont parlé___.
6. Ils se sont beaucoup amusé___.
7. Ils se sont dit___ au revoir.
8. Ils se sont téléphoné___.
9. Ils se sont écrit___.
10. Ils se sont rencontré___ une deuxième fois.
11. Ils se sont fiancé___.
12. Un an après, ils se sont marié___.

Ils se sont souri.

Le pronom interrogatif *qui*   *Asking "Who" or "Whom"*

1. *Qui* refers to a person and can be the subject or object of the verb, or the object of a preposition.

SUBJECT	OBJECT	OBJECT OF A PREPOSITION
—*Qui* est là?	—Tu as vu *qui?*	—Tu as dîné *avec qui?*
—Paul.	—Anne.	—Avec elle.
—*Qui* parle?	—*Qui* avez-vous vu?	—*Pour qui* l'avez-vous acheté?
—Lui.	—Luc.	—Pour lui.

Remember that *qui* followed by the inversion (verb + subject) is used in formal or written French.

2. You will sometimes hear *qui est-ce qui* or *qui est-ce que* being used in informal conversation. Study the following.

SUBJECT	OBJECT
—*Qui est-ce qui* parle à Paul?	—*Qui est-ce que* tu as vu?
—Son ami Luc.	—J'ai vu Jacqueline.

OBJECT OF A PREPOSITION
—*Avec qui est-ce que* tu as dîné?
—Avec Paul.

Exercices

A   **Qui ça?** Complétez.

1. —Marie joue au tennis.
   —___ joue au tennis?
2. —Paul est très bon joueur.
   —___ est très bon joueur?
3. —Son frère aime faire du jogging.
   —___ aime faire du jogging?
4. —J'aime écouter Marie.
   —Tu aimes écouter ___?
5. —J'ai vu son frère.
   —___ as-tu vu?
6. —Elle chante avec son frère.
   —Avec ___ chante-t-elle?

B Qui? Complétez.

1. —Marie chante.
   —___ est-ce ___ chante?
2. —Elle a une très belle voix.
   —___ est-ce ___ a une belle voix?
3. —Et son frère l'accompagne au piano.
   —___ est-ce ___ l'accompagne au piano?
4. —J'aime écouter Marie.
   —___ est-ce ___ tu aimes écouter?
5. —Et j'aime écouter son frère.
   —___ est-ce ___ tu aimes écouter?
6. —Elle chante avec son frère.
   —Avec ___ est-ce ___ elle chante?

C Vous n'avez pas bien entendu. Posez des questions d'après le modèle.

—*Catherine* va partir demain.
—*Pardon, qui va partir demain?*

1. *Philippe* va partir demain.
2. *Philippe* va en Italie.
3. J'ai parlé avec *Philippe* hier.
4. J'ai vu *Philippe* hier.
5. Il va en Italie avec *Catherine*.

Les pronoms interrogatifs
que et *quoi*

Asking "What"

1. When "what" is the subject of the question, *qu'est-ce qui* must be used.

   —*Qu'est-ce qui* ne va pas?
   —J'ai mal à la tête.

   —*Qu'est-ce qui* se passe?
   —Rien de spécial.

2. When "what" is the object of the question, *qu'est-ce que* can be used, or *que* followed by the inversion (verb + subject).

   —*Qu'est-ce que* vous voyez?/*Que* voyez-vous?
   —Mars et Jupiter.

   —*Qu'est-ce qu'*il a?/*Qu'*a-t-il?
   —Il a la grippe.

   Remember that *que* followed by the inversion is used in formal or written French.

3. *Quoi* is always used after a preposition when referring to a thing.

   —*De quoi* avez-vous peur?
   —De la maladie.

   —*À quoi* pense-t-il?
   —À ses problèmes.

   —*Dans quoi* est-ce que tu mets ça?
   —Dans un sac.

4. Review the following chart.

	PERSONS	THINGS
SUBJECT	Qui Qui est-ce qui	Qu'est-ce qui
OBJECT	Qui (+ inversion) Qui est-ce que	Que (+ inversion) Qu'est-ce que
OBJECT OF A PREPOSITION	De qui (+ inversion) De qui est-ce que	De quoi (+ inversion) De quoi est-ce que

Exercices

A Dites-moi! Complétez.

1. Jacques, ___ se passe?
2. ___ est arrivé?
3. ___ a fait ce bruit?
4. ___ tu as fait, mon petit?
5. ___ tu as vu?
6. De ___ tu as peur?
7. ___ va-t-il faire?
8. À ___ pensez-vous?

B Qu'est-ce qu'on fait? Écrivez des questions d'après le modèle.

> **Je pense *à mes examens*.**
> **À *quoi pensez-vous*?**

1. Bernard va faire *un voyage en Suisse*.
2. Beaucoup de gens ont peur *de voyager en avion*.
3. Je vais mettre mes affaires *dans cette grande valise*.
4. Nous pensons souvent *à notre voyage en France*.
5. Elle a besoin *d'un passeport*.
6. Elle va obtenir *son passeport* la semaine prochaine.

C Vous voulez tout savoir. Complétez.

1. Le téléphone a sonné.
   ___ a sonné?
2. Lisette a répondu au téléphone.
   ___ a répondu au téléphone?
3. Robert est à l'appareil.
   ___ est à l'appareil?
4. Lisette parle avec Robert.
   Avec ___ parle-t-elle?
5. Ils parlent du marathon.
   De ___ parlent-ils?
6. Leur ami Pierre a gagné le marathon.
   ___ a gagné le marathon?
7. Pierre a reçu un trophée.
   ___ il a reçu?
8. Pierre a donné son trophée à sa mère.
   À ___ a-t-il donné son trophée?
9. Il a embrassé sa mère.
   ___ a-t-il embrassé?
10. Robert et Lisette vont donner une fête pour Pierre.
    ___ vont-ils donner? Pour ___?

JOURNALISME

L'Oreille et le Bruit

INTRODUCTION

On parle toujours de la pollution de l'environnement. Malheureusement, nous sommes tous exposés à la pollution par le bruit. Les personnes qui vivent dans des endroits bruyants ont souvent des troubles de l'oreille et entendent de moins en moins bien.

Les jeunes surtout, qui jouent leur musique très fort, sont affectés.

Les deux articles qui suivent et qui concernent l'oreille et le bruit ont paru dans *Okapi*, un magazine français consacré aux jeunes.

VOCABULAIRE

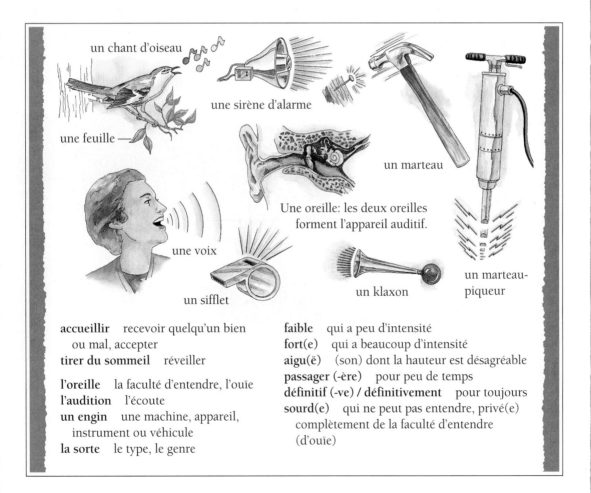

un chant d'oiseau

une sirène d'alarme

une feuille

un marteau

Une oreille: les deux oreilles forment l'appareil auditif.

une voix

un sifflet

un klaxon

un marteau-piqueur

accueillir   recevoir quelqu'un bien ou mal, accepter
tirer du sommeil   réveiller

l'oreille   la faculté d'entendre, l'ouïe
l'audition   l'écoute
un engin   une machine, appareil, instrument ou véhicule
la sorte   le type, le genre

faible   qui a peu d'intensité
fort(e)   qui a beaucoup d'intensité
aigu (ë)   (son) dont la hauteur est désagréable
passager (-ère)   pour peu de temps
définitif (-ve) / définitivement   pour toujours
sourd(e)   qui ne peut pas entendre, privé(e) complètement de la faculté d'entendre (d'ouïe)

Exercices

A **Quels sont vos goûts?** Donnez des réponses personnelles.

1. Tu préfères les sons faibles ou forts?
2. Tu aimes les sons aigus?
3. Tu aimes être tiré(e) du sommeil par une sirène d'alarme?
4. Tu aimes quelle sorte de musique?
5. Tu accueilles tes amis à bras ouverts?
6. Tu aimes chanter? Tu as une belle voix?

B **Sons agréables ou désagréables?** Répondez d'après le modèle.

> **Une belle voix douce?**
> *C'est très agréable!*

1. Le chant des oiseaux?
2. Le vent dans les feuilles des arbres?
3. Une sirène d'alarme?
4. Un marteau-piqueur?
5. Le sifflet d'un agent de police?
6. La voix d'une personne aimée?
7. Les klaxons de cent voitures?
8. Un son très aigu?
9. Un engin très bruyant?

C **Quel est le mot?** Complétez.

1. Cette chanteuse a une ___ très agréable.
2. Une voiture a un ___.
3. Une ambulance a une ___.
4. Un charpentier utilise souvent un ___.
5. Ceux qui font des travaux dans les rues ou sur les routes utilisent souvent des ___.
6. Les sons très ___ et ___ ne sont pas agréables.
7. Les organes de l'ouïe sont les ___. Elles forment l'appareil ___.
8. Tu vas devenir ___ si tu continues à mettre cette musique aussi fort.
9. Il y a différentes ___ de musiques: classique, jazz, etc.
10. À la première ___, ils ont beaucoup aimé cette musique.
11. Je ne peux pas juger cette musique: j'ai une très mauvaise ___.

D **Familles de mots.** Choisissez le mot qui correspond.

1. cesser
2. crier
3. enregistrer
4. perdre
5. détruire
6. définitif
7. percevoir
8. reposer
9. passer

a. la perte
b. la perception
c. un cri
d. sans cesse
e. passager
f. le repos
g. l'enregistrement
h. la destruction
i. définitivement

L'OREILLE

Nos oreilles fonctionnent sans cesse

Nos oreilles, quels appareils! Tandis que[1] nos yeux peuvent se fermer, nos oreilles, elles, restent ouvertes. Elles ne cessent d'entendre. Nuit et jour, immobiles, elles accueillent les bruits.

Notre oreille est pleine de souvenirs

Il y a longtemps que vous entendez, bien longtemps! Dans le ventre de votre mère déjà, vous aviez deux oreilles qui entendaient. De là, vous entendiez vivre le monde des hommes. Les voix, les musiques, les bruits d'engins, tout vous parvenait[2], feutré[3]. Ainsi, par vos oreilles, vous avez eu vos premiers contacts avec le monde extérieur.

Notre oreille veille à[4] notre sécurité

Nous n'avons pas d'yeux derrière la tête, mais nos deux oreilles nous signalent les dangers que nous ne voyons pas: le klaxon de la voiture qui arrive à toute vitesse, la sirène d'alarme qui nous tire du sommeil pour nous permettre de fuir[5] l'incendie[6]. Grâce à[7] notre oreille, nous courons moins de dangers.

Nous avons soif de sons

Le son, c'est la vie. Nous aimons l'entendre, le produire. Quand nous sommes joyeux, que nous faisons la fête, nous chantons, nous rions, nous crions, nous applaudissons. Dans certaines prisons, le silence total a été utilisé comme une sorte de torture: il rendait souvent les gens fous[8] d'angoisse.

Le bruit peut-il blesser?

Notre oreille perçoit bien la différence entre un son faible et un son fort. L'intensité d'un son se mesure en décibels, avec un sonomètre.

Zéro décibel correspond à la force du bruit le plus faible que l'oreille peut entendre. Cela ne se trouve à peu près jamais. Même dans une campagne très calme, la nuit, le sonomètre enregistre toujours quelques décibels.

À partir de 90 décibels, l'oreille se fatigue. À 130 décibels, on commence à ressentir de la douleur[9]. Au-dessus de 150 décibels, l'oreille se détruit: on est définitivement sourd.

---

[1] **tandis que**   *while*
[2] **parvenait**   *reached*
[3] **feutré**   *filtered*
[4] **veille à**   *looks out for*
[5] **fuir**   *to flee*
[6] **incendie**   *fire*
[7] **grâce à**   *thanks to*
[8] **fous**   *crazy*
[9] **ressentir de la douleur**   *to feel pain*

Faut-il faire la guerre[1] aux décibels? Pas nécessairement, car le bruit est parfois agréable: la musique, le chant des oiseaux, le vent dans les arbres, une voix que l'on aime… Ces sons n'ont aucun rapport avec ceux des marteaux-piqueurs, sirènes et autres engins bruyants.

Vous qui êtes «branché[2]», débranchez[3] un instant votre walkman pour lire ce qui suit. Vous y trouverez «tout ce que vous avez toujours voulu savoir sur le bruit, sans oser[4] le demander».

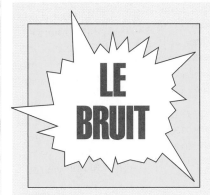

LE BRUIT

LA MUSIQUE, C'EST DU BRUIT?

Oui et non, les dictionnaires ne sont pas d'accord. Distinguons:

■ *le son*, terme général qui désigne toutes les ondes[5] qui parviennent[6] à notre oreille qu'elles soient agréables ou désagréables;

■ *le bruit*, ensemble de sons non désirés ou non contrôlés.

Mais les définitions ont des limites: le reggae, la musique des Andes, le Rock'n roll, les percussions, pour certains constituent un ensemble harmonieux, pour d'autres une cacophonie.

Et pour aller plus loin, définissons les principales caractéristiques du son et du bruit.

[1] **la guerre**   *war*   [3] **débranchez**   *unplug*   [5] **ondes**   *waves*
[2] **branché**   *"with it," cool* (lit.: *plugged in*)   [4] **oser**   *to dare*   [6] **parviennent**   *reach*

Un son a une certaine intensité (force) qui se mesure en décibels (la voix humaine est environ de 55 db, le bruissement[7] des feuilles en forêt 30 db, un orchestre de musique pop 110 db). Il a aussi une fréquence, c'est-à-dire que le son produit est plus ou moins haut, plus ou moins aigu, cette mesure s'exprime en Hertz.

L'oreille humaine ne perçoit pas toutes les fréquences existantes: en dessous de 16 Hz on n'entend rien, c'est le domaine des infrasons que l'on peut percevoir par le toucher. Au-delà de 16.000 Hz, nous n'entendons rien non plus, ce sont les ultra-sons que certains animaux perçoivent (c'est le principe utilisé pour les sifflets des chiens, le maître n'entend rien mais son chien accourt[8]).

LE BRUIT, C'EST MAUVAIS POUR LA SANTÉ?

Distinguons bruits désagréables (craie qui crisse sur le tableau), bruits gênants[9] (le marteau du voisin quand on essaie d'apprendre un cours), bruits dangereux (explosion proche). Il n'y a pas d'adaptation de l'oreille au niveau[10] d'un bruit. Même lorsqu'on croit s'y être habitué, on est touché par le bruit. C'est ainsi qu'on peut devenir sourd, malade, avoir des problèmes nerveux parce que l'on a été soumis longtemps à un bruit élevé (c'est le cas dans certaines professions…) ou parce que l'on a entendu un bruit brusque très important (explosion).

En résumé, l'oreille peut subir[11] deux sortes de traumatismes:

■ *une fatigue passagère*, il suffit alors de rester au calme pendant un certain temps pour retrouver ses facultés auditives;

■ *une lésion définitive*, alors là, il faut un appareil (prothèse auditive).

LE WALKMAN: POUR OU CONTRE? L'AVIS DU MÉDECIN

Le walkman n'est pas un objet dangereux en soi. Le seul vrai risque pour la santé résulterait d'une écoute prolongée de musique à forte intensité. L'oreille «se fatigue» et le sujet perdrait une partie de sa faculté auditive pendant quelques heures. Si cette opération se renouvelle souvent, la perte de capacité auditive peut devenir définitive.

Mais en fait, les vrais risques du walkman résident plutôt dans les conséquences «psychologiques» de l'écoute. Absorbé par l'audition d'un morceau musical, on ne verra peut-être pas une voiture arriver, on réagira moins vite au danger.

En bref, un conseil valable lorsqu'on écoute de la musique à un niveau sonore assez élevé (walkman ou chaîne hifi): FAIRE DES PAUSES pour permettre aux membranes de l'oreille interne de se reposer. En effet, sous l'action du bruit, elles vibrent en permanence et elles ont besoin d'un temps de repos pour reprendre leur place.

---

[7] **le bruissement**   *rustling*
[8] **accourt**   *comes running*
[9] **gênants**   *bothersome, annoying*
[10] **niveau**   *level*
[11] **subir**   *be subjected to*

Compréhension

A **Tout sur l'oreille.** Répondez d'après le texte.

1. Quand les oreilles fonctionnent-elles?
2. Qu'est-ce qu'elles accueillent?
3. Qu'est-ce que notre oreille perçoit?
4. Comment l'intensité d'un son se mesure-t-elle?
5. Est-ce que l'oreille peut entendre un son à zéro décibel?
6. Quand l'oreille commence-t-elle à se fatiguer?
7. À combien de décibels commence-t-on à ressentir de la douleur?
8. Quand l'oreille se détruit-elle?
9. Comment l'oreille peut-elle nous protéger du danger? Donnez des exemples.

B **Oui ou non?** Corrigez d'après le texte.

1. Le bruit n'est jamais agréable.
2. La musique est toujours du bruit.
3. Ce qui est considéré comme étant du bruit varie d'un individu à l'autre.

4. L'intensité d'un son se mesure en décibels.
5. Les Hertz mesurent la fréquence d'un son.
6. L'oreille perçoit toutes les fréquences existantes.

C **C'est fragile, l'oreille.** Répondez d'après le texte.

1. Donnez des exemples de bruits agréables.
2. Quelles sont les fréquences que l'oreille ne perçoit pas?
3. Quels troubles les bruits désagréables entraînent-ils?
4. Quelles sortes de traumatismes l'oreille peut-elle subir?
5. Quand le walkman peut-il être dangereux?
6. Quel conseil donne-t-on aux personnes qui utilisent un walkman?

D **Pour savoir de quoi on parle.** Définissez.

1. le son
2. le bruit
3. l'ultrason
4. l'infrason

Activités

A **Oreille = sécurité.** Écrivez un paragraphe intitulé: «Nos oreilles nous protègent».

B **Le son, c'est la vie.** Vous êtes d'accord ou pas? Expliquez comment et pourquoi en un paragraphe.

C **Pollution sonore.** Discutez avec vos camarades: donnez des exemples de pollution par le bruit, là où vous habitez.

D **Goûts sonores.** Travaillez avec un(e) camarade de classe. Chacun(e) fera une liste des bruits qu'il/elle considère agréables ou désagréables. Ensuite, comparez vos listes et voyez si vous avez des goûts communs.

RÉGIME

INTRODUCTION

Récemment, il y avait dans le magazine *Santé,* un régime pour perdre 5 kilos. Pour les gens qui veulent perdre des kilos, c'est-à-dire maigrir, il est absolument nécessaire de ne rien manger entre les repas. Il est interdit de «picorer» ou de «grignoter». Quels sont les pièges (les dangers) du grignotage? Vous le saurez en lisant l'article qui suit.

VOCABULAIRE

une pomme

un poulet

les grains de maïs

une souris

un bout de fromage

un piège

Les poulets picorent les grains de maïs.
La souris grignote des petits bouts de fromage.

éviter s'abstenir
picorer/grignoter manger peu
  mais souvent
effacer faire disparaître, éliminer
escamoter supprimer, éviter

un régime discipline observée dans
  l'alimentation (souvent pour perdre du poids)
le grignotage l'action de grignoter
un piège danger caché, qu'on ne voit pas

Exercices

A **Tu as une bonne alimentation?** Donnez des réponses personnelles.

1. Tu aimes picorer ou grignoter?
2. Qu'est-ce que tu aimes grignoter?
3. On peut grignoter quand on est au régime?
4. Tu suis un régime de temps en temps?

B **Synonymes.** Exprimez d'une autre façon ce qui est en italique.

1. Je voudrais un petit *morceau* de fromage.
2. Il est interdit de *grignoter* quand on est au régime.
3. Il faut *s'abstenir* de manger entre les repas.
4. Les «grignotis» (ce qu'on grignote) *n'éliminent pas* le besoin de faire un repas.
5. Il ne faut pas *supprimer* un repas. Il faut faire trois repas par jour.

C **Définitions.** Trouvez le mot qui correspond.

1. ce qu'on donne à picorer aux poulets
2. ce que les souris aiment bien grignoter
3. l'action de grignoter
4. danger caché
5. fruit du pommier

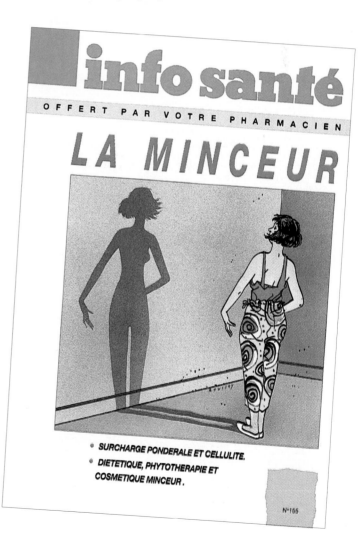

TROIS REPAS PAR JOUR PRIS À TABLE, AVEC ASSIETTE ET COUVERTS: TELLE EST LA DÉMARCHE[1] ESSENTIELLE D'UNE ALIMENTATION STRUCTURÉE ET D'UN RÉGIME EFFICACE.

LES PIÈGES DU GRIGNOTAGE

Ne replongez pas dans vos erreurs passées. Et surtout évitez les grignotages et les repas escamotés. Vous reprendriez inévitablement vos kilos, même si vous croyez ne pas trop manger.

De cette période de régime, gardez la bonne habitude de faire trois repas par jour. Pas debout, mais à table. Même pour le petit déjeuner. Avec une assiette et des couverts. C'est la démarche essentielle pour avoir une alimentation structurée. Et ne pas picorer. Les calories des «grignotis» (un petit bout de fromage par-ci, une petite pomme par-là...) sont immédiatement comptabilisées, enregistrées, utilisées par l'organisme. Et elles n'effacent pas le besoin de manger, plus tard, à l'heure où l'on doit manger. Elles s'additionnent inévitablement.

Alors, un peu de volonté[2], que diable![3] Et un verre d'eau à la place du petit bout de quelque chose. Ça, on est sûr que ça fait 0 calorie.

[1] **démarche**   *step, procedure*   [2] **volonté**   *willpower*   [3] **que diable!**   *for Pete's sake!*

Compréhension

A **Pour perdre des kilos.** Répondez d'après le texte.

1. On doit faire combien de repas par jour?
2. Où doit-on les prendre?
3. Comment doit-on les prendre?
4. Que deviennent les calories des «grignotis»?
5. Qu'est-ce qu'on doit prendre à la place du petit bout de quelque chose?
6. Pourquoi?

B **Oui ou non?** Corrigez d'après le texte.

1. Il est prudent d'escamoter un repas de temps en temps.
2. Si on mange entre les repas, on n'a plus faim à l'heure des repas.
3. On peut prendre son petit déjeuner debout.
4. On conseille de ne pas prendre de petit déjeuner.

Activités

A **Un repas équilibré.** Préparez un menu pour un repas bien équilibré en calories, vitamines, etc. Comparez votre menu avec ceux de vos camarades de classe.

B **Grignotage.** Quand on n'est pas au régime, on peut grignoter de temps en temps, mais il faut manger des choses saines, c'est-à-dire bonnes pour la santé. Préparez une liste de ce qu'il est permis de grignoter. Puis préparez une autre liste pour les «grignotis» qui ne sont pas recommandés. Travaillez avec un(e) camarade.

STRUCTURE II

Les pronoms interrogatifs et démonstratifs

Expressing "Which One(s)" and "This One," "That One," "These," or "Those"

1. The interrogative adjective *quel* means "which" or "what." The pronoun "which one(s)" is a combination of *quel* and the definite article. Review the following forms.

ADJECTIVE	PRONOUN
quel	lequel
quels	lesquels
quelle	laquelle
quelles	lesquelles

2. The interrogative pronoun must agree in gender and number with the noun to which it refers.

—J'ai lu *un livre* super.	—Ah, oui? *Lequel?*
—J'ai lu *des livres* super.	—Ah, oui? *Lesquels?*
—J'ai entendu *une cassette* super.	—Ah, oui? *Laquelle?*
—J'ai entendu *des cassettes* super.	—Ah, oui? *Lesquelles?*

3. When the question "which one(s)" is asked, one often answers with "this one," "that one," "these," or "those." These are called demonstrative pronouns. Review the following forms of the demonstrative pronouns in French.

—*Quel livre* préfères-tu?	—*Celui-là.*
—*Quels livres* préfères-tu?	—*Ceux-là.*
—*Quelle cassette* préfères-tu?	—*Celle-là.*
—*Quelles cassettes* préfères-tu?	—*Celles-là.*

4. The demonstrative pronouns are never used alone. They are followed by:

- *-là*, to single out

    —*Lequel* de ces stylos aimes-tu?
    —J'aime bien *celui-là*.

- *de* to indicate possession

    —C'est *ton livre?*
    —Non, c'est *celui de* Jean.

- *qui/que/dont* to identify

    —*Laquelle* de ces filles est ta sœur?
    —C'est *celle qui* parle à Jean.

    —*Lesquels* de ces disques as-tu écoutés?
    —J'ai écouté *ceux que* mon ami m'a recommandés.

    —*Lequel* de ces livres préfères-tu?
    —Je préfère *celui dont* le prof nous a parlé.

5. Note that *-ci* is used to refer to a person or object that is nearer the speaker and *-là* to a person or object farther away.

    —Quel livre préfères-tu: *ce livre-ci* ou *ce livre-là?*
    —*Celui-ci* est bien, mais je préfère *celui-là*.

Exercices

A **Vous ne faites pas attention à ce qu'on vous dit.** Suivez le modèle.

    —Je voudrais ce livre.
    —*Pardon, lequel voulez-vous?*
    —*Je voudrais celui-là.*

1. Je voudrais ces livres.
2. Je voudrais ce disque.
3. Je voudrais ces cassettes.
4. Je voudrais cette cassette.
5. Je voudrais ces skis.
6. Je voudrais ce dentifrice.
7. Je voudrais cette brosse à dents.

B **Vous êtes un peu dur d'oreille.** Suivez le modèle.

> —Je préfère celui-là.
> —*Excusez-moi… Lequel préférez-vous?*

1. Je préfère ceux-là.
2. Je préfère celles-là.
3. Je préfère celle-là.
4. Je préfère celui-là.

C **Lequel avez-vous choisi?** Complétez.

1. ___ de ces livres avez-vous choisi?
2. ___ de ces livres avez-vous choisis?
3. ___ de ces chansons a-t-elle chantée?
4. ___ de ces chansons a-t-elle chantées?
5. ___ de ces sports as-tu pratiqué?
6. ___ de ces sports as-tu pratiqués?

D **Un vélo neuf.** Complétez avec une forme de *celui de, celui qui/que* ou *celui dont*.

Je fais beaucoup de vélo en ce moment et j'ai envie d'acheter un vélo neuf. Je voudrais en acheter un comme ___ mon ami Marc. ₁

C'est ___ on a vraiment besoin pour faire de ₂ longues promenades en montagne. De tous les modèles, c'est ___ je préfère. ₃

Le mois prochain, nous allons faire une excursion dans les Alpes. ___ nous avons faites ₄ l'année dernière étaient vraiment formidables. J'espère que le voyage que nous allons faire cette année sera aussi amusant que ___ l'année dernière. ₅

On fait du vélo dans les Alpes–Maritimes

E **À qui est-ce?** Suivez le modèle.

> —**Tu vois les deux voitures?**
> —*Lesquelles?*
> —*Celles-ci.*
> —*Ah, oui. Celle-ci est à Robert et celle-là est à Carole.*

1. Tu vois les deux mobylettes?
2. Tu vois les deux planches à voile?
3. Tu vois les deux raquettes?
4. Tu vois les deux walkmans?
5. Tu vois les deux sacs à dos?

Les pronoms possessifs

Telling What Belongs to You and Others

1. A possessive pronoun is used to replace a noun that is modified by a possessive adjective. The possessive pronoun must agree in gender and number with the noun it replaces. Note that the possessive pronoun is accompanied by the appropriate definite article.

mon livre	*le mien*	**ma** cassette	*la mienne*
mes livres	*les miens*	**mes** cassettes	*les miennes*
ton livre	*le tien*	**ta** cassette	*la tienne*
tes livres	*les tiens*	**tes** cassettes	*les tiennes*
son livre	*le sien*	**sa** cassette	*la sienne*
ses livres	*les siens*	**ses** cassettes	*les siennes*
notre livre	*le nôtre*	**notre** cassette	*la nôtre*
nos livres	*les nôtres*	**nos** cassettes	*les nôtres*
votre livre	*le vôtre*	**votre** cassette	*la vôtre*
vos livres	*les vôtres*	**vos** cassettes	*les vôtres*
leur livre	*le leur*	**leur** cassette	*la leur*
leurs livres	*les leurs*	**leurs** cassettes	*les leurs*

—Tu as *mon billet?*
—J'ai *le mien*, mais je n'ai pas *le tien*.

—C'est *le sac de Marie-France?*
—Oui, c'est *le sien*.

—Ce sont *les valises de Pierre?*
—Oui, ce sont *les siennes*.

Note that contrary to English usage, in French the possessive pronoun agrees in gender with the object possessed (rather than the possessor).

2. Possessive pronouns are not used to express ownership in sentences with *être* where the subject is a noun or a personal pronoun. Instead, the preposition *à* is used with the stress pronoun.

Ce sac est *à moi*.	*This bag is mine.*
Cette moto est *à elle*.	*This motorcycle is hers.*

However, possessive pronouns can be used after *c'est* and *ce sont*.

—C'est *à moi* ce stylo?
—Non, c'est *le mien*.

Ma moto est plus belle que la tienne!

Exercices

A À l'aéroport. Complétez la conversation.

LUC: Yves, tu as ton billet?

YVES: Oui, j'ai ____ . Le voilà.
$$\underset{1}{}$$

LUC: Zut! Je ne sais pas ce que j'ai fait avec ____ . Où est-ce que je l'ai mis? J'espère
$$\underset{2}{}$$
que je ne l'ai pas perdu.

YVES: Non, tu ne l'as pas perdu. J'ai ____ aussi. Je l'ai mis avec ____ .
$$\underset{3}{}$$ $$\underset{4}{}$$

LUC: Alors, donne-moi ____ , s'il te plaît. Je vais le mettre avec ma carte
$$\underset{5}{}$$
d'embarquement.

YVES: Mais, calme-toi, mon vieux! Tu n'as pas ta carte d'embarquement. C'est moi
qui l'ai. J'ai ____ et ____ .
$$\underset{6}{}$$ $$\underset{7}{}$$

LUC: Tu as ____ aussi? Alors, donne-la-moi.
$$\underset{8}{}$$

B   Sa chemise ou la mienne? Refaites les phrases en utilisant des pronoms possessifs.

1. Aurélie a acheté sa chemise aux Galeries Lafayette; mais j'ai acheté *ma chemise* dans une petite boutique.
2. Nos chemises sont du même modèle, mais *ma chemise* est verte, et *sa chemise* est bleue.
3. Mais *ma chemise* a coûté plus cher que *sa chemise*.
4. Pourquoi? Parce qu'Aurélie a acheté *sa chemise* en solde, et moi pas.

C   Ma voiture ou la vôtre? Refaites les phrases en utilisant des pronoms possessifs.

—Ma voiture est une Renault. De quelle marque est *votre voiture*?
—*Ma voiture* est une Peugeot.
—Combien avez-vous payé *votre voiture*?
—*Ma voiture* a coûté soixante-cinq mille francs. Et *votre voiture*?

D   C'est à qui? Suivez le modèle.

—C'est à vous, ces livres?
—*Lesquels?*
—*Ceux-ci.*
—*Ah oui, ce sont les miens.*

1. Ces cassettes sont à vous?
2. C'est à toi, la mobylette?
3. C'est à Philippe, ce ballon?
4. Ces disques sont à Marie?
5. C'est à nous, ce billet?
6. C'est aux enfants, ce walkman?
7. Ces livres sont à nous?
8. Ces raquettes sont aux filles?
9. C'est à Christophe, cette planche à voile?

LITTÉRATURE

LE MALADE IMAGINAIRE

Molière

AVANT LA LECTURE

Vous allez lire un extrait d'une célèbre comédie de Molière (1622–1673), *Le Malade imaginaire*. Cet extrait met en scène le héros de la pièce, Argan, qui s'imagine toujours qu'il est malade—d'où le titre de la pièce. Dans cette scène, Argan parle avec sa servante, Toinette. Mais Argan ne sait pas que la personne à qui il parle est Toinette, car celle-ci est déguisée. En quoi, à votre avis? Est-ce que vous pouvez deviner?

VOCABULAIRE

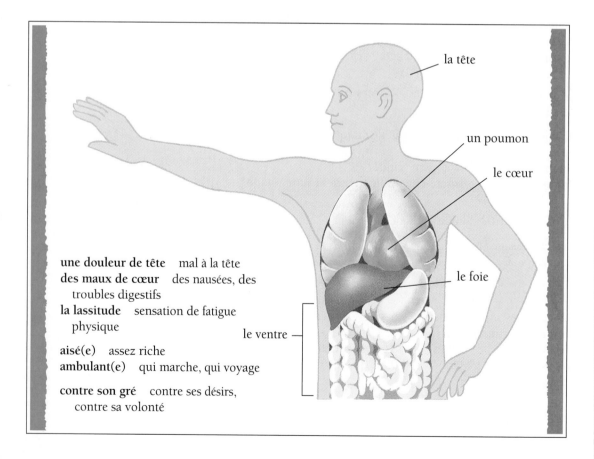

la tête

un poumon

le cœur

le foie

le ventre

une douleur de tête   mal à la tête
des maux de cœur   des nausées, des troubles digestifs
la lassitude   sensation de fatigue physique

aisé(e)   assez riche
ambulant(e)   qui marche, qui voyage

contre son gré   contre ses désirs, contre sa volonté

Exercices

A **Oui ou non?** Corrigez.

1. L'être humain a un poumon et deux cœurs.
2. Le poumon est un organe vital.
3. Le poumon est le principal organe de l'appareil respiratoire.
4. «Ventre» veut dire «abdomen».
5. Quand on a des maux de cœur ou mal au cœur, on a des troubles cardiaques.
6. Quand on a des douleurs de tête ou mal à la tête, il faut prendre de l'aspirine.
7. Quand on a mal au foie, il faut manger des aliments riches.

B **La bonne réplique.** Choisissez.

1. Il a des douleurs abdominales.
   a. Il a mal à la tête?
   b. Il a mal au ventre?
   c. Il a mal au foie?

2. Elle l'a fait contre son gré.
   a. Elle voulait le faire?
   b. Elle était contente?
   c. Elle ne voulait pas le faire?

3. Il a des maux de cœur.
   a. Il fait une crise cardiaque?
   b. Il souffre de troubles digestifs?
   c. Il a un problème pulmonaire?

4. Quelle lassitude!
   a. Tu es plein d'énergie?
   b. Tu ne peux pas dormir?
   c. Tu es fatigué?

5. Il vient d'une famille aisée.
   a. Ils sont pauvres?
   b. Ils sont riches?
   c. Ils sont assez riches?

6. Ce sont des comédiens ambulants.
   a. Ils jouent toujours dans le même théâtre?
   b. Ils voyagent dans tout le pays?
   c. Ils sont acrobates?

vie saine

nourriture équilibrée

le cœur est un muscle
qu'il faut développer
dès le plus jeune âge
et entretenir toute la vie

INTRODUCTION

Jean-Baptiste Poquelin naquit à Paris en 1622, dans une famille de bourgeois aisés. Il fit de solides études au collège de Clermont (maintenant lycée Louis-le-Grand).

Quand il était enfant, il allait souvent à la foire, voir les comédiens ambulants, et il eut très tôt la vocation du théâtre.

À vingt ans, il se fit comédien, prit le nom de «Molière» et fonda une troupe d'acteurs. C'est pour sa troupe que Molière devint auteur et écrivit une trentaine de comédies et farces.

La dernière comédie de Molière, *Le Malade imaginaire*, fut présentée en 1673. Elle met en scène un «malade imaginaire», Argan. Pour être sûr d'être bien soigné pendant le reste de sa vie, Argan veut marier, contre son gré, sa fille, Angélique, à un médecin, Thomas. Mais Angélique est amoureuse de Cléante. Elle ne veut pas épouser le médecin. À la fin de la

Molière, par Pierre Mignard

pièce, Argan consent au mariage d'Angélique et de Cléante, et il se fait lui-même médecin.

Dans la scène qui suit, Toinette, la servante d'Argan, est déguisée.

Une représentation du «Malade imaginaire», au Théâtre de l'Atelier

Le Malade imaginaire

TOINETTE

De quoi disent-ils que vous êtes malade?

ARGAN

Certains disent de la rate°*, d'autres du foie.   la rate   *spleen*

TOINETTE

Ce sont des ignorants. C'est le poumon. Que sentez-vous?

ARGAN

Je sens de temps en temps des douleurs de tête.

TOINETTE

Le poumon.

ARGAN

Il me semble que parfois° j'ai un voile devant les yeux.   parfois   *sometimes*

TOINETTE

Le poumon.

ARGAN

J'ai quelquefois des maux de cœur.

TOINETTE

Le poumon.

ARGAN

Je sens parfois des lassitudes dans tous les membres.

TOINETTE

Le poumon.

ARGAN

Et il me prend des douleurs dans le ventre.

TOINETTE

Le poumon, le poumon, vous dis-je!

MOLIÈRE, *Le Malade imaginaire*

---

* **la rate**   *17th century doctors thought it was the seat of emotions, especially melancholia*

Compréhension

A **La consultation.** Répondez d'après la lecture.

1. Qui est Argan?
2. Qui est Toinette?
3. Qui est déguisé en médecin?
4. Argan répond sérieusement à ses questions?
5. Quel est le diagnostic de Toinette?

B **C'est vous le médecin.** Faites une liste de tous les symptômes du malade.

Activité

Mort en scène. Quand Molière écrit *Le Malade imaginaire*, il est malade lui-même. Mais le roi Louis XIV lui a commandé une comédie-ballet à l'occasion du carnaval, et Molière s'est mis au travail. Il présente cette comédie en trois actes le 10 février 1673. C'est lui qui joue le rôle d'Argan. Le 17 février, pendant la quatrième représentation, la comédie tourne à la tragédie: alors que Molière est en scène, il est pris de convulsions. Il meurt quelques heures après.

Décrivez cet événement tragique, comme si vous étiez journaliste et écriviez pour un journal français de l'époque.

«Molière», sculpture qui se trouve à Avignon, devant le théâtre

KNOCK

Jules Romains

AVANT LA LECTURE

Vous allez lire un extrait d'une pièce de théâtre intitulée: *Knock ou le Triomphe de la médecine*. Dans cet extrait, il n'y a que deux personnages: Knock, qui est médecin, et le tambour de ville—ce qu'on appelait en anglais «town crier». Knock pose des questions au tambour, au sujet de sa santé. En lisant cet extrait, décidez si ces questions du médecin sont sérieuses ou pas.

VOCABULAIRE

Ça te chatouille? Tu es chatouilleux?

Il réfléchit. Il médite.

la plante des pieds

Ha! Ha! Ha! Arrête de me chatouiller!

les côtes

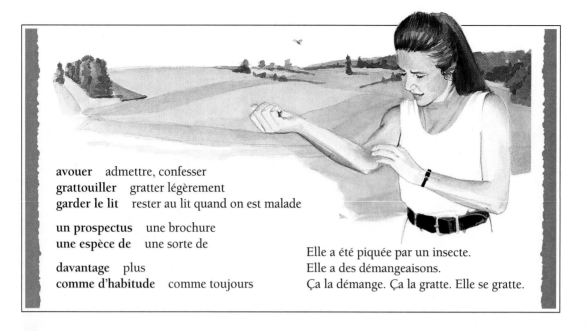

avouer admettre, confesser
grattouiller gratter légèrement
garder le lit rester au lit quand on est malade

un prospectus une brochure
une espèce de une sorte de

davantage plus
comme d'habitude comme toujours

Elle a été piquée par un insecte.
Elle a des démangeaisons.
Ça la démange. Ça la gratte. Elle se gratte.

Exercices

A **Et toi?** Donnez des réponses personnelles.

1. Ça te chatouille quand quelqu'un te touche les côtes ou la plante des pieds?
2. Tu connais des gens qui ne sont pas chatouilleux?
3. Est-ce qu'une piqûre d'insecte peut donner des démangeaisons?
4. Tu as déjà été piqué(e) par un insecte? Est-ce que ça t'a démangé(e)?
5. Tu réfléchis avant de faire quelque chose?

B **Synonymes.** Exprimez d'une autre façon ce qui est en italique.

1. Quand je me gratte, ça me démange encore *plus*.
2. Quand il a la grippe, *il ne se lève pas*.
3. Il faut *méditer* un peu.
4. Il le fait *comme toujours*.
5. Allez! *Avoue* que tu es chatouilleux!
6. J'ai été piqué par *une sorte de* gros insecte.
7. Tu as lu les *brochures* de l'agence de voyage?

C **Familles de mots.** Choisissez le mot qui correspond.

1. chatouiller   a. l'habitude
2. gratter   b. une démangeaison
3. méditer   c. chatouilleux (-se)
4. piquer   d. la méditation
5. s'habituer   e. grattouiller
6. réfléchir   f. une piqûre
7. démanger   g. la réflexion

INTRODUCTION

Jules Romains était poète et romancier. Mais il a aussi occupé une place importante dans le théâtre des années 1920–1930. En 1923, il publia *Knock ou le Triomphe de la médecine*. Cette pièce eut un énorme succès. C'est une farce satirique, dans laquelle Romains attaque le charlatanisme de certains médecins et la crédulité de leurs clients.

La pièce a lieu dans un petit village de montagne. Le vieux médecin, Paraplaid, avait très peu de clients. Il a vendu sa clientèle à Knock. Le nouveau médecin vient s'installer au village et découvre très vite que sa clientèle est presque inexistante. Il essaie donc de persuader tous les habitants du village qu'ils sont malades. Knock n'a pas beaucoup d'expérience, et il avoue lui-même qu'il a beaucoup appris en lisant les prospectus pharmaceutiques.

Une représentation de «Knock» avec le célèbre acteur Louis Jouvet dans le rôle de Knock

KNOCK

LE TAMBOUR *(après plusieurs hésitations)*: Je ne pourrai pas venir plus tard ou j'arriverai trop tard. Est-ce que ça serait un effet de votre bonté° de me donner ma consultation maintenant?

KNOCK: Heu... oui. Mais dépêchons-nous. J'ai un rendez-vous avec M. Bernard, l'instituteur, et avec M. le pharmacien Mousquet. Il faut que je les reçoive avant que les gens n'arrivent. De quoi souffrez-vous?

LE TAMBOUR: Attendez que je réfléchisse! *(Il rit.)* Voilà. Quand j'ai dîné, il y a des fois que je sens une espèce de démangeaison ici. *(Il montre son estomac.)* Ça me chatouille ou plutôt ça me grattouille.

KNOCK: *(d'un air de profonde concentration)* Attention! Ne confondons pas! Est-ce que ça vous chatouille ou est-ce que ça vous grattouille?

LE TAMBOUR: Ça me grattouille. *(Il médite.)* Mais ça me chatouille bien un peu aussi.

KNOCK: Montrez-moi exactement l'endroit.

LE TAMBOUR: Par ici.

KNOCK: Par ici? Ou cela, par ici?

LE TAMBOUR: Là, ou peut-être là... entre les deux.

KNOCK: Juste entre les deux?... Est-ce que ça ne serait pas un petit peu à gauche, là, où je mets mon doigt?

LE TAMBOUR: Il me semble bien.

KNOCK: Ça vous fait mal quand j'enfonce° mon doigt?

LE TAMBOUR: Oui, on dirait que ça me fait mal.

KNOCK: Ah! Ah! *(Il médite d'un air sombre.)* Est-ce que ça ne vous grattouille pas davantage quand vous avez mangé de la tête de veau° à la vinaigrette?

LE TAMBOUR: Je n'en mange jamais. Mais il me semble que si j'en mangeais, effectivement° ça me grattouillerait plus.

KNOCK: Ah! Ah! Très important. Ah! Ah! Quel âge avez-vous?

LE TAMBOUR: Cinquante et un. Dans mes cinquante-deux°.

KNOCK: Plus près de cinquante-deux ou de cinquante et un?

LE TAMBOUR *(Il se trouble un peu°.)*: Plus près de cinquante-deux. Je les aurai fin novembre.

KNOCK *(lui mettant la main sur l'épaule°)*: Mon ami, faites votre travail aujourd'hui comme d'habitude. Ce soir, couchez-vous de bonne heure. Demain matin, gardez le lit. Je passerai° vous voir.

Jules ROMAINS, *Knock,* © Éditions GALLIMARD

est-ce que... bonté *would you be so kind as*

enfonce *press*

tête de veau *calf's head*

effectivement *indeed, certainly*

dans mes cinquante-deux *going on fifty-two*

il se trouble un peu *he gets a little flustered*

l'épaule *shoulder*

je passerai *I'll stop by*

Compréhension

A **Dans le cabinet du docteur Knock.** Répondez d'après la lecture.

1. Pourquoi Knock est-il pressé?
2. De quoi le tambour souffre-t-il?
3. Où a-t-il une espèce de démangeaison?
4. Ça le chatouille ou ça le grattouille?
5. Ça lui fait mal quand Knock enfonce le doigt?
6. Quel âge le tambour a-t-il?
7. Quand aura-t-il cinquante-deux ans?

B **Oui ou non?** Corrigez d'après la lecture.

1. Le tambour peut expliquer les symptômes de sa maladie immédiatement.
2. Le tambour a mal au foie.
3. Le tambour mange toujours de la tête de veau à la vinaigrette.
4. Knock décide que le tambour n'a pas besoin d'une autre consultation.

C **Bien Docteur!** Expliquez:

1. le diagnostic de Knock
2. ses conseils au malade

Activités

A **Problèmes de santé.** Vous êtes médecin généraliste. Faites une liste des problèmes de santé que vous voyez le plus souvent.

B **Pour rire un peu de nos problèmes.** Avec un(e) camarade de classe, choisissez dans votre liste un problème de santé qui peut faire rire. Écrivez une petite scène satirique que vous présenterez ensuite à la classe.

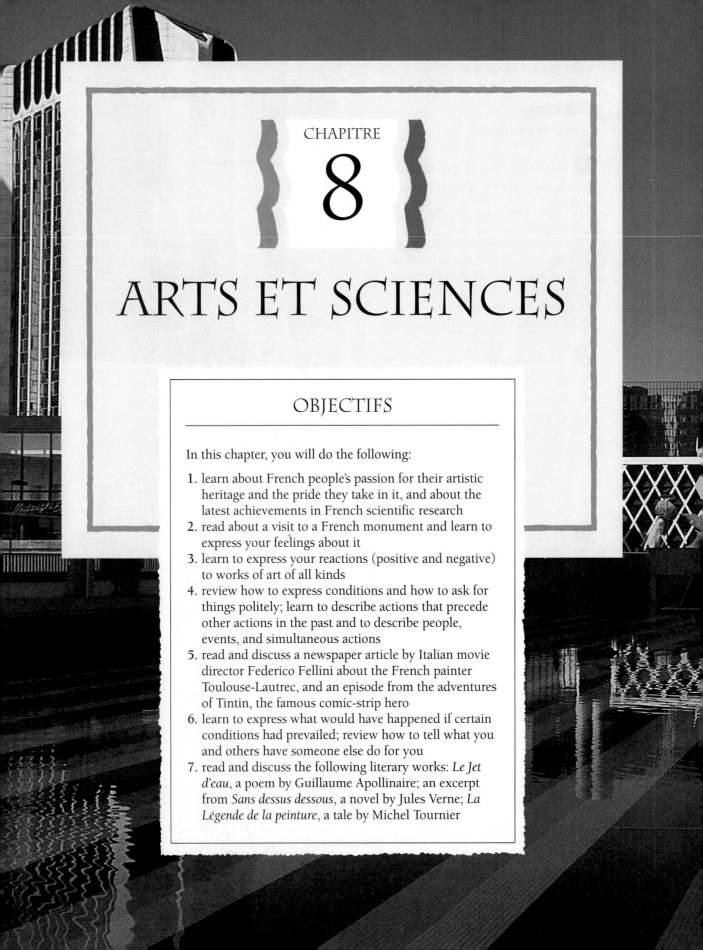

8

ARTS ET SCIENCES

OBJECTIFS

In this chapter, you will do the following:

1. learn about French people's passion for their artistic heritage and the pride they take in it, and about the latest achievements in French scientific research
2. read about a visit to a French monument and learn to express your feelings about it
3. learn to express your reactions (positive and negative) to works of art of all kinds
4. review how to express conditions and how to ask for things politely; learn to describe actions that precede other actions in the past and to describe people, events, and simultaneous actions
5. read and discuss a newspaper article by Italian movie director Federico Fellini about the French painter Toulouse-Lautrec, and an episode from the adventures of Tintin, the famous comic-strip hero
6. learn to express what would have happened if certain conditions had prevailed; review how to tell what you and others have someone else do for you
7. read and discuss the following literary works: *Le Jet d'eau*, a poem by Guillaume Apollinaire; an excerpt from *Sans dessus dessous*, a novel by Jules Verne; *La Légende de la peinture*, a tale by Michel Tournier

CULTURE

LES FRANÇAIS ET LES ARTS

L'inauguration de l'aile «Richelieu» du Grand Louvre

INTRODUCTION

Les Français sont très fiers de leur patrimoine artistique. Depuis une vingtaine d'années, on voit se succéder de vastes projets de construction dont le but est de rendre la culture accessible à tous. Rien qu'à Paris, on a vu la construction du centre Pompidou et de la Grande Arche, et la création du Musée d'Orsay et celle du Grand Louvre. Toutes ces réalisations combinent avec audace le passé et le présent, la tradition et la technologie moderne. Même si elles sont critiquées par certains, elles n'en font pas moins la fierté des Français. Le Grand Louvre en est un exemple.

un palais

une aile

un roi

Le roi est fier de son palais. Il est plein de fierté.

des vestiges

des fouilles

un chantier de fouilles archéologiques

le patrimoine   la propriété, l'héritage, la fortune, ce qui est hérité du «père»

souterrain(e)   sous la terre, en sous-sol

piétonnier(-ère)   pour les piétons seulement, pas pour les voitures

Exercices

A **Associations.** Choisissez les mots qui sont associés.

1. des fouilles
2. un musée
3. une aile
4. fier
5. une rue piétonnière
6. le patrimoine

a. un palais
b. une promenade
c. le père
d. une exposition
e. un chantier
f. la fierté

B **Définitions.** Trouvez le mot qui correspond.

1. qui est en sous-sol
2. un monarque
3. l'héritage
4. être content d'être associé
   à quelque chose ou à quelqu'un
5. lieu où on fait des fouilles
   archéologiques
6. ce qu'on trouve en faisant
   des fouilles
7. partie d'un palais

La pyramide du Louvre

LE GRAND LOUVRE

Le Grand Louvre est un espace culturel spectaculaire qui redonne à l'ancien palais des rois toute sa splendeur, et au musée une nouvelle vie. Avec en plus, en sous-sol, une ville piétonnière dédiée à l'art, et des parkings souterrains.

Point de départ: la Pyramide

Le point de départ de la visite de ce que les Français appellent déjà «le plus beau musée du monde» est la pyramide de Pei*, le monument d'art moderne qui attire le plus de

Le «Scribe assis»

La «Victoire de Samothrace»

* **Ieogh Ming Pei**   architecte américain d'origine chinoise, a conçu la pyramide de verre par laquelle les visiteurs ont accès au musée du Louvre

Buste d'Akhenaton (Aménophis IV)

visiteurs en France (5 millions par an). De là, on peut choisir entre des visites thématiques ou des visites à la carte[1], des visites en groupes ou individuelles.

Le musée s'agrandit d'une aile

Nombreux sont les visiteurs étrangers qui ont admiré «La Joconde», la «Vénus de Milo», «Le Sacre» (de Napoléon) ou la «Victoire de Samothrace». Mais étrangers et Français vont maintenant pouvoir découvrir ou redécouvrir de nombreux objets d'art, redistribués de façon plus fonctionnelle dans un espace plus vaste. En effet, le musée peut maintenant disposer de toute une aile du palais, l'aile Richelieu, qui jusqu'à ces dernières années était occupée par le ministère des Finances.

Découvert: des vestiges du premier Louvre

La vaste opération de restauration du Louvre a été entreprise[2] en 1983, lorsqu'on a mis au jour[3], sous la Cour Carrée du palais, des vestiges du premier Louvre: le château fort[4] construit en 1190 par le roi Philippe Auguste. Ce fut alors le plus grand chantier urbain de fouilles archéologiques.

---

[1] à la carte   *free-choice*
[2] entreprise   *launched*
[3] mis au jour   *brought to light*
[4] château fort   *fortified castle*

Le Grand Louvre = palais restauré + musée agrandi + …

Finalement, qu'est-ce que le Grand Louvre? C'est l'ancien palais du Louvre, restauré, modernisé, entièrement voué aux activités de musée, entouré de jardins transformés en une promenade splendide, avec en sous-sol toute une ville souterraine liée aux activités culturelles.

Visiteurs devant «La Joconde» de Léonard de Vinci

«Le Sacre» par Jacques Louis David

Compréhension

A **Le Grand Louvre.** Répondez d'après le texte.

1. Qu'est-ce que le Louvre était avant d'être un musée?
2. Quelles œuvres d'art est-ce que les touristes veulent voir en priorité quand ils visitent le Louvre?
3. Comment les visiteurs entrent-ils dans le Grand Louvre?
4. Qu'est-ce qui a permis de réorganiser le musée de façon plus fonctionnelle?
5. Qu'est-ce qu'on a découvert en faisant des fouilles sous la Cour Carrée du Louvre?
6. Depuis combien d'années le palais du Louvre est-il en existence?
7. En quoi consiste le Grand Louvre?

B **Un ville piétonnière.** Décrivez une ville piétonnière. En quoi diffère-t-elle d'une ville habituelle?

Activité

La culture. À l'heure actuelle, les Français sont passionnés de culture. La peinture, la musique, l'opéra en particulier, la danse, sont en plein renouveau de popularité. Faites une enquête sur la situation de la culture aux États-Unis, ou plus précisément dans votre région.

LA RECHERCHE SCIENTIFIQUE

INTRODUCTION

Depuis le début du XXe siècle, la science française occupe une place de tout premier plan. En physique, les noms de Pierre et Marie Curie sont associés au radium, ceux d'Irène et Frédéric Joliot-Curie à la structure de l'atome. En mathématiques, biologie et médecine, de nombreux scientifiques français ont fait des découvertes de premier ordre: le docteur Montagnier, par exemple, qui a isolé le virus du sida (Syndrome Immuno-Déficitaire Acquis) en 1983.

En France, la recherche scientifique est assurée principalement par l'État; elle est donc en majeure partie au service du bien public. Cette recherche a lieu dans de grands centres de recherche tels que l'**Institut national de santé et de la recherche médicale** (INSERM), le **Centre national d'études des télécommunications** (CNET), **le Centre national d'études spatiales** (CNES), l'**Institut Pasteur**, et, le plus important, le **Centre national de la recherche scientifique** (CNRS).

VOCABULAIRE

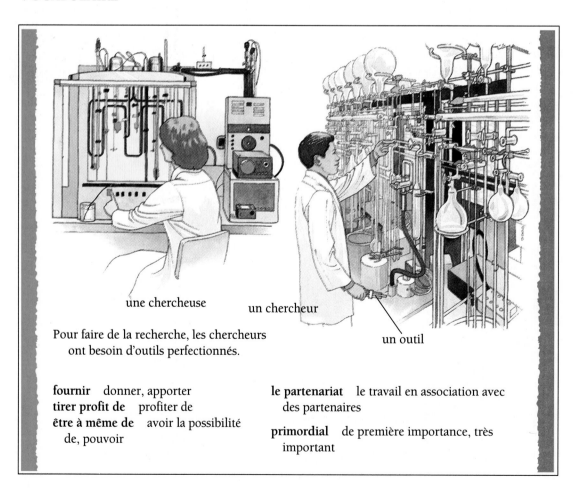

une chercheuse   un chercheur

un outil

Pour faire de la recherche, les chercheurs ont besoin d'outils perfectionnés.

fournir   donner, apporter
tirer profit de   profiter de
être à même de   avoir la possibilité de, pouvoir

le partenariat   le travail en association avec des partenaires

primordial   de première importance, très important

Exercices

A **Familles de mots.** Choisissez le mot qui correspond.

1. un partenaire _e_   a. le profit
2. des fournitures _h_   b. découvrir
3. profiter _a_   c. parfait
4. une découverte _b_   d. la recherche
5. la richesse _f_   e. le partenariat
6. la connaissance _g_   f. riche
7. un chercheur _d_   g. connaître
8. perfectionné _c_   h. fournir

B **Synonymes.** Exprimez d'une autre façon ce qui est en italique.

1. Avec des *instruments* aussi perfectionnés, ces chercheurs *ont la possibilité* de faire une découverte importante.
2. Ils *profitent* de leurs rencontres avec d'autres *personnes qui se consacrent à la recherche scientifique.*
3. Ces rencontres leur *apportent* des informations *de première importance.*
4. Cet organisme de recherche scientifique favorise le *travail en association avec des partenaires.*

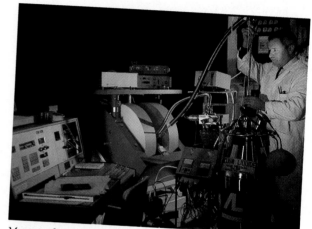

Montage d'une sonde pour l'étude des ions en phase gazeuse

Étude de magnétisme par spectroscopie à la température de l'hélium liquide

Le Centre national de la recherche scientifique

L'atout[1] de la multidisciplinarité

Dès son origine en 1939, le CNRS s'est organisé pour couvrir la totalité du champ scientifique, pour être présent dans toutes les disciplines majeures. Là réside sa principale originalité. Là est aussi sa plus grande force.

Son activité sur tous les fronts de la connaissance fournit au CNRS deux avantages primordiaux: d'une part les chercheurs tirent profit de leurs rencontres, bénéficiant des comparaisons qu'ils sont à même d'établir entre la logique, les méthodes et les outils propres à[2] leurs différentes spécialités; d'autre part, l'approche conjuguée[3] de scientifiques[4] de différents horizons favorise l'émergence et l'exploration d'une richesse de thèmes et préoccupations interdisciplinaires. Or[5], c'est aux interfaces entre disciplines que naissent de nombreuses découvertes.

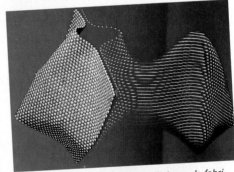

Voile souple de sphères creuses utilisé pour la fabrication d'un matériau composite alvéolaire isotrope

[1] **atout** *advantage*

[2] **propres à** *characteristic of*

[3] **conjuguée** *joint*
[4] **scientifiques** *scientists*
[5] **or** *now*

Radiotélescope de l'IRAM à Grenoble

Ouverture et partenariat

La pratique du partenariat est une caractéristique du CNRS, inscrite au plus profond de sa culture.

En permanence à l'écoute de la société, l'organisme mène[6] une constante politique d'ouverture, multipliant des liens[7] qu'il ne cesse aujourd'hui de renforcer: par son association avec les universités, les grandes écoles et les autres organismes de recherche; par ses collaborations avec de nombreuses entreprises; par ses actions d'information; par ses différents modes de coopération internationale.

Cette capacité de travail en commun et d'échanges avec ses divers partenaires est une des plus grandes richesses du CNRS. Elle lui permet d'être présent dans la majorité des découvertes et avancées scientifiques réalisées en France depuis ces cinquante dernières années.

Au cœur[8] des découvertes

De nombreux exemples récents en témoignent[9]:

•les travaux des chimistes et des physiciens sur les matériaux supraconducteurs à haute température critique, les quasi-cristaux ou encore la chimie supramoléculaire qui a valu le prix Nobel 1987 à Jean-Marie Lehn;

•la découverte du virus du sida par Luc Montagnier (directeur de recherche au CNRS) et son équipe à l'Institut Pasteur;

•l'analyse des forages[10] profonds en Antarctique et au Groenland par Claude Lorius et son équipe, qui a permis de déterminer dans des glaces vieilles de 30 000 ans les caractéristiques du climat et de l'environnement de la Terre;

•la mise au jour d'un important oppidum gaulois[11] à Bibracte, près d'Autun;

•la découverte d'un manuscrit inconnu des sermons de saint Augustin, apportant des informations inédites[12] sur l'agitation politique et religieuse en Afrique du Nord vers l'an 400.

Antenne embarquée à bord de la sonde interplanétaire Galileo d'exploration de Jupiter

[6] **mène**   carries on
[7] **liens**   connections

[8] **cœur**   heart
[9] **en témoignent**   attest to this
[10] **forages**   drilling, boring

[11] **oppidum gaulois**   Gallic citadel
[12] **inédites**   new, original

Compréhension

 Le CNRS. Répondez d'après le texte.

1. Dans quel but le CNRS a-t-il été créé?
2. Quels sont les avantages de son activité sur tous les fronts? Donnez des exemples concrets.
3. Expliquez ce qu'est le partenariat. Avec quels organismes le CNRS est-il partenaire?
4. Quel profit le CNRS tire-t-il de ce partenariat?
5. Qu'est-ce qui a valu le prix Nobel à Jean-Marie Lehn?
6. Qui est-ce qui a découvert le virus du sida?
7. Pour quelle raison Claude Lorius et son équipe ont-ils analysé des glaces de l'Antarctique et du Groenland vieilles de 30 000 ans?
8. Qu'est-ce qu'on a mis au jour à Bibracte, près d'Autun?
9. Qu'est-ce qu'on a découvert de saint Augustin?

Activités

A Thèmes de recherche.
Voici une liste de quelques thèmes de recherche au CNRS. Quels thèmes vous intéressent le plus? Pour quelles raisons?

uelques thèmes de recherche...

- Recherche polaire en coopération nationale et internationale
- Histoire du temps présent
- Communication homme/machine: informatique, robotique, langages
- Mise au point de molécules actives dans le traitement de certains cancers
- Les institutions pénales et la population carcérale
- L'étude des climats et les interactions atmosphère, océan et biosphère
- L'électronique et les semi-conducteurs
- Recherches sur les bases moléculaires des maladies
- Le chercheur, l'artiste et la production
- Projet de TGV à 2 étages
- Evolution du monde rural
- Optique et lasers
- Etude sur les modes et influences du transfert technologique
- Bosons et neutrinos
- La biodisponibilité des médicaments
- Chantiers d'archéologie: l'oppidum de Bibracte, les fours de potiers de Sallèles d'Aude
- Transformation génomique des plantes
- Dynamique et bilan de la Terre
- Recherche multidisciplinaire sur le sida: biologie, éthique, sociologie
- Astrophysique de l'univers froid: milieu interstellaire et formation d'étoiles
- Mathématiques et outils de modélisation

B **Inventions.** Voici une liste d'inventions faites par des Français, inventions qui ont changé la vie de tous les jours. Faites une liste semblable d'inventions faites par des Américains.

1826—**la photographie**
(Nicéphore Niepce)
1829—**l'alphabet pour aveugles**
(Louis Braille)
1858—**le réfrigérateur**
(Ferdinand Carré)
1859—**le moteur à explosion**
(Étienne Lenoir)
1891—**le pneu**
(les frères Michelin)
1893—**le périscope**
(T. Garnier)
1895—**le cinéma**
(les frères Lumière)
1910—**l'hydravion**
(Henri Fabre)
1952—**le four solaire**
(CNRS)

Scène d'un des premiers films français: «Le Voyage à travers l'impossible» de Georges Méliès (1904)

Photo de Daguerre: Boulevard parisien (1839)
Daguerre perfectionna l'invention de Niepce.

VISITE À LA GRANDE ARCHE

VOCABULAIRE

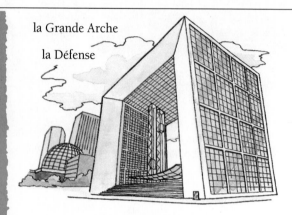

la Grande Arche

la Défense

La Grande Arche se trouve dans
le quartier de la Défense.

le toit

Ce touriste ne peut pas regarder
vers le bas: il a le vertige.

Il y a beaucoup de gens dans cet ascenseur:
ils sont serrés.

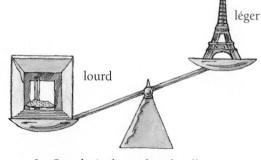

léger

lourd

La Grande Arche est lourde: elle pèse
300 000 tonnes.

La tour Eiffel, elle, est légère: elle ne pèse
que 9 000 tonnes.

être dépaysé(e)   ne pas se sentir
à l'aise dans un endroit
s'en faire   être anxieux, inquiet
se plaindre   dire qu'on n'est pas content

dire du mal de   dire des choses
pas très gentilles au sujet de

un coup d'œil   un regard rapide
à peine   presque pas

Exercices

A Quel est le mot? Complétez.

1. Il y a une terrasse sur le _toit_. De là-haut, il y a une très belle vue sur tout Paris.
2. Je ne veux pas monter en haut de la tour Eiffel. Ça va me donner le _vertige_.
3. J'ai horreur des ascenseurs. Il y a toujours plein de gens et on est trop _serrés_.
4. Quand il était bébé, il était _léger_, je pouvais le porter. Mais maintenant, je ne peux plus: il pèse trop _lourd_.
5. C'est la première fois qu'elle vient à Paris. Elle est toute _dépaysée_.
6. Ils ne sont jamais contents. Ils sont toujours en train de _plaindre_.
7. Elle est inquiète pour lui. Elle _s'en fait_.   so
8. Il m'a dit des choses pas très gentilles au sujet de Marianne. Il adore _dire du mal_ de ses amis.
9. Je n'ai presque pas dormi. J'ai _pas_ fermé l'œil.
10. Ne regarde pas vers le bas trop longtemps: un ___ suffit, sinon tu vas avoir le vertige.

B Connaissez-vous Paris? Dites de quoi il s'agit.

1. le quartier des affaires
2. un monument qui se trouve à la Défense
3. le monument place Charles-de-Gaulle
4. le monument place de la Concorde
5. un monument qui se trouve dans les jardins du Carrousel
6. le monument par lequel on a accès au musée du Louvre

La pyramide du Louvre et l'arc du triomphe de Carrousel

En route pour la Grande Arche

ROGER: Comment va-t-on à la Grande Arche? On prend un taxi?

ALAIN: Non. Ce n'est pas la peine. Avec le RER, on est à la Défense en dix minutes!

ROGER: C'est formidable le progrès! Tout ça n'existait pas la dernière fois que je suis venu à Paris.

ALAIN: Pas étonnant puisque tu ne viens pratiquement que tous les trente ans!

ROGER: Tous les trente ans, n'exagérons pas!

ALAIN: Si tu venais un peu plus souvent, tu serais moins dépaysé.

Au pied de la Grande Arche

ALAIN: Nous y voilà!

ROGER: C'est impressionnant! C'est énorme!

ALAIN: Ouais. Ça pèse 300 000 tonnes!

ROGER: 300 000 tonnes! Ben dis donc! C'est pas léger! Mais…, c'est les ascenseurs qu'on voit là dehors?

ALAIN: Oui. Tu vas voir, on a une vue formidable en montant.

ROGER: Euh, oui, mais… euh… j'ai facilement le vertige, moi.

ALAIN: Ne t'en fais pas. Tu vas aimer!

Dans l'ascenseur

ROGER: Oh, là, là. Mon pauvre estomac!

ALAIN: Regarde donc la vue au lieu de te plaindre.

ROGER: Je ne peux pas. Il y a tellement de monde, je peux à peine respirer. On est serré comme des sardines ici.

Sur le toit de la Grande Arche

ALAIN: Maintenant, tu peux voir la vue. Regarde, tu vois l'arc de triomphe de l'Étoile, et dans l'axe, l'obélisque, l'arc de triomphe du Carrousel et la pyramide du Louvre. Tu vois?

ROGER: Ah oui. C'est intéressant cette perspective.

ALAIN: Intéressant! C'est tout ce que tu trouves à dire! En un coup d'œil, tu contemples 2 000 ans d'histoire de France, mon cher!

ROGER: Il faut reconnaître que c'est un beau panorama!

ALAIN: C'est pas dans ta province qu'on voit ça, tout de même!

ROGER: Ah attention! Ne dis pas de mal de «ma province». Il y a des choses très bien à Montagnac. Ce n'est pas parce que c'est petit…

Compréhension

A **En route pour la Grande Arche.** Répondez d'après la conversation.

1. Dans quel quartier se trouve la Grande Arche?
2. Quel moyen de transport les deux amis prennent-ils pour y aller?
3. Qu'est-ce qui n'existait pas la dernière fois que Roger est venu à Paris?
4. Est-ce que Roger vient souvent à Paris?
5. Pourquoi est-ce qu'Alain lui conseille de venir plus souvent?

B **Au pied de la Grande Arche et dans l'ascenseur.** Répondez d'après la conversation.

1. Est-ce que la Grande Arche est légère? Combien pèse-t-elle?
2. Où se trouvent les ascenseurs pour monter à la terrasse?
3. Est-ce que Roger est content à la perspective de prendre l'un de ces ascenseurs? Pour quelle raison?
4. De quoi se plaint-il en montant dans l'ascenseur? Pour quelle raison?

C **Sur le toit de la Grande Arche.** Répondez d'après la conversation.

1. Quels monuments peut-on voir dans l'axe Grande Arche-Louvre?
2. Comment Roger trouve-t-il cette perspective?
3. Est-ce qu'Alain trouve que Roger montre assez d'enthousiasme?
4. Quand on voit Paris de haut, qu'est-ce qu'on contemple?
5. Est-ce que Roger habite dans une grande ville?
6. D'après vous, est-ce qu'il aimerait habiter dans une grande ville comme Paris? Pour quelles raisons?

Activités de communication

A **Votre ville.** Vous organisez la visite culturelle de votre ville (ou de la ville la plus proche) pour des amis français. Travaillez avec un groupe de camarades.

B **Paris.** Si vous n'êtes jamais allé(e) à Paris, prenez un guide (comme le guide Michelin) et organisez votre visite, en choisissant ce qui vous intéresse le plus. Travaillez avec un(e) camarade. Si vous êtes déjà allé(e) à Paris, faites un exposé oral sur votre visite.

LANGAGE

RÉACTIONS

Comment exprimer ce que vous ressentez devant un spectacle, une œuvre d'art, une réalisation technique ou scientifique?

D'une façon générale…

C'est une merveille!

Si vous avez aimé, vous pouvez dire:

C'est formidable!
C'est extraordinaire!
C'est incroyable!
C'est superbe!
C'est splendide!
C'est génial!
J'adore!
Ça m'a beaucoup plu.
J'ai été enthousiasmé(e)!
J'ai trouvé ça extra!

Si vous n'avez pas aimé, vous pouvez dire:

C'est débile!
C'est horrible!
J'ai été très déçu(e).
J'ai trouvé ça nul.

Pour un spectacle…

Si vous avez aimé, vous pouvez dire:

C'est émouvant/très drôle…
C'est plein d'humour/de poésie…
L'histoire est vraiment originale.
Les acteurs sont extraordinaires.
Les chanteurs sont de première classe.
Les décors sont superbes.
Les costumes sont splendides.
La photographie est remarquable.
J'ai pleuré comme une madeleine.
Je le (la) reverrais avec plaisir.

Si vous n'avez pas aimé, vous pouvez dire:

C'est ennuyeux à mourir.
C'est bête à pleurer.
Quel mélo!
L'histoire ne tient pas debout.
Les acteurs sont lamentables.
Les chanteurs n'ont pas de voix.

C'est minable!

Pour une exposition ou une réussite technologique…

Si vous avez aimé, vous pouvez dire:

C'est incroyable ce qu'on fait maintenant!
On n'arrête pas le progrès.
Je n'en reviens pas.
C'est à vous couper le souffle.
C'est grandiose!

Si vous n'avez pas aimé, vous pouvez dire:

C'est horrible! On dirait un(e)…
Pour le prix que ça a coûté!
Ils auraient pu mieux faire.
Ils auraient mieux fait de…
C'est horriblement laid.
C'est une honte!

Activité de communication

Exprimez vos réactions.

1. Vous êtes à une exposition de peinture avec un(e) camarade. Vous voyez un tableau que vous trouvez extraordinaire, mais que votre camarade n'aime pas du tout. Vous discutez.
2. Faites la critique d'un film, d'une pièce, d'un opéra que vous venez de voir.
3. Vous avez vu en photo la pyramide du Louvre et la Grande Arche. Quelles ont été vos réactions? Maintenant regardez ces photos. Elles montrent d'autres réalisations artistiques récentes à Paris. Quelles sont vos réactions?

Les colonnes de Buren (cour du Palais-Royal à Paris)

Sculpture de Niki de Saint-Phalle (fontaine Stravinski à Paris)

«La Géode» (Cité des Sciences de La Villette à Paris)

Le centre Pompidou à Paris

Sculpture devant l'église Saint-Eustache à Paris

Sculpture d'Arman: «L'Heure de tous» (devant la gare Saint-Lazare à Paris)

STRUCTURE I

Le conditionnel présent

Expressing Conditions

1. The present conditional is formed by adding the imperfect endings to the future stem of the verb. (For future stems of other verbs, see p. 174.)

INFINITIVE	FUTURE STEM	IMPERFECT ENDINGS	PRESENT CONDITIONAL
parler	parler	-ais	je parlerais
finir	finir	-ais	tu finirais
vendre	vendr	-ait	il vendrait
faire	fer	-ions	nous ferions
pouvoir	pourr	-iez	vous pourriez
acheter	achèter	-aient	ils achèteraient

2. The conditional is used in French to express what would take place if it were not for some other circumstances.

> J'irais bien au cinéma, mais il faut que je travaille.
> J'aimerais aller à Paris.

3. The conditional is used to make a polite request.

> Je voudrais deux billets, s'il vous plaît.
> Pourriez-vous vous pousser un peu, s'il vous plaît?

4. The conditional is used to express a future action in a past context.

> Il a dit qu'il irait avec vous à l'opéra.

Exercice

 Un petit service. Complétez au conditionnel présent.

1. ___-tu m'acheter trois billets pour samedi? (pouvoir)
2. Ça m'___, parce que sinon, je ne ___ pas y aller moi-même. (arranger, pouvoir)
3. J'___ aussi que tu m'envoies le programme pour le mois prochain. (aimer)
4. Car ça m'___ que je puisse me libérer avant ça. (étonner)
5. Philippe et Jean m'ont dit qu'ils ___ peut-être aussi. (venir)
6. Au fait, tu ___, toi aussi, venir avec nous. (pouvoir)
7. Nous ___ très heureux d'avoir ta compagnie. (être)

L'infinitif passé

Describing Actions that Occurred Prior to Other Actions

1. There are two forms of the infinitive in French—present and past. You already know the present form which you have been using to identify verbs: *aimer, répondre, sortir.* There is also a past infinitive which is composed of two parts: the infinitive of the verb *avoir* or *être* (depending on which verb the infinitive takes in the *passé composé*) and the past participle of that verb.

> **avoir fini**
> **être sorti(e)(s)**

Note that the rules of agreement for the past infinitive are the same as those for the *passé composé.*

> **Cette statue? Il est content de *l'avoir finie.***
> **Elle est contente d'*être allée* à cette exposition.**
> **Nous sommes tous désolés de *nous être trompés.***

2. The past infinitive is used to express an action that occurred prior to another one.

> **Elle est partie *sans avoir entendu* les plus belles chansons.**
> **Elle regrette beaucoup d'*être partie* avant la fin du spectacle.**

3. The past infinitive is always used after *après.*

> ***Après avoir vu* le film, elles sont allées au restaurant.**
> ***Après s'être bien amusées,* elles sont rentrées en métro.**

4. To make a past infinitive negative, *ne pas* is placed before *avoir* or *être.*

> **Elle est très heureuse de *ne pas avoir vu* cette pièce.**

Rodin: «Les Bourgeois de Calais»

Exercices

A **Le samedi de Corinne et Pierre.** Racontez ce que Corinne et Pierre ont fait samedi dernier. Lisez le modèle et continuez.

> **se lever tôt**
> *Ils se sont levés tôt.*
>
> **prendre le petit déjeuner ensemble**
> *Après s'être levés tôt, ils ont pris le petit déjeuner ensemble.*
>
> **faire du jogging dans le parc**
> *Après avoir pris le petit déjeuner ensemble, ils ont fait du jogging dans le parc.*

1. aller faire des courses en ville
2. déjeuner dans un bon restaurant
3. aller à l'exposition Degas
4. prendre quelque chose dans un café
5. voir le dernier film de Catherine Deneuve
6. dîner chez des amis
7. aller dans un cabaret
8. rentrer chez eux
9. se coucher tout de suite
10. s'endormir immédiatement

B **Et vous?** Racontez de la même façon ce que vous avez fait (véritablement) samedi dernier.

> **Je me suis levé(e) tôt/tard.**
> **Après m'être levé(e) tôt/tard,...**

C **Loisirs culturels.** Répondez aux questions suivantes. Suivez le modèle.

> —**Tu as vu l'exposition Picasso?**
> —*Non, je regrette de ne pas l'avoir vue.*

1. Tu as vu le dernier film d'Yves Montand?
2. Vous avez lu les poèmes de Prévert?
3. Il a écouté le disque d'Édith Piaf?
4. Elle a visité le musée du Louvre?
5. Ils sont allés à la Grande Arche?
6. Elles se sont amusées à la Comédie-Française?

Le participe présent

Talking About People, Events, and Successive or Simultaneous Actions

1. The present participle of all verbs, except *avoir, être,* and *savoir*, is formed by dropping the *-ons* of the "*nous*" form of the present tense and adding *-ant*.

INFINITIVE	STEM	ENDING	PRESENT PARTICIPLE
parler	parl	-ant	parlant
finir	finiss	-ant	finissant
vendre	vend	-ant	vendant
faire	fais	-ant	faisant
pouvoir	pouv	-ant	pouvant

2. The following verbs have irregular present participles.

INFINITIVE	PRESENT PARTICIPLE
avoir	ayant
être	étant
savoir	sachant

3. The present participle has a compound form. It is formed with the present participle of either *avoir* or *être* and the past participle of the verb.

> **ayant parlé**
> **étant sorti(e)(s)**

4. The present participle is used in the following cases:

- to express the reason why an action happens or happened

  Le tableau étant très célèbre, ils ont pris une grosse assurance.

- to express an action which occurred prior to the main verb (compound form only)

  Étant parti trop tard, j'ai manqué mon rendez-vous.

- to express an action occurring at the same time as another one. In such cases, the present participle is often preceded by *en*.

  Ils marchaient en chantant.   *They walked while singing (as they sang).*
  Elle m'a dit bonjour   *She said hello upon arriving.*
  en arrivant.

Exercices

A   **Sur la tour Eiffel.**   Faites une seule phrase. Utilisez *en* + le participe présent.

1. Il est monté en ascenseur. Il s'est senti mal.
2. Il a regardé en bas. Il a eu le vertige.
3. Il est allé au 3ᵉ étage. Il a découvert une vue magnifique.
4. Il a parlé au garde. Il a appris des tas de choses.
5. Il a acheté des souvenirs. Il a fait de la monnaie.
6. Il est rentré chez lui. Il s'est senti fatigué.

B   **Décisions.**   Refaites la phrase en utilisant le participe présent composé.

1. Après avoir décidé de partir, ils sont partis.
2. Après avoir été occupée toute la journée, je ne me suis pas occupée de vous.
3. Après avoir choisi un itinéraire, ils ont appelé l'agence de voyages.
4. Après avoir peint le plus beau tableau de sa vie, il s'est arrêté de peindre.
5. Après être arrivé en haut, il a décidé de redescendre immédiatement.

Toulouse-Lautrec vu par Fellini

Introduction

De nos jours, il ne fait aucun doute que le cinéma est un art: tout comme un peintre, un cinéaste peut représenter sa vision personnelle du monde qui l'entoure. Il n'est donc pas surprenant que Federico Fellini (1920–1993), l'un des cinéastes les plus influents de notre époque, exprime sa «sympathie» pour le peintre Toulouse-Lautrec (1864–1901). Tous deux, à des époques différentes et dans des pays différents, ont su décrire en images le monde fabuleux et grotesque qui les fascinait.

Toulouse-Lautrec, dans le Paris de la fin du XIXe siècle, a peint Montmartre et le monde des artistes qui y vivaient. Il est considéré comme le père de l'affiche (poster) moderne.

Federico Fellini, lui, nous a présenté l'Italie de son époque telle qu'il la voyait—riche en images, couleurs, formes—dans des films comme *La Strada, La Dolce Vita, Huit et demi, Juliette des Esprits* ou *Amarcord*.

Toulouse-Lautrec

Toulouse-Lautrec*: «Moulin Rouge, la Goulue» (le Moulin Rouge est un café-concert; la Goulue est le nom de la danseuse; le danseur au premier plan s'appelle Valentin le Désossé†)

* Henri de Toulouse-Lautrec belonged to a very old aristocratic family with ties to the royal families of France, England, and Spain. He was 5 feet tall and deformed (due to a genetic bone disease, and two falls he took while horseback riding when he was fourteen years old).

† Valentin le Désossé ("désossé" meaning "boneless" or in this case "supple") was one of the café-concert dancers whom Toulouse-Lautrec painted.

une foire

une trapéziste

un trapéziste

un écuyer

une écuyère

une marionnette

un spectacle de marionnettes

un spectacle de cirque

un regard   action de regarder; expression des yeux de celui qui regarde

un geste   mouvement des bras, des mains ou de la tête

un cinéaste   auteur ou réalisateur de films

un metteur en scène   personne qui dirige la réalisation d'un spectacle (pièce de théâtre, film, etc.)

les habits   les vêtements, costumes

les rentes   l'argent qu'on reçoit sans travailler: des intérêts, par exemple

un rentier   personne qui vit de ses rentes, qui ne travaille pas

émerveillé   fasciné

exprimer   dire, donner ses impressions

Exercices

Federico Fellini

A **Le monde du spectacle.** Donnez des réponses personnelles.

1. Vous aimez le monde du spectacle?
2. Vous êtes déjà allé(e) au cirque?
3. Qu'y avez-vous vu?
4. Vous êtes déjà allé(e) dans une foire?
5. Avez-vous déjà vu un spectacle de marionnettes? Où ça?
6. Allez-vous souvent au cinéma?
7. Quel est le dernier film que vous avez vu? Il y a combien de temps?
8. Quels sont vos cinéastes préférés?

B **Un cinéaste célèbre.** Complétez.

1. Il a besoin de travailler! Il ne peut pas vivre de ses ___. Ce n'est pas un ___.
2. C'est toujours lui, le ___; il ne veut jamais que quelqu'un d'autre dirige la réalisation de ses films.
3. Il s'occupe de tout, même des costumes, des ___ que portent les acteurs.
4. Il aime beaucoup montrer le monde du ___: des chanteurs, des danseurs, des acrobates, etc.
5. Il veut que les acteurs ___ leurs émotions en toute liberté.
6. Il veut voir leurs émotions dans leurs yeux, dans leur ___.
7. Il parle beaucoup avec ses mains: il fait de grands ___.
8. Je suis toujours ___ par la beauté de ses films.

Une scène de «La Strada» de Federico Fellini avec Giulietta Masina et Anthony Quinn (1954)

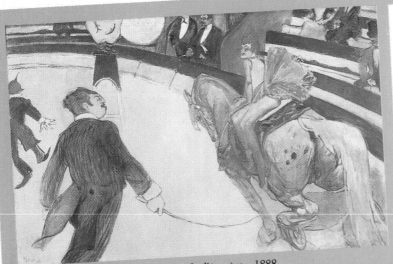

Fellini: «Le dompteur de rêves»
© Diogenes Verlag AG Zürich

Toulouse-Lautrec: «Au cirque Fernando, l'écuyère», 1888

LA FAMILLE DU SPECTACLE
Toulouse, mon frère

PAR FEDERICO FELLINI

«Il avait une mentalité de cinéaste…»

Comme Toulouse-Lautrec, j'ai toujours été fasciné par le cirque, les foires, les marionnettes, le music-hall. Comme lui aussi, je fais partie de la famille des clowns, des trapézistes, des écuyers et des chanteurs de cabaret. Enfant, je ne me demandais jamais si je serais avocat, médecin ou prêtre[1], mais peintre, oui, parce que les peintres ont gardé ce privilège de pouvoir se barbouiller de[2] couleurs sans que personne n'ose[3] protester.

Lautrec adorait le spectacle. Il avait une mentalité de cinéaste, une façon d'exprimer à travers[4] ses cadrages[5] un sentiment, une émotion, une idée qui sont ceux du metteur en scène. Toulouse n'a jamais voulu jouer les peintres aristocratiques. Il a préféré un autre genre: faiseur de BD[6], de posters, de caricatures. Toutes choses qui me le rendent très proche et me donnent l'impression de l'avoir connu.

Il aimait les femmes. Mais les autres aussi, au fond[7]. Il avait pour eux le regard émerveillé de l'enfant. Il leur serrait la taille[8], leur allongeait le nez, colorait leurs habits, enrichissait leurs regards et leurs gestes. Il voulait faire voir le monde tel qu'[9]il le voyait. Et il le voyait en perspective. Avec cette affectueuse déformation de ceux qui regardent d'en bas.

Pas plus que Toulouse-Lautrec, je n'ai le goût du grotesque. Il se trouve simplement que toute vision artistique est stylisation, synthèse, concentration, et ne peut donc être objective. Comme Toulouse encore, je gomme[10] beaucoup et je reconstruis. Quand j'ai refait le visage lisse[11] et marécageux[12] de Donald Sutherland pour «Casanova», je me suis senti tel un peintre qui récrit l'essentiel d'un personnage; tel Toulouse-Lautrec réinventant Valentin le Désossé.

C'est peut-être pour cela que, par-delà les rhétoriques faciles, cet homme incroyable ne peut que susciter[13] ma sympathie: ce visage trop lourd sur un corps trop petit, ces évidents complexes d'infériorité et d'infirmité, qui ont à coup sûr stimulé sa créativité… Il est béni des dieux[14], l'artiste qui naît avec une disgrâce, une blessure psychologique, une humiliation mortifiante qui, parce qu'il est marginal, le rendent pour ainsi dire illégitime. Ces traumatismes sont une richesse, un magasin de stockage[15] où le créateur puise[16] indéfiniment. Comme un rentier qui vivrait de ses rentes!

Propos recueillis par Marcelle Padovani

[1] **prêtre** *priest*
[2] **se barbouiller de** *to daub themselves with*
[3] **n'ose** *dare*
[4] **à travers** *through*
[5] **ses cadrages** *his way of centering, framing*
[6] **faiseur de BD** (bandes dessinées) *comic-strip artist*
[7] **au fond** *basically*
[8] **leur serrait la taille** *made their waists smaller*
[9] **tel qu'** *as*
[10] **gomme** *rub out, erase*
[11] **lisse** *smooth*
[12] **marécageux** *marshlike*
[13] **susciter** *arouse*
[14] **béni des dieux** *blessed by the gods*
[15] **un magasin de stockage** *warehouse*
[16] **puise** *draws from*

Compréhension

A **Deux artistes.** Répondez.

1. Qui parle dans cet article?
2. De qui nous parle-t-il?
3. Qu'est-ce qui a toujours fasciné les deux hommes?
4. Faites une liste des comparaisons entre les deux hommes.

B **Oui ou non?** Répondez d'après le texte.

1. Toulouse-Lautrec regardait le monde comme une vieille personne.
2. Toulouse-Lautrec adorait le grotesque.
3. Il croyait que toute vision artistique devait être objective.
4. Il voyait le monde tel qu'il était.
5. Quand il était petit, Fellini voulait être avocat.
6. Toulouse-Lautrec était cinéaste.

C **Que veut dire…?** Expliquez les phrases suivantes tirées du texte.

1. «Toulouse-Lautrec n'a jamais voulu jouer les peintres aristocratiques.»
2. «Il voulait faire voir le monde tel qu'il le voyait.»
3. «Il voyait le monde avec cette affectueuse déformation de ceux qui regardent d'en bas.»
4. «Comme Toulouse-Lautrec, je gomme et je reconstruis.»

Toulouse-Lautrec: «Portrait d'Yvette Guilbert», 1894

DATES ET HORAIRES DE PROGRAMMATION

FEVRIER

Me 20	MONTPARNASSE 19	(2)
Je 21	MONTPARNASSE 19	(2)
Ve 22	MONTPARNASSE 19	(2)
Sa 23	MONTPARNASSE 19	(2)
Di 24	MONTPARNASSE 19	(2)
Lu 25	MONTPARNASSE 19	(2)
Ma 26	MONTPARNASSE 19	(1)
Me 27	LE JOUEUR	(1)
Je 28	LE JOUEUR	

MARS

Ve 1er	LE JOUEUR	(1)
Sa 2	LE ROUGE ET LE NOIR	(3)
Di 3	LE ROUGE ET LE NOIR	(3)
Lu 4	LE ROUGE ET LE NOIR	(3)
Ma 5	LE JOUEUR	(1)
Me 6	LE ROUGE ET LE NOIR	(3)
Je 7	LE JOUEUR	(1)
Ve 8	LE ROUGE ET LE NOIR	(3)
	LE DIABLE AU CORPS *	
Sa 9	LE ROUGE ET LE NOIR	(3)
Di 10	LE JOUEUR	(1)
Lu 11	LE JOUEUR	(1)
Ma 12	LE ROUGE ET LE NOIR	(3)
Me 13	POT BOUILLE	(1)
Je 14	POT BOUILLE	(1)
Ve 15	POT BOUILLE	(1)
Sa 16	Les LIAISONS DANGEREUSES	(1)
Di 17	POT BOUILLE	(1)
Lu 18	Les LIAISONS DANGEREUSES	(1)
Ma 19	POT BOUILLE	(1)
Me 20	LA CHARTREUSE DE PARME	(3)
Je 21	LA CHARTREUSE DE PARME	(3)
Ve 22	LA CHARTREUSE DE PARME	(3)
Sa 23	L'IDIOT	(1)
Di 24	LA CHARTREUSE DE PARME	(3)
Lu 25	LA CHARTREUSE DE PARME	(3)
Ma 26	L'IDIOT	(1)
Me 27	LA RONDE	(1)
Je 28	LA RONDE	(1)
Ve 29	LA RONDE	(1)
Sa 30	LA MEILLEURE PART	(1)
Di 31	LA RONDE	(1)

AVRIL

Lu 1er	LA MEILLEURE PART	(1)
Ma 2	LA RONDE	(1)
Me 3	MONSIEUR RIPOIS	(1)
Je 4	MONSIEUR RIPOIS	(1)
Ve 5	MONSIEUR RIPOIS	(3)
Sa 6	LA CHARTREUSE DE PARME	(1)
	MONSIEUR RIPOIS	
Di 7	LA CHARTREUSE DE PARME	(3)
Lu 8	MONSIEUR RIPOIS	(1)
Ma 9	FANFAN LA TULIPE	(1)
Me 10	Les GRANDES MANOEUVRES	(1)
Je 11	LA BEAUTE DU DIABLE	(1)
Ve 12	LA BEAUTE DU DIABLE	(1)
Sa 13	LES BELLES DE NUIT	(1)
Di 14	Les GRANDES MANOEUVRES	(1)
Lu 15	LES BELLES DE NUIT	(1)
Ma 16	Les AVENTURES DE TILL	(1)
Me 17	UNE SI JOLIE PETITE PLAGE	(1)
Je 18	UNE SI JOLIE PETITE PLAGE	(1)
Ve 19	MONSIEUR RIPOIS	(1)
Sa 20	LE PAYS SANS ETOILES	(1)
Di 21	MONSIEUR RIPOIS	(1)
Lu 22	LES AVENTURES DE TILL...	(1)
Ma 23	LA FIEVRE MONTE A EL PAO	(1)
Me 24	LES ORGUEILLEUX	(1)
Je 25	LA FIEVRE MONTE A EL PAO	(1)
Ve 26	LA FIEVRE MONTE A EL PAO	(1)
Sa 27	LES ORGUEILLEUX	(1)
Di 28	LA FIEVRE MONTE A EL PAO	(1)
Lu 29	LES ORGUEILLEUX	(1)
Ma 30	LES ORGUEILLEUX	

MAI

Me 1er	LE PAYS SANS ETOILES	(1)
Je 2	TOUS LES CHEMINS MENENT..	(1)
Ve 3	LA FIEVRE MONTE A EL PAO	(3)
Sa 4	LA CHARTREUSE DE PARME	(1)
Di 5	FANFAN LA TULIPE	(1)
Lu 6	LA FIEVRE MONTE A EL PAO	(1)
Ma 7	SOUVENIRS PERDUS	(1)
Me 8	POT BOUILLE	(1)
Je 9	JULIETTE OU LA CLEF	(1)
Ve 10	LES ORGUEILLEUX	(2)
Sa 11	MONTPARNASSE 19	(1)
Di 12	POT BOUILLE	(2)
Lu 13	MONTPARNASSE 19	(1)
Ma 14	MONSIEUR RIPOIS	

HORAIRES SEANCES : (1) 12 h - 14h - 16h - 18h - 20h - 22h   (2) 12h - 14h30 - 17h - 19h15 - 21h35
(3) 14h - 17h15 - 20h40   * Séance unique 22 h

ATLAS et les ACACIAS CINEAUDIENCE présentent

Gérard Philipe
L'ETERNELLE JEUNESSE
22 FILMS A PARTIR DU 20 FEVRIER 91

L'EXPRESS PARIS

LES GENIES DU CINEMA

SOUS LE HAUT PATRONAGE DU MINISTRE DE LA CULTURE ET DE LA COMMUNICATION AVEC LE SOUTIEN DU C.N.C.

PROGRAMME

Activités

A   **Le cinéma.** En France, il y a beaucoup de ciné-clubs et les rétrospectives sont très populaires. Imaginez que vous et votre camarade allez ouvrir un ciné-club. Choisissez les films que vous allez présenter.

B   **Débat.** Fellini dit que l'infirmité de Toulouse-Lautrec «a stimulé sa créativité». On dit aussi souvent qu'on ne peut pas être créatif si on ne souffre pas. Qu'en pensez-vous?

LES AVENTURES DE TINTIN

INTRODUCTION

La bande dessinée est universelle. Elle s'adresse à des publics très différents. Il y a des bandes dessinées pour enfants, il y a celles pour adultes. Il y a des bandes dessinées qui n'ont aucune prétention intellectuelle ou artistique, d'autres qui sont de véritables œuvres d'art. En France, la bande dessinée est très appréciée. Tous les enfants connaissent les aventures de Tintin, et celle du cowboy Lucky Luke, «l'homme qui tire plus vite que son ombre» (*the man who shoots faster than his shadow*).

Vous allez lire un épisode d'une aventure de Tintin: *On a marché sur la Lune*. Comme dans toutes les aventures de Tintin, on y retrouve ses fidèles compagnons: Milou, son chien; le capitaine Haddock, un ancien marin qui jure (*swears*) tout le temps—ses jurons favoris étant «Tonnerre de Brest!» et «Mille millions de mille sabords!» (*Blistering barnacles!*); les Dupont et Dupont, deux policiers jumeaux (*twins*) qui font gaffe (*blunder*) sur gaffe. Tout ce petit monde se retrouve dans de nombreuses aventures qui se passent aux quatre coins de la planète. Mais dans l'épisode qui suit, ils viennent d'atterrir sur une autre planète: la Lune!

VOCABULAIRE

la Terre

un paysage lunaire

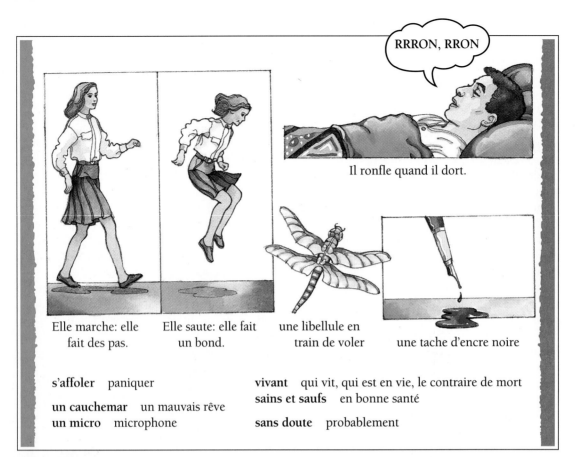

RRRON, RRON

Il ronfle quand il dort.

Elle marche: elle
   fait des pas.

Elle saute: elle fait
   un bond.

une libellule en
   train de voler

une tache d'encre noire

s'affoler   paniquer

un cauchemar   un mauvais rêve

un micro   microphone

vivant   qui vit, qui est en vie, le contraire de mort

sains et saufs   en bonne santé

sans doute   probablement

Exercices

A   Associations.   Quels mots vont ensemble?

1. ronfler	**a.** marcher
2. une étoile	**b.** la peur
3. de l'encre	**c.** l'espace
4. un pas	**d.** un bond
5. une libellule	**e.** le ciel
6. une fusée	**f.** parler
7. s'affoler	**g.** dormir
8. sauter	**h.** voler
9. un micro	**i.** un stylo

B   L'espace.   Complétez.

1. Pour aller de la ___ à la ___, il faut une fusée.
2. Sur la Lune, il n'y a pas de végétation. Le ___ est lunaire.
3. Rien ne vit sur la Lune; rien n'est ___. Tout semble ___.
4. Le paysage lunaire ressemble à un mauvais rêve, à un ___.
5. Le voyage des astronautes n'a pas été facile, mais ils sont arrivés ___ et ___.
6. On construira sans ___ prochainement une station spatiale sur la Lune.

ON A MARCHÉ SUR LA LUNE

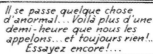

 Il se passe quelque chose d'anormal...Voilà plus d'une demi-heure que nous les appelons...et toujours rien!... Essayez encore!...

Allo, allo, ici la Terre!... J'appelle fusée lunaire!

Allo, allo, ici fusée lunaire! Ici, fusée lunaire!... J'appelle la Terre...J'appelle la Terre...

Vivants!... Ils sont vivants!...

Hourrah!...

 Ici Tournesol qui vous parle depuis la Lune!!!! Victoire!... Victoire!... Nous sommes tous sains et saufs!... Il n'y a pas eu moyen de vous parler plus tôt: des avaries[1] à la radio, provoquées sans doute par les trépidations[2] qui ont secoué[3] la fusée...Allo, avez-vous bien compris mon message?...

 Compris!...Mais ces trépidations n'ont pas cessé, dirait-on; on entend jusqu'ici des espèces de ronflements bizarres...

 Je...Hem...Non, ce n'est rien: ne vous inquiétez pas!... Ce que vous entendez...ce sont les deux policiers qui ronflent!...Ils ne sont pas encore réveillés!...

RRRON...   RRRON...

 A présent, nous allons sortir de la fusée!...Honneur au plus jeune d'entre nous: c'est Tintin qui a été désigné pour être le premier homme à fouler[4] le sol de la Lune!...Il vient de descendre pour s'équiper...C'est lui-même qui vous décrira, au micro, ses premières impressions... Je vous mets en communication avec lui...A tout à l'heure...

 Allo, allo, ici Tintin!...Je viens de revêtir mon scaphandre[5] et me voici dans le sas, ce compartiment dans lequel on va bientôt faire le vide[6]. C'est le capitaine Haddock qui s'occupe de la manœuvre...J'attends ses dernières instructions...

 Allo, allo, ici le capitaine!...Pression zéro...Les échelons mobiles[7] sont en place...Vous y êtes?... Attention !...J'ouvre la porte!...

 L'instant est solennel...La porte extérieure tourne lentement sur ses gonds et...

 OOOOOOH!...

?   ?

 Oooh!...Quel spectacle hallucinant!

 C'est...comment vous le décrire?... un paysage de cauchemar, un paysage de mort, effrayant de désolation...Pas un arbre, pas une fleur, pas un brin d'herbe... Pas un oiseau, pas un bruit, pas un nuage... Dans le ciel, d'un noir d'encre, il y a des milliers d'étoiles...

 ...mais immobiles, glacées, sans ce scintillement qui, de la Terre, nous les fait paraître si vivantes!...

---

¹ avaries *damage*
² trépidations *vibrations*
³ ont secoué *shook*
⁴ fouler *to tread*
⁵ scaphandre *space suit*
⁶ faire le vide *create a vacuum*
⁷ les échelons mobiles *accommodation ladder*

Mais déjà je ne suis plus seul... Voilà le capitaine qui vient me rejoindre...

Sur la Lune!... C'est prodigieux!. Je me promène sur la Lune!... Je marche...je cours...je saute...

Ça, par exemple!... Quel bond!

Ha!ha!ha!Vous voyez, capitaine, que sur la Lune, la pesanteur[9] est RÉELLEMENT six fois moindre[10] que sur la Terre!...

Le plus fort,[11] tonnerre de Brest, c'est que je savais.... Mais je l'avais complètement oublié!

Là!...Regardez!...La Terre!...Notre bonne vieille Terre, qui nous apparaît quatre fois plus large que le disque lunaire, tel que nous le voyons de la Terre...

Pourvu que[12] nous puissions un jour y retourner!

Allo, Tintin... Voici Milou qui vient vous rejoindre... Moi je descendrai ensuite.

WOUAAAAH !

Tu vois bien qu'il n'y a pas de quoi s'affoler.

Ah! tu trouves ça, toi!

En tous cas, je ne suis pas fâché de pouvoir me dégourdir les pattes[13]!

Nom d'un homme; voilà que je me mets à voler comme une libellule!

Sur la Lune!... Dire qu'on se promène tranquillement sur la Lune!...Ce Tournesol, quel type formidable !

(À suivre...)

---

[8] prodigieux *prodigious, fantastic*
[9] la pesanteur *gravity*

[10] moindre *less*
[11] le plus fort... c'est que *the amazing thing... is*

[12] pourvu que *let's hope that*
[13] me dégourdir les (jambes) pattes *to stretch my legs*

* Nom d'un homme! *Milou's version (a dog's) of the expression "Nom d'un chien!" which means "Golly! Gee!"*

Compréhension

A   Suspense.   Répondez d'après le texte.

1. Pourquoi les ingénieurs sur la Terre s'inquiètent-ils?
2. Qui répond à l'appel de la Terre?
3. Où sont nos amis?
4. Qui ronfle?
5. Qui va sortir le premier de la fusée? Pourquoi?
6. Comment Tintin décrit-il le paysage lunaire?
7. Quelle est la réaction du capitaine Haddock quand il met le pied sur la Lune?
8. Quelle est celle de Milou?
9. Quel est l'effet de la pesanteur lunaire sur nos trois amis?

B   On a marché sur la Lune.   Cette bande dessinée a été écrite bien avant que l'homme n'ait vraiment marché sur la Lune. Essayez de deviner en quelle année cette bande dessinée a paru. Vous savez certainement en quelle année et qui a marché sur la Lune pour la première fois. Pour savoir la réponse à ces deux questions, regardez en bas de la page.

   Imaginez maintenant que c'est vous qui marchez sur la Lune pour la première fois. Utilisez le vocabulaire de ce texte pour décrire vos impressions.

Activités

A   La suite.   La dernière image de cet épisode montre que quelque chose va arriver à nos héros. Imaginez ce que c'est.

B   Vos héros.   Avec un(e) camarade, vous discutez des mérites de vos héros de bande dessinée préférés.

C   Votre propre BD.   Avec un groupe de camarades, faites votre propre BD. Il vous faudra combiner trois éléments:

—une histoire courte racontée en images
—un personnage central ou un groupe de personnages centraux
—un texte ou des dialogues écrits à l'intérieur des dessins.

Réponses

• *Cette bande dessinée a paru en 1953.*
• *Neil Armstrong a été le premier être humain à marcher sur la Lune, le 21 juillet 1969.*

D **Débat: les bandes dessinées.** Les parents et les professeurs n'aiment pas toujours que les jeunes lisent des bandes dessinées. En effet, ils trouvent souvent que les bandes dessinées ne sont pas éducatives et qu'au lieu de développer l'esprit, elles le déforment. Qu'en pensez-vous? Préparez vos arguments avant de débattre avec vos camarades.

STRUCTURE II

Le conditionnel passé

Expressing What Would Have Happened Under Certain Conditions

1. The conditional perfect is formed by using the present conditional of *avoir* or *être* and the past participle of the verb.

INFINITIVE	FINIR	SORTIR
PAST CONDITIONAL	j' aurais fini	je serais sorti(e)
	tu aurais fini	tu serais sorti(e)
	il aurait fini	il serait sorti
	elle aurait fini	elle serait sortie
	nous aurions fini	nous serions sorti(e)s
	vous auriez fini	vous seriez sorti(e)(s)
	ils auraient fini	ils seraient sortis
	elles auraient fini	elles seraient sorties

2. The conditional perfect is used to express what would have happened or what the situation would have been, if conditions had been different.

> **Dans ce cas-là, j'aurais refusé.**
> **Je serais bien allée avec vous, mais j'avais du travail à faire.**

Exercice

 Pas possible. Complétez.

1. J'___ essayer, mais j'avais peur de ne pas réussir. (pouvoir)
2. J'___ dormir mais je n'avais pas sommeil. (vouloir)
3. J'___ quelque chose, mais le frigidaire était vide. (manger)
4. Je l'___ mais je n'avais pas d'argent. (acheter)
5. J'___ quelque chose, mais le café était fermé. (boire)
6. J'___ quelque chose, mais j'avais peur de prendre la parole. (dire)

Les propositions avec *si*   *Expressing Conditions*

A clause beginning with *si* is often used in conditional sentences. In French, sentences with *si* use a particular sequence of tenses.

SI + PRÉSENT	FUTUR/IMPÉRATIF
Si elle a le temps,	elle ira au cinéma.
Si vous avez le temps,	allez au cinéma!

SI + IMPARFAIT	CONDITIONNEL PRÉSENT
Si elle avait le temps,	elle irait au cinéma.

SI + PLUS-QUE-PARFAIT	CONDITIONNEL PASSÉ
Si elle avait eu le temps,	elle serait allée au cinéma.

Do not confuse *si* (if) with the *si* that means "whether." *Si* meaning "whether" can take any tense.

Je ne sais pas si Paul viendra avec nous.

Exercices

A **Oui ou non.** Répondez personnellement.

1. Si tu as le temps, tu iras au théâtre?
2. Si tu avais le temps, tu irais au théâtre?
3. Si tu avais eu le temps, tu serais allé(e) au théâtre?
4. Si tu as de l'argent, tu iras en Chine?
5. Si tu avais de l'argent, tu irais en Chine?
6. Si tu avais eu de l'argent, tu serais allé(e) en Chine?

B **Avec des si.** Dites ce que vous feriez si…

1. vous aviez un an de vacances.
2. vous aviez beaucoup d'argent.
3. vous parliez vingt langues étrangères.
4. vous étiez président des États-Unis.

C **Dans le passé.** Dites ce que vous auriez pu faire, voir, aimer, si…

1. vous aviez vécu au 17e siècle.
2. vous étiez né(e) en 1850.
3. vous aviez eu 20 ans en 1910.

D **Toujours dans le passé.** Maintenant dites ce que vous n'auriez pas pu faire, voir, aimer.

Le *faire* causatif

Telling What You and Others Have People Do for You

An important use of the verb *faire* in French is in causative constructions.

1. A causative construction is used to express what one makes another do. In a causative construction, the verb *faire* is followed by an infinitive.

Je *fais chanter* les enfants.	*I make (have) the children sing.*
Je *fais restaurer* un tableau.	*I have a painting restored.*
Il *fait construire* une maison.	*He's having a house built.*

2. When object pronouns are used, they precede the verb *faire*.

Je fais chanter *la chanson.*	Je *la* fais chanter.
Je fais chanter *les enfants.*	Je *les* fais chanter.
Je fais chanter *la chanson aux enfants.*	Je *la leur* fais chanter.

3. In the *passé composé*, the past participle of the verb *faire* does not agree with the preceding direct object pronoun since the pronoun is actually the object of the infinitive that follows the verb *faire*.

Il a fait restaurer *la statue.*	Il *l'*a fait restaurer.

4. A causative construction is often reflexive. In that case, the auxiliary *être* is used in the *passé composé*. Note that again, there is no agreement of the past participle *fait*.

Elle *s'est fait faire* une robe.	*She had a dress made for herself.*
Il *s'est fait couper* les cheveux.	*He had his hair cut.*

Un homme restaurant un tableau ancien

Exercices

A **Leur nouvelle maison.** Ils ne vont pas le faire eux-mêmes. Dites ce qu'ils vont faire.

1. restaurer la façade
2. réparer les meubles
3. repeindre les pièces
4. nettoyer la cave
5. planter des fleurs dans le jardin
6. refaire la route

B **Encore une fois.** Récrivez les phrases de l'Exercice A en remplaçant les noms par des pronoms.

C **Ils ont tout fait faire.** Complétez.

1. Les peintures qu'il a fait___, je les ai vu___. Je les ai trouvé___ magnifiques.
2. Les peintures qu'il a fait___ restaurer, je les ai vu___. Je les ai trouvé___ magnifiques.
3. La robe qu'elle a fait___, je l'ai vu___. Je l'ai trouvé___ très belle.
4. La robe qu'elle a fait___ faire, je l'ai vu___. Je l'ai trouvé___ très belle.
5. Les maisons qu'ils ont fait___, je les ai vu___. Je les ai trouvé___ très belles.
6. Les maisons qu'ils ont fait___ faire, je les ai vu___. Je les ai trouvé___ très belles.

Le Musée d'Orsay

LITTÉRATURE

Le Jet d'eau

Guillaume Apollinaire

Avant la lecture

Le poète Guillaume Apollinaire disait: «Moi aussi, je suis peintre.» Dans ses *Calligrammes,* Apollinaire allie la poésie et le dessin. Connaissez-vous d'autres artistes qui allient plusieurs formes d'art?

Vocabulaire

La Guerre de 1914: les Français se battent contre les Allemands.

Les blessés saignent. Ils perdent beaucoup de sang. Le combat a été sanglant.

Elle pleure.

un laurier-rose

un jet d'eau

une fleur

Le soleil va se lever. C'est l'aube. L'eau jaillit de la fontaine.

Exercice

À la guerre. Complétez.

1. Pendant une guerre, les gens se ___.
2. Il y a beaucoup de blessés: les combats sont ___.
3. Quand on est blessé, on ___.
4. Le blessé saigne. Il perd beaucoup de ___.
5. Il est triste. Il ___.
6. Quand le soleil est sur le point de se lever, c'est l'___.
7. Le laurier-rose a de grandes ___.
8. L'eau ___ de la fontaine.

INTRODUCTION

Guillaume de Kostrowitzky, «Kostro» pour ses amis, a écrit sous le pseudonyme d'«Apollinaire».

Il est né à Rome en 1880 et a eu une vie très fantaisiste et mouvementée, au cours de laquelle il s'est lié avec de nombreux poètes, peintres et musiciens de son époque. C'est la période de l'avant-guerre de 14, une période riche en idées en tous genres. C'est le début du cubisme, par exemple, qui ne laisse aucun artiste indifférent. Apollinaire est l'ami du poète Max Jacob et des peintres Braque, Derain et Picasso.

En décembre 1914, Apollinaire s'engage volontairement dans l'armée. Il est blessé à la tête en mars 1916 et subit une trépanation. Affaibli par sa blessure, il meurt en novembre 1918 pendant l'épidémie de «grippe espagnole».

Jean Metzinger: «Apollinaire en 1914»

Le Jet d'eau

Tous les souvenirs de naguère[1]

Ô mes amis partis en guerre

Jaillissent vers le firmament[2]

Et vos regards en l'eau dormant

Meurent mélancoliquement

Où sont-ils Braque et Max Jacob

Derain aux yeux gris comme l'aube

? Où sont Raynal Billy Dalize

Dont les noms se mélancolisent

Comme des pas dans une église

Où est Cremnitz qui s'engagea[3]

Peut-être sont-ils morts déjà

De souvenirs mon âme[4] est pleine

Le jet d'eau pleure sur ma peine[5]

CEUX QUI SONT PARTIS A LA GUERRE AU NORD SE BATTENT MAINTENANT

Le soir tombe O sanglante mer

Jardins où saigne abondamment le laurier rose fleur guerrière

Guillaume APOLLINAIRE, *Calligrammes*, © Éditions GALLIMARD

---

[1] naguère *yore*
[2] le firmament *le ciel*
[3] s'engagea *enlisted*
[4] âme *soul*
[5] peine *sorrow*

Gromaire: «La Guerre»

Après la lecture

Compréhension

 Images.

1. Notez tous les mots qui suggèrent une fontaine.
2. Notez tous les mots qui suggèrent la guerre et la mort.
3. Étudiez comment ces deux thèmes finissent par se mêler (*mixing*).

Activité

Calligramme. Écrivez votre propre calligramme. Choisissez d'abord un thème, puis une forme qui conviendrait à ce thème.

SANS DESSUS DESSOUS

Jules Verne

AVANT LA LECTURE

On dit que la science a progressé plus vite ces 50 dernières années qu'elle ne l'avait fait en 500 ans. Quels sont les «événements» scientifiques que vous avez vécus?

VOCABULAIRE

La Norvège

La chaleur fait fondre le glacier.

ajouter   dire en plus
jouir de   avoir

les Joviens   les habitants de Jupiter
les Terrestriens   les habitants de la Terre

diurne   pendant le jour, pendant la journée
enchanté(e)   très content(e)
accru(e)   augmenté(e)
amoindri(e)   diminué(e)

Exercice

Quel est le mot? Complétez.

1. Oslo est la capitale de la ___.
2. Le soleil émet des ___.
3. Quand il fait chaud, il n'est pas content: il n'aime pas la ___.
4. Il aime le froid: quand il fait froid, il est ___.
5. Quand il fait chaud, les glaciers ___.
6. Il va faire beau cet été: nous allons ___ d'un bel été.
7. Il fait plus chaud depuis hier: la chaleur s'est ___.
8. Il fait moins froid depuis hier: le froid s'est ___.
9. Il fera chaud pendant la journée: les températures ___ seront comprises entre 20° et 25°.
10. Elle ne peut pas s'arrêter de parler, il faut toujours qu'elle ___ quelque chose.
11. On ne peut pas vivre sur Jupiter; il ne peut pas y avoir de ___.
12. Il y a de plus en plus d'habitants sur la Terre; il y a maintenant 5 billions de ___.

INTRODUCTION

L'extrait que vous allez lire est tiré de *Sans dessus dessous,* un roman de Jules Verne qui n'est pas aussi connu que *Vingt Mille Lieues sous les mers, De la Terre à la Lune* ou *Le Tour du Monde en quatre-vingts jours.*

Jules Verne (1828-1905) est l'écrivain qui a introduit en France le roman de science-fiction. Des années plus tard, les explorations que Jules Verne avaient décrites dans ses romans sont devenues réalités: la conquête de l'air, celle de l'espace et l'exploration sous-marine, entre autres.

Dans *Sans dessus dessous**, il s'agit d'un projet encore plus grandiose: redresser (*straighten*) l'axe terrestre. Les membres du prestigieux Gun-Club de Baltimore et son président, Mr. Barbicane, ont acheté le Pôle nord à cette fin. Dans l'extrait qui suit, Jules Verne décrit les changements qu'entraînerait le redressement de l'axe terrestre.

Caricature de Jules Verne par Gill, 1874

---

* **Sans dessus dessous** *translated literally means "without top or bottom." It is also a play on words referring to the expression* sens dessus dessous, *"topsy turvy."*

SANS DESSUS DESSOUS

Ainsi donc, d'après le problème résolu par le calculateur du Gun-Club, un nouvel axe de rotation allait être substitué à l'ancien

axe, sur lequel la Terre tourne «depuis que le monde est monde» suivant l'adage vulgaire°. En outre°, ce nouvel axe de rotation serait perpendiculaire au plan de son orbite. Dans ces conditions, la situation climatérique de l'ancien Pôle nord serait exactement égale à la situation actuelle de Trondjhem en Norvège au printemps. Sa cuirasse paléocrystique° fondrait donc naturellement sous les rayons du Soleil. En même temps, les climats se distribueraient sur notre sphéroïde comme à la surface de Jupiter. [...]

Jupiter, qui fait partie du monde solaire, comme Mercure, Vénus, la Terre, Mars, Saturne, Uranus et Neptune, circule à près de deux cents millions de lieues° du foyer° commun, son volume étant environ° quatorze cents fois celui de la Terre.

Or°, s'il existe une vie «jovienne», c'est-à-dire s'il y a des habitants à la surface de Jupiter, voici quels sont les avantages certains que leur offre ladite planète. [...]

En premier lieu, pendant la révolution diurne de Jupiter qui ne dure que 9 heures 55 minutes, les jours sont constamment égaux aux nuits par n'importe quelle° latitude—soit 4 heures 57 minutes pour le jour, 4 heures 57 minutes pour la nuit.

«Voilà, firent observer les partisans de l'existence des Joviens, voilà qui convient aux gens d'habitudes régulières. Ils seront enchantés de se soumettre à cette régularité!»

Eh bien! c'est ce qui se produirait sur la Terre, si le président Barbicane accomplissait son œuvre. Seulement, comme le mouvement de rotation sur le nouvel axe terrestre ne serait ni accru ni amoindri, comme vingt-quatre heures sépareraient toujours deux midis successifs, les nuits et les jours seraient exactement de douze heures en n'importe quel point de notre sphéroïde. Les crépuscules° et les aubes° allongeraient les jours d'une quantité toujours égale. On vivrait au milieu d'un équinoxe perpétuel, tel qu'il se produit le 21 mars et le 21 septembre sur toutes les latitudes du globe, lorsque l'astre radieux° décrit sa courbe° apparente dans le plan de l'Équateur.

«Mais le phénomène climatérique le plus curieux, et non le moins intéressant, ajoutaient avec raison les enthousiastes, ce sera l'absence de saisons!»

En effet, c'est grâce à l'inclinaison de l'axe sur le plan de l'orbite, que se produisent ces variations annuelles, connues sous les noms

l'adage vulgaire   *the common saying*

en outre   *in addition*

cuirasse paléocrystique   *ancient polar ice sheet*

lieues   *leagues*
foyer   *center*
environ   *about*
or   *now*

n'importe quelle   *any*

le crépuscule   *dusk*
l'aube   *dawn*

astre radieux   *radiant star*
décrit sa courbe   *follows its orbit*

de printemps, d'été, d'automne et d'hiver. Or, les Joviens ne connaissent rien de ces saisons. Donc les Terrestriens ne les connaîtraient plus. Du moment que le nouvel axe serait perpendiculaire à l'écliptique, il n'y aurait plus de zones glaciales ni de zones torrides, mais toute la Terre jouirait d'une zone tempérée. [...]

Le Soleil se maintiendrait immuablement° dans le plan de l'Équateur. Durant toute l'année, il tracerait pendant douze heures sa course imperturbable, en montant jusqu'à une distance du zénith égale à la latitude du lieu, par conséquent d'autant plus haut que° le point est plus voisin de° l'Équateur. [...]

Donc les jours conserveraient une régularité parfaite, mesurés par le Soleil, qui se lèverait et se coucherait toutes les douze heures au même point de l'horizon.

«Et voyez les avantages! répétaient les amis du président Barbicane. Chacun, suivant son tempérament, pourra choisir le climat invariable qui conviendra à ses rhumes ou à ses rhumatismes, sur un globe où l'on ne connaîtra plus les variations de chaleur actuellement si regrettables!» [...]

À la vérité°, l'observateur y perdrait quelques-unes des constellations ou étoiles qu'il est habitué à voir sur le champ du ciel. [...] Mais, en somme, quel profit pour la généralité des humains!

immuablement *perpetually*

d'autant plus haut que *ever higher*

plus voisin de *closer to*

à la vérité *to be honest*

Jules VERNE, *Sans dessus dessous*

APRÈS LA LECTURE

Compréhension

A **Comme sur Jupiter.** Décrivez ce qui se passe sur Jupiter, d'après le calculateur du Gun-Club.

B **Résumé.** Résumez à votre façon ce qui se passerait sur la Terre si son axe était redressé.

Activités

A **Changements.** Décrivez les changements qui se produiraient dans votre vie s'il n'y avait plus de saisons.

B **Découverte.** Quelle est la découverte scientifique de ces cinquante dernières années qui vous a le plus impressionné(e)? Pour quelles raisons? Discutez avec vos camarades et faites un sondage dans la classe.

Un membre du Gun-Club regarde la Terre.

La Légende de la Peinture

Michel Tournier

Avant la lecture

En France, la collection «Contes et Légendes (de tous les pays)» est une des lectures préférées des jeunes enfants. Les contes inspirés de mythologies grecques et latines sont aussi bien connus des enfants. Quels contes avez-vous lus? Quels contes vous sont familiers? Comparez vos réponses à celles de vos camarades. Quelle(s) conclusion(s) pouvez-vous tirer? Y a-t-il des contes que la plupart des jeunes Américains connaissent?

Vocabulaire

le plafond

un mur

le sol

un Chinois

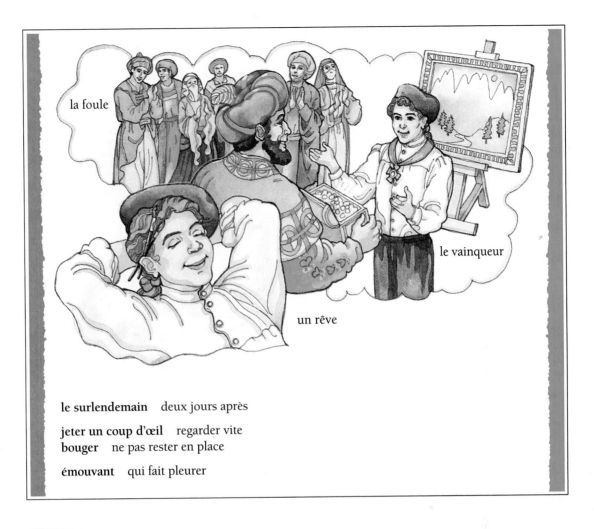

la foule

le vainqueur

un rêve

le surlendemain   deux jours après

jeter un coup d'œil   regarder vite
bouger   ne pas rester en place

émouvant   qui fait pleurer

Exercices

A   **Définitions.** Trouvez le mot qui correspond.

1. celui qui arrive le premier dans une course
2. là où on marche
3. ce qui est au-dessus de nous dans une pièce
4. beaucoup de gens
5. ce que l'on voit quand on dort
6. ce qui divise un appartement en pièces
7. un habitant de la Chine

B   **Contraires.** Trouvez le contraire.

1. jeter un coup d'œil
2. bouger
3. émouvant
4. le surlendemain

a. froid
b. deux jours avant
c. regarder fixement
d. rester en place

INTRODUCTION

Michel Tournier est né à Paris en 1924. Il est d'abord professeur de philosophie, puis, à l'âge de 43 ans, il décide de devenir écrivain. Il reçoit le prix Goncourt en 1970 pour son roman *Le Roi des Aulnes*.

«*La Légende de la Peinture*» est extraite de son livre de contes et nouvelles intitulé *Le Médianoche amoureux* publié en 1989.

LECTURE

LA LÉGENDE DE LA PEINTURE

Il était une fois° un calife° de Bagdad qui voulait faire décorer les deux murs de la salle d'honneur° de son palais. Il fit venir deux artistes, l'un d'Orient, l'autre d'Occident. Le premier était un célèbre peintre chinois qui n'avait jamais quitté sa province. Le second, grec, avait visité toutes les nations, et parlait apparemment toutes les langues. Ce n'était pas qu'un peintre. Il était également versé dans l'astronomie, la physique, la chimie, l'architecture. Le calife leur expliqua son propos° et confia à° chacun l'un des murs de la salle d'honneur.

—Quand vous aurez terminé, dit-il, la cour° se réunira en grande pompe. Elle examinera et comparera vos œuvres, et celle qui sera jugée la plus belle vaudra à son auteur une immense récompense.

Puis, se tournant vers le Grec, il lui demanda combien de temps il lui faudrait pour achever sa fresque. Et mystérieusement le Grec répondit: «Quand mon confrère° chinois aura terminé, j'aurai terminé.» Alors le calife interrogea le Chinois, lequel demanda un délai° de trois mois.

—Bien, dit le calife. Je vais faire diviser la pièce en deux par un rideau afin que vous ne vous gêniez° pas, et nous nous reverrons dans trois mois.

Les trois mois passèrent, et le calife convoqua les deux peintres. Se tournant vers le Grec, il lui demanda: «As-tu terminé?» Et mystérieusement le Grec lui répondit: «Si mon confrère chinois

il était une fois	*once upon a time*
un calife	*caliph (Moslem ruler)*
la salle d'honneur	*reception hall*
son propos	*what he wanted*
confia à	*entrusted with*
la cour	*court*
confrère	*colleague*
un délai	*time-limit*
vous ne vous gêniez pas	*you don't get in each other's way*

a terminé, j'ai terminé.» Alors le calife interrogea à son tour le Chinois qui répondit: «J'ai terminé.»

La cour se réunit le surlendemain et se dirigea en grand arroi vers° la salle d'honneur afin de juger et comparer les deux œuvres. C'était un cortège° magnifique où l'on ne voyait que robes brodées°, panaches de plumes°, bijoux d'or°, armes ciselées°. Tout le monde se rassembla d'abord du côté du mur peint par le Chinois. Ce ne fut alors qu'un cri d'admiration. La fresque figurait en effet un jardin de rêve planté d'arbres en fleurs avec des petits lacs en

se dirigea en grand arroi vers *made its way in great array toward*

un cortège *procession*

brodées *embroidered*

plumes *feathers*

bijoux d'or *gold jewels*

ciselées *chiseled*

Eugène Delacroix: «Le Sultan du Maroc avec son entourage», 1845

Intérieur d'un palais, peinture de Théodore Chassériau (1819–1856)

forme de haricot qu'enjambaient° de gracieuses passerelles°. Une
vision paradisiaque dont on ne se lassait pas° de s'emplir° les yeux.
Si grand était l'enchantement que d'aucuns° voulaient qu'on
déclarât le Chinois vainqueur du concours°, sans même jeter un
coup d'œil à l'œuvre du Grec.

    Mais bientôt le calife fit tirer le rideau qui séparait la pièce en
deux, et la foule se retourna. La foule se retourna et laissa échapper une exclamation de stupeur émerveillée.

    Qu'avait donc fait le Grec? Il n'avait rien peint du tout. Il s'était
contenté d'établir un vaste miroir qui partait du sol et montait
jusqu'au plafond. Et bien entendu ce miroir reflétait le jardin du
Chinois dans ses moindres° détails. Mais alors, direz-vous, en quoi
cette image était-elle plus belle et plus émouvante que son modèle?
C'est que le jardin du Chinois était désert et vide° d'habitants, alors
que, dans le jardin du Grec, on voyait une foule magnifique avec
des robes brodées, des panaches de plumes, des bijoux d'or et des
armes ciselées. Et tous ces gens bougeaient, gesticulaient et se
reconnaissaient avec ravissement°.

    À l'unanimité, le Grec fut déclaré vainqueur du concours.

Michel Tournier, *La Légende de la Peinture,* © Éditions Gallimard

enjambaient	*spanned*
passerelles	*small bridges*
ne se lassait pas	*didn't tire*
s'emplir	*to fill*
d'aucuns	*some people*
un concours	*competition*
moindres	*smallest*
vide	*empty*
ravissement	*rapture*

Compréhension

 L'art. À votre avis.

1. Avant de connaître la fin de l'histoire, comment expliquiez-vous la réponse mystérieuse du peintre grec?
2. D'après vous, pour quelles raisons le peintre grec a-t-il gagné?
3. Quelle est, d'après vous, la morale de cette histoire?

Activités

A **Débat.** La décision finale est-elle juste? Préparez vos arguments avant de débattre avec vos camarades.

B **Le paradis.** Décrivez ce que serait pour vous le paradis.

Henri Matisse: «Fenêtre ouverte sur Tanger»

APPENDICES

429

CARTES

LA FRANCE

L'ANGLETERRE

LES PAYS-BAS

Amsterdam

L'ALLEMAGNE

La Mer
Irlande

La Mer
du Nord

Londres

la Tamise

le Rhin

Bonn

Calais

Bruxelles

LA BELGIQUE

la Meuse

Lille

le Main

LE LUXEMBOURG

Luxembourg

Amiens

La Manche

Les Îles
Anglo-
Normandes

Cherbourg

Le Havre

Rouen

Reims

Metz

la Seine

la Marne

Strasbourg

Nancy

LES VOSGES

le Danube

Caen

la Seine

Paris

le Rhin

Brest

Troyes

Chaumont

Ballon de Guebwiller
1424 m

Mulhouse

Rennes

Le Mans

Orléans

la Saône

Dijon

Besançon

L'AUTRICHE

Angers

Tours

la Loire

Nantes

Berne

LA SUISSE

LE JURA

le Lac Léman

Poitiers

LA FRANCE

la Loire

Crêt de la Neige
1723 m

Genève

ALPES

La Rochelle

Vichy

le Rhône

Chamonix

L'Océan
Atlantique

Limoges

Clermont-
Ferrand

Lyon

Mont Blanc
4807 m

L'ITALIE

Le puy de Sancy
1886 m

St-Étienne

LES

le Pô

la Dordogne

Grenoble

Bordeaux

LE MASSIF
CENTRAL

le Rhône

Rodez

la Garonne

Nîmes

Avignon

Nice

MONACO

Bayonne

Toulouse

Montpellier

Aix-en-
Provence

Cannes

LES PYRÉNÉES

Marseille

Vignemale
3298 m

Perpignan

Toulon

L'ANDORRE

La Mer
Méditerranée

La Corse

Ajaccio

L'ESPAGNE

Madrid

N
O   E
S

0   100   200
Kilomètres

La
Sardaigne

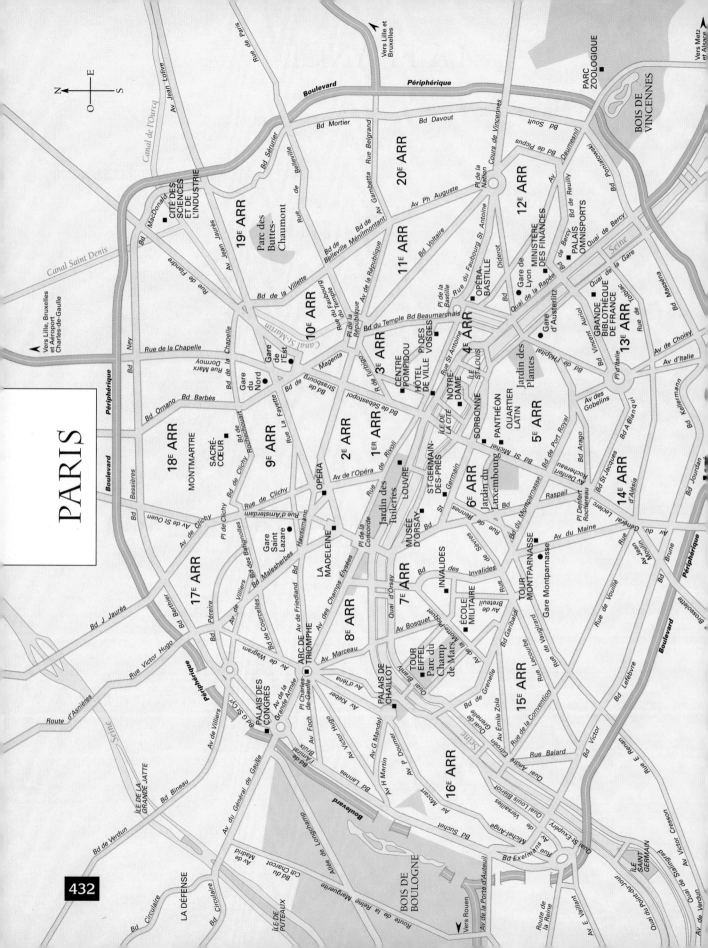

PARIS

19E ARR

CITÉ DES SCIENCES ET DE L'INDUSTRIE

Parc des Buttes-Chaumont

20E ARR

PARC ZOOLOGIQUE

BOIS DE VINCENNES

12E ARR

MINISTÈRE DES FINANCES

PALAIS OMNISPORTS

11E ARR

OPÉRA-BASTILLE

Gare de Lyon

13E ARR

GRANDE BIBLIOTHÈQUE DE FRANCE

Gare d'Austerlitz

10E ARR

Gare de l'Est

Gare du Nord

3E ARR

CENTRE POMPIDOU

HÔTEL DE VILLE

PL DES VOSGES

4E ARR

NOTRE-DAME

ÎLE ST-LOUIS

ÎLE DE LA CITÉ

18E ARR

MONTMARTRE

SACRÉ-CŒUR

9E ARR

2E ARR

1ER ARR

LOUVRE

SORBONNE

PANTHÉON

QUARTIER LATIN

5E ARR

Jardin des Plantes

17E ARR

Gare Saint Lazare

LA MADELEINE

OPÉRA

Jardin des Tuileries

MUSÉE D'ORSAY

ST-GERMAIN-DES-PRÉS

6E ARR

Jardin du Luxembourg

14E ARR

8E ARR

ARC DE TRIOMPHE

INVALIDES

7E ARR

ÉCOLE MILITAIRE

TOUR MONTPARNASSE

Gare Montparnasse

15E ARR

PALAIS DES CONGRÈS

PALAIS DE CHAILLOT

TOUR EIFFEL

Parc du Champ de Mars

16E ARR

BOIS DE BOULOGNE

LA DÉFENSE

ÎLE DE LA GRANDE JATTE

ÎLE DE PUTEAUX

ÎLE SAINT GERMAIN

LE MONDE FRANCOPHONE

L'Océan Pacifique

L'AUSTRALIE

LE VANUATU
la Nouvelle-Calédonie (Fr)

L'ASIE

LE LAOS LE VIÊT-NAM

LE CAMBODGE

L'Océan Indien

LES SEYCHELLES

l'île Amsterdam (Fr)

L'ÎLE MAURICE
la Réunion (Fr)

l'île St Paul (Fr)

les îles Crozet (Fr)

DJIBOUTI

L'AFRIQUE

LE LIBAN

L'EUROPE

LE LUXEMBOURG
LA SUISSE
MONACO
la Corse (Fr)

LA TUNISIE

LA RÉPUBLIQUE CENTRAFRICAINE

LE TCHAD

LE RUANDA
LE BURUNDI

LE CONGO
LE ZAÏRE

LES COMORES

Mayotte (Fr)

MADAGASCAR

LA BELGIQUE

Paris

LA FRANCE

L'ANDORRE

L'ALGÉRIE

LE NIGER

LE MALI

LE BURKINA-FASO

LE BÉNIN
LE TOGO
LE CAMEROUN
LE GABON

LE MAROC

LA MAURITANIE

LE SÉNÉGAL

LA GUINÉE

LA CÔTE-D'IVOIRE

L'Océan Atlantique

St-Pierre-et-Miquelon (Fr)

le Québec (le Canada)

la Guadeloupe (Fr)
la Martinique (Fr)

la Guyane française (Fr)

L'AMÉRIQUE DU SUD

HAÏTI

L'AMÉRIQUE DU NORD

la Louisiane (les États-Unis)

L'Océan Pacifique

la Polynésie française (Fr)

Tahiti

L'ANTARCTIQUE

433

VERBES

A. Verbes réguliers

INFINITIF	**parler** *to talk*		**finir** *to finish*	
INFINITIF PASSÉ	avoir parlé		avoir fini	
PRÉSENT	je parle tu parles il parle	nous parlons vous parlez ils parlent	je finis tu finis il finit	nous finissons vous finissez ils finissent
IMPÉRATIF	parle	parlons parlez	finis	finissons finissez
PASSÉ COMPOSÉ	j'ai parlé tu as parlé il a parlé	nous avons parlé vous avez parlé ils ont parlé	j'ai fini tu as fini il a fini	nous avons fini vous avez fini ils ont fini
PASSÉ SIMPLE	je parlai tu parlas il parla	nous parlâmes vous parlâtes ils parlèrent	je finis tu finis il finit	nous finîmes vous finîtes ils finirent
IMPARFAIT	je parlais tu parlais il parlait	nous parlions vous parliez ils parlaient	je finissais tu finissais il finissait	nous finissions vous finissiez ils finissaient
PLUS-QUE-PARFAIT	j'avais parlé tu avais parlé il avait parlé	nous avions parlé vous aviez parlé ils avaient parlé	j'avais fini tu avais fini il avait finit	nous avions fini vous aviez fini ils avaient fini
FUTUR	je parlerai tu parleras il parlera	nous parlerons vous parlerez ils parleront	je finirai tu finiras il finira	nous finirons vous finirez ils finiront
FUTUR ANTÉRIEUR	j'aurai parlé tu auras parlé il aura parlé	nous aurons parlé vous aurez parlé ils auront parlé	j'aurai fini tu auras fini il aura fini	nous aurons fini vous aurez fini ils auront fini
CONDITIONNEL	je parlerais tu parlerais il parlerait	nous parlerions vous parleriez ils parleraient	je finirais tu finirais il finirait	nous finirions vous finiriez ils finiraient
CONDITIONNEL PASSÉ	j'aurais parlé tu aurais parlé il aurait parlé	nous aurions parlé vous auriez parlé ils auraient parlé	j'aurais fini tu aurais fini il aurait fini	nous aurions fini vous auriez fini ils auraient fini
SUBJONCTIF PRÉSENT	que je parle que tu parles qu'il parle	que nous parlions que vous parliez qu'ils parlent	que je finisse que tu finisses qu'il finisse	que nous finissions que vous finissiez qu'ils finissent
SUBJONCTIF PASSÉ	que j'aie parlé que tu aies parlé qu'il ait parlé	que nous ayons parlé que vous ayez parlé qu'ils aient parlé	que j'aie fini que tu aies fini qu'il ait fini	que nous ayons fini que vous ayez fini qu'ils aient fini
PARTICIPE PRÉSENT	parlant		finissant	
PARTICIPE PASSÉ	parlé		fini	

Verbes réguliers

INFINITIF	**répondre** *to answer*	
INFINITIF PASSÉ	avoir répondu	
PRÉSENT	je réponds tu réponds il répond	nous répondons vous répondez ils répondent
IMPÉRATIF	réponds	répondons répondez
PASSÉ COMPOSÉ	j'ai répondu tu as répondu il a répondu	nous avons répondu vous avez répondu ils ont répondu
PASSÉ SIMPLE	je répondis tu répondis il répondit	nous répondîmes vous répondîtes ils répondirent
IMPARFAIT	je répondais tu répondais il répondait	nous répondions vous répondiez ils répondaient
PLUS-QUE-PARFAIT	j'avais répondu tu avais répondu il avait répondu	nous avions répondu vous aviez répondu ils avaient répondu
FUTUR	je répondrai tu répondras il répondra	nous répondrons vous répondrez ils répondront
FUTUR ANTÉRIEUR	j'aurai répondu tu auras répondu il aura répondu	nous aurons répondu vous aurez répondu ils auront répondu
CONDITIONNEL	je répondrais tu répondrais il répondrait	nous répondrions vous répondriez ils répondraient
CONDITIONNEL PASSÉ	j'aurais répondu tu aurais répondu il aurait répondu	nous aurions répondu vous auriez répondu ils auraient répondu
SUBJONCTIF PRÉSENT	que je réponde que tu répondes qu'il réponde	que nous répondions que vous répondiez qu'ils répondent
SUBJONCTIF PASSÉ	que j'aie répondu que tu aies répondu qu'il ait répondu	que nous ayons répondu que vous ayez répondu qu'ils aient répondu
PARTICIPE PRÉSENT	répondant	
PARTICIPE PASSÉ	répondu	

B. Verbes réfléchis

INFINITIF	**se laver** *to wash oneself*	
INFINITIF PASSÉ	s'être lavé(e)(s)	
PRÉSENT	je me lave tu te laves il se lave	nous nous lavons vous vous lavez ils se lavent
IMPÉRATIF	lave-toi	lavons-nous lavez-vous
PASSÉ COMPOSÉ	je me suis lavé(e) tu t'es lavé(e) il s'est lavé	nous nous sommes lavé(e)s vous vous êtes lavé(e)(s) ils se sont lavés
PASSÉ SIMPLE	je me lavai tu te lavas il se lava	nous nous lavâmes vous vous lavâtes ils se lavèrent
IMPARFAIT	je me lavais tu te lavais il se lavait	nous nous lavions vous vous laviez ils se lavaient
PLUS-QUE-PARFAIT	je m'étais lavé(e) tu t'étais lavé(e) il s'était lavé	nous nous étions lavé(e)s vous vous étiez lavé(e)(s) ils s'étaient lavés
FUTUR	je me laverai tu te laveras il se lavera	nous nous laverons vous vous laverez ils se laveront
FUTUR ANTÉRIEUR	je me serai lavé(e) tu te seras lavé(e) il se sera lavé	nous nous serons lavé(e)s vous vous serez lavé(e)(s) ils se seront lavés
CONDITIONNEL	je me laverais tu te laverais il se laverait	nous nous laverions vous vous laveriez ils se laveraient
CONDITIONNEL PASSÉ	je me serais lavé(e) tu te serais lavé(e) il se serait lavé	nous nous serions lavé(e)s vous vous seriez lavé(e)(s) ils se seraient lavés
SUBJONCTIF PRÉSENT	que je me lave que tu te laves qu'il se lave	que nous nous lavions que vous vous laviez qu'ils se lavent
SUBJONCTIF PASSÉ	que je me sois lavé(e) que tu te sois lavé(e) qu'il se soit lavé	que nous nous soyons lavé(e)s que vous vous soyez lavé(e)(s) qu'ils se soient lavés
PARTICIPE PRÉSENT	se lavant	
PARTICIPE PASSÉ	lavé(e)(s)	

C. Verbes avec changements d'orthographe

INFINITIF	acheter[1] *to buy*		appeler *to call*	
INFINITIF PASSÉ	avoir acheté		avoir appelé	
PRÉSENT	j'achète tu achètes il achète	nous achetons vous achetez ils achètent	j'appelle tu appelles il appelle	nous appelons vous appelez ils appellent
IMPÉRATIF	achète	achetons achetez	appelle	appelons appelez
PASSÉ COMPOSÉ	j'ai acheté tu as acheté il a acheté	nous avons acheté vous avez acheté ils ont acheté	j'ai appelé tu as appelé il a appelé	nous avons appelé vous avez appelé ils ont appelé
PASSÉ SIMPLE	j'achetai tu achetas il acheta	nous achetâmes vous achetâtes ils achetèrent	j'appelai tu appelas il appela	nous appelâmes vous appelâtes ils appelèrent
IMPARFAIT	j'achetais tu achetais il achetait	nous achetions vous achetiez ils achetaient	j'appelais tu appelais il appelait	nous appelions vous appeliez ils appelaient
PLUS-QUE-PARFAIT	j'avais acheté tu avais acheté il avait acheté	nous avions acheté vous aviez acheté ils avaient acheté	j'avais appelé tu avais appelé il avait appelé	nous avions appelé vous aviez appelé ils avaient appelé
FUTUR	j'achèterai tu achèteras il achètera	nous achèterons vous achèterez ils achèteront	j'appellerai tu appelleras il appellera	nous appellerons vous appellerez ils appelleront
FUTUR ANTÉRIEUR	j'aurai acheté tu auras acheté il aura acheté	nous aurons acheté vous aurez acheté ils auront acheté	j'aurai appelé tu auras appelé il aura appelé	nous aurons appelé vous aurez appelé ils auront appelé
CONDITIONNEL	j'achèterais tu achèterais il achèterait	nous achèterions vous achèteriez ils achèteraient	j'appellerais tu appellerais il appellerait	nous appellerions vous appelleriez ils appelleraient
CONDITIONNEL PASSÉ	j'aurais acheté tu aurais acheté il aurait acheté	nous aurions acheté vous auriez acheté ils auraient acheté	j'aurais appelé tu aurais appelé il aurait appelé	nous aurions appelé vous auriez appelé ils auraient appelé
SUBJONCTIF PRÉSENT	que j'achète que tu achètes qu'il achète	que nous achetions que vous achetiez qu'ils achètent	que j'appelle que tu appelles qu'il appelle	que nous appelions que vous appeliez qu'ils appellent
SUBJONCTIF PASSÉ	que j'aie acheté que tu aies acheté qu'il ait acheté	que nous ayons acheté que vous ayez acheté qu'ils aient acheté	que j'aie appelé que tu aies appelé qu'il ait appelé	que nous ayons appelé que vous ayez appelé qu'ils aient appelé
PARTICIPE PRÉSENT	achetant		appelant	
PARTICIPE PASSÉ	acheté		appelé	

[1] Verbes similaires: *emmener, peser, soulever*

Verbes avec changements d'orthographe

INFINITIF	**commencer**[2] *to begin*		**envoyer**[3] *to send*	
INFINITIF PASSÉ	avoir commencé		avoir envoyé	
PRÉSENT	je commence tu commences il commence	nous commençons vous commencez ils commencent	j'envoie tu envoies il envoie	nous envoyons vous envoyez ils envoient
IMPÉRATIF	commence	commençons commencez	envoie	envoyons envoyez
PASSÉ COMPOSÉ	j'ai commencé tu as commencé il a commencé	nous avons commencé vous avez commencé ils ont commencé	j'ai envoyé tu as envoyé il a envoyé	nous avons envoyé vous avez envoyé ils ont envoyé
PASSÉ SIMPLE	je commençai tu commenças il commença	nous commençâmes vous commençâtes ils commencèrent	j'envoyai tu envoyas il envoya	nous envoyâmes vous envoyâtes ils envoyèrent
IMPARFAIT	je commençais tu commençais il commençait	nous commencions vous commenciez ils commençaient	j'envoyais tu envoyais il envoyait	nous envoyions vous envoyiez ils envoyaient
PLUS-QUE-PARFAIT	j'avais commencé tu avais commencé il avait commencé	nous avions commencé vous aviez commencé ils avaient commencé	j'avais envoyé tu avais envoyé il avait envoyé	nous avions envoyé vous aviez envoyé ils avaient envoyé
FUTUR	je commencerai tu commenceras il commencera	nous commencerons vous commencerez ils commenceront	j'enverrai tu enverras il enverra	nous enverrons vous enverrez ils enverront
FUTUR ANTÉRIEUR	j'aurai commencé tu auras commencé il aura commencé	nous aurons commencé vous aurez commencé ils auront commencé	j'aurai envoyé tu auras envoyé il aura envoyé	nous aurons envoyé vous aurez envoyé ils auront envoyé
CONDITIONNEL	je commencerais tu commencerais il commencerait	nous commencerions vous commenceriez ils commenceraient	j'enverrais tu enverrais il enverrait	nous enverrions vous enverriez ils enverraient
CONDITIONNEL PASSÉ	j'aurais commencé tu aurais commencé il aurait commencé	nous aurions commencé vous auriez commencé ils auraient commencé	j'aurais envoyé tu aurais envoyé il aurait envoyé	nous aurions envoyé vous auriez envoyé ils auraient envoyé
SUBJONCTIF PRÉSENT	que je commence que tu commences qu'il commence	que nous commencions que vous commenciez qu'ils commencent	que j'envoie que tu envoies qu'il envoie	que nous envoyions que vous envoyiez qu'ils envoient
SUBJONCTIF PASSÉ	que j'aie commencé que tu aies commencé qu'il ait commencé	que nous ayons commencé que vous ayez commencé qu'ils aient commencé	que j'aie envoyé que tu aies envoyé qu'il ait envoyé	que nous ayons envoyé que vous ayez envoyé qu'ils aient envoyé
PARTICIPE PRÉSENT	commençant		envoyant	
PARTICIPE PASSÉ	commencé		envoyé	

[2] Verbe similaire: *effacer*
[3] Verbe similaire: *renvoyer*

Verbes avec changements d'orthographe

INFINITIF	**manger**[4] to eat		**payer**[5] to pay	
INFINITIF PASSÉ	avoir mangé		avoir payé	
PRÉSENT	je mange tu manges il mange	nous mangeons vous mangez ils mangent	je paie tu paies il paie	nous payons vous payez ils paient
IMPÉRATIF	mange	mangeons mangez	paie	payons payez
PASSÉ COMPOSÉ	j'ai mangé tu as mangé il a mangé	nous avons mangé vous avez mangé ils ont mangé	j'ai payé tu as payé il a payé	nous avons payé vous avez payé ils ont payé
PASSÉ SIMPLE	je mangeai tu mangeas il mangea	nous mangeâmes vous mangeâtes ils mangèrent	je payai tu payas il paya	nous payâmes vous payâtes ils payèrent
IMPARFAIT	je mangeais tu mangeais il mangeait	nous mangions vous mangiez ils mangeaient	je payais tu payais il payait	nous payions vous payiez ils payaient
PLUS-QUE-PARFAIT	j'avais mangé tu avais mangé il avait mangé	nous avions mangé vous aviez mangé ils avaient mangé	j'avais payé tu avais payé il avait payé	nous avions payé vous aviez payé ils avaient payé
FUTUR	je mangerai tu mangeras il mangera	nous mangerons vous mangerez ils mangeront	je paierai tu paieras il paiera	nous paierons vous paierez ils paieront
FUTUR ANTÉRIEUR	j'aurai mangé tu auras mangé il aura mangé	nous aurons mangé vous aurez mangé ils auront mangé	j'aurai payé tu auras payé il aura payé	nous aurons payé vous aurez payé ils auront payé
CONDITIONNEL	je mangerais tu mangerais il mangerait	nous mangerions vous mangeriez ils mangeraient	je paierais tu paierais il paierait	nous paierions vous paieriez ils paieraient
CONDITIONNEL PASSÉ	j'aurais mangé tu aurais mangé il aurait mangé	nous aurions mangé vous auriez mangé ils auraient mangé	j'aurais payé tu aurais payé il aurait payé	nous aurions payé vous auriez payé ils auraient payé
SUBJONCTIF PRÉSENT	que je mange que tu manges qu'il mange	que nous mangions que vous mangiez qu'ils mangent	que je paie que tu paies qu'il paie	que nous payions que vous payiez qu'ils paient
SUBJONCTIF PASSÉ	que j'aie mangé que tu aies mangé qu'il ait mangé	que nous ayons mangé que vous ayez mangé qu'ils aient mangé	que j'aie payé que tu aies payé qu'il ait payé	que nous ayons payé que vous ayez payé qu'ils aient payé
PARTICIPE PRÉSENT	mangeant		payant	
PARTICIPE PASSÉ	mangé		payé	

[4] Verbes similaires: *changer, exiger, nager, voyager*
[5] Verbes similaires: *appuyer, employer, essayer, essuyer, nettoyer, tutoyer*

	Verbes avec changements d'orthographe		D. Verbes irréguliers	
INFINITIF	**préférer**[6] *to prefer*		**aller** *to go*	
INFINITIF PASSÉ	avoir préféré		être allé(e)(s)	
PRÉSENT	je préfère tu préfères il préfère	nous préférons vous préférez ils préfèrent	je vais tu vas il va	nous allons vous allez ils vont
IMPÉRATIF	préfère	préférons préférez	va	allons allez
PASSÉ COMPOSÉ	j'ai préféré tu as préféré il a préféré	nous avons préféré vous avez préféré ils ont préféré	je suis allé(e) tu es allé(e) il est allé	nous sommes allé(e)s vous êtes allé(e)(s) ils sont allés
PASSÉ SIMPLE	je préférai tu préféras il préféra	nous préférâmes vous préférâtes ils préférèrent	j'allai tu allas il alla	nous allâmes vous allâtes ils allèrent
IMPARFAIT	je préférais tu préférais il préférait	nous préférions vous préfériez ils préféraient	j'allais tu allais il allait	nous allions vous alliez ils allaient
PLUS-QUE-PARFAIT	j'avais préféré tu avais préféré il avait préféré	nous avions préféré vous aviez préféré ils avaient préféré	j'étais allé(e) tu étais allé(e) il était allé	nous étions allé(e)s vous étiez allé(e)(s) ils étaient allés
FUTUR	je préférerai tu préféreras il préférera	nous préférerons vous préférerez ils préféreront	j'irai tu iras il ira	nous irons vous irez ils iront
FUTUR ANTÉRIEUR	j'aurai préféré tu auras préféré il aura préféré	nous aurons préféré vous aurez préféré ils auront préféré	je serai allé(e) tu seras allé(e) il sera allé	nous serons allé(e)s vous serez allé(e)(s) ils seront allés
CONDITIONNEL	je préférerais tu préférerais il préférerait	nous préférerions vous préféreriez ils préféreraient	j'irais tu irais il irait	nous irions vous iriez ils iraient
CONDITIONNEL PASSÉ	j'aurais préféré tu aurais préféré il aurait préféré	nous aurions préféré vous auriez préféré ils auraient préféré	je serais allé(e) tu serais allé(e) il serait allé	nous serions allé(e)s vous seriez allé(e)(s) ils seraient allés
SUBJONCTIF PRÉSENT	que je préfère que tu préfères qu'il préfère	que nous préférions que vous préfériez qu'ils préfèrent	que j'aille que tu ailles qu'il aille	que nous allions que vous alliez qu'ils aillent
SUBJONCTIF PASSÉ	que j'aie préféré que tu aies préféré qu'il ait préféré	que nous ayons préféré que vous ayez préféré qu'ils aient préféré	que je sois allé(e) que tu sois allé(e) qu'il soit allé	que nous soyons allé(e)s que vous soyez allé(e)(s) qu'ils soient allés
PARTICIPE PRÉSENT	préférant		allant	
PARTICIPE PASSÉ	préféré		allé(e)(s)	

[6] Verbes similaires: *accélérer, célébrer, espérer, oblitérer, récupérer, sécher, suggérer*

Verbes irréguliers

INFINITIF	**avoir** *to have*		**s'asseoir** *to sit*	
INFINITIF PASSÉ	avoir eu		s'être assis(e)(s)	
PRÉSENT	j'ai tu as il a	nous avons vous avez ils ont	je m'assieds tu t'assieds il s'assied	nous nous asseyons vous vous asseyez ils s'asseyent
IMPÉRATIF	aie	ayons ayez	assieds-toi	asseyons-nous asseyez-vous
PASSÉ COMPOSÉ	j'ai eu tu as eu il a eu	nous avons eu vous avez eu ils ont eu	je me suis assis(e) tu t'es assis(e) il s'est assis	nous nous sommes assis(es) vous vous êtes assis(e)(es) ils se sont assis
PASSÉ SIMPLE	j'eus tu eus il eut	nous eûmes vous eûtes ils eurent	je m'assis tu t'assis il s'assit	nous nous assîmes vous vous assîtes ils s'assirent
IMPARFAIT	j'avais tu avais il avait	nous avions vous aviez ils avaient	je m'asseyais tu t'asseyais il s'asseyait	nous nous asseyions vous vous asseyiez ils s'asseyaient
PLUS-QUE-PARFAIT	j'avais eu tu avais eu il avait eu	nous avions eu vous aviez eu ils avaient eu	je m'étais assis(e) tu t'étais assis(e) il s'était assis	nous nous étions assis(es) vous vous étiez assis(e)(es) ils s'étaient assis
FUTUR	j'aurai tu auras il aura	nous aurons vous aurez ils auront	je m'assiérai tu t'assiéras il s'assiéra	nous nous assiérons vous vous assiérez ils s'assiéront
FUTUR ANTÉRIEUR	j'aurai eu tu auras eu il aura eu	nous aurons eu vous aurez eu ils auront eu	je me serai assis(e) tu te seras assis(e) il se sera assis	nous nous serons assis(es) vous vous serez assis(e)(es) ils se seront assis
CONDITIONNEL	j'aurais tu aurais il aurait	nous aurions vous auriez ils auraient	je m'assiérais tu t'assiérais il s'assiérait	nous nous assiérions vous vous assiériez ils s'assiéraient
CONDITIONNEL PASSÉ	j'aurais eu tu aurais eu il aurait eu	nous aurions eu vous auriez eu ils auraient eu	je me serais assis(e) tu te serais assis(e) il se serait assis	nous nous serions assis(es) vous vous seriez assis(e)(es) ils se seraient assis
SUBJONCTIF PRÉSENT	que j'aie que tu aies qu'il ait	que nous ayons que vous ayez qu'ils aient	que je m'asseye que tu t'asseyes qu'il s'asseye	que nous nous asseyions que vous vous asseyiez qu'ils s'asseyent
SUBJONCTIF PASSÉ	que j'aie eu que tu aies eu qu'il ait eu	que nous ayons eu que vous ayez eu qu'ils aient eu	que je me sois assis(e) que tu te sois assis(e) qu'il se soit assis	que nous nous soyons assis(es) que vous vous soyez assis(e)(es) qu'ils se soient assis
PARTICIPE PRÉSENT	ayant		s'asseyant	
PARTICIPE PASSÉ	eu		assis(e)(es)	

Verbes irréguliers

	boire *to drink*		conduire *to drive*	
INFINITIF				
INFINITIF PASSÉ	avoir bu		avoir conduit	
PRÉSENT	je bois tu bois il boit	nous buvons vous buvez ils boivent	je conduis tu conduis il conduit	nous conduisons vous conduisez ils conduisent
IMPÉRATIF	bois	buvons buvez	conduis	conduisons conduisez
PASSÉ COMPOSÉ	j'ai bu tu as bu il a bu	nous avons bu vous avez bu ils ont bu	j'ai conduit tu as conduit il a conduit	nous avons conduit vous avez conduit ils ont conduit
PASSÉ SIMPLE	je bus tu bus il but	nous bûmes vous bûtes ils burent	je conduisis tu conduisis il conduisit	nous conduisîmes vous conduisîtes ils conduisirent
IMPARFAIT	je buvais tu buvais il buvait	nous buvions vous buviez ils buvaient	je conduisais tu conduisais il conduisait	nous conduisions vous conduisiez ils conduisaient
PLUS-QUE-PARFAIT	j'avais bu tu avais bu il avait bu	nous avions bu vous aviez bu ils avaient bu	j'avais conduit tu avais conduit il avait conduit	nous avions conduit vous aviez conduit ils avaient conduit
FUTUR	je boirai tu boiras il boira	nous boirons vous boirez ils boiront	je conduirai tu conduiras il conduira	nous conduirons vous conduirez ils conduiront
FUTUR ANTÉRIEUR	j'aurai bu tu auras bu il aura bu	nous aurons bu vous aurez bu ils auront bu	j'aurai conduit tu auras conduit il aura conduit	nous aurons conduit vous aurez conduit ils auront conduit
CONDITIONNEL	je boirais tu boirais il boirait	nous boirions vous boiriez ils boiraient	je conduirais tu conduirais il conduirait	nous conduirions vous conduiriez ils conduiraient
CONDITIONNEL PASSÉ	j'aurais bu tu aurais bu il aurait bu	nous aurions bu vous auriez bu ils auraient bu	j'aurais conduit tu aurais conduit il aurait conduit	nous aurions conduit vous auriez conduit ils auraient conduit
SUBJONCTIF PRÉSENT	que je boive que tu boives qu'il boive	que nous buvions que vous buviez qu'ils boivent	que je conduise que tu conduises qu'il conduise	que nous conduisions que vous conduisiez qu'ils conduisent
SUBJONCTIF PASSÉ	que j'aie bu que tu aies bu qu'il ait bu	que nous ayons bu que vous ayez bu qu'ils aient bu	que j'aie conduit que tu aies conduit qu'il ait conduit	que nous ayons conduit que vous ayez conduit qu'ils aient conduit
PARTICIPE PRÉSENT	buvant		conduisant	
PARTICIPE PASSÉ	bu		conduit	

Verbes irréguliers

	connaître *to know*		croire *to believe*	
INFINITIF				
INFINITIF PASSÉ	avoir connu		avoir cru	
PRÉSENT	je connais tu connais il connaît	nous connaissons vous connaissez ils connaissent	je crois tu crois il croit	nous croyons vous croyez ils croient
IMPÉRATIF	connais	connaissons connaissez	crois	croyons croyez
PASSÉ COMPOSÉ	j'ai connu tu as connu il a connu	nous avons connu vous avez connu ils ont connu	j'ai cru tu as cru il a cru	nous avons cru vous avez cru ils ont cru
PASSÉ SIMPLE	je connus tu connus il connut	nous connûmes vous connûtes ils connurent	je crus tu crus il crut	nous crûmes vous crûtes ils crurent
IMPARFAIT	je connaissais tu connaissais il connaissait	nous connaissions vous connaissiez ils connaissaient	je croyais tu croyais il croyait	nous croyions vous croyiez ils croyaient
PLUS-QUE-PARFAIT	j'avais connu tu avais connu il avait connu	nous avions connu vous aviez connu ils avaient connu	j'avais cru tu avais cru il avait cru	nous avions cru vous aviez cru ils avaient cru
FUTUR	je connaîtrai tu connaîtras il connaîtra	nous connaîtrons vous connaîtrez ils connaîtront	je croirai tu croiras il croira	nous croirons vous croirez ils croiront
FUTUR ANTÉRIEUR	j'aurai connu tu auras connu il aura connu	nous aurons connu vous aurez connu ils auront connu	j'aurai cru tu auras cru il aura cru	nous aurons cru vous aurez cru ils auront cru
CONDITIONNEL	je connaîtrais tu connaîtrais il connaîtrait	nous connaîtrions vous connaîtriez ils connaîtraient	je croirais tu croirais il croirait	nous croirions vous croiriez ils croiraient
CONDITIONNEL PASSÉ	j'aurais connu tu aurais connu il aurait connu	nous aurions connu vous auriez connu ils auraient connu	j'aurais cru tu aurais cru il aurait cru	nous aurions cru vous auriez cru ils auraient cru
SUBJONCTIF PRÉSENT	que je connaisse que tu connaisses qu'il connaisse	que nous connaissions que vous connaissiez qu'ils connaissent	que je croie que tu croies qu'il croie	que nous croyions que vous croyiez qu'ils croient
SUBJONCTIF PASSÉ	que j'aie connu que tu aies connu qu'il ait connu	que nous ayons connu que vous ayez connu qu'ils aient connu	que j'aie cru que tu aies cru qu'il ait cru	que nous ayons cru que vous ayez cru qu'ils aient cru
PARTICIPE PRÉSENT	connaissant		croyant	
PARTICIPE PASSÉ	connu		cru	

Verbes irréguliers

INFINITIF	**devoir** *to have to, to owe*		**dire** *to say*	
INFINITIF PASSÉ	avoir dû		avoir dit	
PRÉSENT	je dois tu dois il doit	nous devons vous devez ils doivent	je dis tu dis il dit	nous disons vous dites ils disent
IMPÉRATIF	dois	devons devez	dis	disons dites
PASSÉ COMPOSÉ	j'ai dû tu as dû il a dû	nous avons dû vous avez dû ils ont dû	j'ai dit tu as dit il a dit	nous avons dit vous avez dit ils ont dit
PASSÉ SIMPLE	je dus tu dus il dut	nous dûmes vous dûtes ils durent	je dis tu dis il dit	nous dîmes vous dîtes ils dirent
IMPARFAIT	je devais tu devais il devait	nous devions vous deviez ils devaient	je disais tu disais il disait	nous disions vous disiez ils disaient
PLUS-QUE-PARFAIT	j'avais dû tu avais dû il avait dû	nous avions dû vous aviez dû ils avaient dû	j'avais dit tu avais dit il avait dit	nous avions dit vous aviez dit ils avaient dit
FUTUR	je devrai tu devras il devra	nous devrons vous devrez ils devront	je dirai tu diras il dira	nous dirons vous direz ils diront
FUTUR ANTÉRIEUR	j'aurai dû tu auras dû il aura dû	nous aurons dû vous aurez dû ils auront dû	j'aurai dit tu auras dit il aura dit	nous aurons dit vous aurez dit ils auront dit
CONDITIONNEL	je devrais tu devrais il devrait	nous devrions vous devriez ils devraient	je dirais tu dirais il dirait	nous dirions vous diriez ils diraient
CONDITIONNEL PASSÉ	j'aurais dû tu aurais dû il aurait dû	nous aurions dû vous auriez dû ils auraient dû	j'aurais dit tu aurais dit il aurait dit	nous aurions dit vous auriez dit ils auraient dit
SUBJONCTIF PRÉSENT	que je doive que tu doives qu'il doive	que nous devions que vous deviez qu'ils doivent	que je dise que tu dises qu'il dise	que nous disions que vous disiez qu'ils disent
SUBJONCTIF PASSÉ	que j'aie dû que tu aies dû qu'il ait dû	que nous ayons dû que vous ayez dû qu'ils aient dû	que j'aie dit que tu aies dit qu'il ait dit	que nous ayons dit que vous ayez dit qu'ils aient dit
PARTICIPE PRÉSENT	devant		disant	
PARTICIPE PASSÉ	dû		dit	

Verbes irréguliers

INFINITIF	**dormir** *to sleep*		**écrire** *to write*	
INFINITIF PASSÉ	avoir dormi		avoir écrit	
PRÉSENT	je dors tu dors il dort	nous dormons vous dormez ils dorment	j'écris tu écris il écrit	nous écrivons vous écrivez ils écrivent
IMPÉRATIF	dors	dormons dormez	écris	écrivons écrivez
PASSÉ COMPOSÉ	j'ai dormi tu as dormi il a dormi	nous avons dormi vous avez dormi ils ont dormi	j'ai écrit tu as écrit il a écrit	nous avons écrit vous avez écrit ils ont écrit
PASSÉ SIMPLE	je dormis tu dormis il dormit	nous dormîmes vous dormîtes ils dormirent	j'écrivis tu écrivis il écrivit	nous écrivîmes vous écrivîtes ils écrivirent
IMPARFAIT	je dormais tu dormais il dormait	nous dormions vous dormiez ils dormaient	j'écrivais tu écrivais il écrivait	nous écrivions vous écriviez ils écrivaient
PLUS-QUE-PARFAIT	j'avais dormi tu avais dormi il avait dormi	nous avions dormi vous aviez dormi ils avaient dormi	j'avais écrit tu avais écrit il avait écrit	nous avions écrit vous aviez écrit ils avaient écrit
FUTUR	je dormirai tu dormiras il dormira	nous dormirons vous dormirez ils dormiront	j'écrirai tu écriras il écrira	nous écrirons vous écrirez ils écriront
FUTUR ANTÉRIEUR	j'aurai dormi tu auras dormi il aura dormi	nous aurons dormi vous aurez dormi ils auront dormi	j'aurai écrit tu auras écrit il aura écrit	nous aurons écrit vous aurez écrit ils auront écrit
CONDITIONNEL	je dormirais tu dormirais il dormirait	nous dormirions vous dormiriez ils dormiraient	j'écrirais tu écrirais il écrirait	nous écririons vous écririez ils écriraient
CONDITIONNEL PASSÉ	j'aurais dormi tu aurais dormi il aurait dormi	nous aurions dormi vous auriez dormi ils auraient dormi	j'aurais écrit tu aurais écrit il aurait écrit	nous aurions écrit vous auriez écrit ils auraient écrit
SUBJONCTIF PRÉSENT	que je dorme que tu dormes qu'il dorme	que nous dormions que vous dormiez qu'ils dorment	que j'écrive que tu écrives qu'il écrive	que nous écrivions que vous écriviez qu'ils écrivent
SUBJONCTIF PASSÉ	que j'aie dormi que tu aies dormi qu'il ait dormi	que nous ayons dormi que vous ayez dormi qu'ils aient dormi	que j'aie écrit que tu aies écrit qu'il ait écrit	que nous ayons écrit que vous ayez écrit qu'ils aient écrit
PARTICIPE PRÉSENT	dormant		écrivant	
PARTICIPE PASSÉ	dormi		écrit	

Verbes irréguliers

INFINITIF	être *to be*		faire *to do, to make*	
INFINITIF PASSÉ	avoir été		avoir fait	
PRÉSENT	je suis tu es il est	nous sommes vous êtes ils sont	je fais tu fais il fait	nous faisons vous faites ils font
IMPÉRATIF	sois	soyons soyez	fais	faisons faites
PASSÉ COMPOSÉ	j'ai été tu as été il a été	nous avons été vous avez été ils ont été	j'ai fait tu as fait il a fait	nous avons fait vous avez fait ils ont fait
PASSÉ SIMPLE	je fus tu fus il fut	nous fûmes vous fûtes ils furent	je fis tu fis il fit	nous fîmes vous fîtes ils firent
IMPARFAIT	j'étais tu étais il était	nous étions vous étiez ils étaient	je faisais tu faisais il faisait	nous faisions vous faisiez ils faisaient
PLUS-QUE-PARFAIT	j'avais été tu avais été il avait été	nous avions été vous aviez été ils avaient été	j'avais fait tu avais fait il avait fait	nous avions fait vous aviez fait ils avaient fait
FUTUR	je serai tu seras il sera	nous serons vous serez ils seront	je ferai tu feras il fera	nous ferons vous ferez ils feront
FUTUR ANTÉRIEUR	j'aurai été tu auras été il aura été	nous aurons été vous aurez été ils auront été	j'aurai fait tu auras fait il aura fait	nous aurons fait vous aurez fait ils auront fait
CONDITIONNEL	je serais tu serais il serait	nous serions vous seriez ils seraient	je ferais tu ferais il ferait	nous ferions vous feriez ils feraient
CONDITIONNEL PASSÉ	j'aurais été tu aurais été il aurait été	nous aurions été vous auriez été ils auraient été	j'aurais fait tu aurais fait il aurait fait	nous aurions fait vous auriez fait ils auraient fait
SUBJONCTIF PRÉSENT	que je sois que tu sois qu'il soit	que nous soyons que vous soyez qu'ils soient	que je fasse que tu fasses qu'il fasse	que nous fassions que vous fassiez qu'ils fassent
SUBJONCTIF PASSÉ	que j'aie été que tu aies été qu'il ait été	que nous ayons été que vous ayez été qu'ils aient été	que j'aie fait que tu aies fait qu'il ait fait	que nous ayons fait que vous ayez fait qu'ils aient fait
PARTICIPE PRÉSENT	étant		faisant	
PARTICIPE PASSÉ	été		fait	

Verbes irréguliers

INFINITIF	**lire** *to read*		**mettre**[1] *to put*	
INFINITIF PASSÉ	avoir lu		avoir mis	
PRÉSENT	je lis tu lis il lit	nous lisons vous lisez ils lisent	je mets tu mets il met	nous mettons vous mettez ils mettent
IMPÉRATIF	lis	lisons lisez	mets	mettons mettez
PASSÉ COMPOSÉ	j'ai lu tu as lu il a lu	nous avons lu vous avez lu ils ont lu	j'ai mis tu as mis il a mis	nous avons mis vous avez mis ils ont mis
PASSÉ SIMPLE	je lus tu lus il lut	nous lûmes vous lûtes ils lurent	je mis tu mis il mit	nous mîmes vous mîtes ils mirent
IMPARFAIT	je lisais tu lisais il lisait	nous lisions vous lisiez ils lisaient	je mettais tu mettais il mettait	nous mettions vous mettiez ils mettaient
PLUS-QUE-PARFAIT	j'avais lu tu avais lu il avait lu	nous avions lu vous aviez lu ils avaient lu	j'avais mis tu avais mis il avait mis	nous avions mis vous aviez mis ils avaient mis
FUTUR	je lirai tu liras il lira	nous lirons vous lirez ils liront	je mettrai tu mettras il mettra	nous mettrons vous mettrez ils mettront
FUTUR ANTÉRIEUR	j'aurai lu tu auras lu il aura lu	nous aurons lu vous aurez lu ils auront lu	j'aurai mis tu auras mis il aura mis	nous aurons mis vous aurez mis ils auront mis
CONDITIONNEL	je lirais tu lirais il lirait	nous lirions vous liriez ils liraient	je mettrais tu mettrais il mettrait	nous mettrions vous mettriez ils mettraient
CONDITIONNEL PASSÉ	j'aurais lu tu aurais lu il aurait lu	nous aurions lu vous auriez lu ils auraient lu	j'aurais mis tu aurais mis il aurait mis	nous aurions mis vous auriez mis ils auraient mis
SUBJONCTIF PRÉSENT	que je lise que tu lises qu'il lise	que nous lisions que vous lisiez qu'ils lisent	que je mette que tu mettes qu'il mette	que nous mettions que vous mettiez qu'ils mettent
SUBJONCTIF PASSÉ	que j'aie lu que tu aies lu qu'il ait lu	que nous ayons lu que vous ayez lu qu'ils aient lu	que j'aie mis que tu aies mis qu'il ait mis	que nous ayons mis que vous ayez mis qu'ils aient mis
PARTICIPE PRÉSENT	lisant		mettant	
PARTICIPE PASSÉ	lu		mis	

[1] Verbe similaire: *remettre*

Verbes irréguliers

INFINITIF	**ouvrir**[2] to open		**partir**[3] to leave	
INFINITIF PASSÉ	avoir ouvert		être parti(e)(s)	
PRÉSENT	j'ouvre tu ouvres il ouvre	nous ouvrons vous ouvrez ils ouvrent	je pars tu pars il part	nous partons vous partez ils partent
IMPÉRATIF	ouvre	ouvrons ouvrez	pars	partons partez
PASSÉ COMPOSÉ	j'ai ouvert tu as ouvert il a ouvert	nous avons ouvert vous avez ouvert ils ont ouvert	je suis parti(e) tu es parti(e) il est parti	nous sommes parti(e)s vous êtes parti(e)(s) ils sont partis
PASSÉ SIMPLE	j'ouvris tu ouvris il ouvrit	nous ouvrîmes vous ouvrîtes ils ouvrirent	je partis tu partis il partit	nous partîmes vous partîtes ils partirent
IMPARFAIT	j'ouvrais tu ouvrais il ouvrait	nous ouvrions vous ouvriez ils ouvraient	je partais tu partais il partait	nous partions vous partiez ils partaient
PLUS-QUE-PARFAIT	j'avais ouvert tu avais ouvert il avait ouvert	nous avions ouvert vous aviez ouvert ils avaient ouvert	j'étais parti(e) tu étais parti(e) il était parti	nous étions parti(e)s vous étiez parti(e)(s) ils étaient partis
FUTUR	j'ouvrirai tu ouvriras il ouvrira	nous ouvrirons vous ouvrirez ils ouvriront	je partirai tu partiras il partira	nous partirons vous partirez ils partiront
FUTUR ANTÉRIEUR	j'aurai ouvert tu auras ouvert il aura ouvert	nous aurons ouvert vous aurez ouvert ils auront ouvert	je serai parti(e) tu seras parti(e) il sera parti	nous serons parti(e)s vous serez parti(e)(s) ils seront partis
CONDITIONNEL	j'ouvrirais tu ouvrirais il ouvrirait	nous ouvririons vous ouvririez ils ouvriraient	je partirais tu partirais il partirait	nous partirions vous partiriez ils partiraient
CONDITIONNEL PASSÉ	j'aurais ouvert tu aurais ouvert il aurait ouvert	nous aurions ouvert vous auriez ouvert ils auraient ouvert	je serais parti(e) tu serais parti(e) il serait parti	nous serions parti(e)s vous seriez parti(e)(s) ils seraient partis
SUBJONCTIF PRÉSENT	que j'ouvre que tu ouvres qu'il ouvre	que nous ouvrions que vous ouvriez qu'ils ouvrent	que je parte que tu partes qu'il parte	que nous partions que vous partiez qu'ils partent
SUBJONCTIF PASSÉ	que j'aie ouvert que tu aies ouvert qu'il ait ouvert	que nous ayons ouvert que vous ayez ouvert qu'ils aient ouvert	que je sois parti(e) que tu sois parti(e) qu'il soit parti	que nous soyons parti(e)s que vous soyez parti(e)(s) qu'ils soient partis
PARTICIPE PRÉSENT	ouvrant		partant	
PARTICIPE PASSÉ	ouvert		parti(e)(s)	

[2] Verbes similaires: *couvrir, découvrir, offrir, souffrir*
[3] Verbe similaire: *sortir*

Verbes irréguliers

INFINITIF	**pouvoir** *to be able*		**prendre**[4] *to take*	
INFINITIF PASSÉ	avoir pu		avoir pris	
PRÉSENT	je peux tu peux il peut	nous pouvons vous pouvez ils peuvent	je prends tu prends il prend	nous prenons vous prenez ils prennent
IMPÉRATIF	(pas d'impératif)		prends	prenons prenez
PASSÉ COMPOSÉ	j'ai pu tu as pu il a pu	nous avons pu vous avez pu ils ont pu	j'ai pris tu as pris il a pris	nous avons pris vous avez pris ils ont pris
PASSÉ SIMPLE	je pus tu pus il put	nous pûmes vous pûtes ils purent	je pris tu pris il prit	nous prîmes vous prîtes ils prirent
IMPARFAIT	je pouvais tu pouvais il pouvait	nous pouvions vous pouviez ils pouvaient	je prenais tu prenais il prenait	nous prenions vous preniez ils prenaient
PLUS-QUE-PARFAIT	j'avais pu tu avais pu il avait pu	nous avions pu vous aviez pu ils avaient pu	j'avais pris tu avais pris il avait pris	nous avions pris vous aviez pris ils avaient pris
FUTUR	je pourrai tu pourras il pourra	nous pourrons vous pourrez ils pourront	je prendrai tu prendras il prendra	nous prendrons vous prendrez ils prendront
FUTUR ANTÉRIEUR	j'aurai pu tu auras pu il aura pu	nous aurons pu vous aurez pu ils auront pu	j'aurai pris tu auras pris il aura pris	nous aurons pris vous aurez pris ils auront pris
CONDITIONNEL	je pourrais tu pourrais il pourrait	nous pourrions vous pourriez ils pourraient	je prendrais tu prendrais il prendrait	nous prendrions vous prendriez ils prendraient
CONDITIONNEL PASSÉ	j'aurais pu tu aurais pu il aurait pu	nous aurions pu vous auriez pu ils auraient pu	j'aurais pris tu aurais pris il aurait pris	nous aurions pris vous auriez pris ils auraient pris
SUBJONCTIF PRÉSENT	que je puisse que tu puisses qu'il puisse	que nous puissions que vous puissiez qu'ils puissent	que je prenne que tu prennes qu'il prenne	que nous prenions que vous preniez qu'ils prennent
SUBJONCTIF PASSÉ	que j'aie pu que tu aies pu qu'il ait pu	que nous ayons pu que vous ayez pu qu'ils aient pu	que j'aie pris que tu aies pris qu'il ait pris	que nous ayons pris que vous ayez pris qu'ils aient pris
PARTICIPE PRÉSENT	pouvant		prenant	
PARTICIPE PASSÉ	pu		pris	

[4]Verbes similaires: *apprendre, comprendre*

Verbes irréguliers

INFINITIF	**recevoir** *to receive*		**rire**[5] *to laugh*	
INFINITIF PASSÉ	avoir reçu		avoir ri	
PRÉSENT	je reçois tu reçois il reçoit	nous recevons vous recevez ils reçoivent	je ris tu ris il rit	nous rions vous riez ils rient
IMPÉRATIF	reçois	recevons recevez	ris	rions riez
PASSÉ COMPOSÉ	j'ai reçu tu as reçu il a reçu	nous avons reçu vous avez reçu ils ont reçu	j'ai ri tu as ri il a ri	nous avons ri vous avez ri ils ont ri
PASSÉ SIMPLE	je reçus tu reçus il reçut	nous reçûmes vous reçûtes ils reçurent	je ris tu ris il rit	nous rîmes vous rîtes ils rirent
IMPARFAIT	je recevais tu recevais il recevait	nous recevions vous receviez ils recevaient	je riais tu riais il riait	nous riions vous riiez ils riaient
PLUS-QUE-PARFAIT	j'avais reçu tu avais reçu il avait reçu	nous avions reçu vous aviez reçu ils avaient reçu	j'avais ri tu avais ri il avait ri	nous avions ri vous aviez ri ils avaient ri
FUTUR	je recevrai tu recevras il recevra	nous recevrons vous recevrez ils recevront	je rirai tu riras il rira	nous rirons vous rirez ils riront
FUTUR ANTÉRIEUR	j'aurai reçu tu auras reçu il aura reçu	nous aurons reçu vous aurez reçu ils auront reçu	j'aurai ri tu auras ri il aura ri	nous aurons ri vous aurez ri ils auront ri
CONDITIONNEL	je recevrais tu recevrais il recevrait	nous recevrions vous recevriez ils recevraient	je rirais tu rirais il rirait	nous ririons vous ririez ils riraient
CONDITIONNEL PASSÉ	j'aurais reçu tu aurais reçu il aurait reçu	nous aurions reçu vous auriez reçu ils auraient reçu	j'aurais ri tu aurais ri il aurait ri	nous aurions ri vous auriez ri ils auraient ri
SUBJONCTIF PRÉSENT	que je reçoive que tu reçoives qu'il reçoive	que nous recevions que vous receviez qu'ils reçoivent	que je rie que tu ries qu'il rie	que nous riions que vous riiez qu'ils rient
SUBJONCTIF PASSÉ	que j'aie reçu que tu aies reçu qu'il ait reçu	que nous ayons reçu que vous ayez reçu qu'ils aient reçu	que j'aie ri que tu aies ri qu'il ait ri	que nous ayons ri que vous ayez ri qu'ils aient ri
PARTICIPE PRÉSENT	recevant		riant	
PARTICIPE PASSÉ	reçu		ri	

[5] Verbe similaire: *sourire*

Verbes irréguliers

INFINITIF	**savoir** *to know*		**servir**[6] *to serve*	
INFINITIF PASSÉ	avoir su		avoir servi	
PRÉSENT	je sais tu sais il sait	nous savons vous savez ils savent	je sers tu sers il sert	nous servons vous servez ils servent
IMPÉRATIF	sache	sachons sachez	sers	servons servez
PASSÉ COMPOSÉ	j'ai su tu as su il a su	nous avons su vous avez su ils ont su	j'ai servi tu as servi il a servi	nous avons servi vous avez servi ils ont servi
PASSÉ SIMPLE	je sus tu sus il sut	nous sûmes vous sûtes ils surent	je servis tu servis il servit	nous servîmes vous servîtes ils servirent
IMPARFAIT	je savais tu savais il savait	nous savions vous saviez ils savaient	je servais tu servais il servait	nous servions vous serviez ils servaient
PLUS-QUE-PARFAIT	j'avais su tu avais su il avait su	nous avions su vous aviez su ils avaient su	j'avais servi tu avais servi il avait servi	nous avions servi vous aviez servi ils avaient servi
FUTUR	je saurai tu sauras il saura	nous saurons vous saurez ils sauront	je servirai tu serviras il servira	nous servirons vous servirez ils serviront
FUTUR ANTÉRIEUR	j'aurai su tu auras su il aura su	nous aurons su vous aurez su ils auront su	j'aurai servi tu auras servi il aura servi	nous aurons servi vous aurez servi ils auront servi
CONDITIONNEL	je saurais tu saurais il saurait	nous saurions vous sauriez ils sauraient	je servirais tu servirais il servirait	nous servirions vous serviriez ils serviraient
CONDITIONNEL PASSÉ	j'aurais su tu aurais su il aurait su	nous aurions su vous auriez su ils auraient su	j'aurais servi tu aurais servi il aurait servi	nous aurions servi vous auriez servi ils auraient servi
SUBJONCTIF PRÉSENT	que je sache que tu saches qu'il sache	que nous sachions que vous sachiez qu'ils sachent	que je serve que tu serves qu'il serve	que nous servions que vous serviez qu'ils servent
SUBJONCTIF PASSÉ	que j'aie su que tu aies su qu'il ait su	que nous ayons su que vous ayez su qu'ils aient su	que j'aie servi que tu aies servi qu'il ait servi	que nous ayons servi que vous ayez servi qu'ils aient servi
PARTICIPE PRÉSENT	sachant		servant	
PARTICIPE PASSÉ	su		servi	

[6] Verbe similaire: *desservir*

Verbes irréguliers

INFINITIF	**suivre** *to follow*		**venir**[7] *to come*	
INFINITIF PASSÉ	avoir suivi		être venu(e)(s)	
PRÉSENT	je suis tu suis il suit	nous suivons vous suivez ils suivent	je viens tu viens il vient	nous venons vous venez ils viennent
IMPÉRATIF	suis	suivons suivez	viens	venons venez
PASSÉ COMPOSÉ	j'ai suivi tu as suivi il a suivi	nous avons suivi vous avez suivi ils ont suivi	je suis venu(e) tu es venu(e) il est venu	nous sommes venu(e)s vous êtes venu(e)(s) ils sont venus
PASSÉ SIMPLE	je suivis tu suivis il suivit	nous suivîmes vous suivîtes ils suivirent	je vins tu vins il vint	nous vînmes vous vîntes ils vinrent
IMPARFAIT	je suivais tu suivais il suivait	nous suivions vous suiviez ils suivaient	je venais tu venais il venait	nous venions vous veniez ils venaient
PLUS-QUE-PARFAIT	j'avais suivi tu avais suivi il avait suivi	nous avions suivi vous aviez suivi ils avaient suivi	j'étais venu(e) tu étais venu(e) il était venu	nous étions venu(e)s vous étiez venu(e)(s) ils étaient venus
FUTUR	je suivrai tu suivras il suivra	nous suivrons vous suivrez ils suivront	je viendrai tu viendras il viendra	nous viendrons vous viendrez ils viendront
FUTUR ANTÉRIEUR	j'aurai suivi tu auras suivi il aura suivi	nous aurons suivi vous aurez suivi ils auront suivi	je serai venu(e) tu seras venu(e) il sera venu	nous serons venu(e)s vous serez venu(e)(s) ils seront venus
CONDITIONNEL	je suivrais tu suivrais il suivrait	nous suivrions vous suivriez ils suivraient	je viendrais tu viendrais il viendrait	nous viendrions vous viendriez ils viendraient
CONDITIONNEL PASSÉ	j'aurais suivi tu aurais suivi il aurait suivi	nous aurions suivi vous auriez suivi ils auraient suivi	je serais venu(e) tu serais venu(e) il serait venu	nous serions venu(e)s vous seriez venu(e)(s) ils seraient venus
SUBJONCTIF PRÉSENT	que je suive que tu suives qu'il suive	que nous suivions que vous suiviez qu'ils suivent	que je vienne que tu viennes qu'il vienne	que nous venions que vous veniez qu'ils viennent
SUBJONCTIF PASSÉ	que j'aie suivi que tu aies suivi qu'il ait suivi	que nous ayons suivi que vous ayez suivi qu'ils aient suivi	que je sois venu(e) que tu sois venu(e) qu'il soit venu	que nous soyons venu(e)s que vous soyez venu(e)(s) qu'ils soient venus
PARTICIPE PRÉSENT	suivant		venant	
PARTICIPE PASSÉ	suivi		venu(e)(s)	

[7] Verbes similaires: *devenir, revenir, se souvenir*

Verbes irréguliers

INFINITIF	**vivre** *to live*		**voir** *to see*	
INFINITIF PASSÉ	avoir vécu		avoir vu	
PRÉSENT	je vis tu vis il vit	nous vivons vous vivez ils vivent	je vois tu vois il voit	nous voyons vous voyez ils voient
IMPÉRATIF	vis	vivons vivez	vois	voyons voyez
PASSÉ COMPOSÉ	j'ai vécu tu as vécu il a vécu	nous avons vécu vous avez vécu ils ont vécu	j'ai vu tu as vu il a vu	nous avons vu vous avez vu ils ont vu
PASSÉ SIMPLE	je vécus tu vécus il vécut	nous vécûmes vous vécûtes ils vécurent	je vis tu vis il vit	nous vîmes vous vîtes ils virent
IMPARFAIT	je vivais tu vivais il vivait	nous vivions vous viviez ils vivaient	je voyais tu voyais il voyait	nous voyions vous voyiez ils voyaient
PLUS-QUE-PARFAIT	j'avais vécu tu avais vécu il avait vécu	nous avions vécu vous aviez vécu ils avaient vécu	j'avais vu tu avais vu il avait vu	nous avions vu vous aviez vu ils avaient vu
FUTUR	je vivrai tu vivras il vivra	nous vivrons vous vivrez ils vivront	je verrai tu verras il verra	nous verrons vous verrez ils verront
FUTUR ANTÉRIEUR	j'aurai vécu tu auras vécu il aura vécu	nous aurons vécu vous aurez vécu ils auront vécu	j'aurai vu tu auras vu il aura vu	nous aurons vu vous aurez vu ils auront vu
CONDITIONNEL	je vivrais tu vivrais il vivrait	nous vivrions vous vivriez ils vivraient	je verrais tu verrais il verrait	nous verrions vous verriez ils verraient
CONDITIONNEL PASSÉ	j'aurais vécu tu aurais vécu il aurait vécu	nous aurions vécu vous auriez vécu ils auraient vécu	j'aurais vu tu aurais vu il aurait vu	nous aurions vu vous auriez vu ils auraient vu
SUBJONCTIF PRÉSENT	que je vive que tu vives qu'il vive	que nous vivions que vous viviez qu'ils vivent	que je voie que tu voies qu'il voie	que nous voyions que vous voyiez qu'ils voient
SUBJONCTIF PASSÉ	que j'aie vécu que tu aies vécu qu'il ait vécu	que nous ayons vécu que vous ayez vécu qu'ils aient vécu	que j'aie vu que tu aies vu qu'il ait vu	que nous ayons vu que vous ayez vu qu'ils aient vu
PARTICIPE PRÉSENT	vivant		voyant	
PARTICIPE PASSÉ	vécu		vu	

Verbes irréguliers

INFINITIF	**vouloir** *to want*	
INFINITIF PASSÉ	avoir voulu	
PRÉSENT	je veux tu veux il veut	nous voulons vous voulez ils veulent
IMPÉRATIF	veuille	voulons veuillez
PASSÉ COMPOSÉ	j'ai voulu tu as voulu il a voulu	nous avons voulu vous avez voulu ils ont voulu
PASSÉ SIMPLE	je voulus tu voulus il voulut	nous voulûmes vous voulûtes ils voulurent
IMPARFAIT	je voulais tu voulais il voulait	nous voulions vous vouliez ils voulaient
PLUS-QUE-PARFAIT	j'avais voulu tu avais voulu il avait voulu	nous avions voulu vous aviez voulu ils avaient voulu
FUTUR	je voudrai tu voudras il voudra	nous voudrons vous voudrez ils voudront
FUTUR ANTÉRIEUR	j'aurai voulu tu auras voulu il aura voulu	nous aurons voulu vous aurez voulu ils auront voulu
CONDITIONNEL	je voudrais tu voudrais il voudrait	nous voudrions vous voudriez ils voudraient
CONDITIONNEL PASSÉ	j'aurais voulu tu aurais voulu il aurait voulu	nous aurions voulu vous auriez voulu ils auraient voulu
SUBJONCTIF PRÉSENT	que je veuille que tu veuilles qu'il veuille	que nous voulions que vous vouliez qu'ils veuillent
SUBJONCTIF PASSÉ	que j'aie voulu que tu aies voulu qu'il ait voulu	que nous ayons voulu que vous ayez voulu qu'ils aient voulu
PARTICIPE PRÉSENT	voulant	
PARTICIPE PASSÉ	voulu	

Verbes irréguliers

INFINITIF	**falloir** *to be necessary*	**pleuvoir** *to rain*
INFINITIF PASSÉ	avoir fallu	avoir plu
PRÉSENT	il faut	il pleut
PASSÉ COMPOSÉ	il a fallu	il a plu
PASSÉ SIMPLE	il fallut	il plut
IMPARFAIT	il fallait	il pleuvait
PLUS-QUE-PARFAIT	il avait fallu	il avait plu
FUTUR	il faudra	il pleuvra
FUTUR ANTÉRIEUR	il aura fallu	il aura plu
CONDITIONNEL	il faudrait	il pleuvrait
CONDITIONNEL PASSÉ	il aurait fallu	il aurait plu
SUBJONCTIF PRÉSENT	qu'il faille	qu'il pleuve
SUBJONCTIF PASSÉ	qu'il ait fallu	qu'il ait plu
PARTICIPE PRÉSENT	(pas de participe présent)	pleuvant
PARTICIPE PASSÉ	fallu	plu

F. Verbes avec *être au passé composé*

aller (*to go*)	je suis allé(e)
arriver (*to arrive*)	je suis arrivé(e)
descendre (*to go down, to get off*)	je suis descendu(e)
devenir (*to become*)	je suis devenu(e)
entrer (*to enter*)	je suis entré(e)
monter (*to go up*)	je suis monté(e)
mourir (*to die*)	je suis mort(e)
naître (*to be born*)	je suis né(e)
partir (*to leave*)	je suis parti(e)
passer (*to go by*)	je suis passé(e)
rentrer (*to go home*)	je suis rentré(e)
rester (*to stay*)	je suis resté(e)
retourner (*to return*)	je suis retourné(e)
revenir (*to come back*)	je suis revenu(e)
sortir (*to go out*)	je suis sorti(e)
tomber (*to fall*)	je suis tombé(e)
venir (*to come*)	je suis venu(e)

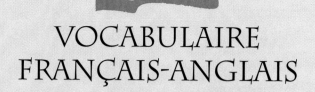

VOCABULAIRE
FRANÇAIS-ANGLAIS

The *Vocabulaire français-anglais* contains all productive and receptive vocabulary from Levels 1, 2, and 3. The numbers following each entry from Levels 1 and 2 indicate the level, chapter, and vocabulary section in which the word is introduced. For example, II-3.2 means that the word first appeared in *À Bord, Chapitre 3, Mots 2*. Entries from Levels 1 and 2 without a *Mots* reference indicate vocabulary introduced in the grammar sections of the given chapter. I-BV refers to the Level 1 introductory *Bienvenue* lesson. Words without chapter references indicate receptive vocabulary (not taught in the vocabulary sections) in Levels 1, 2, and 3. Boldface numbers indicate vocabulary introduced in the Level 3 vocabulary.

The following abbreviations are used in this glossary.

adj.	adjective
adv.	adverb
conj.	conjunction
dem. adj.	demonstrative adjective
dem. pron.	demonstrative pronoun
dir. obj.	direct object
f.	feminine
fam.	familiar
ind. obj.	indirect object
inf.	infinitive
inform.	informal
interr.	interrogative
interr. adj.	interrogative adjective
interr. pron.	interrogative pronoun
inv.	invariable
lit.	literally
liter.	literary
m.	masculine
n.	noun
past part.	past participle
pej.	pejorative
pl.	plural
poss. adj.	possessive adjective
poss. pron.	possessive pronoun
prep.	preposition
pron.	pronoun
sing.	singular
subj.	subject
subjunc.	subjunctive

A

à at, in, to, I-3.1
  à la, à l' at the, in the, to the, I-5
  à l'avance in advance, II-4.2
  à bord (de) on board, I-7.2
  à coup sûr definitely
  à côté next door, I
  à côté de next to, I-5
  À demain. See you tomorrow., I-BV
  à demi-tarif half-price, I
  à destination de to (plane, train, etc.), I-7.1
  à domicile to the home, I
  à dos de chameau on camel(back), II-14.2
  à droite de to, on the right of, I-5
  à l'égard de regarding
  à l'étranger abroad, in a foreign country, 4
  à l'extrême in the extreme
  à gauche de to, on the left of, I-5
  à l'heure on time, I-8.1
  à l'intérieur inside, I
  à la mode in style, "in," I
  à la vérité to be honest
  à mi-temps part-time, I-3.2
  à moins que (+ subjunc.) unless, II-15
  à mon avis in my opinion, I-10.2
  à part apart
  à partir de from... on; based on, I
  à peine hardly, barely
  à peu près about, II-16.2
  à pied on foot, I-5.2
  à plein temps full-time, I-3.2
  à point medium-rare (meat), I-5.2
  à propos by the way
  à propos de concerning, as regards, I
  À quelle heure? At what time?, I-2
  à suivre to be continued
  à ta (sa, votre, etc.) place if I were you (him, her, etc.), II-9.2
  à titre de as
  à tort wrongly
  À tout à l'heure. See you later., I-BV
  à tout casser at the most
  à travers through
  à l'unanimité unanimously
abattre to chop down, 4
abattu(e) exhausted, despondent
l' abbaye (f.) abbey, II

l' abbé (m.) abbot
  abdiquer to abdicate, II
l' abécédaire (m.) elementary reader
l' abeille (f.) bee, 4
  abîmer to destroy, 5
  abolir to abolish, II
l' abolition (f.) abolition
l' abomination (f.) horror
  abondant(e) abundant, II
l' abonnement (m.) subscription, phone service, 2
  abreuvé(e) de stuffed with
l' abri (m.): nul ne sera à l'abri no one will escape
  abriter to house, shelter, 1
  absent(e) absent
  absolu(e) absolute
  absolument absolutely, I
  absorber to absorb, I
  absurde absurd
l' absurdité (f.) absurdity
l' Acadie (f.) Acadia (region of eastern Canada)
  acadien(ne) Acadian
  accablant(e) overwhelming
  accablé(e) (par) overwhelmed by
l' accalmie (f.) lull
  accélérer to speed up, go faster, I-12.1
  accepter to accept, I
l' accès (m.) access
l' accessoire (m.) accessory, I
l' accident (m.) accident, I-14.2
  accidenté(e) hilly, 5
  acclamer to acclaim
  accompagné(e) (de) accompanied (by), I
  accompagner to go with, accompany
  accomplir to accomplish, II
l' accord (m.) agreement
  accorder to tune
  accourir to rush up to, to come running
  accoutumé(e) accustomed
l' accroissement (m.) growth, increase, 7
  accru(e) increased, 8
l' accueil (m.) welcome, 1
    la capacité d'accueil number of beds available
  accueillant(e) welcoming, 1; friendly
  accueilli(e): bien accueilli(e) well-received, I
  accueillir to welcome, 1
l' achat (m.) purchase (n.), I
    faire des achats to shop, I-10.1
    le pouvoir d'achat buying power
  acheter to buy, I-6.1

  achever to complete
  achever (quelqu'un) to finish (someone) off, 2
l' acidité (f.) acidity, I
l' acier (m.) steel, 4
l' acte (m.) act, I-16.1
l' acteur (m.) actor (m.), I-16.1
  actif, active active, I-10
l' action (f.) action, I
l' activité (f.) activity, I
l' actrice (f.) actress, I-16.1
l' actualité (f.) current events, 2
  actuel(le) current, present, II
  actuellement currently
l' adage (m.) saying
  adapter to adapt
l' addition (f.) check, bill (restaurant), I-5.2
l' adepte (m. et f.) follower
  adieux: faire ses adieux to say good-bye, 2
  admettre to admit
  admirer to admire, I
l' adolescence (f.) adolescence
l' adolescent(e) adolescent, teenager, I
  adopter to adopt, I
l' adoption (f.) adoption
  adorable adorable, I
  adorer to love, I-3.2
l' adresse (f.) address, II-1.2
l' adulte (m. et f.) adult, 6
  adverse opposing, I-13.1
  aérien(ne) air, flight (adj.), I-9; aerial, II
    les tarifs aériens airfares, I
l' aérogare (f.) terminal with bus to airport, I-7.2
l' aérogramme (m.) airgram, II-1.1
l' aéroport (m.) airport, I-7.1
  aérospatial(e) aerospace (adj.), I
  affaibli(e) weakened
les affaires (f. pl.) business, I
    l'homme d'affaires businessman, 6
  affectueux (-se) affectionate
l' affiche (f.) poster, 4
  afficher to put up (a poster, etc.); to parade, sport
  affolé(e) panic-stricken, I
s' affoler to panic, 8
  affreux, affreuse terrible, horrible, 6
l' affrontement (m.) confrontation
s' affronter to collide, I
  afin que so that
  africain(e) African, I
l' Afrique (f.) Africa, II-14.2
l' âge (m.) age, I-4.1
    Tu as quel âge? How old are you? (fam.), I-4.1
  âgé(e) old, 3
l' agence (m.) de voyages travel agency, II

l' **agenda (m.)** datebook, I-2.2
l' **agent (m.)** agent (m. and f.), I-7.1
  l'agent (m.) de police police officer (m. and f.), II-8.2
l' **agglomération (f.)** populated area, 5
  agir to act; to produce a result, 2
s' **agir de** to be a matter of, to be about, II
l' **agitation (f.)** disturbance, unrest
  agité(e) agitated, I; rough, stormy, 1
  agiter to agitate
l' **agneau (m.)** lamb, II-14.1
s' **agrandir** to get larger
  agréable pleasant, I
  agressif, agressive aggressive
  agricole agricultural, farm (adj.)
l' **agriculteur (m.)** farmer (m. and f.), II-15.2
l' **agriculture biologique** organic farming
l' **aide (f.)** help, II
  aider to help, I
l' **aide-soignant(e)** auxiliary nurse, 7
  aigu(ë) high-pitched, 7
l' **aile (f.)** wing, II-7.1
  ailleurs elsewhere
  aimable nice (person), I-1.2
  aimer to like, love, I-3.2
l' **aîné(e)** elder
  ainsi thus, II
l' **air (m.)** air, I; manner, expression
  en plein air outdoor(s), I
  aise pleased
  aisé(e) well-off, 7
  ajouter to add, 8
l' **alcoolisme (m.)** alcoholism, II
l' **alcool-test (m.)** test for drunk driving
l' **alcôve (f.)** alcove
  alerte alert
  alerter to alert, II
l' **algèbre (f.)** algebra, I-2.2
l' **Algérie (f.)** Algeria, II-14.1
l' **aliment (m.)** food, I
l' **alimentation (f.)** nutrition, diet, 7
  alimenter to feed, II
l' **Allemagne (f.)** Germany, I-16
  allemand(e) German (adj.), I
l' **allemand (m.)** German (language), I
  aller to go, I-5.1
    aller à la chasse to go hunting, 4
    aller à la pêche to go fishing, I-9.1
    aller au bout d'eux-mêmes to push themselves to the limit
    aller çà et là to go here and there
    aller pêcher to go fishing, I
    ça va de soi of course, it goes without saying, 6
    s'en aller to go away

l' **aller simple (m.)** one-way ticket, I-8.1
l' **allergie (f.)** allergy, I-15.1
  allergique allergic, I-15.1
l' **aller-retour (m.)** round-trip ticket, I-8
l' **alliance (f.)** wedding ring, II-11.2
l' **allié (m.)** ally, II
  allier to combine
  Allô. Hello. (when answering telephone), II-3.2
  allonger to stretch out, II; to lengthen
  allouer to allow, allocate
  allumer to light, II-11.2; to turn on (a TV, etc.), II-2.1
l' **allumeur (m.) de réverbères** gas-lamp lighter, 2
l' **allure** allure, attractiveness, II
  alors so, then, well then, I
les **Alpes (f. pl.)** the Alps, I
l' **alpinisme (m.)** mountain climbing, I
l' **Alsacien(ne)** Alsatian (person)
  alsacien(ne) Alsatian (from the French province of Alsace)
l' **altitude (f.)** altitude, I
  amaigri(e) emaciated, thin
l' **amant, l'amante** lover
l' **amateur (m.): l'amateur d'art** art lover, I
l' **ambassade (f.)** embassy
l' **ambiance (f.)** surroundings, environment, 3
l' **ambulance (f.)** ambulance, II-6.1
l' **ambulancier (m.)** ambulance driver, 7
  ambulant(e) strolling, travelling, 7
l' **âme (f.)** soul
l' **amélioration (f.)** improvement
  améliorer to improve, II
  aménager to renovate, transform, I
l' **amende (f.)** fine, II-8.1
  américain(e) American (adj.), I-1.1
l' **Américain(e)** American (person), I
l' **Amérique (f.) du Nord** North America, I-16
l' **Amérique (f.) du Sud** South America, I-16
l' **ami(e)** friend, I-1.2
l' **amidon (m.)** starch, II-9.1
l' **amitié (f.)** friendship, I
  Amitiés Love (to close a letter), II
  amoindri(e) diminished, 8
l' **amour (m.)** love, 4
  amoureux, amoureuse in love
    tomber amoureux (amoureuse) de to fall in love with
l' **ampoule (f.)** light bulb, 2

  amusant(e) funny, I-1.1
s' **amuser** to have fun, I-11.2
l' **an: avoir... ans** to be... years old, I-4.1; **le jour de l'An** New Year's Day, II-11.2
l' **analyse (f.) de sang** blood test
  analyser to analyze
l' **anatomie (f.)** anatomy, I
l' **ancêtre (m.)** ancestor, II
  ancien(ne) old, I; former
l' **âne (m.)** donkey, II-15.2
l' **anesthésiste (m. et f.)** anesthesiologist, II-6.2
l' **angine (f.)** throat infection, tonsillitis, I-15.1
l' **anglais (m.)** English (language), I-2.2
l' **Anglais(e)** Englishman, Englishwoman, I
l' **anglaise (f.)** ringlet, 2
l' **angle (m.)** corner
l' **Angleterre (f.)** England, I-16
l' **angoisse (f.)** anguish
l' **animal (m.)** animal, I
  l'animal (m.) domestique farm animal, II-15.1
l' **animateur, l'animatrice** camp counselor, 2
  animé(e) lively, animated, I
l' **anneau (m.)** ring, II
l' **année (f.)** year, I-4.1
  l'année dernière last year, I-13
  l'année scolaire school year, II
  Bonne Année! Happy New Year!, II-11.2
l' **anniversaire (m.)** birthday, I-4.1
  Bon (Joyeux) anniversaire! Happy birthday!, I
  C'est quand, ton anniversaire? When is your birthday? (fam.), I-4.1
l' **annonce (f.)** announcement, I-8.1
  l'annonce publicitaire (television or radio) commercial, 3
  la petite annonce classified ad, II-16.2
  annoncer to announce, I-8.1
l' **annuaire (m.)** telephone book, II-3.1
  annuel(le) annual
  annuellement yearly, annually, II-8
  annuler to cancel, II-7.2
l' **anorak (m.)** ski jacket, I-14.1
l' **Antarctique (m.)** Antarctica
  antérieur(e) previous, former, I
l' **anthropologie (f.)** anthropology, I
l' **antibiotique (m.)** antibiotic, I-15.1
l' **anticonformisme (m.)** nonconformism

l' **anticyclone (m.)** high pressure area, I

antillais(e) West Indian (adj.), I

les **Antilles (f. pl.)** West Indies, II

l' **antilope (f.)** antelope

l' **antipathie (f.)** dislike

antipathique unpleasant (person), I-1.2

l' **Antiquité (f.)** ancient times, I

anxieux, anxieuse anxious, I

août (m.) August, I-4.1

apercevoir to catch sight of

s'apercevoir to notice, 2

apparaître to appear, II

l' **appareil (m.)** machine, appliance, II; system, 4; aircraft, 5

l'appareil auditif auditory system, 7

l'appareil circulatoire circulatory system, 4

l'appareil respiratoire respiratory system, 4

apparenté: le mot apparenté cognate, I

l' **apparence (f.)** (physical) appearance

l' **apparition (f.)** appearance

l' **appartement (m.)** apartment, I-4.2

appartenir to belong, II

l' **appel (m.)** call, II-3.1; an appeal, II

l'appel interurbain long-distance call, II-3.1

appeler to call, II-3.1

s'appeler to be called, be named, I-11.1

l' **appétit (m.)** appetite

avoir un appétit d'oiseau to eat like a bird

applaudir to applaud, II-11.1

s' **appliquer** to work hard

apporter to bring, I

apprécier to appreciate, II

l' **appréhension (f.)** apprehension, II

apprendre (à) to learn (to), I-9.1

apprendre à quelqu'un à faire quelque chose to teach someone to do something, I-14.1

apprendre ses leçons to learn one's lessons, II-12.1

apprenti(e) apprenticed, II

l' **apprenti(e)** apprentice, II

s' **approcher de** to approach, 2

approprié(e) appropriate, II

s' **approprier** to take for one's own

l' **appui (m.)** sill

appuyer sur to press, II-10.2

s'appuyer contre to lean (against), II-10.2

s'appuyer sur to count on

après after, I-3.2

l' **après-demain (m.)** the day after tomorrow

l' **après-guerre (m.)** post-war period

l' **après-midi (m.)** afternoon, I-2

l' **arabe (m.)** Arabic (language)

l' **Arabe (m. et f.)** Arab (person)

l' **arbitre (m.)** referee, I-13.1

l' **arbre (m.)** tree, 4

l'arbre de Noël Christmas tree, II-11.2

l' **arc (m.)** arch

l'arc de triomphe triumphal arch

l' **arc-boutant** flying buttress, II

l' **arc-en-ciel (m.)** rainbow, 6

l' **arche (f.)** arch, I

l' **archipel (m.)** archipelago, I

l' **architecte (m. et f.)** architect, I

l' **architecture (f.)** architecture, I

l' **argent (m.)** money, I-3.2; silver, 3

l'argent liquide cash, I-18.1

l'argent de poche allowance, I

les couverts (m. pl.) en argent silverware, 5

l' **argenterie (f.)** silverware, 5

l' **Argentine (f.)** Argentina, I-16

l' **argot (m.)** slang, I

l' **argument (m.)** argument

aride arid

l' **aristocrate (m. et f.)** aristocrat, I

l' **arme (f.)** weapon, 4

armé(e) armed

l' **armée (f.)** army, I

arraché(e) torn, II

arracher to tear or pull out

l' **arrêt (m.)** stop, II-10.2

l' **arrêté (m.) préfectoral** administrative order

arrêter to stop, II-8.1; to arrest

s'arrêter to stop oneself, I-12.1

l' **arrière (m.)** back (of an object), II-10.2

l' **arrivée (f.)** arrival, I-7.2; finish line, 3

arriver to arrive, I-3.1; to happen, I

l' **arrogance (m.)** arrogance

l' **arroi (m.): en grand arroi** in great array

l' **arrondissement (m.)** district (in Paris), I

arroser to water

l' **art (m.)** art, I-2.2

les **articles (m. pl.) de sport** sporting goods, I

s' **articuler** to be expressed

l' **artisan(e)** craftsperson, II

artistique artistic, I

l' **ascenseur (m.)** elevator, I-4.2

l' **asepsie (f.): pratiquer l'asepsie** to sterilize, disinfect, I

l' **Asie (f.)** Asia, I-16

l' **asile (f.)** asylum

aspiré(e) pulled in, I

l' **aspirine (f.)** aspirin, I-15.1

s' **assembler** to gather

s' **asseoir** to sit (down), II-2.1

assez fairly, quite; enough, I

assez de (+ noun) enough (+ noun), I-18

en avoir assez (de) to be fed up (with)

l' **assiette (f.)** plate, I-5.2

ne pas être dans son assiette to be feeling out of sorts, I-15.1

assis(e) seated, I-8.2

l' **assistant(e)** assistant, I

l'assistante (f.) sociale social worker, II-16.1

assister (à) to attend, II

l' **association (f.)** association, I

associer to associate, I; to link

l' **assurance (f.)** insurance, I

assurant used by

assurer to insure, II-1.2; to assure, II; to carry out

l' **astre (m.)** star

l' **astronome (m. et f.)** astronomer, I

l' **atelier (m.)** workshop, II-14.1

l' **atmosphère (f.)** atmosphere, I

atmosphérique atmospheric

atomique atomic, I

l' **atout (m.)** advantage, asset, chance for success, II

attacher to attach

l' **attaque (f.)** attack, assault

s' **attaquer à** to attack

attendre to wait (for), I-8.1

attendre la tonalité to wait for the dial tone, II-3.1

s'attendre à to expect

l' **attentat (m.)** (murder/assassination) attempt

l' **attente: la salle d'attente** waiting room, I-8.1

attentif, attentive attentive

l' **attention: faire attention** to pay attention, I-6; be careful, I-9.1

Attention! Careful! Watch out!, I; Watch it!

«Attention au départ!» "The train is leaving!", II-4.1

«Attention à la fermeture des portes!» "Watch the closing doors!", II-4.1

atterrir to land, I-7.1

l' **atterrissage (m.)** landing (plane), II-7.1

attirer to attract, 1

l' **attraction (f.)** attraction

attraper un coup de soleil to get a sunburn, I-9.1

au at the, to the, in the, on the, I-5

au bord de la mer by the ocean; seaside, I-9.1

au contraire on the contrary, I
au fond de at the bottom of, I; at the back of
au large de off
au moins at least, I
au revoir goodbye, I-BV
au sujet de about, I
l' aube (f.) dawn, 8
l' auberge (f.) inn, 1
    l'auberge de jeunesse youth hostel, I
l' aubergine (f.) eggplant, II-14.1
aucun(e) any, none, II; no, not any
    d'aucuns some people
l' audace (f.) daring
audacieux, audacieuse audacious, bold, I
au-delà beyond
au-dessous: la taille au-dessous the next smaller size, II-10.2
au-dessus: la taille au-dessus the next larger size, I-10.2
    au-dessus de above, I
l' auditeur, l'auditrice listener, 2
auditif(-ve) auditory, hearing, 7
    une prothèse auditive hearing aid
l' audition (f.) hearing, 7
l' augmentation (f.) increase
augmenter to increase (in size), 1
aujourd'hui today, I-2.2
auprès de close to
l' aurore (f.) dawn, II
ausculter to listen with a stethoscope, I-15.2
aussi also, too, I-1.1; as (comparisons), I-10
l' Australie (f.) Australia, I-16
autant de as many, II
    d'autant (plus) que all the more so since
l' auteur (m.) author (m. and f.), I
    l'auteur dramatique playwright
l' autobus (m.) bus, I-10.2
l' autocar (m.) bus, coach, I-7.2
l' autodétermination self-determination, II
l' auto-école (f.) driving school, I-12.2
automatiquement automatically, II
l' automobiliste (m. et f.) motorist, II-8.1
autoritaire authoritarian
l' autorité (f.) authority
l' autoroute (f.) highway, I
    l'autoroute (f.) à péage toll highway, I-12.2
autour de around, I
autre other, I-BV
    Autre chose? Anything else? (shopping), I-6.2

les autres others, II
autrefois formerly, in the past, 3
autrement dit in other words
l' Autriche (f.) Austria, II
aux at the, to the, in the, I-5
l' avance: à l'avance in advance, I
    en avance early, ahead of time, I-8.1
avancé(e) advanced, I
l' avancée (f.) advance
(s') avancer to go ahead, move forward, 5
avant before (prep.), I-7.1
    avant de (+ inf.) before (+ verb), I
    avant hier the day before yesterday, I-13
    avant que (+ subjunc.) before (conj.), II-15
l' avant (m.) front, II-10.2
    vers l'avant forward, ahead
l' avantage (m.) advantage, II
l' avant-bras (m.) forearm, II-13.1
l' avarie (f.) damage
avec with, I-5.1
    Avec ça? What else? (shopping), I-6.2
l' avenir (m.) future, II
    dans un proche avenir in the near future, II
l' aventure (f.) adventure, I
aventureux, aventureuse adventurous, II
l' averse (f.) downpour, 1
avertir to warn, II
l' aveugle (m. et f.) blind person, 6
l' avion (m.) airplane, I-7.1
    en avion (by) plane, I-7.1
    par avion (by) airmail, II-1.2
l' avis (m.) opinion, I
    à mon avis in my opinion, I-10.2
l' avocat(e) lawyer, II-16.1
l' avoine (f.) oats, II-15.1
avoir to have, I-4.1
    avoir l'air to seem, II-13.2
    avoir... ans to be... years old, I-4.1
    avoir besoin de to need, I-11.1, I
    avoir de la chance to be lucky, I
    avoir droit à to be entitled to
    avoir envie de to feel like (doing something), II-3.1
    avoir faim to be hungry, I-5.1
    avoir une faim de loup to be very hungry, I
    avoir l'impression to have the feeling
    avoir lieu to take place, II-11.2
    avoir du mal à (+ inf.) to have difficulty (doing something), 5
    avoir mal à to have a(n)... -ache, to hurt, I-15.2

avoir l'occasion de (+ inf.) to have the opportunity (+ inf.), I
avoir peur (de) to be afraid (of), II-13.2
avoir raison to be right, I
avoir soif to be thirsty, I-5.1
avoir tendance à (+ inf.) to tend (+ inf.), I
avoir tort to be wrong
ne pas avoir un sou to be penniless
avouer to admit, 2
avril (m.) April, I-4.1
l' axe (m.) axis, street, I
    dans l'axe on the same line
l' azote (m.) nitrogen

B

le baccalauréat (bac, bachot) French high school exam, I-12.2
le bacon bacon, I
la bactérie bacteria
    bactérien(ne) bacterial, I-15.1
les bagages (m. pl.) luggage, I-7.1
    les bagages à main carry-on luggage, I-7.1
le bagne prison with hard labor, 5
la baguette loaf of French bread, I-6.1
la baie bay, 3
    baigner: ça baigne everything's cool (fam.)
se baigner to swim, II
le bain bath, I-11.2
    le bain de soleil: prendre un bain de soleil to sunbathe, I-9.1
    le bain turc Turkish bath, II-14.1
la baisse decrease, 1; fall, decline
    baisser to lower
    se baisser to bend over, 5
le bal ball, formal dance, II
le baladeur Walkman, 3
la balance scale, II-1.2
le balcon balcony, I-4.2
la baleine whale, 4
la balle ball (tennis, etc.), I-9.2; franc (slang), I-18.2
le ballon ball (soccer, etc.), I-13.1
    banal(e) commonplace, ordinary
la banane banana, I-6.2
le banc bench, 4
la bande dessinée (BD) comic strip, I
la banlieue suburbs, I
le/la banlieusard(e) suburbanite, II
la banque bank, I-18.1
le banquier, la banquière banker, I
    baptiser to christen, I
    barbant(e) boring (slang)
la barbe beard, II

à la barbe fleurie with a flowing white beard, II

se barbouiller (de) to daub oneself (with)

Barcelone Barcelona, I-16

bardé(e) (de) filled (with)

la barricade barricade

bas(se) low, I-10

  à talons bas low-heeled (shoes), I-10

  à voix basse quietly, in a low voice, 5

le bas bottom, 8

la base: de base basic, I; basically

le base-ball baseball, I-13.2

le basket(-ball) basketball, I-13.2

la basilique basilica, II

le basque language of the Basque region of northern Spain

le bateau boat, I

le bâtiment building, II-15.1

le bâtisseur builder, II

le bâton ski pole, I-14.1; stick

la batterie drums, II-11.1

  battre to beat, strike

    battre un record to beat a record

    battre en retraite to retreat in battle, II

    se battre (contre) to fight (against), 5

  battu beaten, II

  bavard(e) talkative

  bavarder to chat, I-4.2

  beau (bel) beautiful (m.), I-4

    Il fait beau. It's nice weather., I-9.2

  beaucoup a lot, I-3.1

    beaucoup de (+ noun) a lot of, many, I-10.1

    beaucoup de monde a lot of people, a crowd, II

la beauté beauty, I

les Beaux-arts (m. pl) fine arts, I

le bec de gaz gas lamp, 2

beige (inv.) beige, I-10.2

le beignet chinois fortune cookie, II

belge Belgian (adj.), I

le/la Belge Belgian (person), I

la Belgique Belgium, I

belle beautiful (f.), I-4

la bénédiction blessing

béni(e) blessed, sacred

  béni des dieux blessed by the gods

les béquilles (f.) crutches, II-6.1

berbère (inv.) Berber (relating to the culture of various tribal groups living in northern Africa, i.e. the Kabyle or the Tuareg)

bercail: au bercail at home, 2

le berceau barrel vault, II

bercer to lull

le béribéri beriberi, I

le besoin need, I

  avoir besoin de to need, I-11.1

le bétail livestock, II-15.1

la bêtise stupid thing, nonsense, I

le beurre butter, I-6.2

la bibliothèque library, II

le bicentenaire bicentennial, I

bien fine, well, I-BV

  bien accueilli(e) well-received, I

  bien cuit(e) well-done (meat), I-5.2

  bien élevé(e) well-mannered, II-13.1

  Bien entendu. Of course, That's understood.

  bien que (+ subjunc.) although (conj.), II-15

  bien sûr of course, I

le bien possession, 4; good (n.), 5

  faire le bien to do good

  le bien public public good

le bien-être well-being, 7

bienfaisant(e) charitable, kind, 4

bientôt soon, I

Bienvenue! Welcome!, I

la bière beer, I

les bijoux (m. pl.) jewels, jewelry

le bilan appraisal

le billet bill (currency), I-18.1; ticket, I-7.1

  le billet aller-retour round-trip ticket, I-8.1

biodégradable biodegradable

la biologie biology, I-2.2

le/la biologiste biologist, I

bizarre strange, odd, I

bizarrement oddly

la blague: Sans blague! No kidding!, I

blanc, blanche white, I-10.2

la blanchisserie laundry, II

le blé wheat, II-15.1

le/la blessé(e) injured person, 8

se blesser to hurt oneself, II-6.1

la blessure cut, wound, II-6.1

bleu(e) blue, I-10.2

  bleu marine (inv.) navy blue, I-10.2

blond(e) blond, I-1.1

bloquer to block, I; to jam

la blouse smock, 2

le blouson jacket, I-10.1

le bœuf beef, I-6.1; ox, II-15.1

boire to drink, II-13

le bois wood, the woods, II

la boisson beverage, I-5.1

la boîte box, 2

  la boîte aux lettres mailbox, II-1.1

  la boîte de conserve can of food, I-6.2

bon(ne) correct; good, I-9

  Bonne Année! Happy New Year!, II-11.2

  Bonne Santé! Good health!, II

  le bon numéro the right number, II-3.1

  bon marché (inv.) inexpensive, I

bond leap, 8

  faire un bond to leap, 8

bondé(e) packed, 1

le bonheur happiness, 2

le bonhomme fellow

bonjour hello, I-BV

la bonne maid, 2

le bonnet ski cap, hat, I-14.1

la bonté goodness

  est-ce que ça serait un effet de votre bonté would you be so kind

le bord: à bord de aboard (plane, etc.), I-7.2

  au bord de la mer by the ocean, seaside, I-9.1

bordé(e) de bordered, lined with, I

le bordereau receipt, I

la borne road marker, II

la bosse mogul (ski), I-14.2

la botanique botany, I

la botte boot, I

la bouche mouth, I-15.1

la boucherie butcher shop, I-6.1

le bouchon traffic jam, II-8.1

la boucle curl, ringlet, 2

bouclé(e) wavy, curly II-5.1

le boudin blanc white sausage, II

la boue sludge

la bouffée breath (of air)

bouger to move, 8

la bougie candle, II-11.2

le bouillon de poulet chicken soup, I

la boulangerie-pâtisserie bakery, I-6.1

la boule ball, II

  la boule de neige snowball, I-14.2

  en boule curled up in a ball, II

  les boules French bowling, II

le boulevard périphérique beltway, II-8.1

le boulot job (slang), 2

bouleverser to stun; to change drastically

le bouquetin ibex, 4

le bouquin book (fam.), 2

le bourdonnement buzzing

la bourgeoisie middle class

le bourgeon bud, II

la bourse grant, scholarship, 2

bousculer to shove, II-13.1

bout (inf. bouillir) boils (v.), I

le bout piece, bit, scrap, 7; end

  au bout de at the end of

la bouteille bottle, I-6.2

la **boutique** shop, boutique, I
le **bouton** button, II-9.2; bud, I
boutonné(e) buttoned
le **bowling** bowling alley
le **brancard** stretcher, II-6.1
la **branche** branch, II-11.2
branché(e) plugged in; "with it,"
cool
le **bras** arm, II-6.1
le **braséro** charcoal grill, II-14.1
les **bravades (f. pl.)** bravado, boasts
brave good, decent
Bravo! Good! Well done!, I
le **break** station wagon, I-12.1
le **Brésil** Brazil, I-16
la **Bretagne** Brittany, I
breton(ne) (adj.) from Brittany, II
le/la **Breton(ne)** person from Brittany, I
bricoler to tinker with things
around the house, 3
le **brigadier** (police) sergeant
brillant(e) brilliant, shining
briller to shine, 1
le **brin (d'herbe)** blade (of grass)
la **brioche** sweet roll, I
la **brise** breeze, wind
briser to break, 5
brodé(e) embroidered
la **broderie** embroidery
bronzé(e) tan, I
bronzer to tan, I-9.1
la **brosse** brush, I; blackboard eraser,
II-12.2
se **brosser (les dents, etc.)** to brush
(one's teeth, etc.), I-11.1
le **brouillard** fog, 1
brouter to graze, 4
la **bruine** drizzle, 1
le **bruissement** rustling
le **bruit** noise, II-13.1
brûlant(e) hot, burning
brûler to burn, II
la **brume** haze, mist, 1
brun(e) brunette, I-1.1; brown,
I-10.2
brutaliser to brutalize
brute: la sève brute rising, crude
sap, II
Bruxelles Brussels
bruyant(e) noisy, II-13.1
la **bûche: la bûche de Noël** Christmas
cake in shape of a log, II
le **budget** budget
le **bulletin de notes** report card, I
le **bulletin de remboursement**
credit slip
le **bulletin météorologique** weather
report, I
le **bureau** desk, I-BV; office, II-2.2;
bureau, I
à bureaux fermés sold out
(performance), 3

le **bureau de change** foreign
exchange office (for foreign
currency), I-18.1
le **bureau de location**
reservations office, II-4.2
le **bureau de placement**
employment agency, II-16.2
le **bureau de poste** post office,
II-1.1
le **bureau de tabac** tobacco
shop, II-3.1
le **bureau de vie scolaire**
school office, II-12.2
le **bus: en bus** by bus, I-5.
le **but** goal, I-13.1
marquer un but to score a goal,
I-13.1

C

ça that (dem. pron.), I-BV
Ça coûte cher. It's expensive., I
Ça fait combien? How much is
it?, I-6.2
Ça fait... francs. That's...
francs, I-6.2
Ça fait mal. It hurts., I-15.2
Ça me convient. That's fine
with me.
ça m'étonnerait I would be
very surprised, II-14
Ça ne tient pas debout. It
makes no sense.
Ça par exemple! My word!
Ça va. Fine., OK., I-BV
Ça va? How's it going?, How
are you? (inform.), I-BV
Ça y est! That's it. Finished! I
have done it!
le **cabaret** small nightclub with
musical entertainment, 3
la **cabine** cabin (airplane or boat),
I-7.1
la **cabine classe affaires**
business-class cabin, II-7.1
la **cabine classe économique**
economy-class cabin, II-7.1
la **cabine première classe** first-
class cabin, II-7.1
la **cabine téléphonique**
telephone booth, II-3.1
le **cabinet** office (doctor's), I
caché(e) dark, hidden, II
se **cacher** to hide
le **cadeau** gift, present, I-10.2
le **cadeau de Noël** Christmas
gift, II-11.2
cadet(te) younger, youngest, II
le **cadrage** way of centering a picture
(photography, movie)
le **cadran** dial, II-3.1
le **téléphone à cadran** dial
phone, II-3.1

le **cadre, la femme cadre** executive,
II-16.1
cafard: avoir le cafard to be down
in the dumps, to be feeling blue
le **café** café; coffee, I-5.1
le **café au lait** coffee with milk, I
la **cafétéria** cafeteria, II
le **cahier** notebook, I-BV
Le **Caire** Cairo
la **caisse** cash register, checkout
counter, I-6.2
le **caissier, la caissière** cashier,
I-17.2
la **calamité** disaster
le **calcium** calcium, I
le **calcul** calculation, I
la **calculatrice** calculator, I-BV
calculer to calculate, I
le **calendrier** calendar, II
calme quiet, calm, I
Calmez-vous. Calm down., I
la **calorie** calorie, I
le/la **camarade** companion, friend, I
le **cambriolage** burglary, 5
le **cambrioleur** burglar, 5
le **camion** truck, II-8.1
le **camp** side (in a sport or game),
I-13.1
le **camp adverse** opponents,
other side, I-13.1
le **camp de fortune** makeshift
refugee camp
le **camp d'internement**
internment camp
campagnard(e) country (adj.), 3
la **campagne** country(side), II-15.1;
campaign
en rase campagne in the
middle of the countryside, 5
le **campeur** camper, II
le **camping** campground, 1
le **Canada** Canada, I-16
canadien(ne) Canadian (adj.), I-9
le **canal** canal
le **canard** duck, II-15.2
le/la **candidat(e)** applicant, II-16.2
être candidat(e) à un poste to
be an applicant for a position,
II-16.2
la **candidature** candidacy, II-16.2
poser sa candidature to apply
for a position, II-16.2
le **canne à sucre** sugar cane, II
le **canot** canoe, I
la **cantine** school cafeteria, II-12.2
la **capacité: la capacité d'accueil**
number of beds available
le **capitaine** captain, II
capital(e) capital
la **capitale** capital, I
capituler to capitulate, II
capter to collect, receive, II
la **captivité** captivity

car because, for, II
le **car** bus (coach), I
le **caractère** personality; letter
  à caractère familial
    family-style, I
la **caractéristique** characteristic, I
la **caravane** caravan, II-14.2; trailer,
  II-8.1
le **carburant** fuel
  carcéral(e) prison (adj.)
  cardiaque cardiac, of the heart
le **car-ferry** car ferry, 5
le **carnet** book of ten subway tickets,
  II-10.1; notebook, booklet
  le carnet d'adresses address
    book
  le carnet d'anniversaires
    birthday book, I
la **carotte** carrot, I-6.2
  carré(e) square
le **carrefour** crossroads, I-12.2
la **carrière** career, II-16.2
la **carte** card, II-12.2; menu, I-5.1;
  map, I
  à la carte free-choice
  la carte à mémoire rapid-dial
    feature on a telephone, II
  la carte d'anniversaire
    birthday card, I
  la carte de crédit credit card,
    I-17.2
  la carte de débarquement
    landing card, I-7.2
  la carte d'embarquement
    boarding pass, I-7.1
  la carte grise automobile
    registration card, II-8.1
  la carte postale postcard, 1.1
  la carte routière road map,
    II-8.1
  la carte verte insurance card,
    II-8.1
  la carte de vœux greeting card,
    II-11.2
le **carton: en carton** cardboard (adj.)
le **cas** case, II
  en tout cas in any case, I
  casanier, casanière homebody
le **casier** cubbyhole, II
le **casque** helmet, II-8.1
la **casquette** cap, II-8.2
le **casse-cou** daredevil, I
  casser to break, II-9.2
  à tout casser at the most
  casser les pieds à quelqu'un to
    get on somebody's nerves
    (slang)
  se casser to break (an arm, a
    leg, etc.), II-6.1
la **cassette** cassette, I-3.2
le **catalan** language of the Catalonia
  region of northeastern Spain
la **catastrophe** catastrophe

la **catégorie** category, I
la **cathédrale** cathedral, I
le **catholicisme** Catholicism, II
le/la **catholique** Catholic, II
le **cauchemar** nightmare, 8
la **cause** cause (n.), I
  causer to cause, I
le **cavalier, la cavalière** rider, 7
la **cave** basement
la **caverne** cavern
  ce (cet) (m.) this, that (m.), I-8
  ce que c'est what it is, I
  Ce n'est rien. You're welcome.,
    I-BV
  céder to cede
la **ceinture de sécurité** seat belt,
  I-12.2
  célèbre famous, I-1.2
  célébrer to celebrate, II-11.2
la **célébrité** fame
  célibataire single, unmarried, 4
  celle (f. sing. dem. pron.) this
    one, that one, II-5
  celles (f. pl. dem. pron.) these,
    those, II-5
la **cellule** cell, I
  la cellule nerveuse nerve cell, I
  celui (m. sing. dem. pron.) this
    one, that one, II-5
  celui-là that one (over there), II
la **cendre** ash, 6
le **censeur** vice-principal, II-12.2
  cent hundred, I-5.2
les **centaines (f. pl.)** hundreds, I
le **centimètre** centimeter
  centralisé(e) centralized, II
le **centre: le centre commercial**
  shopping center, I
  le Centre de Documentation et
    d'Information (CDI) school
    library, media center, II-12.2
  au centre de in the heart of, I
  cependant still, nevertheless
les **céréales (f. pl.)** cereal, grains,
  II-15.1
la **cérémonie** ceremony, II-11.2
  certain(e) certain, I
  être certain(e) to be certain, II-14
  il est certain (que) it's certain
    (that), II-14
  pour certains for some people, I
  certainement certainly, II-8
  ces (pl.) these, those, I-8
  cesser to stop
  c'est it is, it's, I-BV
  C'est ça. That's right., I
  C'est combien? How much is
    it?, I-BV
  C'est de la part de qui? Who's
    calling?, II-3.2
  C'est entendu. Agreed.

  C'est quand, ton anniversaire?
    When is your birthday?
    (fam.), I-4.1
  C'est quel jour? What day is
    it?, I-2.2
  C'est tout? Is that all?, I-6.2
  C'est une erreur. You have the
    wrong number., II-3.2
  C'est une honte! That's a
    disgrace!
le **cétacé** whale
  cette (f.) this, that, I-8
  ceux (m. pl. dem. pron.) these,
    those, II-5
  chacun(e) each (one), I
la **chaîne** channel, II-2.1
  la chaîne hôtelière hotel chain, I
  la chaîne stéréo stereo, II-2.1
  la chaîne de télévision
    television channel, 2
la **chair** flesh, 4
la **chaire** seat, chair
la **chaise** chair, I-BV
le **châle** shawl, II-14.1
le **chalet** chalet, I
la **chaleur** warmth, heat, 8
  chaleureux, chaleureuse warm, 1
la **chambre** room (in a hotel), I-17.1
  la chambre à un lit single
    room, I-17.1
  la chambre à deux lits double
    room, I-17.1
  la chambre à coucher
    bedroom, I-4.2
le **chameau** camel, II-14.2
  à dos de chameau on
    camel(back), II-14.2
le **champ** field, I-15.1
  le champ de manœuvres
    parade ground, I
le/la **champion(ne)** champion, I
le **championnat** championship, I
la **chance** luck, I
  avoir de la chance to be lucky, I
le **chandelier** candelabra, II-11.2
  changeant(e) changeable,
    variable, 1
le **changement** change, II
  changer (de) to change, I-8.2; to
    exchange, I-18.1
  changer de chaîne to change
    the channel, II-2.1
  changer de ligne to change
    (subway) lines, II-10.1
  changer de place to change
    places, II
  changer de train to change
    trains, II-4.2
  changer de voie to change
    lanes, II-8.1
la **chanson** song, 3

le **chant** song, II
    le chant de Noël Christmas carol, II-11.2
    un chant d'oiseau birdsong, 7
chanter to sing, I-3.2
le **chanteur, la chanteuse** singer, II-16.1
le **chantier** construction site, II
    le chantier de fouilles archéologiques archaeological site, 8
le **chapeau** hat, 4
le **chapitre** chapter
chaque each, every, I-16.1
le **charbon** coal, 4
    le charbon de bois charcoal, II-14.1
la **charcuterie** deli, I-6.1
charge: être à charge to be a burden
charger to put in charge, I
le **chariot** shopping cart, I
    le chariot à bagages luggage cart, II-7.2
le **charlatanisme** quackery
charmant(e) charming, I
le **charpentier** carpenter, II
la **charrette** cart, 2
chasse: aller à la chasse to go hunting, 4
chasser to hunt, 4; to chase
le **chasseur** hunter, 4
le **chat** cat, I-4.1
    avoir un chat dans la gorge to have a frog in one's throat, I-15.2
châtain brown (hair), II-5.2
le **château** castle, mansion, II-4.2
    le château fort fortified castle
le **châtiment** punishment
le **chaton** kitten, 5
chatouiller to tickle, 7
chatouilleux (-se) ticklish, 7
la **chatte** (female) cat, 5
chaud(e) warm, hot, I
    Il fait chaud. It's hot. (weather), I-9.2
chauffer to heat, I
le **chauffeur** driver
les **chaussettes (f. pl.)** socks, I-10.1
les **chaussures (f. pl.)** shoes, I-10.1
    les chaussures de ski ski boots, I-14.1
    les chaussures de tennis sneakers, tennis shoes, I-9.2
chauvin fanatically patriotic, 4
la **chaux** quicklime, I
le **chef** head, boss, chief, I
le **chef-d'œuvre** masterpiece
le **chemin** way, route, 2
    suivre son chemin de petit bonhomme to carry on in one's own sweet way

la **cheminée** fireplace, II-11.2; mantelpiece, 6
la **chemise** shirt, I-10.1
le **chemisier** blouse, I-10.1
le **chèque (bancaire)** check, I-18.1
    le chèque de voyage traveler's check, I-17.2
cher, chère dear; expensive, I-10
    Ça coûte cher. It's expensive., I
chercher to look for, seek, I-5.1
    chercher du travail to look for work, II-16.2
le **chercheur, la chercheuse** researcher, 8
le **cheval (pl. les chevaux)** horse, II-15.1
le **chevalier** knight, II
le **chevet** head of a bed, 5
les **cheveux (m. pl.)** hair, I-11.1
    les cheveux en brosse brush cut, II-5.1
la **cheville** ankle, II-6.1
la **chèvre** goat, I
le **chevron** top tile
chez at the home (business) of, I-5
    chez soi home, I
chic chic, stylish, I
le **chien** dog, I-4.1
le **chiffon** rag, 2
chiffonné(e) wrinkled, II-9.1
le **chiffonnier** ragpicker, 2
le **chiffre** number, I
le **chignon** bun (hair), II-5.1
le **Chili** Chile, I-16
la **chimie** chemistry, I-2.2
chimique chemical, I
le/la **chimiste** chemist, I
la **Chine** China, I-16
chinois(e) Chinese (adj.), I
le/la **Chinois(e)** Chinese person, 8
le **chirurgien** surgeon (m. and f.), II-6.2
le **chirurgien-orthopédiste** orthopedic surgeon, II-6.2
le **chocolat: au chocolat** chocolate (adj.), I-5.1
choisir to choose, I-7.1
le **choix** choice, I
le **choléra** cholera, I
le **cholestérol** cholesterol, I
le **chômage** unemployment, II-16.2
    être au chômage to be unemployed, II-16.2
la **chose** thing, I
le **chott** salt lake, II-14.2
chouette great (inform.), I-2.2
le **chou-fleur** cauliflower, II
chrétien(ne) Christian, II
la **chronique** chronicle, II
la **chute: faire une chute** to fall, I-14.2
ciao goodbye (inform.), I-BV
ci-contre opposite (prep.)
ci-dessous below

ci-dessus above (adv.), I
le **ciel** sky, I-14.2; heaven
    un ciel d'encre ink-black sky
la **cigale** grasshopper, I
les **cils (m. pl.)** eyelashes, II-5.2
le **cinéaste** film-maker, 8
le **cinéma** movie theatre, movies, I-16.1
le/la **cinéphile** movie buff, I
cinq five, I-BV
cinquantaine fifty or so
cinquante fifty, I-BV
le **cintre** hanger, I-17.2
la **circonstance** circumstance, I
la **circulation** traffic, I-12.2; circulation, I
    la circulation à double sens two-way traffic, I
circulatoire circulatory
circuler to circulate, II
le **cirque** circus, 8
les **ciseaux (m. pl.)** scissors, II-5.2
ciselé(e) chiselled
la **cité U** student dorms
citer to cite, mention, I
le/la **citoyen(ne)** citizen, II
le **citron pressé** lemonade, I-5.1
le/la **civilisé(e)** civilized person, I
le **civisme** public-spiritedness, 6
clair(e) light, II; clear
le **clairon** bugle, 6
clandestinement secretly
la **classe** class (people), I-2.1
    la classe économique coach class (in plane), I
le **classement** classification, I
classer to classify, I
classique classic
le **clavier** keyboard, II
la **clé** key, I-12.1
la **clef** key, 5
clément(e) mild
le/la **client(e)** customer, I-10.1
la **clientèle** practice (physician)
le **climat** climate, I
le **clin d'œil** wink (of the eye)
la **clinique** private hospital, II
la **cloche** bell, 6
les **clous (m. pl.)** pedestrian crossing, I-12.2
le **clown** clown
le **club** club
    le club d'art dramatique drama club, I
    le club de forme health club, I-11.2
le **coca** Coca-Cola, I-5.1
le **cocher** coachman, 2
le **cochon** pig, II-15.1
le **code postal** zip code, II-1.2
le **cœur** heart, 7
    avoir le cœur gros to have a heavy heart

avoir des maux de cœur to feel sick, nauseous, 7
par cœur by heart
le **coffre** trunk (of car), I
    le **coffre à bagages** luggage compartment, II-7.1
coi: rester coi to remain silent
se **coiffer** to fix one's hair, II-5.1
le **coiffeur, la coiffeuse** hair stylist, II-5.2
la **coiffure** hairstyle, II-5.1
le **coin** corner, II-8.2; spot
    au coin de at the corner of, II-10.1
    du coin neighborhood (adj.), I
coincé(e) wedged (in), in a jam, stuck in a tight spot, 2
coincer to trap, to jam, 5
le **col de Roncevaux** Roncesvalles Pass, II
la **colère** anger
    en colère angry, 4
le **colis** package, II-1.2
le **collaborateur, la collaboratrice** co-worker, associate, I
le **collant** pantyhose, I-10.1
la **collation** snack, II-7.1
le **collège** junior high, middle school, I
le/la **collègue** colleague, II
coller to stick
le **collet** scruff of the neck
la **colline** hill, II
la **colonie de vacances** summer camp, 2
le **colonisateur** colonizer
la **colonisation** colonization
coloniser to colonize
le **combat** fight, 8
    combattre to combat, fight, I
    combien (de) how much, how many, I-6.2
        C'est combien? How much is it?, I-BV
        Ça fait combien? How much is that?, I-6.2, I
la **combinaison** wetsuit
la **combine** system, method, 2
le **combiné** telephone receiver, II
comble (adj.) packed (stadium), I-13.1
la **combustion** combustion
la **comédie** comedy, I-16.1
    la comédie musicale musical comedy, I-16.1, I
le **comédien** actor, I-16.1
la **comédienne** actress, II-16.1
comique funny, I-1.2
le **commandant de bord** captain (on an airplane), II-7.1
commander to order, I-5.1
comme like, as, I
    comme ci, comme ça so-so, 2

comme d'habitude as usual, 7
le **commencement** beginning, I
commencer to begin, I
comment how; what, I
    Comment vas-tu? How are you? (fam.), I-BV
    Comment est...? What is... like? (description), I-1.1
    Comment t'appelles-tu? What's your name? (fam.), I-1.1
    Comment vous appelez-vous? What's your name? (form.), I-1.1
le/la **commerçant(e)** merchant, II-16.1
le **commerce** business, II
commettre to commit
le **commissariat** police station, 5
commode convenient, 2
commun(e) common, I
    en commun in common, I
la **communauté** community, I
    la Communauté Économique Européenne (CEE) European Economic Community (EEC), I
la **commune** (small administrative) district, 5
le **compact disc** compact disc, I-3.2
la **compagnie aérienne** airline, I-7.1
le **compagnon** companion, fellow-worker, journeyman
le **compagnonnage** guild, II
la **comparaison** comparison
le **compartiment** compartment, I-7.2
le **complément** complement
complet, complète full, II-4.1; complete
le **complet** suit (man's), I-10.1
complètement completely, II
compléter to complete, I
le/la **complice** accomplice, 5
le **comportement** behavior, I
composer to compose, I
    composer le numéro to dial a telephone number, II-3.1
le **compositeur, la compositrice** composer
composter to stamp, validate (a ticket), I-8.1
comprendre to understand, I-9.1; to include, II-7; to be made up of
le **comprimé** pill, tablet I-15.2
compris(e) included (in the bill), I
    Le service est compris. The tip is included., I-5.2
comptabilisé(e) accounted for, II
le/la **comptable** accountant, II-16.1
le **compte:**
    le compte d'épargne savings account, I-18.1

être à son compte to be self-employed, II-16.2
le **Compte-Chèque Postal** postal checking account
compte-gouttes: au compte-gouttes sparingly
compter to count
le **compte-rendu** report, review
le **compteur** meter, 1
le **comptoir** counter, I-7.1
le **concentré** concentration, essence
concerné(e) involved
concerner to concern, II
le/la **concierge** concierge, caretaker, I
conclure to conclude
le **concours** competition, contest, I
le/la **concurrent(e)** competitor
condamner to condemn
les **condoléances (f. pl.)** condolences, 6
le **conducteur, la conductrice** driver, I-12.1
conduire to drive, I-12.2
la **conduite** behavior, conduct, 6
    des leçons de conduite driving lessons, I-12.2
les **confettis (m. pl.)** confetti, II-11.1
confiant(e) confident, I-1.1
confier to confide, 5
    confier (quelque chose à quelqu'un) to entrust (something to someone)
confondre to mix up, confuse
le **conformisme** conformity
le **confort** comfort, I
confortable comfortable, I
le **confrère** colleague
la **confrérie** brotherhood, II
confusément vaguely
le **congé** day off, vacation day
    le jour de congé day off, II
conjugué(e) joint
la **connaissance** knowledge
    faire la connaissance de to meet, I
connaître to know, I-16.2
connu(e) known, I
la **conquête** conquest, I
conquis(e) conquered, II
consacrer to dedicate, 3; to devote, II
la **conscience** conscience
conscient(e) conscious, II
le **conseil** advice, II
conseiller to advise
le **conseiller, la conseillère d'éducation** dean of discipline, II-12.2
le **conseiller (la conseillère) d'orientation** guidance counselor, II-12.2
la **conséquence** consequence, II

conséquent: par conséquent consequently, II

conservateur, conservatrice conservative, I

le **conservatoire** music school

conserve: la boîte de conserve can (food), I-6.2

conserver to conserve, I

considérable considerable

considérablement considerably

la **consigne** checkroom, I-8.1

la **consigne automatique** locker, I-8.1

la **consommation** consumption

consommer to consume, I

la **constatation** proof, verification

constater to notice

constitué(e) made (up) of

constituer to make up

construire to build

se **construire** to be built

construit(e) built, I

le **consulat** consulate

la **consultation** consultation, medical visit, I

le **contact: mettre le contact** to start (a car), I-12.1

contagieux, contagieuse contagious

contaminer to contaminate, I

le **conte** story, tale, II

contempler to gaze upon

contemporain(e) contemporary

contenir to contain, I

content(e) happy, I-1.1

le **contenu** contents, II-1.2

le **continent** continent

le **continent Antarctique** Antarctica

continu(e) continual, ongoing, I

continuer to continue, I

la **contractuelle** meter maid, I-12.2

le **contraire** opposite, I

au contraire on the contrary, I

contrairement contrary, as opposed (to)

contrasté(e) different

la **contravention** traffic ticket, I-12.2

contre against, I-13.1

contre le gré de quelqu'un against somebody's will, 7

par contre on the other hand, however, I

le **contremaître** foreman, II-2.2

la **contremaîtresse** forewoman, II-2.2

le **contrôle de sécurité** security (airport), I-7.1

passer par le contrôle de sécurité to go through security (airport), I

le **contrôleur** conductor, I-8.2

convaincu(e) convinced

convenable correct, I

les **convenances (f. pl.)** social customs, conventions, II

convenir to fit; to be appropriate; to suit

la **conversation** conversation, I

convoquer to summon

la **coopération** cooperation, I

coordonner to coordinate, II

le **copain** friend, pal (m.), I-2.1

la **copine** friend, pal (f.), I-2.1

le **coq** rooster, II-15.2

le **coquelicot** poppy, II

la **coqueluche** whooping cough, I

la **coquille** shell

le **cor** horn, II

le **Coran** Koran, II

la **corbeille** dress circle (of a theater), 3

la **corde** rope

la **corde à linge** clothesline, 2

la **corne** horn (of an animal), 4

le **corps** body, I

correspondre to correspond, I

corriger to correct, I

le **cortège** procession, party, II

le **costume** costume, I-16.1

cote: avoir la cote to be very popular, 6

la **côte** coast, I; rib, 7

la **Côte d'Azur** French Riviera, I

la **Côte d'Ivoire** Ivory Coast, I-16

le **côté** side, II-5.1

côté couloir aisle (seat in airplane), I-7.1

côté fenêtre window (seat in airplane), I-7.1

le **coton: en coton** cotton (adj.), II-9.2

le **cou** neck

la **couche** cover, II; layer

la **couche de peinture** coat of paint

la **couche d'ozone** ozone layer

se **coucher** to go to bed, I-11.1

le **coucher du soleil** sunset, II-15.2

la **couchette** bunk (on a train), I-8.2

le **coude** elbow, II-13.1

couler to flow, II

la **couleur** color, I-10.2

De quelle couleur est... ? What color is... ?, I-10.2

les **coulisses (f.pl.)** backstage, 3

le **couloir** aisle, corridor, I-8.2

le **coup** blow, 4

le **coup d'œil** glance, 8

à coup sûr definitely

tout à coup suddenly

coupable guilty

la **coupe** haircut, II-5.2; winner's cup I-13.2

la **coupe au rasoir** haircut with razor, II-5.2

la **coupe aux ciseaux** haircut with scissors, II-5.2

couper to cut, II-5.2

se **faire couper les cheveux** to get a haircut, II-5

c'est à vous couper le souffle it takes your breath away

la **cour** courtyard, I-4.2; court, I

courageux, courageuse courageous, brave, I

couramment fluently, II-8

courant(e) common, II-13.1; current, II; running

le **courant** current

le **coureur** runner, I-13.2

le **coureur cycliste** racing cyclist, I-13.2

la **courgette** zucchini, II-14.1

courir to run, II-2.2

faire courir to be a big hit, 3

la **couronne** crown, 6

couronné(e) crowned, I

le **courrier** mail, II-1.1

le **cours** course, class, I-2.2

le **cours facultatif** elective (n.), II-12.2

le **cours obligatoire** required course, II-12.2

le **cours du change** exchange rate, I-18.1

la **course** race, I-13.2

la **course cycliste** bicycle race, I

les **courses (f. pl.): faire les courses** to go grocery shopping, I-6.1

court(e) short, I-10.2

le **court de tennis** tennis court, I-9.2

le **couscous** couscous (dish made of semolina, meats, and vegetables), II-14.1

le/la **cousin(e)** cousin, I-4.1

le **couteau** knife, I-5.2

coûter to cost, I

Ça coûte cher. It's expensive., I

la **coutume** custom, I

le **couturier** designer (of clothes), I-10.1

couver quelque chose to be coming down with something, 2

couvert: Le ciel est couvert. The sky is overcast., I-14.2

le **couvert** table setting, I-5.2

les **couverts en argent** silverware, 5

mettre le couvert to set the table, I-8

la **couverture** blanket, I-17.2

le **couvreur** roofer, II

couvrir to cover, I-15

le **crabe** crab, I-6.1

la **craie: le morceau de craie** piece of chalk, I-BV

craindre to fear, 5

la **crainte** fear, **4**
> **de crainte que** (+ subjunc.) for fear that

le **cratère** crater, II
la **cravate** tie, I-10.1
le **crayon** pencil, I-BV
la **crèche** day-care center, I
la **crédulité** gullibility
créer to create, I
la **crème** cream, I-6.1
> **la crème pour le visage** face cream, II-5.2
> **la crème solaire** suntan lotion, I-9.1

le **crème** coffee with cream (in a café), I-5.1
la **crémerie** dairy store, I-6.1
créole creole, II
la **crêpe** crepe, pancake, I-5.1
la **crêperie** crepe restaurant, I
le **crépuscule** dusk
le **crétin (m.)** jerk
creusé(e) burrowed
crevé(e) exhausted (fam.), **2**
se **crever (au travail)** to work oneself to death, **6**
la **crevette** shrimp, I-6.1
le **cri** sound, II-15.2; shout
crier to shout, I
le **crime** crime (specific act)
> **le crime de sang** violent crime

la **criminalité** crime (in general)
le/la **criminel(le)** criminal
la **crise** crisis, I
crisser to screech
critique critical
la **critique** criticism, I
le/la **critique** critic, I
critiquer to criticize, I
croire to believe, think, I-10.2
la **croisade** crusade
la **croisée** window
le **croisement** intersection, I-12.2
croiser (quelqu'un) to pass someone
> **se croiser** to cross (intersect), II-10.1

la **croissance** growth, I
croissant(e) growing, increasing, **1**
le **croissant** croissant, crescent roll, I-6.1
la **croix d'honneur** school medal, award, **2**
le **croque-monsieur** grilled ham and cheese sandwich, I-5.1
le **cross** cross country race, **3**
crotté(e) covered with mud
croustillant(e) crusty, I
la **croûte de sel** salt crust, II-14.2
la **croyance** belief, I
le/la **croyant(e)** believer
le **cube** cube, I
le **cubisme** Cubism, I

cueillir to pick, gather, II
la **cuiller** spoon
la **cuillère** spoon, I-5.2
le **cuir** leather
> **en cuir** leather (adj.), II-9.2
> **les objets (m.) en cuir** leather goods, II-14.1

la **cuisine** kitchen, I-4.2
> **faire la cuisine** to cook, I-6

la **cuisson des confitures** jam-making
cuit(e): bien cuit(e) well-done (meat), I-5.2
le **cul-de-jatte** legless cripple, **6**
le **cul-terreux** yokel, country bumpkin, (fam. and pej.)
cultivé(e) cultivated, II
cultiver to cultivate, II-15.1
la **culture** culture, I; farming (raising crops), II-15.1
culturel(le) cultural, I
la **cure** cure, I
le **curé** priest
le **curriculum vitae (CV)** resume, II-16.2
la **cuve** basin, II
le **cycle** cycle, I
> **le cycle de l'eau** water cycle, I

le **cyclisme** cycling, bicycle riding, I-13.2
le **cycliste** cyclist, I
les **cymbales (f. pl.)** cymbals, II-11.1

D

d'abord first (adv.), I-11.1
d'accord O.K., I-3
> **être d'accord** to agree, I-2.1

d'ailleurs moreover
le **daim** deer, II
la **dame** lady, I
le **Danemark** Denmark
le **danger: en danger** in danger, I
dangereux, dangereuse dangerous, I
dans in, I-BV
> **dans mes cinquante-deux** going on fifty-two (years old)

la **danse** dance, I
danser to dance, I-3.2
le **danseur, la danseuse** dancer, II-16.1
d'après according to, I
la **date: Quelle est la date aujourd'hui?** What is today's date?, I-4.1
dater de to date from
la **datte** date (fruit), II-14.2
davantage more, **7**
de from, I-1.1; of, belonging to, I-5
> **de base** basically
> **de bonne heure** early, II-2.2

de côté aside, I-17.2
> **de crainte que** (+ subjunc.) for fear that
> **de façon que** (+ subjunc.) so that

de loin by far, I
> **de manière que** (+ subjunc.) so that

de nos jours today, nowadays, I
> **de peur que** (+ subjunc.) for fear that

de plus moreover
de plus en plus more and more, I
De quelle couleur est... ? What color is... ?, I-10.2
de rêve dream (adj.), I
De rien. You're welcome. (informal), I-BV
de sorte que (+ subjunc.) so that
de temps en temps from time to time, occasionally, II-4
débarrasser la table to clear the table, II-2.1
le **débarquement** landing, deplaning, I
débarquer to get off (an airplane), I-7.2
le **débat** debate
débile stupid, idiotic (slang)
déboisé(e) deforested, II
le **déboisement** deforestation, II
déborder to overflow, I
debout standing, I-8.2
débrancher to unplug
débrouillard(e) resourceful
le **début** beginning (n.), I
le/la **débutant(e)** beginner, I-14.1
débuter to begin, **3**
le **décalage horaire** time difference, I
la **décapotable** convertible (car), I-12.1
décéder to die, **6**
décembre (m.) December, I-4.1
le **décès** death, **2**
le **déchet** waste, I
déchirer to tear, II-9.2
décider (de) to decide (to), I
la **déclaration** declaration
déclarer to declare, call, I; to report (a crime), **5**
déclencher launched
le **décollage** take-off (of an airplane), II-7.1
décoller to take off (airplane), I-7.1
(se) **décomposer** to decompose, II
déconcertant(e) disconcerting, surprising
décontracté(e) relaxed, informal, II
le **décor** set (for a play), I-16.1

le **décorateur (de porcelaine)** painter (of china), I

les **décorations (f.pl.)** decorations, II-11.2

découper to carve (meat), II

découvert(e) uncovered, 4

à découvert exposed, uncovered, II

la **découverte** discovery, I

le **découvreur** discoverer

découvrir to discover, I-15

décrire to describe, I

la **planète décrit sa courbe** the planet follows its orbit

décrocher to pick up a telephone receiver, II-3.1

déçu(e) disappointed

dedans inside, II

dédié(e) dedicated, I

se **dédier** to dedicate (oneself), II

le **défaut** negative trait

se **défendre** to defend oneself

défense de doubler no passing (traffic sign), I

défensive: sur la défensive on the defensive

le **défilé** parade, II-11.2

défiler to march, II-11.1

défiler au pas to march in step, II-11.1

définir to define, I

définitif (-ve) permanent, 7

la **définition** definition, I

définitivement permanently, 7

déformer to warp, corrupt

dégagé(e) cleared, clearing (weather), 1

dégager to free, 5

se **dégager** to clear (weather), 1; to clear up

se **dégourdir (les jambes/pattes)** to stretch (one's legs), II

dégoûté(e) disgusted

le **degré** degree, I-14.2

Il fait... degrés (Celsius). It's... degrees (Celsius)., I-14.2

la **dégustation** tasting

déguster to savor, 4

dehors outside, I

en dehors de outside (of), I

déjà already, I-14

déjeuner to eat lunch, I-5.2

le **déjeuner** lunch, II-2

le **délai** time-limit

délicieux, délicieuse delicious, I-10

la **délinquance** delinquency

le **delta** delta, I

demain tomorrow, I-2.2

À demain. See you tomorrow., I-BV

la **demande d'emploi** job application, II-16.2

demander to ask (for), I

demander son chemin to ask the way, II-8.2

se **demander** to wonder, I

la **démangeaison** itch, 7

avoir des démangeaisons to be itchy, 7

démanger to itch, 7

ça la démange she is itchy, 7

la **démarche** process

déménager to move (one's residence), 2

se **démener** to exert oneself

dément(e) fantastic

demeurer to stay

demi(e) half, I

et demie half past (time), I

le **demi-cercle** semi-circle; top of the key (on a basketball court), I-13.2

le **demi-kilo** half a kilo, 500 grams, I

la **démission: donner sa démission** to resign, II

demi-tarif: à demi-tarif half-price, I

la **démocratie** democracy

se **démoder** to go out of style, 1

la **demoiselle** young woman

la demoiselle d'honneur maid of honor, II-11.2

démuni(e) poor, underprivileged

dénoncer to denounce

dense dense

la **dent** tooth, I-11.1

avoir mal aux dents to have a toothache, I-15

le **dentifrice** toothpaste, I-11.1

le **déodorant** deodorant, I-11.1

la **dépanneuse** tow-truck, II-8.2

le **départ** departure, I-7.1

le **département** one of 95 official regional divisions of France, II

le département d'outre-mer French overseas department, I

dépassé(e) surpassed, II; outmoded, 6

dépasser to pass, surpass, 5

dépaysé: être dépaysé(e) to feel strange, like a fish out of water, 8

le **dépaysement** disorientation, 1

se **dépêcher** to hurry, II-2.2

dépendre (de) to depend (on), I

ça dépend that depends

la **dépense** expense, 3

dépenser to spend (money), I-10.1

dépérir to wither

dépister to detect

déplacer to move, II

se **déplacer** to move (around)

déplaire to displease

Ça me déplaît. I don't like that.

se **déposer** to be put (down) on

la **dépression** low-pressure area (weather), I

déprimé(e) depressed

depuis since, for, I-8.2

le **dérangement** displacement

déranger to disturb

dériver to derive, I

dernier, dernière last, I-10

le **déroulement** unfolding (of a story), 3

derrière behind, I-BV

des some, any, I-3; I-6; of the, from the, I-5

dès que as soon as

désagréable unpleasant, I-1.2

désapprouver to disapprove

descendre to get off, I-8.2; to take down, I-8; to go down, I-14.1

descendre en spirale to spiral down

la **descente** getting off (a bus), II-10.2

la **description** description

le **désert** desert, II-14.2

désertique desert (adj.)

se **déshabiller** to get undressed, I

désirer to want, I

Vous désirez? May I help you? (store); What would you like? (restaurant), I

désolé(e) sorry, II-3.2; sad, II-13.2

être désolé(e) to be sorry, II-3.2

désossé(e) boneless, supple

le **dessert** dessert, I

desservir to serve, fly to, etc. (transportation), II-4.2

le **dessin** illustration, I

le dessin animé cartoon, I-16.1

la **dessinatrice** illustrator, I

le **dessous** bottom

le **dessus** top

le **destin** fate, destiny

le/la **destinataire** addressee, I-1.2

la **destruction** destruction, I

désuète old-fashioned

désuni(e) apart, separated

détenir to keep (a person)

la **détente** relaxation

le **détergent** detergent, I

détester to hate, I-3.2

détourner l'attention de quelqu'un to divert someone's attention, 5

détriment: au détriment de to the detriment of

détruire to destroy

détruit(e) destroyed, II

le **deuil** death, loss

deux two, I-BV

les deux roues (f. pl.) two-wheeled vehicles, I

tous (toutes) les deux both, I
deuxième second, I-4.2
    la Deuxième Guerre mondiale
      World War II, I
deuxièmement second of all,
    secondly, I
devant in front of, I-BV; ahead of
le développement development, I
se développer to develop
devenir to become, I-16
le déversement pouring
deviner to guess, II
la devise currency, I
le devoir homework (assignment),
    I-BV; duty
    faire les devoirs to do
      homework, I-6
    diable: Que diable! For Pete's
      sake!
le diagnostic: faire un diagnostic to
    diagnose, I-15.2
le diamant diamond, II
la diapo(sitive) (photo) slide,
    II-12.2
la diarrhée diarrhea
la dictée dictation
    dicter to dictate, I
le dictionnaire dictionary, II-12.1
le dieu god, II
le Dieu God
la différence difference, I
    différencier to distinguish,
      differentiate, II
    différent(e) different, I
    difficile difficult, I-2.1
la difficulté difficulty
    être en difficulté to be in
      trouble, I
    diffusé(e) broadcasted
    digérer to digest
la digue dike
    diluvien(ne) torrential
    dimanche (m.) Sunday, I-2.2
    diminuer to diminish, II
la diminution decrease, thinning
le dinar dinar (unit of currency in
    North Africa), II-14.1
la dinde turkey (for eating), II
le dindon turkey (animal), II-15.2
    dîner to eat dinner, I-4.2
    le dîner dinner, I-4.2
    dingue crazy, II
    être dingue de quelque chose /
      quelqu'un to be crazy about
      something/somebody
la diphtérie diphtheria, I
la diplomatie diplomacy, II
le diplôme diploma, II-12.2
    diplômé(e): être diplômé(e) (de)
      to get a degree from, I
    dire to say, tell, I-12.2
    Dis donc! Hey!, Say!, Listen!
    Ben dis donc! No kidding!

dire que to think that
    on dirait que it seems that
    pour ainsi dire so to speak
directement directly, II-3.1
le directeur, la directrice manager,
    II-16.1
    la directrice high school
      principal (f.), II-12.2
la direction: prendre la direction...
    to take the... line (subway),
    II-10.1
le/la dirigeant(e) director (of a
    company)
    diriger to direct, I
    se diriger (vers) to head, make
      one's way (towards), II
    discerner to discern, distinguish
    discuter to discuss, I
le diseur, la diseuse de bonne
    aventure fortune teller, II
    disparaître to disappear, I
la disparition disappearance
    disponible available, II-4.1
    disposer to have at hand
se disputer to argue
le disque record, I-3.2
la distance distance, I
    distant(e) distant
    distingué(e) distinguished, I
la distraction entertainment
    distraire to distract
    distribuer to distribute, to deliver
      (mail), II-1.1
le distributeur automatique stamp
    machine, II-1.1; ticket machine,
    II-10.1
    le distributeur automatique de
      billets automated teller
      machine (ATM), I
    diurne diurnal, 8
    divers(es) (pl.) various
    divisé(e) divided, I
le divorce divorce, I
    divorcer to divorce, II
    dix ten, I-BV
    dix-huit eighteen, I-BV
    dix-neuf nineteen, I-BV
    dix-sept seventeen, I-BV
la dizaine around ten, II
le docteur doctor (title), I
la doctrine doctrine
le documentaire documentary,
    I-16.1
le/la documentaliste school librarian,
    II-12.2
    dodo sleep (slang), II
    faire dodo to go to sleep
      (slang), II
le doigt finger, II-6.1
    le doigt de pied toe, II-6.1
le dollar dollar, I-3.2
le dolmen dolmen (prehistoric stone
    monument), II

le domaine domain, field, I
    domestique domestic
le domicile home, II
    à domicile to the home, I
    dominer to dominate, II
le dommage damage
    c'est dommage it's a shame
    donc so, therefore, II
les données (f. pl.) facts
    donner to give, I-3.2
    donner à manger à to feed, I
    donner un coup de fil to call
      (on the phone), II-3.1
    donner un coup de peigne to
      comb, II-5.2
    donner un coup de pied to
      kick, I-13.1
    donner sa démission to resign, II
    donner une fête to throw a
      party, I-3.2
    donner sur to face, overlook,
      I-17.1
    dont of which, from which,
      whose, 6
    doré(e) golden
    dormir to sleep, I-7.2
    dormir à la belle étoile to
      sleep outdoors, II
    dormir debout to be asleep on
      one's feet
le dortoir dormitory, I
le dos back (body), I
    à dos de chameau on
      camel(back), II-14.2
le dossier file, II
    le dossier du siège back of the
      seat, II-7.1
la douane customs, I-7.2
    passer à la douane to go
      through customs, I-7.2
    doublé(e) dubbed (movies),
      I-16.1
    doubler to pass (car), II-8.1
    doucement gently, II
la douceur gentleness
la douche shower, I
    prendre une douche to take a
      shower, I-11.1
    douillet(te) cozy
la douleur pain, 7
    douloureux, douloureuse
      painful, I
    doute: sans aucun doute no
      doubt
    sans doute probably, 8
    douter to doubt, II-14.2
    doux, douce soft, II; mild; sweet
la douzaine dozen, I-6.2
    douze twelve, I-BV, I
le drame drama, I-16.1
le drap sheet, I-17.2
le drapeau flag, II-11.1

se **draper** to cover (oneself) with cloth

dresser to draw up (a list), II

dresser les oreilles to prick up one's ears

se **dresser (contre)** to rise up (against)

dribbler to dribble (basketball), I-13.2

la **drogue** drug(s)

le **droit** right

le droit de vote right to vote, II

droite: à droite de to, on the right of, I-5

drôle funny, strange

du of the, from the, I-5; some, any, I-6

du coin neighborhood (adj.), I

du tout: pas du tout not at all, I

le **duc** duke

la **dune** dune, II-14.2

duper to trick, fool

dur(e) hard

la **durée** length (of time), I

durer to last, II-11.2

E

l' **eau (f.)** water, I

l'eau de Javel bleach, II

l'eau minérale mineral water, I-6.2

l'eau de toilette cologne, II-5.2

l' **éblouissement (m.)** bedazzlement

s' **écailler** to flake off

ecclésiastique clerical, church (adj.)

l' **échange (m.)** exchange, I

échanger to exchange, **5**

échapper (à) to escape, **4**

s'échapper to escape, I

l' **écharpe (f.)** scarf, I-14.1

l' **échelon (m.)** rung (ladder)

les échelons mobiles accomodation ladder

l' **écho (m.)** echo

échouer à un examen to fail an exam, II-12.1

l' **éclair (m.)** lightning

l' **éclairage (m.)** lighting

l' **éclaircie (f.)** clearing, break (in clouds), **1**

éclaircir to clear

éclairer to light, II

l' **école (f.)** school, I-1.2

l'école maternelle pre-school, II

l'école primaire elementary school, I

l'école secondaire junior high, high school,, I

l' **écolier, l'écolière** pupil, schoolchild, I

l' **écologie (f.)** ecology

l' **écologiste (m. et f.)** ecologist, I

l' **économie (f.)** economy, I

les **économies (f. pl.): faire des économies** to save money, I-18.2

économique economic, economical

la classe économique coach class (plane), I

l' **écorce (f.)** bark (of a tree), II

l' **écoute (f.)** listening (n.), **3**

écouter to listen (to), I-3.1

les **écouteurs (m. pl.)** headphones, II-7.1

l' **écran (m.)** screen, I-7.1

s' **écraser** to crash, **5**

s' **écrier** to exclaim

écrire to write, I-12.2

l' **écrit (m.)** writing, II

l' **écriteau (m.)** sign, **2**

l' **écriture (f.)** handwriting, penmanship, **2**

l' **écrivain (m.)** writer (m. and f.), I

écroulé(e) in ruins

l' **écureuil (m.)** squirrel, II

l' **écuyer, l'écuyère** (circus) rider, **8**

éducatif, éducative educational, I

l' **éducation (f.) civique** social studies, I-2.2

l' **éducation (f.) physique** physical education, I

effacer to erase, II-12.1

effectivement in fact; that's true; indeed, certainly

effectuer to accomplish, carry out

l' **effet (m.)** effect

en effet yes, indeed

est-ce que ça serait un effet de votre bonté would you be so kind

efficace efficient, I; effective

effrayant(e) terrifying, dreadful

s' **effriter** to crumble away

égal: Ça m'est égal. I don't care., II

également as well, also, II

égaliser to tie (score), I

égaré(e) distraught

l' **église (f.)** church, II-11.2

égorger to cut the throat (of), **2**

l' **Égypte (f.)** Egypt

élaboré(e) worked on (adj.), refined, II

l' **électricien (m.)** electrician

l' **électricité (f.)** electricity, I

électrifié(e) electrified

électrique electric, I

l' **électrocardiogramme (m.)** electrocardiogram

électronique electronic, II

l' **élément (m.)** element, I

l' **élevage (m.)** farming (raising livestock), II-15.1

l' **élève (m. et f.)** student, I-1.2

élevé(e) high, I-15.

bien élevé(e) well brought-up, I

éliminer to eliminate, I

l' **élite (f.)** elite, II

elle she, it, I-1; her (stress pron.), I-9

elle-même herself, II

elles they (f.), I-2; them (stress pron.), I-9

s' **éloigner (de)** to withdraw, move away (from)

emballé(e) thrilled

l' **embarquement (m.)** boarding, leaving, I

embarquer to board (a plane, etc.), I-7.2

embaumer to perfume, II

embêtant(e) boring, annoying

embêter to bore, annoy

l' **embouteillage (m.)** traffic jam, 8.2

l' **embrassade (f.)** embrace, II

s' **embrasser** to kiss (each other), II-13.1

Je t'embrasse Love (to close a letter), II

s' **embrouiller** to get mixed up

émerveillé(e) filled with wonder, **8**

émigrer to emigrate, I

éminent(e) eminent

l' **émission (f.)** TV show, II-2.1

emmener to bring, take (a person somewhere), II-6.1

émotif, émotive emotional, II

l' **émotion (f.)** emotion

émouvant(e) moving, touching, **8**

émouvoir to move (emotionally)

s'émouvoir to get excited

s' **emparer** to take, II

l' **empereur (m.)** emperor, I

l' **empire (m.)** empire, II

empirer to get worse

s' **emplir** to fill

l' **emploi (m.)** job, II-16.2

la demande d'emploi job application, II-16.2

l'emploi (m.) du temps schedule, I

l' **employé(e)** employee, II-16.2

l'employé(e) des postes postal employee, II-1.2

employer to use, II-1

l' **employeur, l'employeuse** employer, II-16.2

emporter to bring (something), II-4.2; to carry off

l'emporter to win, **3**

l' **empreintre: laisser une empreintre** to leave one's mark, **6**

emprunter to borrow, I-18.2

en of it, of them, etc., I-18.2; in; as, I

    en avance early, ahead of time, I-8.1

    en avion plane (adj.), by plane, I-7.1

    en baisse coming down (in value), I

    en bas to, at the bottom, I; down(stairs), **2**

    en boule in a ball, I

    en ce moment right now, I

    en classe in class, I

    en commun in common, I

    en dehors (de) outside (of), I

    en dehors de besides, I

    en dépit de in spite of

    en effet in fact, I

    en exclusivité first run (movie), I

    en face de across from, opposite, II-4.1

    en fait in fact, I

    en faveur de in favor of

    en fin de compte finally, **2**

    en fonction de in terms of, in accordance with, I

    en général in general, I

    en hausse going up (in value), I

    en haut up(stairs), **2**

    en haut de on, to the top of, I

    en plein(e) (+ noun) right in, on, etc. (+ noun), I

    en plein air outdoor(s), I

    en plus de besides, in addition, II

    en première in first class, I-8.1

    en outre in addition

    en provenance de arriving from (flight, train), I-7.1

    en rase campagne out in the countryside, **5**

    en retard late, I-8.2

    en revanche on the other hand

    en seconde in second class, I-8.1

    en solde on sale, I-10.2

    en somme in short

    en tout cas in any case, I

    en train de (+ inf.) in the middle of (doing something)

    en version originale original language version, I-16.1

    en vertu de in accordance with

    en ville in town, in the city, I

enceinte pregnant, II

l' **enceinte (f.)** confines

enchanté(e) delighted, II-13.2

encombré(e) congested (road), 8.2

encore still (adv.); another; again, I

encourager to encourage, I

l' **encre (f.)** ink, **1**

l' **encyclopédie (f.)** encyclopedia, II-12.1

s' **endetter** to go into debt, II

    endommager to damage, **5**

    endormi(e) sleepy

s' **endormir** to fall asleep, I-11.1

    endosser to put on (clothes), **6**

l' **endroit (m.)** place, II-8.1

l' **énergie (f.)** energy, I

    énergique energetic, I-1.2

    énervé(e) irritated; nervous, edgy

    énerver to annoy, get on (someone's) nerves

    s'énerver to get irritated, **4**; to get (all) worked up, **6**

l' **enfance (f.)** childhood

l' **enfant (m.)** child (m. and f.), I-4.1

    enfermer to lock up, enclose, confine, **2**

    enfin finally, I

    enfoncer to press

    enfoui(e) buried, hidden

s' **enfuir** to run away, **5**

    engager to hire, II

    s'engager to commit oneself; to enlist (in the army)

l' **engin (m.)** machine; tool; (large) vehicle; aircraft, **7**

l' **engouement (m.)** craze

l' **engrais (m.)** fertilizer, I

    enjamber to step over; to span

    enlaidir to make ugly

    enlever to lift, II

    enneigé(e) covered with snow, II

l' **ennemi (m.)** enemy, II

l' **ennui (m.)** trouble, problem, II; boredom, annoyance

    ennuyer to bore; to annoy; to bother

s' **ennuyer (de quelqu'un)** to miss (someone), **2**

    ennuyeux, ennuyeuse boring, II

    c'est ennuyeux à mourir it's deadly dull

    énorme enormous

    énormément enormously, I

l' **enquête (f.)** survey, opinion poll, I; investigation

    enragé(e) rabid, enraged, I

    enregistrer to record, II-2.1

    enrhumé(e): être enrhumé(e) to have a cold, I-15.1

l' **enseignement (m.)** education; teaching (n.), I

    enseigner to teach, II-12.2

    ensemble together, I-5.1

    ensoleillé(e) sunny

    ensuite then (adv.), I-11.1

s' **entasser** to be crammed

    entendre to hear, I-8.1

s' **entendre: bien s'entendre** to get along well, **2**

    entendu: Bien entendu. Of course.

    C'est entendu. Agreed.

l' **enterrement (m.)** funeral, burial, **6**

    entêté(e) stubborn

l' **enthousiasme (m.)** enthusiasm, I

    enthousiasmé(e) filled with enthusiasm

    entier, entière entire, whole, I-10

    entourer to surround, II-8.1

l' **entracte (m.)** intermission, I-16.1

l' **entraide (f.)** mutual help

    entraîné(e) trained

    entraîner to carry along, I; to lead to, cause

    s'entraîner to practice (on)

    entre between, among, I-9.2

l' **entrée (f.)** entrance, I-4.2; admission, I

l' **entreposage (m.)** storage, II-15.2

    entreposer to store, II-15.2

    entreprendre to launch

l' **entreprise (f.)** company, II-16.2

    entrer to enter, I-3.1

    entrer par effraction to break into (a house, etc.), **5**

    entretenir to keep up, maintain, **3**

l' **entretien (m.)** interview, II-16.2; upkeep, care, II-15.1

    entrevoir to catch a glimpse of

l' **énumération (f.)** enumeration

    énumérer to enumerate

    envahir to invade, II

l' **enveloppe (f.)** envelope, II-1.1

s' **envelopper dans** to wrap oneself up (in), II-14.1

    envers toward

    environ around, about, **3**

l' **environnement (m.)** environment, I

    envoler to fly away, II

    envoyer to send, I-13.1

    envoyé(e) en exil sent into exile, II

    épais(se) thick, heavy, II

    épargné(e) spared

    épargner to spare

l' **épaule (f.)** shoulder

l' **épave (f.)** wreckage, **5**

l' **épée (f.)** sword, II

    épeler to spell, **4**

    éperonner to ram, **5**

    éphémère ephemeral, short-lived

l' **épice (f.)** spice, II

    épicé(e) spicy

l' **épicerie (f.)** grocery store, I-6.1

l' **épilogue (m.)** epilogue, ending

l' **épine (f.)** thorn, **1**

l' **épingle (f.) à linge** clothespin, **2**

l' **épisode (m.)** episode

l' **époque (f.)** period, times, age, era, II

    épouiller to delouse

épouser to marry, II
épouvantable horrible, dreadful, 3
épuisé(e) exhausted, 4
l' équilibre (m.) balance, I
équilibré(e) balanced, I
l' équipage (m.) flight crew, II-7.1
l' équipe (f.) team, I-13.1
équipé(e) equipped, II
l' équipement (m.) equipment, I
   les équipements sportifs
      sports facilities
équitablement fairly, 6
l' équitation (f.): faire de
   l'équitation to go horseback
   riding, 7
l' erreur (f.) mistake
   C'est une erreur. You have the
      wrong number., II-3.2
l' escalade (f.) climb
escalader to climb over, 5
l' escalator (m.) escalator, II-10.1
l' escalier (m.) staircase, I-17.1
   l'escalier mécanique (m.)
      escalator, II-10.1
escamoter to skip, 7
l' espace (m.) space, I
l' Espagne (f.) Spain, I-16
espagnol(e) Spanish (adj.), I
   l'espagnol (m.) Spanish
      (language), I-2.2
l' espèce (f.) species, group, II
   une espèce de a kind/sort of, 7
les espèces (f. pl.): payer en espèces
   to pay cash, I-17.2, I
espérer to hope
l' espionnage (m.) spying (n.), I
l' espoir (m.) hope, 4
l' esprit (m.) spirit, II
   l'esprit de compétition spirit
      of competition
l' essai (m.) attempt
essayer to try
l' essence (f.) gas(oline), I-12.1
   l'essence ordinaire regular gas, I
   l'essence super super gas, I
   l'essence sans plomb unleaded
      gas, I
essentiel(le) essential, I
l' essentiel (m.) the essential(s)
essentiellement essentially, I
s' essuyer to wipe (one's hands,
      etc.), II-13.1
l' est (m.) east, I
estimer to consider, I
l' estomac (m.) stomach, I
l' estuaire (m.) estuary
et and, I-1
   et toi? and you? (fam.), I-BV
l' étable (f.) cowshed, II-15.1
établir to establish, I
l' établissement (m.) establishment,
   II

l'établissement de soins
   polyvalents multi-care
   center, II
l' étage (m.) floor (of a building),
   I-4.2
l' étain (m.) pewter
l' étal (m.) (market) stall, I
étalé(e) spread out
l' étang (m.) pond, 4
l' état (m.) state, I
   en état d'ivresse intoxicated, II
les États-Unis (m. pl.) United States,
   I-13.2
l' été (m.) summer, I-9.1
   en été in summer, I-9.1
éteindre to turn off (the T.V.,
   etc.), II-2.1
étendu(e) extended, II
éternel(le) eternal
éternuer to sneeze, I-15.1
l' ethnie (f.) ethnic group
l' étoile (f.) star, 6
étonnant(e) surprising
étonné(e) astonished, II-13.2
étonner: ça m'étonnerait I would
   be very surprised, II-14
   s'étonner (de) to be very
      surprised (at)
étouffer to suffocate, smother, 4
   s'étouffer to choke, II
étrange strange
étranger, étrangère foreign,
   I-16.1
   à l'étranger abroad, in a foreign
      country, 4
être to be, I-2.1
   Ça y est! That's it. Finished!
      I've done it!
   être à l'heure to be on time,
      I-8.1
   être à même de to be able to, 8
   être au courant to be informed,
      2
   être d'accord to agree, I-2.1
   être de passage to be passing
      through
   être désolé(e) to be sorry,
      II-3.2
   être en avance to be early, I-8.1
   être en bonne (mauvaise)
      santé to be in good (poor)
      health, I-15.1
   être en retard to be late, I-8.2
   être enrhumé(e) to have a
      cold, I-15.1
   être frappé(e) to be struck
      (by), notice, 4
   être reçu(e) à un examen to
      pass an exam, II-12.1
   être vite sur pied to be back on
      one's feet in no time, I-15.2
   J'y suis! I get it!

ne pas être dans son assiette
   to be feeling out of sorts,
   I-15.2
   Vous y êtes? Are you ready?
l' être: l'être (m.) humain human
   being, I
   l'être vivant living being, II
étroit(e) tight (shoes), narrow,
   I-10.2
les études (f. pl.) education, studies
   faire des études to study, II-7.2
l' étudiant(e) (university) student, I
   l'étudiant(e) en licence
      undergraduate student
étudier to study, I-3.1
l' euro (m) European currency
européen(ne) European (adj.), I-9
eux them (m. pl. stress pron.), I-9
évangélique evangelical
s' évanouir to faint
s' évaporer to evaporate, I
éveillé(e) active, wide awake, alert
éveiller to awaken
l' événement (m.) event, II
éventuellement possibly, I
l' évêque (m.) bishop, 5
évidemment obviously, II-8
évident: il est évident it's
   obvious, II-14
l' évier (m.) sink, II-2.1
éviter to avoid, 7
évoquer to evoke, I
exact: C'est exact. That's correct.,
   II
exactement exactly
l' exactitude (f.) exactness,
   promptness, II
exagérer to exaggerate, II
l' examen (m.) test, exam, I-3.1
   passer un examen to take a
      test, I-3.1
   réussir à un examen to do well
      on a test, I-7
examiner to examine, I-15.2
excéder to exceed
excellent(e) excellent, I
l' excentrique (m. et f.) eccentric
   person
exceptionnel(le) exceptional, I
exclus impossible
Excusez-moi. Excuse me., I'm
   sorry., II-4.1
exécuter to carry out
l' exemple (m.) example, I
   par exemple for example, I
   Ça par exemple! My word!
exercer to exert, to exercise, II
   s'exercer to practice, I
exigeant(e) exacting, particular, II
l' exigence (f.) strictness, 6
exiger to require, II-12.1
l' existence (f.) existence
existentialiste existentialist

existentiel(le) existential
exister to exist
l' exorcisme (m.) exorcism
l' expansion (f.) expansion, I
l' expéditeur, l'expéditrice sender, II-1.2
l' expédition (f.) expedition, I
l' explication (f.) explanation
expliquer to explain, I
l' exploitant (m.) farmer, II-15.2
l' exploitation (f.) farm, II-15.2
exploiter to exploit
l' explorateur (m.) explorer, I
l' explosion (f.) explosion
l' exposé (m.) oral report, II-12.1
faire un exposé to give an oral report, II-12.1
exposer to exhibit, I
l' exposition (f.) exhibit, show, I-16.2
l' express (m.) espresso, black coffee, I-5.1
expressément expressly, purposely, II
expressif, expressive expressive
l' expression (f.) expression
exprimer to express
expulser to expel, to drive out
l' expulsion (f.) expulsion
exquis(e) exquisite, I
exténué(e) exhausted
l' extérieur (m.) exterior, outside, I
l' extermination (f.) extermination, killing
externe day (student), non-resident, II
extra terrific (informal), I-2.2
l' extrait (m.) extract, excerpt, II
extraordinaire extraordinary, I
l' extraterrestre (m.) extraterrestrial, II
extrêmement extremely, I

F

la fabrication manufacture, II
la fabrique factory, II-2.2
fabriqué(e) made, I
fabriquer to make, II-2.2
fabuleux, fabuleuse fabulous, I
la façade façade
face à face face to face
fâché(e) angry, I-12.2; sorry
se fâcher to lose one's temper, 6
facile easy, I-2.1
facilement easily, 4
la facilité skill, ease
la façon way, manner, I
de façon que (+ subjunc.) so that
de toute façon anyway, II
d'une façon générale in a general way, I

le facteur mail carrier, II-1.1
la facture bill (hotel, etc.), I-17.2
facultatif, facultative elective, II-12.2
le cours facultatif elective (n.), II-12.2
la fac(ulté) university, 2
fade dull
faible weak, 1; faint, feeble, 7
faiblir to weaken
failli (past participle of faillir): J'ai (tu as, il a, etc.) failli (+ inf.) to almost (+ verb)
la faim hunger
avoir faim to be hungry, I-5.1
avoir une faim de loup to be starving
faire to do, make, I-6.1
faire des achats to shop, make purchases, I-10.1
faire de l'aérobic to do aerobics, I-11.2
faire une anesthésie to give anesthesia, II-6.2
faire l'annonce to announce, I
faire un appel to make a phone call, II-3.2
faire attention to pay attention, I-6; to be careful, I-9.1
faire le bien to do good
faire un brushing to blow dry someone's hair, II-5.2
faire du camping to go camping, II
faire une chute to fall, take a fall, I-14.2
faire une comédie to make a fuss, a scene
faire le compte to count
faire connaissance to meet, get acquainted, II
faire la connaissance de to meet (for the first time), II-13.2
faire une coupe (au rasoir, aux ciseaux) to give a haircut (with a razor, scissors), II-5.2
faire courir to draw crowds, be a big hit, 3
faire les courses to do the grocery shopping, I-6.1
faire cuire to cook, II-14.1
faire la cuisine to cook, I-6
faire les devoirs to do homework, I
faire un diagnostic to diagnose, I-15.2
faire demi-tour to make a U-turn, II-8.2
faire du (+ nombre) to take size ... , I-10.2
faire des économies to save money, I-18.2

faire enregistrer to check (luggage), I-7.1
faire des études to study, I-6
faire de l'exercice to exercise, I-1.2
faire un exposé to give an oral report, II-12.1
faire face à to face up to
faire du français (etc.) to study French (etc.), I-6
faire de la gymnastique to do gymnastics, I-11.2; to exercise
faire (+ inf.) to have something done for oneself, II
faire du jogging to jog, I-11.2
faire le levé topographique to survey (land), I
faire son manger to prepare food and eat it
faire mal to hurt
faire de la marche to do a bit of walking, 7
faire le maximum to do one's best
faire le ménage to do housework
faire de la monnaie to make change, I-18.1
faire la morale to scold, lecture
faire de la natation to swim, go swimming, I
faire la navette to go back and forth, I
faire le numéro to dial a telephone number, II-3.1
faire une ordonnance to write a prescription, I-1.2
faire part to announce, 6
faire partie de to be a part of, I
faire du patin to skate, I-1.2
faire du patin à glace to iceskate, I-14.2
faire du patin à roulettes to rollerskate, I
faire de la peine à quelqu'un to hurt someone (emotionally), 4
faire peur à to frighten, 4
faire un pique-nique to have a picnic, I-6
faire une piqûre to give an injection, II-6.2
faire plaisir (à) to please
faire de la planche à voile to go windsurfing, I-9.1
faire le plein to fill up (a gas tank), I-12.1
faire de la plongée sous-marine to go deep-sea diving, I-9.1
faire des points de suture to give stitches, II-6.2

faire une prise de sang to take a blood sample, 7

faire une promenade to take a walk, I-9.1

faire la queue to wait in line, I-8.1

faire de la randonnée (pédestre) to go backpacking, II

faire une radio(graphie) to take an X-ray, II-6.2

faire une rédaction to write a composition or paper, II-12.1

faire un régime to go on a diet, I

faire serment to pledge, II

faire un shampooing to shampoo, II-5.2

faire du ski to ski, I-14.1

faire signe de (+ inf.) to signal (someone) to do something, II

faire du ski nautique to waterski, I-9.1

faire du sport to play sports, I

faire du surf to go surfing, I-9.1

faire du surf des neiges to go snowboarding, I

faire le tour du monde to go around the world

faire la vaisselle to do the dishes, II-2.1

faire les valises to pack (suitcases), I-7.1

faire un voyage to take a trip, I-7.1

faire du yoga to do yoga

se faire couper les cheveux to get a haircut, II

s'en faire to worry, 8

le **faire-part** announcement (birth, marriage, death), 6

le **faiseur (de)** maker (of)

faiseur de BD comic-strip artist

le **fait** fact, I

les faits divers (m.pl.) local news items, 2

familial(e) family (adj.), II

se **familiariser (avec)** to familiarize oneself with, II

familier, familière informal, II

la **famille** family, I-4.1

la famille à parent unique single-parent family, I

le/la **fana** fan, I

fanatique fanatical

la **fanfare** marching band, II-11.1

la **fantaisie** imagination

fantaisiste whimsical, eccentric, I

fantastique fantastic, I-1.2

farci(e) stuffed, II

fascinant(e) fascinating

fasciner to fascinate, II

fatigué(e) tired, II-7.2

fauché(e) broke (slang), I-18.2

faut: il faut (+ noun) (noun) is (are) necessary, I

il faut (+ inf.) one must, it is necessary to, I-9.1

il faut que (+ subjunc.) it is necessary that, II-11

la **faute** error

le **fauteuil** seat (in a theater), 3

le fauteuil roulant wheelchair, II-6.1

faux, fausse false, I

favorable in favor of

favori(te) favorite, I-10

favoriser to favor; to promote

le **fax** fax machine

les **félicitations (f. pl.)** congratulations, 6

féliciter to congratulate

la **femme** woman, I-2.1; wife, I-4.1

la **fenêtre** window, 5

côté fenêtre (adj.) window (seat on plane, etc.), I-7.1

la **fente** slot, II-3.1

le **fer** iron, 4

la **ferme** farm, II-15.1

fermé(e) closed, I-16.2

la **fermeture éclair** zipper, II-9.2

le **fermier** farmer, II-15.2

la **fertilité** fertility, I

les **festivités (f.)** festivities, II-11.1

la **fête** holiday; party, I-3.2

la Fête des Lumières Festival of Lights, II-11.2

la Fête des Mères (Pères) Mother's (Father's) Day, I

la fête nationale national holiday, II-11.1

le **feu** traffic light, I-12.2; fire, 5

les feux (m. pl.) d'artifice fireworks, II-11.1

le feu de détresse hazard light (on a car)

le feu orange yellow traffic light, I-12.2

la **feuille** leaf, 3

la feuille de papier sheet of paper, I-BV

le **feutre** felt-tip pen, II-12.1

feutré(e) filtered

la **fève** dried bean, II

février (m.) February, I-4.1

le **fiacre** hackney cab, 2

les **fiançailles (f. pl.)** engagement, 6

le/la **fiancé(e)** fiancé(e)

la **fiche d'enregistrement** registration card (hotel), I-17.1

fidèle faithful, 3

fier, fière proud, 8

se **fier** to go by

fièrement proudly

la **fierté** pride, 8

la **fièvre** fever, I-15.1

la fièvre jaune yellow fever, I

avoir une fièvre de cheval to have a high fever, I-15.2

la **figue** fig, II-14.2

la **figure** face, I-11.1

figurer to represent, show

la **file (de voitures)** line (of cars), II-8.1

le **filet** net shopping bag, I-6.1; net (tennis, etc.), I-9.2; rack (train), I

la **filiale** branch office, II

la **fille** girl, I-BV; daughter, I-4.1

la **fillette** little girl, 5

le **film** film, movie, I-16.1

le film d'amour love story, I-16.1

le film d'aventures adventure movie, I-16.1

le film étranger foreign film, I-16.1

le film d'horreur horror film, I-16.1

le film policier detective movie, I-16.1

le film de science-fiction science-fiction movie, I-16.1

le **fils** son, I-4.1

la **fin** end

fin(e) fine, I

finalement finally, I

finances: le ministère des Finances the Treasury Department

fines herbes: aux fines herbes with herbs, I-5.1

finir to finish, I-7

le **firmament** sky (liter.)

fiscal(e) financial

fixe: à prix fixe at a fixed price, I

fixer to stare at

le **flacon** bottle, II

flambé(e) flaming, I

le **flambeau** candlestick

le **flamboyant** West Indian tree with bright red flowers, II

la **flamme** flame, II

flâner to stroll, wander, 1

le **fléau** plague, evil, 5

la **flèche** arrow, II-8.1

la **fleur** flower, 1

le **fleuve** river, I

le **flot** waves, flood

flotter to float, I

la **fluctuation** fluctuation, I

la **foi** faith, 6

le **foie** liver, 7

avoir mal au foie to have indigestion, I-15

le **foin** hay, II-15.1

la **foire** (fun) fair, 8

la **fois** time (in a series), I

le/la **fonctionnaire** government
worker, civil servant, II-16.1
le **fonctionnement** functioning (n.), I
fonctionner to function, work, I
le **fond** bottom, back; essence
à fond completely
au fond basically
au fond de at the bottom of, I;
at the back of, **2**
dans le fond really
fondamental(e) basic,
fundamental
le **fondateur, la fondatrice**
founder, I
fonder to found, I
fondre to melt, **4**
la **fontaine** fountain, **8**
le **foot(ball)** soccer, I-13.1
le football américain football, I
le **forage** drilling, boring
le **forçat** convict, **3**
la **force** force, power, I
forcer to force
le **forcing: faire le forcing** to put
pressure on, I
la **forêt** forest, I
le **forfait-journée** lift ticket
(skiing), I
le **forgeron** blacksmith, **4**
la **formation** education
la **forme** form, shape, I
la forme (physique) physical
fitness, I
le club de forme health club,
I-11.2
être en (pleine) forme to be in
(great) shape, I-11.2
rester en forme to stay in
shape, I-11.2
se mettre en forme to get in
shape, I-11.2
former to form; to train, I
se **former** to form
formidable great, tremendous
le **formulaire** form, data sheet, II-6.2
la **formule** formula, I
fort (adv.) hard, I-9.2
fort(e) good, I; strong, **1**; loud, **7**
le plus fort, c'est que... the
amazing thing is that...
le **fort** fort, I
fortement strong, hard, II
fou, folle crazy, I
les **fouilles (f. pl.)** excavation(s),
dig, **8**
la **foule** crowd, **8**
venir en foule to crowd (into), I
la **foulée** stride
fouler to tread upon
se fouler to sprain, II-6.1
le **four solaire** solar furnace
la **fourchette** fork, I-5.2

le **fourgon à bagages** luggage car
(train), II-4.2
la **fourmi** ant, I
fournir to produce, **1**; to provide, **8**
la **fourniture** supply, equipment
la **fourrure** fur, **4**
le **foyer** fire(side), II; household;
lobby (of a theater); center
le foyer (des artistes) green
room (of a theater), **3**
la **fracture (compliquée)** (multiple)
fracture, II-6.2
frais, fraîche fresh, cool, II
les **frais (m. pl.)** expenses, charges,
I-17.2
partager les frais to "go dutch,"
to share expenses, II-13.1
le **franc** franc, I-18.1
français(e) French (adj.), I-1.1
le **français** French (language), I-2.2
le/la **Français(e)** Frenchman,
Frenchwoman, I
la **France** France, I-16
franchement frankly, I
franchir to pass beyond
francophone French-speaking, I
la **frange** bangs, II-5.1
frapper to hit, I-9.2; to strike
frapper à la porte to knock on
the door, **5**
la **fraude** fraud
le **frein à main** emergency brake, II
freiner to brake, put on the
brakes, I-12.1
frémir to shudder
fréquemment frequently, II-4
la **fréquence** frequency
fréquent(e) frequent, I
fréquenter to frequent, patronize,
II
le **frère** brother, I-1.2
le **fric** money, dough (slang), I-18.2
avoir plein de fric to have lots
of money (slang), I-18.2
la **frime: frime** glitzy, flashy (slang)
frisé(e) curly, II-5.1
les **frissons (m. pl.)** chills, I-15.1
les **frites (f. pl.)** French fries, I-5.1
froid(e) cold, I-14.2
avoir froid to be cold, I
Ça me laisse froid(e). That
leaves me cold.
Il fait froid. It's cold. (weather),
I-9.2
le **fromage** cheese, I-5.1
le **front** front (weather), I; forehead,
II-5.1
la **frontière** border, **4**
le **fruit** fruit, I-6.2
les fruits (m. pl.) de mer
seafood, I
le **fruitier** fruit tree, II
fuir to flee, escape from, II

la **fuite** flight, escape
la **fumée** smoke
fumer to smoke, I
fumeurs smoking (section), I-7.1
non fumeurs no smoking
(section), I-7.1
les **funérailles (f. pl.)** funeral, II
furax livid, hopping mad, II
furibard(e) livid, hopping mad
furieux, furieuse furious, II-13.21
la **fusée** rocket, **4**
le **futur** future, I

G

gâché(e) wasted, **6**
le **gadget** gadget, II
le/la **gagnant(e)** winner, I-13.2
gagner to earn, I-3.2; to win,
I-9.2; to reach
gaiement cheerfully
la **gaieté** cheerfulness, joy
la **galaxie** galaxy, I
la **galerie** upper balcony (in a
theater), **3**
le **galet** small stone, I
galeux, galeuse covered with
scabs
le **gamin (des rues)** urchin, **2**
le **Gange** Ganges River, I
le **gant** glove, I-14.1
le gant de toilette washcloth,
I-17.2
le **garage** garage, I-4.2
le **garçon** boy, I-BV
le garçon d'honneur best man,
II-11.2
garder to guard, I; to keep, II
garder le lit to stay in bed, **7**
la **garderie d'enfants** day-care
center, II
le **gardian** French "cowboy," II
le **gardien de but** goalie, I-13.1
la **gare** train station, I-8.1
la gare d'arrivée station train
arrives at, II-4.2
la gare de départ station from
which train departs, II-4.2
garer la voiture to park the car,
I-12.2
gastronomique gastronomic,
gourmet, I
le **gâteau** cake, I-6.1
gauche: à gauche de to, on the
left of, I-5
gaulois(e) Gallic
le **gaz** gas, I
le gaz carbonique carbon
dioxide, **4**
le gaz d'échappement exhaust
(fumes), **4**
gazeux, gazeuse gaseous

géant(e) gigantic
le **gel** gel, I-5.2
  geler to freeze, I
    Il gèle. It's freezing. (weather), I-14.2
le **gémissement** moan
le **gendarme** police officer, II-8.1
la **gendarmerie** police force
le **gendre** son-in-law
  gênant(e) bothersome, annoying
  gêner to bother
    se gêner to be in each other's way
  général(e) general (adj.), I
    en général in general, I
le **général** general, I-7
  généralement generally, I
  généraliser to generalize, I
la **génération** generation
  généreux, généreuse generous, I-10, I
la **générosité** generosity, I
le **genêt** broom (plant), 6
  génial(e) superb, 3
    C'est génial! That's fantastic!
le **génie** genius, II
le **genou** knee, II-6.1
le **genre** type, kind, I-16.1
les **gens (m. pl.)** people, 4
    les brav's gens decent people
  gentil(le) nice (person), I-9
le **gentilhomme** gentleman, 3
le **géographe** geographer
la **géographie** geography, I-2.2
la **géométrie** geometry, I-2.2
  géométrique geometric, I
le **geste** gesture, 8
la **geste** exploit, heroic achievement, II
la **gigue** jig, 1
  giguer to jig, 1
le **gilet de sauvetage** life vest, II-7.1
la **glace** ice, I-4.2; ice cream, I-5.1; mirror, I-11.1
  glacé(e) frozen
le **glacier** glacier, 8
la **glande** gland, I
  glisser to slip, slide, I
    glisser (de... à...) to go from... to...
  globalement in a mass, taken as a whole
la **gloire** glory, II
la **glucide** carbohydrate, I
le **golfe** gulf, I
  gominé(e) plastered down, II
la **gomme** eraser, II-12.1
  gommer to erase, rub out
les **gonds (m. pl.)** hinges
la **gorge** throat, I-15.1
    avoir la gorge qui gratte to have a scratchy throat, I-15.1

    avoir un chat dans la gorge to have a frog in one's throat, I-15.2
    avoir mal à la gorge to have a throat infection, tonsilitis, I-15.1
  gothique gothic, II
  goulu(e) glutton (adj.)
  gourmand(e) greedy
le **goût** taste, 5
la **goutte (de pluie)** (rain)drop, 1
le **gouvernement** government, I
  gouverner to govern, II
  grâce à thanks to, I
le **gradin** bleacher (stadium), I-13.1
les **graffitis (m. pl.)** graffiti
le **grain (de maïs)** (corn) kernel, 7
la **graisse** fat, I
  la graisse animale animal fat, I
la **grammaire** grammar textbook
le **gramme** gram, I-6.2
  grand(e) tall, big, I-1.1
    le grand couturier clothing designer, I-10.1
    le grand magasin department store, I-10.1
    de grand standing (adj.) luxury, I
    les Grands (m. pl.) Lacs The Great Lakes, I
  grand-chose: pas grand-chose not much, I
la **Grande-Bretagne** Great Britain, I-16
  grandeur: Votre Grandeur Your Grace
  grandir to grow up (children), I; to grow, get larger
la **grand-mère** grandmother, I-4.1
le **grand-père** grandfather, I-4.1
les **grands-parents (m. pl.)** grandparents, I-4.1
la **grange** barn, II-15.1
la **grappe** bunch of grapes, II
le **gratte-ciel** skyscraper, II
  gratter to itch, 7
    ça la gratte she has an itch, 7
    gratter (de l'argent) sur to scrimp on, 2
    se gratter to scratch, 7
  grattouiller to itch a bit, 7
    Ça me grattouille. I've got a bit of an itch., 7
  gratuit(e) free, 2
la **gratuité** costing no money, II
  grave serious, 4
    Ce n'est pas grave. Don't worry about it. (after an apology), II-4.1
la **gravité** seriousness, II
  gré: contre le gré de quelqu'un against somebody's will, 7
  grec(que) Greek

le **Grec, la Grecque** Greek person
la **grêle** hail, 1
la **griffe** label, I
le **grignotage** nibbling, 7
  grignoter to nibble (at), 7
le **gril(l)-express** snack bar (train), II-4.1
la **grimace** grimace
  grimper to climb
la **grippe** flu, I-15.1
  gris(e) gray, I-10.2
  griser to thrill
le **Groenland** Greenland
  grogner to grunt, II
  grommeler to grumble
    grommeler sourdement to grumble to oneself
  gronder to scold, 4
  gros(se) large, big, II
    Grosses bises Love and kisses (to close a letter), II
    le gros titre (newspaper) headline, 5
  grossir to gain weight, I-11.2
la **Guadeloupe** Guadeloupe, I
  guérir to cure, 7
la **guerre** war, 4
    la Deuxième Guerre mondiale World War II, I
    la guerre franco-allemande Franco-Prussian War
    la Première Guerre mondiale World War I, II
le **guerrier** warrior
  guetter to watch, lie in wait
le **gui** mistletoe
le **guichet** ticket window, I-8.1; box office, I-16.1; counter window (in a post office), II-1.2
le **guide** guidebook, I-12.2
  guillotiner to guillotine, II
la **guirlande** garland, II-11.2
la **guitare** guitar, II-11.1
le **gymnase** gym(nasium), I-11.2
la **gymnastique** gymnastics, I-2.2
    faire de la gymnastique to do gymnastics, I-11.2; to exercise

H

  habillé(e) dressy, I-10.1
s' **habiller** to get dressed, I-11.1
l' **habit (m.)** suit jacket, morning coat, 4; dress, outfit, 6
    les habits clothes, 6
l' **habitant(e)** resident, I
l' **habitat (m.)** habitat
  habiter to live (in a city, house, etc.), I-3.1
l' **habitude (f.): avoir l'habitude de** to be in the habit of, 2

comme d'habitude as usual, 7
d'habitude usually, II
l' habitué(e) frequent customer
s' habituer (à) to get used to
la haine hatred
hallucinant(e) staggering,
incredible
le hammam Turkish bath, II-14.1
handicapé(e) handicapped, II
le hangar shed, II-15.1
Hanouka Hanukkah, II-11.2
le haricot bean
les haricots verts green beans,
I-6.2
hasard: par hasard by chance
l' hâte (f.): en hâte in haste, in a
hurry, II
la hausse increase, 1
hausser to shrug
haut (adv.) loudly
haut(e) high, I-10.2;
avoir... mètres de haut to be ...
meters high, I
du haut de from the top of, I
en haut de to, at the top of, II
la haute couture high fashion, I
à talons hauts high-heeled
(shoes), I
le haut top, II-5.1
le haut-parleur loudspeaker, I-8.1
l' hebdomadaire (m.) weekly
magazine or newspaper, 2
l' hectare (m.) hectare (2.47 acres),
II
hélas alas
l' hélicoptère (m.) helicopter
l' hémisphère (m.) hemisphere, II
l' hémorragie (f.) hemorrhage, II
l' herbe (f.) grass, II-15.1
herbivore plant-eating (adj.)
l' héritier (m.) heir, II
le héros hero, I
hésiter to hesitate, II
l' heure (f.) time (of day), I-2
à l'heure actuelle nowadays
à quelle heure? at what time?,
I-2
À tout à l'heure. See you later.,
I-BV; Talk to you later.
de bonne heure early, II-2.2
être à l'heure to be on time,
I-8.1
les heures (f.) de pointe,
II-8.1; les heures d'affluence
rush hour
Il est quelle heure? What time
is it?, I-2
heureusement fortunately, II
heureux, heureuse happy, I-10.2
l' hexagone (m.) hexagon, I
l' Hexagone (f.) France, 1
hier yesterday, I-13.1

avant-hier the day before
yesterday, I-13
hier matin yesterday morning,
I-13
hier soir last night, I-13
l' histoire (f.) history, I-2.2; story
l' historien(ne) historian
l' hiver (m.) winter, I-14.1
en hiver in winter, I-14.2
le H.L.M. low-income housing, I
le hockey hockey, I
le hockey sur glace ice hockey, I
l' homicide (m.) homicide, murder
l' homme (m.) man, I-2.1
l'homme d'affaires
businessman, 6
honnête honest
l' honnêteté (f.) honesty
l' honneur (m.) honor
les honoraires (m. pl.) fees (doctor), I
la honte shame, disgrace
C'est une honte! That's a
disgrace!
l' hôpital (m.) hospital, II-6.1
l' horaire (m.) schedule, timetable,
I-8.1
la horde pack (of animals)
l' hormone (f.) hormone, I
hors de portée out of reach
hors des limites out of bounds,
I-9.2
hospitalier, hospitalière hospital
(adj.), II
hospitaliser to hospitalize
l' hospitalité (f.) hospitality
l' hôte (m.) host, II
l' hôtel (m.) hotel, I-17.1
l' hôtesse (f.) de l'air flight
attendant (f.), I-7.2
le houblon hop (plant)
le/la huguenot(e) Huguenot (French
Protestant)
huit eight, I-BV
l' huître (f.) oyster, II
humain(e) human, I
humanitaire humanitarian, II
l' humeur (f.) mood
humide wet, humid, I
humoristique humorous, I
l' humour (m.) humor
hurler to shout, 3
hurler de rire to roar with
laughter, 3
l' hydrate (m.) de carbone
carbohydrate, I
l' hydravion (m.) hydroplane
l' hymne (m.) hymn, song
l'hymne national national
anthem, II-11.1
hyper extremely, II
l' hypermarché (m.) large
supermarket, 2
hypocrite hypocritical

l' hypocrite (m. et f.) hypocrite
hystérique hysterical, I

I

l' idée (f.) idea, I
une idée de génie a bright
idea, 2
identifier to identify, I
l' identité (f) identity
idiot(e) stupid, foolish
l' idiot(e) idiot
ignorant(e) ignorant, uninformed
il he it, I-1
Il est quelle heure? What time
is it?, I-2
Il est... heure(s). It's... o'clock,
I-2
il faut (+ noun) (noun) is (are)
needed, I
il faut (+ inf.) it is necessary,
one must, I-9.1
Il n'y a pas de quoi. You're
welcome., I-BV
il vaut mieux it is better, I
il y a there is, there are, I-4.2;
ago, II
l' île (f.) island, I
l' Île-du-Prince-Édouard Prince
Edward Island
illuminé(e) illuminated, lighted, II
illustré(e) illustrated, I; illustrious,
II
illustrer to illustrate
l' îlot (m.) small island, plot of land,
II
ils they (m.), I-2
l' image (f.) image
l' imbécile (m.) imbecile
imiter to imitate
immense immense
l' immeuble (m.) apartment
building, I-4.2
l' immigration (f.) immigration,
I-7.2
passer à l'immigration to go
through immigration
(airport), I-7.2
immigré(e) immigrant (adj.), II
l' immigré(e) immigrant
immobile unmoving
immobiliser to immobilize, stop
impatient(e) impatient, I-1.1
l' impératrice (f.) empress, II
l' imper(méable) (m.) raincoat,
II-9.2
implanter to establish oneself
(business), II
impliqué(e) implicated
impoli(e) impolite, II-13.1
important(e) important, I

il est important que (+ subjunc.) it's important that, II-11

importer: n'importe no matter; **n'importe quel(le)** any one (of them)
n'importe quoi any old thing; anything and everything

imposer to impose

impossible: il est impossible que (+ subjunc.) it's impossible that, II-11

impressionnant(e) impressive, II

impressionner to impress

les **Impressionnistes (m. pl.)** Impressionists (painters), I

impuissant(e) powerless

imputable (à) attributable (to)

inarticulé(e) inarticulate

inauguré(e) inaugurated, I

incarner to bring to life, II

l' **incendie (m.)** fire, 5

l' **incitation (f.)** encouragement

s' **incliner** to slope, II

inclure to include, I

incolore colorless

l' **inconditionnel (m.)** fan, advocate

inconnu(e) unknown, I

inconscient(e) unconscious, II

l' **inconvénient (m.)** disadvantage, II

incroyable incredible, I

l' **Inde (f.)** India, I

l' **indépendance (m.)** independence

l' **indicatif (m.) de la ville** area code, II-3.1
l'indicatif du pays country code, II-3.1

l' **indication (f.)** cue, I

l' **indifférence (f.)** indifference

indiquer to indicate, I

l' **individu (m.)** individual

individuel(le) individual

industrialisé(e) industrialized, I

l' **industrie (f.)** industry, I

industriel(le) industrial

l' **industriel (m.)** manufacturer, 4

inédit(e) new, original

l' **inégalité (f.)** inequality

l' **infâme (m. et f.)** villain, criminal

infectieux, infectieuse infectious, I

infect (inv.) horrible (slang)

l' **infection (f.)** infection, I-15.1

l' **infériorité (f.)** inferiority

infiltrer to seep (into), I

infini(e) infinite

l' **infinité (f.)** infinity

l' **infirmier, l'infirmière** nurse, II-6.1

l' **infirmité (f.)** disability, being a cripple

influencer to influence, I

l' **info (f.)** info(rmation), 2

l' **informaticien(ne)** computer scientist, II-16.1

informatique computer (adj.)

l' **informatique (f.)** computer science, I-2.2

s' **informer** to get informed

l' **infortuné(e)** unfortunate person

les **infos (f. pl.)** news, 2

l' **infra-son (m.)** infrasonic vibration

l' **ingénieur, la femme ingénieur** engineer, II-16.1

l' **initiation (f.)** initiation

s' **initier** to take up (a hobby), 1

l' **injure (f.)** insult, 2
se dire des injures to insult each other, 2

l' **injustice (f.)** injustice

inodore odorless

l' **inondation (f.)** flood, I

inquiet, inquiète worried, II

inquiéter to concern, to worry
s'inquiéter to worry

l' **inquiétude (f.)** worry, concern, II

s' **inscrire** to register, II

l' **insecte (m.)** insect, 7

s' **insérer (dans)** to become part (of)

insister to insist, II-12.1

inspirer to inhale, II

installer to settle (someone), II
s'installer to get settled, II

l' **institut (m.)** institute, I

l' **institution (f.)** institution, I

l' **institutrice (f.)** schoolteacher, 2

les **instructions (f. pl.)** instructions, I-9.1

instruit(e) educated, II

l' **instrument (m.)** instrument, I

insu: à l'insu de unbeknownst to

insuffisament inadequately, insufficiently

intelligent(e) intelligent, I-1.1

l' **intensité (f.)** intensity

interdire to forbid

interdit(e) forbidden, prohibited, 2
Il est interdit de stationner. Parking is prohibited., I-12.2
rester interdit(e) to be taken aback

intéressant(e) interesting, I-1.1

intéresser to interest, I
Ça ne m'intéresse pas. I'm not interested in that.

s' **intéresser à** to be interested in, I

l' **intérêt (m.)** interest

intérieur(e) interior; domestic (flight) (adj.), I-7.1

l' **intérieur (m.)** interior, inside, I

l' **interlocuteur, l'interlocutrice** person being spoken to, II

international(e) international, I-7.1

interne (m./f.) boarding (student), resident, II; inner

l'oreille interne inner ear

interpréter to interpret, II

interroger to question, interrogate, 1

interrompre to interrupt, II

l' **interruption (f.) publicitaire** commercial break

interurbain long-distance (phone call), II-3.1

interviewer to interview

l' **intimité (f.): dans l'intimité** in a private ceremony

intitulé(e) entitled, II

introduire to introduce, II
introduire (une pièce) to put in (a coin), 3.1

inutile useless

inventer to invent

l' **inverse (m.)** opposite, II

l' **investissement (m.)** investment, II

inviter to invite, I-3.2

l' **Irlande (f.)** Ireland

l' **islam (m.)** Islam, II

islamique Islamic, II

isolé(e) isolated

isoler to isolate, I

l' **Israël (m.)** Israel

l' **issue (f.) de secours** emergency exit, II-7.1

l' **Italie (f.)** Italy, I-16

italien(ne) Italian (adj.), I-9

l' **ivoire (m.)** ivory

J

jaillir to gush, 8

jamais ever, I
ne... jamais never, I

la **jambe** leg, II-6.1

le **jambon** ham, I-5.1

janvier (m.) January, I-4.1

le **Japon** Japan, I-16

japonais(e) Japanese (adj.), I

le **jardin** garden, I-4.2

le **jasmin** jasmine, II

jaune yellow, I-10.2

je I, I-1.2
Je t'en prie. You're welcome. (fam.), I-BV
je voudrais I would like, I-5.1
Je vous en prie. You're welcome. (form.), I-BV; please, I beg of you, I

le **jean** jeans, I-10.1
en jean denim (adj.), II-9.2

la **jeep** jeep, II-8.1

le **jersey: en jersey** jersey (adj.), II-9.2

le **jet d'eau** fountain, spray, 8

jeter to throw, I; to throw away
jeter un coup d'œil to glance, 1

le **jeton** token , II-3.2
le **jeu** game, II
  le jeu vidéo video game
  les jeux de la lumière play of
    light, I
jeudi (m.) Thursday, I-2.2
jeune young, I-4.1
  les jeunes (m. pl.) young
    people, the young, **6**
  la jeune fille girl, I
la **jeunesse** youth, **1**
le **job d'été** summer job
le **jogging: faire du jogging** to jog,
  I-11.2
la **joie** joy, II
  joindre to join, II
  joli(e) pretty, I-4.2
la **joue** cheek, II-13.1
  jouer to play, to perform, I-16.1
    jouer à (un sport) to play (a
      sport)
    jouer d'un instrument de
      musique to play a musical
      instrument, II-11.1
    se jouer to be performed, **3**
le **jouet** toy, II-2.2
le **joueur** player, I-9.2
  jouir (de) to enjoy, **8**
le **jour** day, I-2.2
    au jour le jour from day to day
    C'est quel jour? What day is
      it?, I-2.2
    de nos jours today, nowadays, I
    le jour de l'An New Year's Day,
      II-11.2
    par jour a (per) day, I-3
    tous les jours every day, I
le **journal** newspaper, I-8.1
    le journal intime diary, I
    le journal télévisé newscast, I
le/la **journaliste** journalist, **2**
la **journée** day, I
  joyeux, joyeuse happy, **7**
    Joyeux Noël! Merry
      Christmas!, II-11.2
le **judaïsme** Judaism, II
le **juge** judge (m. and f.), II-16.1
  juger to judge
  juif, juive Jewish, II-11.2
les **Juifs (m. pl.)** Jews, II
  juillet (m.) July, I-4.1
    le 14 juillet July 14, French
      national holiday, II-11.1
  juin (m.) June, I-4.1
la **jupe** skirt, I-10.1
la **jupette** tennis skirt, I-9.2
le **Jura** Jura Mountains, I
  jurer to swear
le **juron** swear word
le **jury** selection committee, I
  jus: le jus d'orange orange juice
  jusqu'à (up) to, until (prep.),
    I-13.2

jusqu'à ce que (+ subjunc.)
  until (conj.), II-15.2
jusqu'en bas de la piste to the
  bottom of the trail, I
juste right, exact(ly)
  il est juste que (+ subjunc.)
    it's right that, II-11
la **justice** justice

K

le **kabyle** Berber dialect of the
  Kabyles, **2**
le **kilo(gramme)** kilogram, I-6.2
le **kilomètre** kilometer, I
le **kiosque** newsstand, I-8.1
le **klaxon** (car) horn, **7**
le **kleenex** tissue, Kleenex, I-15.1

L

la the (f.), I-1; her, it (dir. obj.),
  I-16
là there, I
là-bas over there, I-BV
le **laborantin, la laborantine** lab
  assistant, **7**
le **laboratoire** laboratory, **7**
le **lac** lake, I
  les Grands Lacs (m. pl.) The
    Great Lakes, I
  le lac salé salt lake, II-14.2
le **lacet** (boot)lace, **2**
  lâcher to release
  là-haut up there
  laïc, laïque lay, non-religious
  laid(e) ugly
la **laine** wool, II-9.2
  en laine wool (adj.), II-9.2
  laisser to leave (something
    behind), I; to let, allow, **4**
    Ça me laisse froid(e). That
      leaves me cold.
    laisser une empreinte to leave
      one's mark, **6**
    laisser un message to leave a
      message, II-3.2
    laisser un pourboire to leave a
      tip, I-5.2
    ne pas laisser de not to fail to
      (liter.)
le **lait** milk, I-6.1
  laitier: le produit laitier dairy
    product, II
la **laitue** lettuce, I-6.2
la **lame de fond** groundswell
  lamentable awful
  lancer to throw, I-13.2;
    lancer un appel to make an
      appeal, II

  lancer la patte (à quelqu'un)
    to trip (someone), **6**
  se lancer to get started, II
la **langue** language, I-2.2
  la langue maternelle native
    language
le **lapin** rabbit, II-15.1
la **laque** hairspray, II-5.2
  laquelle (f. sing. interr. pron.)
    which one, II-5
  large loose, wide, I-10.2
  au large de off
  largement widely
se **lasser** to tire
la **lassitude** weariness, **7**
le **latin** Latin, I-2.2
le **laurier-rose** oleander, **8**
le **lavabo** sink, **2**
la **lavande** lavender, II
  laver to wash, I-11.1
    se laver to wash oneself, I-11.1
    se laver les cheveux (la figure,
      etc.) to wash one's hair (face,
      etc.), I-11
    la machine à laver washing
      machine, II-2.1
la **laverie automatique** laundromat,
  II-9.1
le **lave-vaisselle** (automatic)
  dishwasher, II-2.1
le the (m.), I-1; him, it (dir. obj.),
  I-16.1
  lécher to lick, **5**
la **leçon** lesson, I-9.1
  la leçon de conduite driving
    lesson, I-12.2
la **lecture** reading, I
  légendaire legendary, I
la **légende** legend, caption, I; legend,
    fairy tale
  léger, légère light, **8**
  léguer to bequeath, leave, II
le **légume** vegetable, I-6.2
le **lendemain** the next day, II
  lent(e) slow, I
  lentement slowly, I
  lépreux, lépreuse peeling
  lequel which one (m. sing.
    interrog. pron.), II-5
  les the (pl.), I-2; them (dir. obj.),
    I-16
  lesquelles which ones (f. pl.
    interr. pron.), II-5
  lesquels which ones (m. pl. interr.
    pron.), II-5
la **lessive** laundry, II-9.1
  faire la lessive to do the
    laundry, II-9.1
la **lettre** letter, II-1.1
  leur (to) them (ind. obj.), I-17
  leur, leurs their (poss. adj.), I-5
le **leur, la leur, les leurs** theirs
  (poss. pron.), **7**

levant rising, I
le soleil levant rising sun, **5**
le levé: faire le levé topographique
to survey, I
se lever to get up, I-11.1; to rise
(sun), **8**
le lever du jour daybreak
le lever du soleil sunrise, II-15.2
la lèvre lip, II-5.2
le lexique vocabulary, I
la liaison liaison
la libellule dragonfly, **8**
la liberté liberty, freedom
libre free, I-2.2
être libre immédiatement to
be available immediately,
II-16.2
librement freely
libre-service self-service, I
la Libye Libya
le lien connection
le lieu place, I
au lieu de instead of
avoir lieu to take place, II-11.2
le lieu de travail workplace,
II-16.1
les lieues (f. pl.) leagues
la ligne line, II-3.1
les lignes de banlieue
commuter trains, II-4.2
les grandes lignes main lines
(trains), I
la limitation de vitesse speed limit, I
les limites (f. pl.) boundaries (on
tennis court), I-9.2
hors de limites out of bounds
I-9.2
la limonade lemon-lime drink, I
le linge laundry, II-9.1
le lion lion
la lipide fat (n.), I
lire to read, I-12.2
lisse smooth
le lit bed, I-8.2
le litre liter, I-6.2
littéraire literary, I
la littérature literature, I-2.2
la livre pound, I-6.2
le livre book, I-BV
le livre scolaire textbook,
II-12.1
localiser to locate, **5**
le/la locataire renter
la location rental, I; box office
le logement rent, boarding expenses
loger to put someone up, give
shelter
la loi law
loin de far from, I-4.2
lointain(e) far away
le loisir leisure, spare time
les loisirs (m. pl.) leisure activities,
I-16

Londres London, I
long: le long de along, I
tout au long all the way
through
long(ue) long, I-10.2
de longue portée long-range, II
longtemps (for) a long time, I
la longueur length, I
le loquet latch
les lorgnettes (f. pl.) opera glasses, **6**
lorsque when; while, I
louer to rent, I; to reserve (train
seat), II-4.2
le loup wolf, **4**
lourd(e) heavy, **8**
lui him (m. sing. stress pron.), I-9;
(to) him, (to) her (ind. obj.),
I-17.1
la lumière light (n.), I
lunaire lunar, **8**
lundi (m.) Monday, I-2.2
la lune moon, **5**
les lunettes (f. pl.) (ski) goggles,
I-14.1; (eye)glasses
les lunettes de soleil
sunglasses, I-9.1
la lutte fight, struggle, II
lutter to fight, I
le luxe luxury, I
luxueux, luxueuse luxurious, I
le lycée high school, I-1.2
le/la lycéen(ne) high school student,
II-12.2
lyonnais(e) from Lyon

M

ma my (f. sing. poss. adj.), I-4
machinalement mechanically
la machine machine, II-10.2
la machine à écrire typewriter,
II-12.1
la machine à laver washing
machine, II-2.1
la machine à traitement de
texte word processor, II-12.1
Madame (Mme) Mrs., Ms., I-BV
Mademoiselle (Mlle) Miss, Ms.,
I-BV
le magasin store, I-3.2
le magasin de stockage
warehouse
le magazine magazine, I-3.2
le Maghreb region of northwest
Africa including Algeria,
Morocco, and Tunisia, II-14.1
maghrébin(e) from the Maghreb
region of northwest Africa,
II-14.2
le/la Maghrébin(e) person
from the Maghreb, II
magique magic

le magnétophone tape recorder,
II-2.1
le magnétoscope video recorder,
II-2.1
magnifique magnificent, I
mai (m.) May, I-4.1
maigrir to lose weight, I-11.2
le maillot de bain bathing suit, I-9.1
la main hand, I-11.1
se serrer la main to shake
hands, II-13.1
se tenir la main to hold hands
tendre la main to hold out
one's hand, **2**
maintenant now, I-2
le maire mayor, II-11.2
la mairie town hall, II-16.2
mais but, I-1
Mais oui (non)! Of course
(not)!, I
le maïs corn, I-15.1
le grain de maïs corn kernel,
la maison house, I-3.1
le maître master, I
le maître d'hôtel maitre d',
I-5.2
le maître (d'école) schoolteacher, **4**
la maîtresse d'école schoolteacher, **2**
la maîtrise mastery, command
majestueux, majestueuse
majestic
la majorité majority
mal badly, I
avoir mal à to have a(n)...
-ache, to hurt, I-15.1
faire mal to hurt
mal élevé(e) rude, II-13.1
Où avez-vous mal? Where
does it hurt?, I-15.2
pas mal de a lot, quite a few, II
pas mal de fois rather often, II
le mal evil, **5**
avoir des maux de cœur to feel
sick, nauseous, **7**
dire du mal de to speak ill of, **8**
le/la malade sick person, patient,
I-15.1
malade sick, I-15.1
la maladie illness, I
la maladie sexuellement
transmissible sexually
transmitted disease, II
maladroit(e) clumsy
le malaise dissatisfaction
malchanceux (-se) unlucky
le malentendu misunderstanding
malfaisant(e) harmful, **4**
malgré in spite of, **1**
le malheur unhappiness, misfortune,
misery
malheureusement unfortunately,
II-7.2

malheureux, malheureuse
unfortunate
   c'est malheureux it's
   unfortunate
malhonnête dishonest
la **malle** trunk, **2**
la **manade** herd of cattle (or horses), II
la **Manche** English Channel, I
la **manche** sleeve, I-10.1
   à manches longues (courtes)
   long- (short-) sleeved, I-10
la **manchette** headline, **5**
le **manchot** penguin, **4**
le/la **manchot(e)** one-armed person,
   person with no arms, **6**
   manger to eat, I
la **manie** mania, II
   manier to handle, **2**
la **manière** manner, way, I
   avoir de bonnes manières to
   have good manners, I
   de manière que (+ subjunc.)
   so that
la **manifestation** demonstration, II
se **manifester** to be shown
la **manivelle** crank
   manquer to lack
   il manque (+ noun) (noun) is
   missing, II-9.2
le **maquillage** makeup, II-5.2
se **maquiller** to put on make-up,
   I-11.1
le **maquisard** Resistance fighter
le **marathon** marathon, **5**
le **marbre** marble, I
le/la **marchand(e) (de fruits et**
   légumes) (produce) seller, I-6.2
   la marchande des quatre
   saisons produce seller
marchander to bargain, II-14.1
la **marchandise** merchandise, I
la **marche** walking, **3**; step
   (staircase), **6**
   faire de la marche to do a bit
   of walking, **7**
   sur les marches on the stairs, **6**
le **marché** market, I-6.2
   faire le marché to go to the
   market, to go grocery
   shopping, **6**
   le marché arabe couvert Arab
   covered market, II-14.1
   le Marché Commun Common
   Market, I
marcher to walk, II-6.1
   marcher au pas to march in
   step, **6**
mardi (m.) Tuesday, I-2.2
marécageux (-se) marshy
la **marée** tide, I
le **mari** husband, I-4.1
le **mariage** marriage, II-11.2;
   wedding, **6**

marié(e) married, I
le **marié** groom, II-11.2
la **mariée** bride, II-11.2
se **marier** to get married, II-11.2
les **mariés (m. pl.)** bride and groom,
   II-11.2
le **marin** sailor, **2**
la **marionnette** puppet, **8**
   un spectacle de marionnettes
   puppet show, **8**
le **Maroc** Morocco, I-16
le **maroquinier** leather worker,
   II-14.1
la **marque** make (of car), I-12.1
   marquer un but to score a goal,
   I-13.1
la **marquise** French noblewoman, **3**
   marrant(e) very funny, hilarious
   (slang)
   marre: en avoir marre (de) to be
   fed up (with) (slang)
marron (inv.) brown, I-10.2
le **marron** chestnut, II
mars (m.) March, I-4.1
le **marteau** hammer, **7**
le **marteau-piqueur** jackhammer, **7**
la **Martinique** Martinique, II-7.1
   martiniquais(e) from Martinique, I
le **mascara** mascara, II-5.2
le **masque à oxygène** oxygen mask,
   II-7.1
la **masse** mass, I
   massif, massive massive, II
le **match** game, I-9.2
le **matelas** mattress, I
le **matériau** material
le **matériel agricole** farm
   equipment, II-15.1
le **matériel scolaire** school supplies,
   II-12.1
   maternel(le): l'école maternelle
   pre-school
les **mathémathiques (f. pl.)**
   mathematics, I
les **maths (f. pl.)** math, I-2.2
la **matière** subject (school), I-2.2;
   matter, I; material, II-9.2
   la matière première raw
   material
le **matin** morning, in the morning,
   I-2
   du matin A.M. (time), I-2
la **matinée** morning, II-2.2
   matraqué(e) bombarded, **6**
la **maturité** adulthood
   mauvais(e) bad; wrong, I
   Il fait mauvais. It's bad
   weather., I-9.2
   le mauvais numéro the wrong
   number, II-3.1
   mauve mauve (color), II
le **mazout** fuel oil, I

me (to) me (dir. and ind. obj.),
   I-15.2
le **mec** guy (slang)
la **mèche** lock of hair, II-5.1
la **Mecque** Mecca, II-14.1
le **médecin** doctor (m. and f.), I-15.2
   chez le médecin at, to the
   doctor's, I-15.2
la **médecine** medicine (medical
   profession), I-15
les **médias (f. pl.)** media
   médical(e) medical, I
le **médicament** medicine (remedy),
   I-15.2
la **médina** old Arab section of
   northwest African towns, II-14.1
   médire (de quelqu'un) to
   badmouth (someone)
   méditer to meditate (on), **7**
   meilleur(e) better (adj.), I-10
   le/la meilleur(e), the best
   (adj.), II-6
   Meilleurs souvenirs Yours (to
   close a letter), II
   mélangé(e) (à) mixed (with)
se **mêler** to mix
   mélo(drame): Quel mélo! What a
   soap opera!
le **membre** member, I
   même same (adj.), I-2.1; even
   (adv.), I; itself, II
   être à même de to be able to, **8**
   la lettre même the letter itself, II
   lui-même (moi-même, etc.)
   himself (myself, etc.), II
   tout de même all the same
   menacer to threaten
le **ménage** household, **7**
   ménager, ménagère household
   (adj.), II
le **mendiant** beggar, **6**
   mendier to beg, **6**
   mener to lead, carry on
le **menhir** menhir (prehistoric stone
   monument), II
la **menorah** menorah, II-11.2
le **mensonge** lie, **6**
   mensuel(le) monthly, II
   mental(e) mental, I
   menteur, menteuse lying (adj.),
   dishonest
   mentionner to mention
   mentir to lie, **6**
le **menu: le menu touristique**
   budget (fixed price) meal, I
le **mépris** contempt, scorn
la **méprise** misunderstanding, **5**
   méprisé(e) scorned
la **mer** sea, I-9.1
   la mer des Caraïbes Caribbean
   Sea, I
   la mer Méditerranée
   Mediterranean Sea, I

merci thank you, I-BV

mercredi (m.) Wednesday, I-2.2

la **mère** mother, I-4.1

 la **mère poule** mother hen, II

le **méridien** meridian, I

la **mérite** merit

 mériter to deserve

 merveille: C'est une merveille!
  It's marvelous!

 merveilleux, merveilleuse
  marvelous, I-10.2

mes my (pl. poss. adj.), I-4

la **mésentente** dissension

le **message** message, II-3.2

 laisser un message to leave a
  message, II-3.2

la **messe de minuit** midnight mass,
 II-11.2

la **mesure** measurement, I

 dans la mesure où insofar as

 mesurer to measure, I

le **métabolisme** metabolism, I

la **météo** weather forecast, I

 météorologique meteorological, I

le **métier** profession, trade, II-16.1;
 craft, II

le **mètre** meter, I

 métrique metric, I

le **métro** subway, I-4.2I

 en métro by subway, I-5.2

 la station de métro subway
  station, I-4.2

 métropolitain(e) metropolitan, II

le **mets** food, dish, **1**

le **metteur en scène** (movie) director, **8**

 mettre to put (on), to place, I-8.1;
 to put on (clothes), I-10; to turn
 on (appliance), I-10, I

 mettre au jour to bring to light

 mettre au point to come out
  with, develop, I

 mettre de l'argent de côté to
  put money aside, save, I-18.2

 **mettre de l'huile dans les
 rouages** to oil the gears, to
  make things run smoothly

 mettre en scène to direct (a
  play), II; to present

 mettre fin à to put an end to, II

 mettre la main à la pâte to
  pitch in, **6**

 mettre le contact to start the
  car I-12.1

 mettre le couvert to set the
  table, I-8

 mettre une lettre à la poste to
  mail a letter, II-1.1

 se mettre à table to sit down
  for a meal, II-2.1

 se mettre au premier rang to
  get in the front row, II-11.1

 se mettre d'accord to agree

se mettre en forme to get in
 shape, I-11.1

le **meuble** piece of furniture

le **meurtre** murder

le **Mexique** Mexico, I-16

le **microbe** microbe, I

la **microbiologie** microbiology, I

le **micro(phone)** microphone, **8**

le **microscope** microscope, I

 midi (m.) noon, I-2.2

le **mien, la mienne, les miens, les
 miennes** mine (poss. pron.), **7**

 mieux better (adv.), II-6

 le mieux (the) best (adv.), II-6

la **mi-journée** midday

le **milieu** middle, II-10.2;
 environment

 militaire military, II-11.1

le **militaire** soldier, I

 mille (one) thousand, I-6.2

les **milliers (m. pl.)** thousands, I

le **million** million, I

le/la **millionnaire** millionaire

 mi-long(ue) medium length, II-
 5.1

le **mimosa** mimosa, II

 minable pathetic, terrible

le **minaret** minaret, tower of a
 mosque, II-14.1

 mince thin, II

le **minéral** mineral, I

le **ministère** ministry, I

 minuit (m.) midnight, I-2.2

 miraculeux, miraculeuse
  miraculous

se mirer to look at oneself or each
 other, to be reflected, **4**

le **miroir** mirror

la **mise** putting, setting

 la mise au jour bringing to
  light

 la mise en plis set (with hair
  curlers), II-5.1

 la mise au point adjusting

 miser sur to bet on, II

le/la **misérable** poor person; miserable
 person

la **misère** (extreme) poverty

la **mission** mission, I

le **mistral** strong cold wind that
 blows from the north/northwest
 toward the Mediterranean

la **mi-temps** half (sporting event), I

 mixte co-ed (school)

le **mobile** motive

 moche terrible, ugly, I-2.2

la **mode** fashion

le **mode** form, mode

le **modèle** model, I

 moderne modern, I

 moderniser to modernize, I

 modeste modest, reasonably
  priced, I

 moi me (sing. stress pron.), I-9

 moi de même likewise
  (responding to an introduction), II-13.2

 moi-même myself, II

 moindre less, lesser

 le/la moindre the least

 la moindre des choses the
  least one can do

le **moine** monk, II

 moins less, I

 à moins que (+ subjunc.)
  unless, II-15

 au moins at least, I

 Il est une heure moins dix. It's
  ten to one. (time), I-2

 moins... que less... than, I

le **mois** month, I-4.1

 moisi(e) mildewed

la **moissonneuse-batteuse** combine
 harvester, II-15.1

les **moissons (f. pl.)** harvest, II

la **moitié** half

le/la **môme** kid (slang)

le **moment: en ce moment** right
 now, I

 Un moment, s'il vous plaît.
  One moment, please., II-3.2

 mon my (m. sing. poss. adj.), I-4

la **monarchie** monarchy, I

le **monarque** monarch

le **monastère** monastery, II

le **monde** world, people I

 beaucoup de monde a lot of
  people, I-13.1

 faire le tour du monde to go
  around the world

 un monde fou crowds of
  people, II

 le Nouveau Monde the New
  World

 tout le monde everyone,
  everybody, I-BV

 tout ce petit monde this little
  group (of people)

 mondial(e) world (adj.)

le **moniteur, la monitrice** instructor,
 I-9.1; camp counselor, I

la **monnaie** change; currency, I-18.1

 faire de la monnaie to make
  change, I-18.1

 monseigneur His Grace (My
  Lord)

 Monsieur (M.) Mr., sir, I-BV

le **montagnard** mountain-dweller, II

la **montagne** mountain, I-14.1

 à la montagne in the
  mountains, I

le **montant** amount, **1**

 monter to go up, get on, in, I-8.2;
 to take upstairs, I-17.1

 monter en voiture to board (a
  train), II-4.2

monter une pièce to put on a play, I-16.1
montrer to show, I-17.1
se **moquer de** to not care about, **2**
la **moquerie** ridicule
moral(e) moral, I
le **moral** morale
  avoir le moral to be in good spirits
  avoir le moral à zéro to be feeling down in the dumps
la **morale** moral
  faire la morale to scold, lecture
la **moralité** morality
le **morceau** piece
  le morceau de craie piece of chalk, I-BV
mordu(e) bitten, I
morne glum
mort(e) dead, I
la **mort** death, I
mortel(le) fatal, **5**
Moscou Moscow, I
la **mosquée** mosque, II-14.1
le **mot** word, I
  le mot apparenté cognate, I
le **motard** motorcycle cop, I-12.2
le **moteur** engine (car, etc.), I-12.1
  le moteur à explosion internal combustion engine
la **moto(cyclette)** motorcycle, I-12.1
le/la **motocycliste** motorcyclist, **5**
le **mouchoir** handkerchief, I-15.1
mouillé(e) wet, II-5.2
le **moulin** mill, **6**
mourir to die, I-17
la **moutarde** mustard, I-6.2
le **mouton** sheep, II-15.1
le **mouvement** movement, I
  le mouvement de regret pang of remorse
mouvementé(e) eventful, I
moyen(ne) average, intermediate, **3**
  en moyenne on average
  le Moyen-Âge the Middle Ages, II
le **moyen de transport** mode of transportation, I
moyennement moderately
les **moyens médicaux** medical personnel
le **muezzin** In Muslim countries, the person who calls the faithful to prayer, II-14.1
multiplier to multiply
municipal(e) municipal, I
le **mur** wall, **2**
musclé(e) muscular, I
le **musée** museum, I-16.2
le/la **musicien(ne)** musician, II-11.1
la **musique** music, I-2.2
musulman(e) Muslim (adj.), II
les **musulmans (m. pl.)** Muslims (people), II-14.1

muter to transfer
le **mutilé de guerre** wounded veteran, II
la **mythologie** mythology, I

N

nager to swim, I-9.1
le **nageur, la nageuse** swimmer, **7**
naguère yore
la **naissance** birth, **6**
naître to be born, I-17
la **nana** gal (slang)
la **nappe** tablecloth, I-5.2
natal(e) native, **5**
  la maison natale house where someone was born, II
la **natation** swimming, I-9.1
la **nation** nation, I
national(e) national, II-11.1
la **natte** braid, II-5.1; straw mat, **4**
la **nature** nature, I
nature plain (adj.), I-5.1
la **nausée** nausea
naviguer to sail
ne... guère hardly, **1**
ne... jamais never, I-12
ne... ni... ni neither... nor, I
ne... pas not, I-1.2
ne... personne no one, nobody, I-12.2
ne... plus no longer, II-2
ne... que only, II-2.1
ne... rien nothing, I-12.2
né: il est né he was born, I
le **néant** nothingness, void, obscurity
nécessaire necessary, I
  il est nécessaire de it is necessary to, II-3.1
  il est nécessaire que (+ subjunc.) it's necessary that, **11**
néfaste unfortunate, disastrous, harmful, **4**
négatif, négative negative, I
la **négritude** black pride, II
la **neige** snow, I-14.2
neiger: Il neige. It's snowing., I-14.2
le **néophyte** beginner
nerf: être sur les nerfs to be all keyed up
nerveux, nerveuse nervous, **4**; emotional (illness), II
  les cellules nerveuses (f. pl.) nerve cells, I
n'est-ce pas? isn't it, doesn't it (he, she, etc.)?, I-1.2
nettement clearly
le **nettoyage à sec** dry-cleaning, II-9.1

nettoyer à sec: faire nettoyer à sec to dry-clean, II-9.1
neuf nine, I-BV
neuf, neuve new
neutraliser to neutralize, I
neutre neutral
le **neveu** nephew, I-4.1
le **nez** nose, I-15.1, I
  avoir le nez qui coule to have a runny nose, I-15.1
le **nid** nest, **6**
la **nièce** niece, I-4.1
nippon(e) Japanese
le **nitrate** nitrate
le **niveau** level, I
  avoir un bon niveau to be experienced
  vérifier les niveaux to check under the hood, I-12.1
la **noblesse** nobility
les **noces (f. pl.)** nuptials, II
  le voyage de noces honeymoon
nocif, nocive harmful, toxic, **4**
Noël Christmas, II-11.2
  Joyeux Noël! Merry Christmas!, II-11.2
le **nœud** knot, **3**
noir(e) black, I-10.2
  le tableau noir blackboard, I-3.1
le **nom** name, I-16.2; noun, I
nomade nomadic
le **nombre** number, I-5.2
nombreux, nombreuse numerous, II-4.1
nommer to name, mention, I
non no, I
  non fumeurs no smoking (section), I-7.1
  non seulement not only, I
le **nord** north, I
normal(e) normal, I
normalement normally, usually, I
la **Norvège** Norway, **8**
nos our (pl. poss. adj.), I-5
la **nostalgie** nostalgia, I; longing
le **notable** dignitary, II-11.1
notamment notably
la **note** bill (currency), I-17.2; grade (on a test, etc.), II-12.1
  recevoir de bonnes notes to get good grades, II-12.1
noter to note
notre our (sing. poss. adj.), I-5
le **nôtre, la nôtre, les nôtres** ours (poss. pron.), **7**
nouer: nouer une relation to form a relationship
nourri(e) fed
nourrir to feed, I
  se nourrir to get food, nourishment, II
la **nourriture** food, nutrition, **7**

nous we, I-2; us (stress pron.), II-9; (to) us (dir. and ind. obj.), I-15

nouveau (nouvel) new (m.), I-4
    à nouveau again, **1**
    le Nouveau Monde the New World

nouvelle new (f.), I-4

la **nouvelle** short story, II

La **Nouvelle-Orléans** New Orleans

les **nouvelles (f. pl.)** news, I

novembre (m.) November, I-4.1

nu(e) naked

le **nuage** cloud, I-9.2

nuageux, nuageuse cloudy, **1**

nuancer to vary slightly

la **nuit** night, I
    à la nuit tombante at nightfall, II

nul(le) hopeless, worthless

nullement not at all

le **numéro** number, 1.2; issue (of a magazine), II
    le bon (mauvais) numéro the right (wrong) number, II-3.1
    le numéro de téléphone telephone number, II-3.1
    Quel est le numéro de téléphone de... ? What is the phone number of... ?, I-5.2
    numéroté(e) numbered, II-4.1

la **nuque** nape of the neck, II-5.1

nutritif, nutritive nutritive

O

l' **oasis (f.)** oasis, II-14.2

obéir (à) to obey, I-7

l' **obéissance (f.)** obedience

l' **objet (m.)** object, I

obligatoire mandatory, I; required, II-12.2

obligatoirement necessarily

obligé(e) required, II

obliger to oblige, I

oblitérer to validate (a bus ticket), II-10.2

les **obsèques (f. pl.)** funeral, **6**

obtenir to obtain, II-12.2; to get

l' **occasion (f.): les grandes occasions** special occasions

l' **Occident (m.)** the West, II

occidental(e) western

occupé(e) busy, I-2.2
    sonner occupé to be busy (telephone), II-3.1

occuper to occupy, I

l' **océan (m.)** ocean, I

octobre (m.) October, I-4.1

l' **odeur (f.)** scent, smell, I; odor

l' **œil (m., pl. yeux)** eye, I

l' **œuf (m.)** egg, I-6.2
    l'œuf sur le plat fried egg, I

l' **œuvre (f.)** work (of art), I-16

officiel(le) official, I

l' **officier (m.)** officer, II

offrir to offer, give I-15

l' **ogive (f.)** pointed Gothic arch, II

l' **oignon (m.)** onion, I-6.2
    C'est pas tes oignons! None of your business!, II

l' **oiseau (m.)** bird, II-15.2
    un chant d'oiseau birdsong, **7**

l' **ombre (f.)** shadow, **5**

l' **omelette (f.)** omelette, I-5.1
    l'omelette aux fines herbes omelette with herbs, I-5.1
    l'omelette nature plain omelette, I-5.1

l' **omnibus (m.)** omnibus

omniprésent(e) omnipresent

on we, they, people, I-3
    On y va(?) Let's go.; Shall we go?, I-5
    on dirait que it seems that

l' **oncle (m.)** uncle, I-4.1

l' **onde (f.)** wave

l' **ondée (f.)** shower (rain)

l' **ongle (m.)** nail (finger, toe), II-5.2

onze eleven, I-BV

l' **opéra (m.)** opera, I-16.1

opérer to operate, I

l' **oppidum (m.)** citadel

opposer to oppose, I-13.1
    s'opposer à to be opposed to, II

l' **or (m.)** gold, **3**

or now

l' **orage (m.)** storm, **1**
    orageux, orageuse stormy, **1**

orange (inv.) orange (color), I-10

l' **orange (f.)** orange (n.), I-6.2

l' **oranger (m.)** orange tree, II

l' **Orangina (m.)** orange soda, I-5.1

l' **oratoire (m.)** private chapel

l' **orchestre (m.)** band, II-11.1; orchestra (front rows in a theater), **3**

l' **orchidée (f.)** orchid

ordinaire regular (gasoline), I-12.1
    d'ordinaire usually

l' **ordinateur (m.)** computer, I-BV

l' **ordonnance (f.)** prescription, I-15.2
    faire une ordonnance to write a prescription, I-15.2

l' **ordre (m.)** order
    en ordre in order, II

les **ordures (f. pl.)** garbage, **6**

l' **oreille (f.)** ear, I-15.1; hearing, **7**
    avoir mal aux oreilles to have an earache, I-15
    l'oreille interne inner ear

l' **oreiller (m.)** pillow, I-17.2

les **oreillons (m. pl.)** mumps, I

l' **organisateur, l'organisatrice** organizer

organisé(e) organized, I

l' **organisme (m.)** organism, I; body

orienter to turn

originairement originally

original(e) original, I

l' **origine (f.): à l'origine** originally, I

orner to decorate, I

l' **os (m.)** bone, II-6.2

oser to dare

ôter to take off (clothing), I

ou or, I-1.1

où where, I-BV

ouais yeah (fam.)

l' **oubli (m.)** oblivion

oublier to forget, II-3.1

l' **oued (m.)** wadi (river bed in northern Africa)

l' **ouest (m.)** west, I

oui yes, I-1.1

l' **ouïe (f.)** hearing, **7**

l' **ours (m.)** bear, **4**

l' **oursin (m.)** sea urchin

l' **outil (m.)** tool, instrument, **8**

outre: en outre in addition

ouvert(e) open, I-16

l' **ouverture (f.)** opening, I

l' **ouvrage (m.)** work (of art)

l' **ouvrier, l'ouvrière** worker, II-2.2

ouvrir to open, I-15

ovale oval, I

l' **oxyde (m.)** oxide

l' **oxygène (m.)** oxygen, I

l' **ozone (m.)** ozone

P

les **pages (f. pl.) jaunes** yellow pages, II

le **paillasson** doormat, **5**

le **pain** bread, I-6.1
    se vendre comme des petits pains to sell like hotcakes

la **paire** pair, I-10

la **paix** peace, **4**

le **palais** palace, **8**

le **palier** landing (of a staircase)

la **palmeraie** palm grove, II-14.2

le **palmier** palm tree, II-14.2

le **panache** plume

le **panier** basket, I-13.2
    paniquer to panic, II

le **panneau** backboard (basketball), I-13.2; road sign, II-8.1
    le panneau d'affichage bulletin board, II-12.1

panoramique panoramic, I

le **pansement** bandage, II-6.1

le **pantalon** pants, I-10.1

le **Pape** Pope, II

la **papeterie** stationery store, I

le **papier** paper, I-6

le **papier hygiénique** toilet paper, I-17.2

la **feuille de papier** sheet of paper, I-BV

le **paquet** package, I-6.2

par by

par avion (by) airmail, II-1.2

par conséquent consequently

par exemple for example, I

par hasard by chance

par jour a (per) day, I-3

par rapport à compared with, **1**

par semaine a (per) week, I-3.2

par la suite eventually

le **paragraphe** paragraph, I

paraître to appear, to be published

il paraît it appears; apparently, II-14.1

le **parallèle** parallel, I

le **parc** park (n.), I-11.2

le **parc d'attractions** amusement park, II

parce que because, I-9.1

le **parcmètre** parking meter, **5**

parcourir to travel, go through, **3**

par-delà beyond

par-dessus over, I-13

pardon excuse me, pardon me, I

le **pardon** pardon, forgiveness

le **parebrise** windshield, I-12

pareil(le), similar, like

le **parent** relative, II

les **parents** parents, I-4.1

parer à to take care of

paresseux, paresseuse lazy

parfait(e) perfect, **7**

parfaitement exactly

parfois at times

le **parfum** perfume, II-5.2

parisien(ne) Parisian, I-9

le **parking** parking lot, I

le **parlement** parliament, I

parler to speak, talk, I-3.1

parler au téléphone to talk on the phone, I-3.2

parmi among, I

la **parole** word

prendre la parole to begin to speak

les **paroles (f. pl.)** lyrics

part: d'une part... d'autre part... on the one hand... on the other hand...

partager to share, II

partager les frais to "go dutch," to share expenses, II-13.1

le **partenariat** work in partnership, **8**

le **participe** participle

participer (à) to participate (in), I

particulier, particulière specific

particulièrement particularly, I

la **partie** game, match, I-9.2; part, I

en partie partly, II

la **partie en simple (en double)** singles (doubles) match (tennis), I-9.2

faire partie de to be a part of, I

partir to leave, I-7.1

à partir de from... on (date); based on, II

partout everywhere, I

parvenir to arrive, to reach

parvenir à to manage to, succeed in, **3**

pas: ne (verbe) pas not, I

pas de (+ noun) no (+ noun), I

Pas de quoi. You're welcome. (inform.), I-BV

pas du tout not at all, I

pas forcément not necessarily

pas mal not bad, I-BV

pas mal de quite a few, I

pas question no way

le **pas** (foot)step, **3**

faire un pas to take a step, **8**

le **passage: être de passage** to be passing through, II

passager, passagère passing, temporary **7**

le **passager, la passagère** passenger, I-7.1

le **passé** past (n.), I

le **passeport** passport, I-7.1

passer to spend (time), I-3; to pass, go through, I-7.2; to show (a movie), I-16.1; to stop by

passer à la douane to go through customs, I-7.2

passer à l'immigration to go through immigration, I

passer par le contrôle de sécurité to go through security (airport), I-7

passer un examen to take an exam, I-3.1

se passer to happen, I

la **passerelle** small bridge

passionnant(e) exciting

passionné(e) de excited by, I

passionner to excite, fascinate, I; (sport) to be a passion with

le **pasteur** shepherd, **4**

patati: et patati et patata and so on and so forth

la **pâte: mettre la main à la pâte** to pitch in

le **pâté** pâté, I-5.1

patient(e) patient (adj.), I-1.1

le/la **patient(e)** patient, **7**

le **patin à glace** ice skate (n.), I-14.2

faire du patin to skate, I-14.2

faire du patin à glace to ice-skate, I-14.2

faire du patin à roulettes to roller-skate, I

le **patinage** skating, I-14.2

le **patineur, la patineuse** skater, I-14.2

la **patinoire** skating rink, I-14.2

le **pâtre** shepherd, II

la **patrie** native country, homeland, **4**

le **patrimoine** heritage, **8**

patriotique patriotic

le **patriotisme** patriotism

le/la **patron(ne)** boss, II

la **patte** leg, paw

lancer la patte to trip (someone), **6**

les **pattes** sideburns, II-5.1

le **pâturage** pasture, **4**

le/la **pauvre** poor thing, I-15.1

pauvre poor, I-15.1

la **pauvreté** poverty

le **pavillon** small house, bungalow, I

payant(e) requiring payment

payer to pay, I-6.1

payer en espèces to pay cash, I-17

le **pays** country, I-7.1

le **paysage** landscape, **1**

le **paysan** peasant, II

les **Pays-Bas (m. pl.)** the Netherlands, I-16

la **peau** skin, II

la **pêche** fishing, **1**

aller à la pêche to go fishing, I-9.1

le **pêcheur** fisherman, **3**

le port de pêcheurs fishing village, **1**

le **peigne** comb, II-5.2

donner un coup de peigne (à quelqu'un) to comb (someone's hair), II-5.2

se peigner to comb (one's hair), I-11.1

peindre to paint, **2**

la **peine** sorrow

avoir de la peine to be sad, upset

Ce n'est pas la peine. It's not worth it. Don't bother., II

faire de la peine à quelqu'un to hurt someone (emotionally), **4**

la peine de mort death penalty, **5**

à peine hardly, only just, **8**

peiner to work hard, make great efforts, **3**

le/la **peintre** painter, artist, I-16.2

la **peinture** painting (n.), I-16.2

péjoratif, péjorative pejorative, disparaging, I

Pékin Beijing

le **pèlerinage** pilgrimage, II

la **pelle** shovel, **3**

le **peloton** the pack (of runners), **3**
    dans le peloton de tête at the
    top of the list
le **penalty** penalty (soccer), I
  penché(e) slanting, **2**
  pendant during, for (time), I-3.2
  pendant que while, I
  pendu hanged
  pénétrer to penetrate, II
la **pénicilline** penicillin, I-15.2
la **pensée** thought
  penser to think, I-10.1
la **pension** small hotel, I
la **percée** breakthrough
  percevoir to perceive, detect
  perché(e) perched
la **perdition** despair
  perdre to lose, I-8.2
    perdre des kilos to lose weight, I
    perdre patience to lose
      patience, I-8.2
    perdre le cap to stray from
      one's course
le **père** father, I-4.1
  le Père Noël Santa Claus,
    II-11.2
  perfectionné(e) sophisticated, **8**
le **perfectionnement** perfecting
  perfectionner to perfect
  périlleux, périlleuse dangerous, **5**
la **périphérie** outskirts, I
  **périphérique: le boulevard
    périphérique** beltway, ring
    road, II-8.1
la **perle** pearl, I
la **permanente** permanent (hair),
  II-5.1
  permettre to permit, allow, I-14
  Vous permettez? May I (sit
    here)?, II-4.1
le **permis** permit, I
  le permis de conduire driver's
    license, I-12
  perpétuer to perpetuate
  persan(e) Persian
le **personnage** character, I
la **personne** person, I
    ne... personne no one, nobody,
      I-12.2
    personne ne (+ verb) no one
      (+ verb), II-4
    personnel(le) personal, I
le **personnel de bord** flight
    attendants, I-7.2
  personnellement personally,
    I-16.2
la **perspective** perspective, view
    à la perspective at the prospect
la **perte** loss, I
la **perturbation** disturbance
la **pesanteur** gravity
  peser to weigh, II-1.2
le **pétale** petal

le **petit(e)** short, small, I-1.1
  le petit ami boyfriend, II
  la petite amie girlfriend, II
  la petite annonce classified ad,
    II-16.2
  le petit déjeuner breakfast, I-9
  petit à petit little by little
  prendre le petit déjeuner to
    eat breakfast, I-9
la **petite-fille** granddaughter, I-4.1
le **petit-fils** grandson, I-4.1
le **pétrolier** oil tanker, I
  peu little, not much
  peu (de) few, little, I-18, I
  à peu près about, II-16.2
  un peu (de) a little, I
le **peuple** people, nation
  peur: avoir peur (de) to be afraid
    (of), II-13.2
  de peur de for fear of, II
  de peur que (+ subjunc.) for
    fear that
  faire peur à to frighten, **4**
  peut-être maybe, perhaps
le **phare** lighthouse, **6**
la **pharmacie** pharmacy, I-15.2, I
le/la **pharmacien(ne)** pharmacist,
  I-15.2
le **phénomène** phenomenon
le **philosophe** philosopher
la **philosophie** philosophy
  philosophique philosophical
le **phosphate** phosphate
la **photo** photograph, I
  photographier to photograph
la **photosynthèse** photosynthesis, II
la **phrase** sentence, I
le/la **physicien(ne)** physicist
la **physique** physics, I-2.2
  physique physical, I
    la forme physique physical
      fitness, I-13
  physiquement physically
le **pickpocket** pickpocket, **5**
  picorer to peck, **7**
la **pièce** room, I-4.2; play, I-16.1;
    coin, I-18.1; piece
le **pied** foot, I-13.1
  à pied on foot, I-5.2
  la plante du pied sole of the
    foot, **7**
le **piège** trap, snare, **7**
la **pierre** stone, **1**
le/la **piéton(ne)** pedestrian, I-12.2
  piétonnier(-ère) pedestrian
    (adj.), **8**
  pieux, pieuse pious, religious
le **pigeon** pigeon
le **pilier** pillar, II
  piller to pillage, II
le **pilotage** steering
le/la **pilote** pilot, II-7.1

  le/la pilote de ligne airline
    pilot, I
  piloter to pilot, II-7.1
  pincer to pinch, II
  piquant(e) spicy, II
    la sauce piquante spicy sauce,
      II-14.1
  piquer to sting, **7**
la **piqûre** injection, shot, II-6.2
  faire une piqûre to give
    (someone) a shot, II-6.2
le **piratage** piracy
  pire worse
la **piscine** pool, I-9.2
    la piscine couverte indoor
      pool, I
la **piste** track, I-13.2; ski trail, I-14.1
la **pitié** pity
  pittoresque picturesque, I
le **placard** closet, I-17.2
la **place** seat (plane, etc.), I-7.1;
    parking space, I-12.2; place, I
    la place numérotée numbered
      seat, II-4.1
    les places debout standing
      room, **3**
le **plafond** ceiling, **2**
la **plage** beach, I-9.1
la **plaie** plague
  se plaindre to complain, **6**
la **plaine** plain (n.), I
la **plaisanterie** joke
le **plan** map, I
    le plan du métro subway map,
      II-10.2
    le plan de la ville street map,
      II-8.1
    au premier plan in the
      foreground
    de tout premier plan of the
      first rank, foremost
la **planche à voile: faire de la
    planche à voile** to windsurf, I-9
la **planche (de surf)** surfboard, **3**
la **planète** planet
la **plantation** grove, II-14.2
la **plante** plant, I
la **plante du pied** sole of the foot, **7**
  planté(e) set up
la **plaque d'immatriculation** license
    plate, II
le **plastique: en plastique** plastic
    (adj.), I
le **plateau** plateau, I; tray, II-7.1
la **plate-bande** flower bed
la **platine** platinum, II
le **plâtre** cast (for broken arm, etc.),
    II-6.2
  plein(e) full, I-13.1
    avoir plein de fric to have lots
      of money (slang), I-18.2
    faire le plein to fill up (a gas
      tank), I-12.1

le **terrain de plein air** playing field (sports), 7

pléthorique excessive

pleurer to cry, 8

    pleurer comme une madeleine to cry one's heart out

    C'est bête à pleurer. It's pitifully stupid.

pleuvoir to rain, 2

    Il pleut. It's raining., I-9

plier to bend; to fold, II-9.1

le **plomb** lead, 4

la **plongée sous-marine: faire de la plongée sous-marine** to go deep-sea diving, I-9.1

plonger to dive, I-9.1; to plunge

la **pluie** rain, 1

    les **pluies (f.pl.) acides** acid rain, I

la **plume** feather, pen

la **plupart (des)** most (of), I-8.2

le **pluriel** plural, I

plus more (comparative), I-10

    de plus moreover

    en plus de in addition to, I

    plus que quelques échelons only a few rungs left

    plus tard later, I

plusieurs several, I-18

plutôt quite, rather

pluvieux, pluvieuse rainy, 1

le **pneu** tire, I-12.1

    le **pneu à plat** flat tire I-12.1

la **poche** pocket, I-18.1

le **poème** poem, I

la **poésie** poetry, I

le **poète** poet, I

le **poids** weight, II-1.2

poignant(e) poignant

le **poignet** wrist, II-13.1

    poil: être de bon (mauvais) poil to be in a good (bad) mood (slang)

    poinçonner to punch (a hole in), II-4.1

le **point** point; period, I

    le **point de suture** (surgical) stitch, II-6.2

    le **point de vue** point of view, II

    le **point noir** high-traffic area, II-8.1

point: ne... point not (liter.)

la **pointure** size (shoes), I-10.2

    Vous faites quelle pointure? What (shoe) size do you take?, I-10.2

le **poisson** fish, I-6.1

la **poissonnerie** fish store, I-6.1

le **pôle** pole, I

    le **pôle Nord** North Pole

poli(e) polite, II-13.1; polished

la **police secours** emergency aid, II-6.1

le **policier** police officer, 3

poliment politely, II

la **poliomyélite** polio, I

la **politesse** politeness

la **politique** politics, II; policy

le **polluant** pollutant

    polluer to pollute, I

la **pollution** pollution, I

la **pomme** apple, I-6.2

la **pomme de terre** potato, I-6.2

le **pommier** apple tree, II

le **pompier** firefighter, 5

le/la **pompiste** gas station attendant, I-12.1

le **pont** bridge, II

populaire popular, I-1.2

la **porcelaine** porcelaine, china, I

le **port** port; wearing (n.)

    le **port de pêche** fishing port, I

    le **port de pêcheurs** fishing port, 3

la **porte** gate (airport), I-7.1; door, I-17.1

le **portefeuille** wallet, I-18.1

le **porte-monnaie** change purse, I-18.1

le **porte-plume** penholder, 2

porter to take (carry), II-9.1; to wear, I-10.1

    porter un toast to toast, make a toast, II

le **porteur** porter, I-8.1

la **portière** door (of a vehicle), II-10.2

le **portrait** portrait, I

le **Portugal** Portugal, I-16

poser: poser sa candidature to apply for a position, II-16.2

    poser une question to ask a question, I-3.1

possédé(e) possessed

la **possibilité** possibility, I

possible: il est possible que (+ subjunc.) it's possible that, II-11

la **poste** post office, II-1.1

    mettre une lettre à la poste to mail a letter, II-1.1

le **poste** position, II-16.2

    le **poste de péage** tollbooth, II-8.1

    le **poste de pilotage** cockpit, II-7.1

    le **poste de radio** radio

    le **poste de télévision** television (set), II-2.1

le **poster** poster

le **pot** jar, I-6.2

    le **pot catalytique** catalytic converter

    le **pot d'échappement** exhaust pipe, 4

le **pot-au-feu** braised beef with vegetables, II-2.1

le **pouce** inch I; thumb, II-13.1

pouilleux, pouilleuse lice-ridden

la **poule** hen, chicken (animal), II-15.1

le **poulet** chicken (for eating), I-6.1

le **pouls** pulse, II-6.2

le **poumon** lung, 7

pour for; in order to, I-2

    pour que (+ subjunc.) so that, II-15

le **pourboire** tip (restaurant), I-5.2

    laisser un pourboire to leave a tip, I-5.2

le **pourcentage** percentage, I

pourchasser to chase, 4

pourquoi why, I-9.1

poursuivre to pursue

pourtant yet, still, nevertheless, I

pourvu que (+ subjunc.) provided that, II-15.2; let's hope that

la **poussée** push, shove

pousser to grow, I; to push, II-10.2

la **poussière** dust

pouvoir to be able to, I-6

    Pourrais-je parler à... ? May I speak to ... ?, II-3.2

le **pouvoir** power, II

    le **pouvoir d'achat** buying power

pratique practical, II

la **pratique** method

    pratiquement virtually, in practice

    pratiquer un sport to play a sport, I-11.2

le **pré** meadow, II-15.1

précieux, précieuse precious, I

se **précipiter à** to rush towards, 5

précis(e) precise, exact, I

    à l'heure précise right on time, I

préciser to specify, 1

la **précision** precision

la **prédiction** prediction, II

la **prédominance** predominance

préférable: il est préférable que (+ subjunc.) it's preferable that, II-11

préféré(e) favorite, II-2.1

préférer to prefer, I-5

le **préfixe** prefix, I

prélevé(e) deducted, II

prélever to deduct, II

premier, première first, I-4.1

    en première in first class, I-8.1

    les **tout premiers** very first, I

premièrement first of all, I

prendre to take, I-9.1

    prendre un bain (une douche) to take a bath (shower), I-11.1

prendre un bain de soleil to sunbathe, I-9.1

prendre un billet to buy a ticket, I-9

prendre conscience de to become aware of, II

prendre la correspondance to change trains, II-4.2

prendre une décision to make a decision

prendre des kilos to gain weight, I

prendre en note to take note

prendre part à to take part in, I

prendre la parole to begin to speak

prendre le pas sur to pass, surpass, 3; to overshadow

prendre le petit déjeuner to eat breakfast, I-9

prendre possession de to take possession of, I

prendre un pot to have a drink, I

prendre le pouls to take someone's pulse, II-6.2

prendre rendez-vous to make an appointment, I

prendre les rênes to take command, be in charge

prendre des rides to get wrinkles, 3

prendre son temps to take one's time, II-2.2

prendre la tension (artérielle) to take someone's blood pressure, II-6.2

prendre le train (etc.) to take the train (etc.), I-9

prendre un verre to have a drink, 2

préparé(e) prepared, II-12.1

préparer to prepare, I-4.2

près de near, I-4.2

prescrire to prescribe, I-15.2

le présentateur, la présentatrice announcer, 2

les présentations (f. pl.) introductions, II-13.2

présenter to introduce, II-13.2; to present, I

la préservation preservation, I

préserver to preserve

presque almost, I

la presse press

pressé(e) in a hurry, 1

le pressing dry-cleaner's, II-9.1

la pression artérielle blood pressure, I

prêt(e) ready, I

le prêt loan

prêt-à-porter ready-to-wear (adj.), I-10

le rayon prêt-à-porter ready-to-wear department, I-10.1

prêter to lend, I-18.2

le prêtre priest

la preuve proof, I

prévenir to prevent, 7

la prévision forecast

prévoir to foresee, 1; to predict, I

prier to pray, II-14.1

je vous prie de please

la prière: en prière at prayer, praying, II

primaire: l'école (f.) primaire elementary school, I

primordial(e) essential, utmost, 8

le prince prince

principal(e) main, principal (adj.), II

le professeur principal homeroom teacher, II-12.2

principalement mainly

le principe principle, II

le printemps spring I-13.2

priorité: en priorité first and foremost

pris(e) taken, I-5.1; busy

la prise: faire une prise de sang to take a blood sample, 7

le prisonnier prisoner, II

la privation deprivation

privé(e) private, I

privilégier to favor, 7

le prix price, cost, I-10.1; prize

à prix fixe at a fixed price, I

probable: il est probable que it's probable, II-14

probablement probably, I

le problème problem, I-11.2

prochain(e) next, I-8.2; approaching, immediate

proche close, II-10.1; closely related

proclamer to proclaim, II

la production production, II-15.1

produire to produce

le produit product, I

le produit de beauté cosmetic, II-5.2

le produit laitier dairy product, II

le/la prof teacher (inform.), I-2.1

le professeur (m.) teacher (m. and f.), I-2.1

le professeur principal homeroom teacher, II-12.2

la profession profession, II-16.1

professionnel(le) professional, I

profit: tirer profit de to benefit from, 8

profiter de to take advantage of, profit from, I

profond(e) deep, I

profondément profoundly, deeply, II

la progéniture offspring, 2

la programmation computer programming

le programme TV program, I

le progrès progress, I

progressif, progressive progressive, I

progressivement progressively

le projecteur projector, II-12.1

le projet project, plan, I

la promenade: faire une promenade to take a walk, I-9.1

se promener to walk, I-11.2

le promeneur, la promeneuse walker

prononcer to pronounce, utter

le pronostic prediction

proportionellement proportionately

les propos (m. pl.) remarks

le propos intention

proposer to suggest, I

propre clean, II-9.1; own (adj.), I

le/la propriétaire owner

la propriété property, II-15.2

le prospectus brochure, leaflet

la protection protection

protéger to protect, I

la protéine protein, I

le protestantisme Protestantism, II

provenance: en provenance de arriving from (train, plane, etc.), I-7.1

provençal(e) from Provence, the south of France, I

la Provence region in the South of France, II

provenir to come from, II

la province province

le proviseur principal, II-12.2

les provisions (f. pl.) groceries, I

muni de provisions with food, II

provisoire provisional, II

provoquer to cause

prudemment carefully, I-12.2

la prudence prudence, caution

le prunier plum tree

prussien(ne) Prussian

le/la psychologue psychologist

la puberté puberty

public, publique public (adj.), II-3.1

le public public (n.); audience, I

la publicité advertisement, I

publier to publish

les Puces: le marché aux puces flea market, I

puiser to draw from

puisque since, II

puissant(e) powerful, I

le puits well (n.), 4

le pull sweater, I-10.1

pulluler to proliferate
pulmonaire pulmonary, of the lungs, 7
punir to punish, I-7
la **punition** punishment
le **pupitre** student's desk in a school, 4
pur(e) pure, I
la **pureté** purity, I
le **pyjama** pajamas
la **pyramide** pyramid, I

Q

le **quai** platform (railroad), I-8.1; pier, 5
la **qualité** quality, I; positive trait
quand when, I-3.1
quant à as for, II
quarante forty, I-BV
le **quart: et quart** a quarter past (time), I-2
    moins le quart a quarter to (time), I-2
le **quartier** neighborhood, district, I-4.2
la **quasi-totalité** almost the whole of
quatorze fourteen, I-BV
quatre four, I-BV
quatre-vingt-dix ninety, I-5.2
quatre-vingts eighty, I-5.2
que that, which, whom, I
    Que diable! For Pete's sake!
quel(le) which, what, I-7
    Quel est le numéro de téléphone de...? What is the phone number of...? I-5.2
    Quelle est la date aujourd'hui? What is today's date?, I-4.1
    Quel temps fait-il? What's the weather like?, I-9.2
quelque some, I
    à quelques pointes d'accent près apart from the hint of an accent
    quelque chose à manger something to eat, I-5.1
quelquefois sometimes, I-5
quelques some, I-8.2
le **qu'en-dira-t-on** gossip, 4
qu'est-ce que what (interr. pron.), II-6
    Qu'est-ce que c'est? What is it?, I-BV
    Qu'est-ce qu'il a? What's wrong with him?, I-15.1
    qu'est-ce qui what (interr. pron.), II-6
    Qu'est-ce qui arrive (se passe)? What's happening?, I
la **question: poser une question** to ask a question, I-3.1

hors question out of the question
    Il n'en est pas question. It's out of the question.
    pas question no way
la **quête** search, quest
la **queue: faire la queue** to wait in line, I-8.1
    la queue de cheval ponytail, II-5.1
qui who, I-BV; whom, I-11; which, that, I
    C'est de la part de qui? Who's calling?, II-3.2
    Qui ça? Who (do you mean)?, I-BV
    Qui est-ce? Who is it?, I-BV
quinze fifteen, I-BV
    tous les quinze jours every two weeks
quitter to leave (a room, etc.), I-3.1
    Ne quittez pas. Hold on. (telephone), II-3.2
quoi what (after prep.) I-14
    de quoi wherewithal; means
quoique (+ subjunc.) although
quotidien(ne) daily
le **quotidien** daily newspaper, 2

R

raccrocher to hang up (telephone), II-3.1
la **racine** root, II
raconter to tell (about), I
radicalement radically, II
radieux (-se) radiant
la **radio** radio, I-3.2
la **radio(graphie)** X-ray, II-6.2
radioactif, radioactive radioactive, I
la **radioscopie** radioscopy
la **rafale** gust of wind, 1
la **rage** rabies, I
raide steep, I-13.2; straight (hair), II-5.1
la **raie** part (in hair), II-5.1
le **raisin** grape(s), II
    les raisins secs raisins, II-14.1
la **raison** reason, I
ralentir to slow down, II-8.1
le **ralentissement** slowing, II-8.1
ramasser to collect, II-4.1; to pick up, 5
ramener to bring back
le **ramoneur** chimney-sweep, 2
la **randonnée (pédestre)** backpacking, 7
    en randonnée backpacking, hiking, II

faire de la randonnée to go backpacking, hiking, 7
le **randonneur, la randonneuse** hiker, I
le **rang** row, II
    rangé(e) ordered; arranged in rows
le **rapatriement** repatriation, 2
rapide quick, fast, I
rapidement quickly, II-2.2
rappeler to call back, II-2.2
    se rappeler to remember, 2
le **rapport** relationship; report, I
    par rapport à in comparison with
rapporter to report, I; to bring back
le **rapprochement** reconciliation, II
la **raquette** racket, I-9.2
rare rare, I
se **raréfier** to become less frequent, become rare
rarement rarely, II
raser to bore
    Ça me rase! It bores me stiff.
se **raser** to shave, I-11.1
    rasoir boring (slang)
le **rasoir** razor, shaver, II-5.1
    la coupe au rasoir razor cut, II-5.1
rassembler to collect, gather together, I
rassurer to reassure, II
la **rate** spleen
    rater le train to miss the train, II-4.2
ratisser to comb
rattraper to catch up with
le **ravissement** rapture
le **rayon** department (in a store), I-10.1; ray of light, 8
    les rayons X X-rays, II
le **rayonnement** ray
la **réaction** reaction, I
    réagir to react, II
la **réalisation** achievement
    réaliser to realize (an ambition), achieve, I
la **réalité** reality, I
rebelotte here we go again
le **reboisement** reforestation, II
récemment recently, II
la **réception** front desk (hotel), I-17.1
    la réception par cable cable television
le/la **réceptionniste** desk clerk, I-17.1
recevoir to receive, I-18.1
    recevoir de bonnes notes to get good grades, II-12.1
se **réchauffer** to get warm(er)
la **recherche** research, search, 7

faire de la recherche to do research, I
recherché(e) sought after
le **récipient** recipient
réciproque reciprocal, II
le **récit** story, account
réciter to recite
réclamer to demand
la **réclusion** confinement, incarceration, **2**
  la **réclusion solitaire** solitary confinement, **2**
la **récolte** harvest, II-15.1
  récolter to harvest, II-15.1
recommandé(e) recommended, I
la **récompense** reward, **3**
la **réconciliation** reconciliation, II
reconnaître to recognize, **4**; to admit
reconnu(e) recognized, I
reconstruire to rebuild, II
la **récréation** recess, I
recréer to recreate
récrire to rewrite, I
le **recueil** collection
recueillir to take down, to take note of
reculé(e) distant, remote
reculer to draw back
récupérer to claim (luggage), I-7.2; to collect
le **recyclage** recycling
la **rédaction** paper, composition; writing, II-12.1
  faire une rédaction to write a paper, II-12.1
redistribuer to redistribute, pass (something) out again, II
redresser to straighten up
réduire to reduce, II
réduit(e) reduced
refaire to do over, make over, II
réfléchi(e) reflexive, II
réfléchir to think, **7**
le **reflet** reflected light
refléter to reflect, I
se **réfugier** to take shelter
le **regard** look, **8**
  regarder to look at, watch I-3.1
  cela ne me regarde pas that doesn't concern me, **6**
  se **regarder** to look at oneself, look at one another, I
le **régime** diet, **7**
  suivre un régime to go on a diet, **7**
la **région** region, I
  régional(e) regional
la **règle** rule, I; ruler, **4**
le **règlement** rule, I; regulations
  régler to direct (traffic), I
le **règne** reign, I
  régner to reign, II

le **regret** regret
  regretter to be sorry, II-13.2; to miss
  Je regrette. I'm sorry., II-3.2
régulier, régulière regular, I
régulièrement regularly, I
le **rejet** emission
  rejeter to give off, II
  rejoindre to join
  réjouir to delight, **6**
le **réjouissance** festivity, II
le **relâche** respite, dark (theatre)
la **relation** relationship
  relativement relatively, I
  relax(e) carefree
le **relevé (de compte)** statement (bank), I
  relever to raise again
  se **relever** to get up, II
  relié(e) connected, II
  relier to connect
  religieux, religieuse religious, II-11.2
  relire to reread
se **remarier** to remarry, II
  remarquer to notice, I
le **remboursement** reimbursement
  rembourser to pay back, reimburse, I-18.2
  remédier to remedy, II
le **remembrement** regrouping, II
les **remerciements (m. pl.)** thank-you messages
  remercier to thank, **3**
  remettre to put back, to replace
  remettre en place to reset (a bone), II-6.2
  remettre sur pied to put (someone) back on his/her feet, II
  se **remettre** to recover (from an illness), **5**
  se **remettre en route** to get back on the road, **2**
  remise: la remise en question calling into question
les **remparts (m. pl.)** ramparts, II
  remplir to fill out, I-7.2
  remporter to take back
  remporter la victoire to be victorious, **3**
la **rémunération** payment, **7**
  renaître to be reborn, II
la **rencontre** meeting, I
  rencontrer to meet, I
  se **rencontrer à mi-chemin** to meet someone halfway, **4**
le **rendez-vous** meeting, appointment, II
  prendre rendez-vous to make an appointment, I
  rendre to give back, I-18.2; to make, II

rendre compte to tell about
  se **rendre compte** to realize, **5**
se **renforcer** to grow stronger
  renoncer (à) to give up (on)
renouveau: le renouveau de popularité renewed popularity
se **renouveler** to be repeated
les **renseignements (m. pl.)** information, I
les **rentes (f. pl.)** private income, **8**
le **rentier** person of independent means, **8**
la **rentrée des classes** beginning of school year, II-12.2
  rentrer to go home, I-3.1
  renverser to overthrow, II
  renvoyer to return (tennis ball), I-9.2; to send back
réparateur, réparatrice refreshing
  reparler to talk again
  réparti(e) divided, distributed
  repartir to go away again; to answer, retort
  répartir to divide up, distribute, **6**
se **répartir** to be divided, distributed
la **répartition** distribution, I
le **repas** meal, II-2.1
le **repassage** ironing, II-9.1
  repasser to iron, II-9.1
  repeindre to repaint
le **répertoire** repertory
  répéter to repeat, I
la **répétition** rehearsal
se **replacer** to regain one's position
le **répondeur automatique** answering machine, II-2.1
  répondre to answer, I-8
la **réponse** answer, I
le **repos** rest, **3**
  reposer to place, **2**
  se **reposer** to rest, I
  repoussé(e) pushed back, I
  reprendre to take again
la **représaille** reprisal
le/la **représentant(e)** representative
la **représentation** performance (play)
  représenter to represent, I
  représenter une pièce to stage a play
la **répression** repression
la **reprise** reshowing, I
le **reproche** reproach
  reproduire to reproduce, I
la **république** republic, democracy, I
  répudier to repudiate, cast off, II
le/la **rescapé(e)** survivor
le **réseau** system, II
la **réserve** reserve, supply, I; nature preserve, **4**
  réservé(e) reserved, I
  réserver to reserve, II-4.2
le **réservoir** gas tank, I-12.1
  résidentiel(le) residential, I

la **résistance** resistance, I
résoudre to solve, II
le **respect** respect
respecter to respect, II-8.1
respectif, respective respective
la **respiration** breathing, I
respiratoire respiratory
respirer (à fond) to breathe (deeply), I-15.2
resplendissant(e) glittering
responsable responsible, II
resquiller to cut ahead (in line), II-13.1
ressembler à to resemble, I
ressentir to feel, I
reservir to be reused
le **ressortissant** citizen, national, II
le **restaurant** restaurant, I-5.2
le restaurant d'entreprise company restaurant, 2
la **restauration** food service, I
la restauration rapide fast food, II
reste: du reste moreover
rester to stay, remain, I-17
rester en forme to stay in shape, I-11.1
rester interdit(e) to be taken aback
le **restoroute** roadside restaurant
le **résultat** result, 6
résumer to summarize
rétablir to reinstate
le **rétablissement** reinstatement; recovery (from an illness)
Je vous souhaite un prompt rétablissement. Hope you will get better soon.
le **retard** delay, II-7.2
en retard late, I-8.2
retarder to delay
retirer to take away
se retirer to retire, II
retomber to fall back down, I
le **retour** return, I
à votre retour when you return, I
se **retourner** to turn round
la **retraite** retirement
la **retransmission** rebroadcast, I
rétrécir to shrink, II-9.1
retrouver to find again, 2
se retrouver to meet (again), II-13.1
la **réunion** meeting
réunir to bring together, I; to reunite, II
se réunir to meet, to get together
réussir (à) to succeed, to pass (exam), I-7
la **réussite** success
réutiliser to use

revanche: en revanche on the other hand
le **rêve** dream, 8
réveiller to reawaken
se **réveiller** to wake up, I-11.1
le **réveillon** Christmas or New Year's dinner, II-11.2
la **révélation** revelation, I
révéler to reveal
revenir to come back, I-16
Je n'en reviens pas! I can't get over it!
le **revenu** revenue, income
rêver to dream, I; to daydream
le **réverbère** gas lamp, 2
revêtir to don, put on
revoir to see again, II
la **révolution** revolution, I
révolutionner to revolutionize, I
le **rez-de-chaussée** ground floor, I-4.2
le **rhinocéros** rhinoceros, 4
le **rhume** cold (illness), I-15.1
avoir un rhume to have a cold, I-15.1
riche rich, I
la **richesse** wealth, I; blessing, boon
la **ride** wrinkle, 3
le **rideau** curtain I-16.1
le lever du rideau at curtain time (theatre), I
ridicule ridiculous
rien nothing, II-2
Rien ne (+ verb) Nothing (+ verb), II-4
ne... rien nothing, anything, I-12.2
rien à voir avec nothing to do with, II
Rien d'autre. Nothing else., I-6.2
rien que just, alone
Il n'en est rien. Not so.; Nothing could be further from the truth., II
rieur, rieuse merry, 2
rigoler to joke around, I-3.2
Tu veux rigoler! Are you kidding?!, I
rigolo funny, hilarious (slang)
rigueur: de rigueur necessary, obligatory, II
rincer to rinse, II-2.1
rire to laugh, II-12.1
le **rire** laugh (n.)
risquer to risk, II
le **rite** rite, ritual, I
le/la **rival(e)** rival, 3
la **rivière** river, I
la **robe** dress, I-10.1
Robin des Bois Robin Hood, II
le **robinet** faucet, II-2.1
le **rocher** rock, 3

le **roi** king, 6
le **rôle** role, I
romain(e) Roman, II
roman(e) Romanesque, II
le **roman** novel, I
le roman policier detective novel, mystery, I
le **romancier** novelist, II
rompre to break, II-13.1
rond(e) round, I
le **rond** circle, II
le **ronflement** throbbing; snoring
ronfler to snore, 8
rose pink, I-10.2
la **rosée** dew, II
le **rosier** rosebush, I
roucouler to coo, 4
la **roue** wheel, I-12.1
la roue de secours spare tire, I-12.1
les deux roues two-wheeled vehicles, I
rouge red, I-10.2
le **rouge à lèvres** lipstick, II-5.2
la **rougeole** measles, I
le **rouleau de papier hygiénique** roll of toilet paper, I-17.2
le **rouleau chauffant** electric roller, II-5.2
rouler (vite) to go, drive (fast) I-12.1
roumain(e) Romanian
la **route** road, I-12.1
En route! Let's go!, I
routier road (adj.), II
roux, rousse redheaded, II-5.1
le **royaume** kingdom, II
le **Royaume-Uni** United Kingdom
le **ruban** ribbon, 2
la **rubéole** German measles, I
la **rubrique** heading, column
la **rue** street, I-3.1
la **ruelle** alley, II-14.1
se **ruer (sur)** to throw oneself (into); to pounce (on)
le **rugby** rugby, I
se **ruiner** to be financially ruined
les **ruines (f.)** ruins, II
le **ruisseau** brook, stream, 4
la **rupture** departure, break
rural(e) rural, I
le/la **Russe** Russian (person), I
le **rythme** rhythm, I

S

sa his, her (f. sing. poss. adj.), I-4
le **sable** sand, II-14.2
le **sac** bag, I-6.1; pocketbook, purse, I-18.1
le sac à dos backpack, I-BV

le **sac de couchage** sleeping bag, II
sacré(e) holy
sacrer to crown, II
la **sacrifice** sacrifice
le **safari** safari, II
sage good (child's behavior), II-11.2
le **Sahara** Sahara, II-14.2
saignant(e) rare (meat), I-5.2
saigner to bleed, 8
sain: sain et sauf alive and well, 8
saint(e) holy, II
la **saison** season, I
   la **belle saison** summer, I
la **salade** salad, I-5.1
le **salaire** salary, II-16.2
le **salarié** full-time employee, II
sale dirty, II-9.1
salé(e) salt (adj.) II-14.2
   le **lac salé** salt lake, II-14.2
salir to make dirty
la **salle à manger** dining room, I-4.2
la **salle d'attente** waiting room, I-8.1
la **salle de bains** bathroom, I-4.2
la **salle de bal** ballroom
la **salle de cinéma** movie theatre, I-16.1
la **salle de classe** classroom, I-2.1
la **salle d'honneur** reception hall
la **salle d'opération** operating room, II-6.2
la **salle de permanence** study hall, II-12.2
la **salle de séjour** living room, I-4.2
la **salle des urgences** emergency room, II-6.1
le **Salon** official art show, I
le **salon de coiffure** hair salon, II
saluer to greet, II
salut hi, I-BV
le **salut** salute
samedi (m.) Saturday, I-2.2
le **sandwich** sandwich, I-5.1
le **sang** blood, 7
   une **analyse de sang** blood test
   faire une **prise de sang** to take a blood sample, 7
le **sang-froid** calm, II
   garder votre **sang-froid** to keep calm, II
sanglant(e) bloody, 4
sans without (prep.), I-12.1
   sans aucun doute without a doubt, I
   Sans blague! No kidding!, I
   sans escale non-stop (flight), II-7.2
   sans plomb unleaded, I-12.1
   sans que (subjunc.) without (conj.), II-15
les **sans-abri** (m. pl.) the homeless
la **santé** health, I-15.1

être en bonne (mauvaise) santé to be in good (poor) health, I-15.1
le **sapin** pine tree, II-11.2
   le **sapin de Noël** Christmas tree, II-11.2
le **sas** airlock
satisfait(e) satisfied, II
la **sauce piquante** spicy sauce, II-14.1
la **saucisse de Francfort** hot dog, I-5.1
le **saucisson** salami, I-6.1
   sauf except, I-16.2
   sauter to jump, 5
   sauvage wild, II
   sauver to save, I
le **sauveteur** rescue worker, 5
la **savane** savanna
le **savant** scientist, 1
la **saveur** flavor
   savoir to know (information), I-16.2
le **savoir** knowledge
le **savoir-vivre** good manners, II-13
le **savon** soap, I-11.1
   scandalisé(e) scandalized, shocked, I
le **scaphandre** space-suit
le **scarabée** beetle, II
la **scène** scene, I-16.1; stage, 3
les **sciences** (f. pl.) science, I-2.2
   les **sciences humaines** social sciences, I
   les **sciences naturelles** natural sciences, I
scientifique scientific
le/la **scientifique** scientist
la **scierie** sawmill
scintillant(e) sparkling
le **scintillement** twinkling
scintiller to glitter, II
scolaire school (adj.), II-12.1
la **scolarité** school attendance
le **scorbut** scurvy, I
le **score** score, I-9.2
le **sculpteur** sculptor (m. and f.), I-16.2
la **sculpture** sculpture, I-16.2
la **séance** show (movie) I-16.1
sec, sèche dry, II-5.2
le **sèche-linge** clothes dryer, II-9.1
sécher to dry, II-9.1
   se **sécher** to dry (off), I-17.2
la **sécheresse** dryness, drought, 4
le **séchoir** (hair) dryer, II-5.2
secondaire: l'école (f.)
   secondaire junior high, high school, I
la **seconde** second (time), I
   en **seconde** in second class, I-8.1
secouer to shake

le **secourisme** first aid, II
le/la **secouriste** certified first-aid practitioner, II
les **secours** (m. pl.) emergency crews, 5
le/la **secrétaire** secretary, II-16.1
sécurisant(e) reassuring
la **sécurité** safety
   la **Sécurité civile** air rescue team
sédentaire settled, stationery
seize sixteen, I-BV
le **séjour** stay (n.), I
le **sel** salt
   la **croûte de sel** salt crust, II-14.2
   le **sel minéral** mineral salt, II
sélectif, sélective selective, II
la **selle** seat (bicycle, motorcycle), II
selon according to, II-1.2
les **semailles** (f. pl.) sowing, II
la **semaine** week, I-2.2; allowance, I
   par **semaine** a (per) week, I-3.2
semblable similar, alike, II
sembler to seem, I
   il me (te, lui, etc.) semble que it seems to me (you, him, her, etc.) that, II-14.1
semer to sow, 4
la **semoule de blé** semolina wheat, II-14.1
le **Sénégal** Senegal, I-16
le **sens** direction, II-8.2; meaning, I; sense
   le **sens de commandement** leadership abilities
   sens interdit (m.) wrong way (traffic sign), I
   sens unique (m.) one way (traffic sign), I
sensass sensational (slang)
sensationnel, sensationnelle sensational
sensible sensitive, II; noticeable
le **sentier** (foot)path, 6
le **sentiment** feeling
sentir to take (slang)
   Je ne peux pas le sentir. I can't take him.
   se **sentir** to feel (well, etc.), I-15.1
séparer to separate, I
sept seven, I-BV
septembre (m.) September, I-4.1
la **série** series, I
sérieusement seriously, II-8
sérieux, sérieuse serious, I-10
le **serpentin** streamer, II-11.2
serré(e) tight, I-10.2
   être serré(e)(s) to be packed, 8
serrer to grip, to squeeze
   serrer la main to shake hands, II-13.1

serrer la taille to make the waist smaller

se serrer la ceinture to tighten one's belt, **2**

la **serrure** lock, **5**

la **servante** maid

le **serveur, la serveuse** waiter, waitress, I-5.1

le **service** tip; service, I-5.2

le service du personnel personnel department, II-16.2

Le service est compris. The tip is included., I-5.2

la **serviette** napkin, I-5.2; towel, I-17.2

servir to serve (food), I-7.2; to serve (a ball in tennis, etc.), I-9.2

servir à to be used for

se servir de to use, II-2.2

le **serviteur** servant

ses his, her, (pl. poss. adj.), I-5.

le **seuil** doorstep, threshold

seul(e) alone; single; only (adj.), I

tout(e) seul(e) all alone, by himself/herself, I

seulement only (adv.), II-2.1

la **sève** sap, II

la sève brute rising, crude sap, II

sévère strict, I

le **sexe** sex, I

le sexe opposé opposite sex

le **shampooing** shampoo, II-5.2

le **shampooing-crème** shampoo-conditioner, II-5.2

le **short** shorts, I-9.2

si if, whether **9**; yes (after neg. question), I

le **sida (Syndrome Immuno-Déficitaire Acquis)** AIDS, I

le **siècle** century, I

le **siège** seat, I-7.1

le siège réglable adjustable seat, II-4.1

le **sien, les siens** his (poss. pron.), **7**

la **sienne, les siennes** hers (poss. pron.), **7**

la **sieste** nap

siffler to (blow a) whistle, I-13.1

le **sifflet** whistle, **7**

le **signal** sign, I

la **signalisation** signaling (in a car)

signer to sign, I-18.1

la **signification** meaning, II

signifier to mean, I

silencieux, silencieuse silent; still

s'il te plaît please (fam.), I-BV

s'il vous plaît please (form.), I-BV

simplement simply, I

simplifier to simplify

sincère sincere, I-1.2

la **sinistrose** excessive pessimism

sinon otherwise, or else, II

la **sirène** siren, **7**

la **sirène d'alarme** fire alarm, **7**

situé(e) located, I

six six, I-BV

le **ski** ski (n.), skiing (n.), I-14.1

le ski alpin downhill skiing, I-14.1

le ski de fond cross-country skiing, I-14.1

faire du ski to ski, I-14.1

faire du ski nautique to water-ski, I-9.1

le **skieur, la skieuse** skier, I-14.1

sociable sociable

social(e) social, I

la **société** company, II-16.2; society, I

la grosse société large company, II-16.2

la **sociologie** sociology, I

la **sœur** sister, I-1.2

soi oneself

chez soi home, I

en soi in itself, II

la **soie** silk, II-9.2

en soie silk (adj.), II-9.2

soigner to take care of, II-6.1

soigneusement carefully, II

soi-même himself, herself, oneself

le **soir** evening, in the evening, I-2

du soir P.M. (time) I-2

ce soir tonight, II-2.1

la **soirée** evening, I; evening party, II

la soirée dansante dance (party)

la soirée théâtrale evening at the theater, II

soit is, exists (subjunctive), I; let's say

soit... soit either... or

soixante sixty, I-BV

soixante-dix seventy, I-5.2

le **sol** ground, soil, I-13.2; floor, **8**

solaire solar

le **soldat** soldier, II-11.1

le **solde** (bank) balance, II

les **soldes (f. pl.)** sale (in a store) I-10.2

le **soleil** sun, II-14.2

le coucher du soleil sunset, II-15.2

le lever du soleil sunrise, II-15.2

le soleil levant rising sun, **5**

Il fait du soleil. It's sunny., I-9.2

solennel(le) solemn

la **solennité** solemnity

solide solid

soluble dans l'eau water-soluble, I

soluble dans la graisse fat-soluble, I

sombre dark, I

la **somme** sum, I

le **sommeil** sleep, **5**

tirer quelqu'un du sommeil to arouse someone from sleep, **7**

le **sommet** summit, mountaintop, I-14.1

son his, her (m. sing. poss. adj.), I-4

le **son** sound

l'infra-son infrasonic vibration

l'ultra-son ultrasonic sound

le **sondage** (opinion) survey, **2**

songer (à) to think (about)

sonner to ring, II-3.1; to sound, **6**

sonner occupé to be busy (telephone), II-3.1

sonner le clairon to sound the bugle, **6**

la **sonnerie** bell, II-12.1

sonore resonant

sorcier: Ce n'est pas sorcier! It's not hard!, **6**

le **sort** fate

la **sorte** sort, kind, **7**

de sorte que (+ subjunc.) so that

la **sortie** exit, I-7.1

la sortie de secours emergency exit, II-7.1

sortir to go out, take out, I-7

s'en sortir to get out of a bad situation, **2**

le **sou** copper coin worth 5 centimes

ne pas avoir un sou to be penniless

le **souci** worry

soudain suddenly

soudanien(ne) from Sudan, II

souffler to blow, **1**

la **souffrance** suffering

souffrant(e) unwell, poorly

souffrir to suffer, I-15.2

le **souhait** wish (n.)

souhaiter to wish, II-12

se souhaiter to wish each other, II-11.2

le **souk** Arab market, II-14.1

soulager to relieve, II

soulever to lift, II-3.2

se soulever to rise up, II

les **souliers (m. pl.)** shoes, II-11.2

soumettre to submit

soumis(e) submitted, II

la **soupe à l'oignon** onion soup, I-5.1

le **souper** supper, II

le **souper-spectacle** dinner theater

soupir to sigh

la **source** source, I

sourd deaf, **7**

le **sourd-muet, la sourde-muette** deaf-mute, **6**

sourire to smile, II-12

le **sourire** smile

la **souris** mouse, **7**

sous under, I
sous-estimer to underestimate
le sous-marin submarine, II
le sous-sol underground, basement
les sous-titres (m. pl.) subtitles, I-16.1
soutenir to support
soutenu(e) supported, II
souterrain(e) underground (adj.), 8
le soutien support
le souvenir memory, II
se souvenir de to remember, II-3.1
souvent often, I-5
spatial(e) space (adj.), II
se spécialiser to specialize, I
le spectacle show, I
le monde du spectacle show business, entertainment
spectaculaire spectacular
le spectateur spectator, I-13.1
la splendeur splendor, I
splendide splendid, I
le sport: faire du sport to play sports, I
pratiquer un sport to play a sport, I
le sport collectif team sport, I
le sport d'équipe team sport, I
les sports d'hiver winter sports, skiing, I-14.1
sport casual (clothes) (adj.), I-10.1
sportif, sportive athletic, I
le sportif, la sportive participant (in a sport)
le stade stadium, I-13.1; stage (of a process), I
le stage training, 1
le/la standardiste telephone operator, II-3.1
la station balnéaire seaside resort, I-9.1
la station de métro subway station, I-4.2
la station de sports d'hiver ski resort, I-14.1
la station de radio radio station, 2
la station de taxis taxi stand, 1
la station-service gas station, I-12.1
la station thermale spa, II
le stationnement parking, I
stationnement interdit no parking (traffic sign), I
stationner to park, I-12.2
Il est interdit de stationner No parking (traffic sign), I-12.2
la statue statue, I
steak frites steak and French fries, I-5.2
le steward flight attendant (m.), I-7.2
stipuler to stipulate

stop stop (traffic sign), I
le strapontin folding seat (on subway, etc.), II
la stratosphère stratosphere
le stress stress
stressé(e) stressed out
strict(e) strict, I
la strophe stanza
stupéfait(e) dumbfounded
la stupeur astonishment, amazement
le style style, II-5.1
le stylo (ballpoint) pen, I-BV
le stylo-bille ballpoint pen, II-12.1
subir to suffer; to undergo (operation)
subitement suddenly
subventionner to subsidize, II
se succéder to follow one another, I
le succès success, I
la succession succession
le sud south, I
sudaméricain(e) South American (adj.), II
le sud-est southeast, I
le sud-ouest southwest, II
suer: suer comme un bœuf to sweat like a pig, II
la sueur sweat
à la sueur de son front by the sweat of one's brow
suffire to suffice, be enough, I
suggérer to suggest
se suicider to commit suicide
suisse Swiss (adj.), I
la Suisse Switzerland, II
suite: par la suite eventually
suivant(e) following (adj.), I
suivre to follow, II-6
à suivre... to be continued
le sujet subject, I
super terrific, super, I-2.2; super (gasoline), I-12.1
super chouette fantastic (slang)
superbe superb, I
la superficie area (geography), I
supérieur(e) upper, II
la supériorité superiority
le supermarché supermarket, I-6.1
superposé(e) on top of each other, 2
supersonique supersonic, I
le supplément surcharge (train fare), I
payer un supplément to pay a surcharge (train), I
supporter to stand; to withstand
Je ne peux pas le supporter. I can't stand him.
la suppression abolition, 5
supprimer to abolish, to eliminate
suprême supreme
sur on, I-BV
sûr(e) sure, I; safe, 4
être sûr(e) to be sure, II-14.2

il est sûr que it's sure that, II-14
la surface surface, I
le surf-board surfboard, 3
le surfeur, la surfeuse surfer, 3
surgelé(e) frozen, I-6.2
le surlendemain two days later, 8
le surnom nickname
surnommé(e) nicknamed
surpasser to surpass
surprenant surprising
surprendre to surprise, 1
surpris(e) surprised, II-13.2
la surprise surprise
surtout especially, above all, II-3.2
le/la surveillant(e) monitor, II-12
surveiller to watch, keep an eye on, I-12.2
le survêtement warmup suit, I-11.2
le/la survivant(e) survivor, 5
survivre to survive, II
susceptible likely
susciter to arouse
le sweat-shirt sweatshirt, I-10.1
sympa(thique) nice (person), I-1.2
le symptôme symptom, I
le syndicat (trade) union
le syndicat d'initiative tourist office, I
le synonyme synonym, I
le système system, I

T

ta your (f. sing. poss. adj.), I-4
la table table, I-BV
la table d'opération operating table, II-6.2
le tableau blackboard, I-BV; painting, I-16.2, I
le tableau des arrivées arrival board, II-4.2
le tableau des départs departure board, II-4.2
le tableau des départs et arrivées arrival and departure board, I
la tablette rabattable fold-down tray, II-4.1
le tablier apron, 2
la tache spot, stain, II-9.2
la tâche task, work, 6
les tâches ménagères domestic chores, housework, 6
la taille size, I-10.2; waist
la taille au-dessous next smaller size, I-10.2
la taille au-dessus next larger size, I-10.2
Vous faites quelle taille? What size do you take?, I-10.2

tailler to trim, II-5.2; to sharpen (a pencil), **1**
le **tailleur** suit (woman's), I-10.1
le **tailleur** tailor, **2**
    le **tailleur de pierre** stone cutter, II
    taire (quelque chose) to hush (something) up
le **talc** talcum powder, II-5.2
le **talon** heel, I-10.2
    à talons hauts (bas) high- (low-) heeled (shoes), I
le **tambour** drum, II-11.1
    le **tambour de ville** town crier
tandis que while
tant so much
    en tant que as, II
    tant pis too bad
la **tante** aunt, I-4.1
taper to tap, **4**
    taper à la machine to type, II-12.1
la **tapis** carpet, rug, II
    le **tapis roulant** moving sidewalk, II-7.2
tard late, I
    plus tard later, I
le **tarif** fare, I
    à tarif réduit at a discount
    les **tarifs aériens** airfares, I
la **tarte** pie, tart, I-6.1
    la **tarte aux fruits** fruit tart, pie, I
la **tartine** slice of bread (with butter, jam, etc.), II-2.1
tas: des tas de lots of, many, II
la **tasse** cup, II-5.2
le **taureau** bull, II
le **taux** level, rate, I
le **taxi** taxi, I-7.2
te (to) you (fam.) (dir. and ind. obj.), I-15.
le **technicien, la technicienne** technician, II-16.1
technique technical, I
technologiquement technologically, I
le **tee-shirt** T-shirt, I-9.2
teinté(e) dyed
la **teinture** dye
la **teinturerie** dry cleaner's, II-9.1
le **teinturier** dry cleaner (person), II
tel(le) such, like, as
    tel(le) que as, such as, II
la **télé** TV, I-3.2
    à la télé on TV, I
la **télécarte** prepaid telephone card, II-3.1
la **télécommande** television remote control, II-2.1
le **télécopieur** fax machine, II
le **téléphone** telephone, I

le **téléphone sans fil** cordless telephone, II-2.1
téléphoner to telephone, II-3.2
téléphonique telephone (adj.), II
le **télésiège** chairlift, I-14.1
le **téléspectateur, la téléspectatrice** television viewer, **2**
le **téléviseur** television (set), II-2.1
la **télévision** television, II-2.1
tellement so much, II
témoigner (de) to attest (to)
le **témoin** witness, II
la **température** temperature, I-14.1
la **tempête** tempest, storm, **1**
le **temps** weather, I-9.2
    de temps en temps from time to time, II-4
    il est temps que (subjunc.) it's time that, II-11
    Quel temps fait-il? What's the weather like?, I-9.2
tenace strong, tough
la **tendance: avoir tendance à** to tend (+ inf.), I
tendre tender
tendre à to tend (+ inf.), II
    tendre la main to hold out one's hand, **2**
tenir: Ça ne tient pas debout. It makes no sense.
    tenir à to be determined to
    se tenir bien/mal to behave well/badly, II-13.1
    se tenir informé(e) to keep informed, **2**
le **tennis** tennis, I-9.2
    les **tennis (f. pl.)** sneakers, I
la **tension (artérielle)** blood pressure, II-6.2
la **tente** tent, **4**
tenter to tempt, II
    tenter de to try to
le **terminal** terminal (bus, etc.), II-7.2
terminale: en terminale in the last year of school, II
terminer to finish, II
se **terminer** to end, finish, II
le **terminus** last stop (of bus, train line), II-10.2
le **terrain de basket** basketball court, II-12.2
le **terrain de camping** campground, II
le **terrain de football** soccer field, I-13.1
le **terrain de hand** handball court, II-12.2
le **terrain de plein air** playing field (sports), **7**
le **terrain de sport** playing field, II
la **terrasse** terrace, I-4.2

la **terrasse d'un café** sidewalk café, I-5.1
la **terre** earth, soil, II-15.1
    la **Terre** the Earth, **8**
    la **terre cuite** terra cotta, earthenware, II
    Terre-Neuve Newfoundland, I
terrible terrible; terrific (inform.), I-2.2
le **territoire** territory, I
le **terrorisme** terrorism
le **tétanos** tetanus, I
la **tête** head, I-13.1
    avoir mal à la tête to have a headache, I-15.1
    avoir mal dans la tête to be mentally ill
    en tête in the lead
    la **tête de veau** calf's head
le **texte** passage, text
la **Thaïlande** Thailand
le **thé citron** tea with lemon, I-5.1
    le **thé à la menthe** mint tea, II-14.2
le **théâtre** theater, I-16.1
la **théorie** theory, I
la **thèse** theme
le **thym** thyme
le **ticket** bus or subway ticket, II-10.1
    le **ticket-restaurant** restaurant voucher, **2**
tiède lukewarm, **3**
le **tien, la tienne, les tiens, les tiennes** yours (poss. pron.), **7**
Tiens! Hey! Well! Look! I-10.1
le **tiers** one-third
le **tigre** tiger
le **tilleul** linden tree, I
le **timbre** stamp, II-1.1
timide timid, shy, I-1.2
le **tir à l'arc** archery, **3**
tirer (de) to take (from)
    tirer des feux d'artifice to shoot off fireworks, II-11.1
    tirer quelqu'un du sommeil to arouse somebody from sleep, **7**
    se **tirer d'une mauvaise situation** to get out of a bad situation, II-8.1
le **tissu** fabric, II-9.2
le **titre** title, II
    à titre de by way of
    le **gros titre** title of a newspaper article, headline, **5**
toi you (sing., stress pron.), I-9
la **toilette: faire sa toilette** to wash and groom oneself, I-11.1
les **toilettes (f. pl.)** bathroom, I-4.2
le **toit** roof, **8**
le **toit-terrasse** rooftop-terrace, I
tolérer to tolerate
la **tomate** tomato, I-6.2

tomber to fall, I-17
    tomber amoureux (amoureuse) de to fall in love with
    tomber en panne to break down (car), II-8.2
    tomber sur quelqu'un à bras raccourcis to jump all over someone, **4**
ton your (m. sing. poss. adj.), I-4
la **tonalité** dial tone, II-3.1
    attendre la tonalité to wait for the dial tone, II-3.1
la **tondeuse** clipper, II
la **tonne** ton, **8**
le **tonnère** thunder, **1**
le **topographe** topographer (m. and f.), I
se **tordre** to twist (one's knee, etc.), II-6.1
le **tort** wrong
    à tort ou à raison rightly or wrongly
    faire du tort to harm
la **torture** torture
tôt early, I
total(e) total, I
la **touche** key (on a keyboard), II-3.1
    à touches touch-tone (adj.), II-3.1
toucher to cash (a check), I-18.1; to touch, I
toujours always, I-5
la **tour** tower, II
    la tour Eiffel Eiffel Tower, I
le **tour** lap (of a race)
    à son tour in turn
    à votre tour (it's) your turn, I
    faire le tour du monde to go around the world
    Le Tour du monde en quatre-vingts jours "Around the World in Eighty Days," II
le/la **touriste** tourist, **8**
tourner to turn, II-8.2; to stir
    sa chance tourne his luck changes, II
    se tourner to turn
le **tournesol** sunflower, II
tous, toutes all, every, I-7
    tous (toutes) les deux both, I
tout(e) the whole, the entire, I-7
    C'est tout? Is that all?, I-6.2
    tout à fait exactly, II
    tout autour de all around (prep.), I
    tout de même all the same
    Tout de même! Well now! Come on!
    tout de suite right away, I
    tout droit straight ahead, II-8.2
    tout le monde everyone, everybody, I-BV
    tout(e) seul(e) all alone, I-5.2

les tout premiers (m.) the very first, I
toutefois still, nevertheless, II
la **toxicomanie** drug addiction, II
toxique toxic, I
tracer to trace
le **tracteur** tractor, II-15.1
traduire to translate
    se traduire to be translated
le **trafic** trafficking, trade
la **tragédie** tragedy, I-16.1
tragique tragic
le **train** train, I-8.1
    le train à grande vitesse (TGV) high-speed train, I
    être en train de faire quelque chose to be in the middle of doing something
traire to milk, II
le **traité** treaty, II
traiter to treat
le **trajet** distance, I; trip, II-10.2
la **tramontane** strong cold wind that blows from the north/northwest towards the Mediterranean
tranquillement peacefully
transformer to change, transform
le **transistor** (transistor) radio
transporter to transport, II-6
les **transports (m. pl.) en commun** public transportation, II-10
le/la **trapéziste** trapeze artist, **8**
le **traumatisme** traumatism
le **travail** work, II-2.2
    chercher du travail to look for work, II-16.2
travailler to work, I-3.1
    travailler à mi-temps to work part-time, II-16.2
    travailler à plein temps to work full-time, II-16.2
travailleur, travailleuse hardworking, I
le **travailleur** worker, II
les **travaux (m. pl.)** construction work, road work
    les travaux forcés hard labor
travers: à travers through
traverser to cross, I-12.2
treize thirteen, I-BV
trembler to shake
trempé(e) soaked
tremper to dunk
le **tremplin** springboard
trente thirty, I-BV
la **trépidation** vibration
très very, I-1.2
la **tribu** tribe, II
le **tribunal** court, II-16.1
la **tribune** grandstand, II-11.1
le **tricolore: le drapeau tricolore** French flag, I
le **tricot** knit (n.), II-9.2

en tricot knit (adj.), II-9.2
la **trigonométrie** trigonometry, I-2.2
trinquer to clink glasses
triste sad, II-13.2
trois three, I-BV
troisième third, I-4.2
le **trombone** trombone, II-11.1
tromper to fool, trick
    se tromper: Vous vous trompez. You're mistaken., II-4.1
la **trompette** trumpet, II-11.1
le **tronc** trunk, II
trop too (excessive), I-10.2
    trop de too many, too much, I
le **trophée** trophy, I
tropical(e) tropical, I-9
le **trottoir** sidewalk, I-12.2
    le trottoir roulant moving sidewalk, II-10.1
le **trou** hole, II
le **troubadour** troubadour (poet-musician in medieval southern France)
se **troubler** to become flustered
les **troubles (m. pl.)** problems
    les troubles digestifs digestive troubles, I
la **troupe** troop
le **troupeau** herd, II-15.1
trouver to find, I-5.1; to think (opinion), I-10.2
se **trouver** to be located, found, I
    il se trouve que what happens is that
le **trouvère** wandering minstrel in medieval northern France
le **truc** trick
tu you (fam., subj. pron.), I-1
la **tuberculose** tuberculosis, I
tuer to kill, **5**
la **Tunisie** Tunisia, I-16
tunisien(ne) Tunisian, II-14.2
le/la **Tunisien(ne)** Tunisian man, woman, II
turquoise turquoise, **3**
la **tutelle** supervision
le **tutoiement** informal address using *tu,* II-13.1
se **tutoyer** to address (each other) as *tu,* II-13.1
le **type** guy (informal), I
la **typhoïde** typhoid, I
typique typical, I

U

l' **ultra-son (m.)** ultrasonic sound
ultraviolet(te) ultraviolet
un, une a, one, I-BV
unanimité: à l'unanimité unanimously

la **une** page one (of a newspaper), **2**
   unir to unite, I
   unisexe unisex, II-5.2
l' **unité (f.)** unit, I
l' **univers (m.)** universe, II
   universitaire university (adj.), I
l' **université (f.)** university, I
   urbain(e) urban, II
     l'appel inter-urbain long-distance call, II-3.1
   urbanisé(e) urban, developed
l' **usage (m.)** use
l' **usager, l'usagère** user
     l'usager de la route motorist
l' **usine (f.)** factory, II-2.2
l' **ustensile (m.)** utensil, I
   utiliser to use, I
     en utilisant using, I

V

les **vacances (f. pl.)** vacation, I
   en vacances on vacation, I
le **vacancier, la vacancière** vacationer
le **vaccin** vaccination (shot), I
la **vaccination** vaccination, I
   vacciner to vaccinate, I
la **vache** cow, II-15.1
   vachement really (informal), I
la **vague** wave, I-9.1
   vainement in vain, II
le **vainqueur** winner, **8**
le **vaisseau** vessel, II
la **vaisselle** dishes, II-2.1
     faire la vaisselle to do the dishes, II-2.1
la **valeur** value, II-1.2
   valider to validate, II-10.2
la **valise** suitcase I-7.1
     faire les valises to pack, I-7.1
la **vallée** valley, I-14.1
   valoir to be worth, II; to earn
     Ça lui a valu le prix Nobel. It earned him the Nobel prize.
   valoriser to enhance the value of
la **vanille: à la vanille** vanilla (adj.), I-5.1
la **vapeur d'eau** water vapor, I
la **variation** variation, I
   varié(e) varied, I
   varier to vary, I
la **variété** variety, I
   vaste vast, enormous, I
   vaut: il vaut mieux que (+ subjunc.) It's better that, II-11
le **veau** calf, II-15.1
     la tête de veau calf's head
la **vedette** star (actor or actress), I-16.1
le **végétal** vegetable, plant, I
   végétarien(ne) vegetarian, I

la **veille** the night before
la **veillée** evening gathering, II
   veiller to watch, to guard
     veiller à to guard against
     veiller sur to watch over, guard, **4**
le **veinard** lucky devil
le **vélo** bicycle, I-13.2
     à vélo by bicycle, I
     le vélo tout terrain (VTT) mountain bike, I
le **vélodrome** bicycle racing track, I
le **vélomoteur** moped, I-12.1
les **vendanges (f. pl.)** grape harvest, II
le **vendeur, la vendeuse** salesperson, I-10.1
   vendre to sell, I-8.1
     se vendre comme des petits pains to sell like hotcakes
   vendredi (m.) Friday, I-2.2
se **venger** to take revenge
   venir to come, I-16
     venir de (+ inf.) to have just (+ past part.), II-10.1
le **vent** wind, I-14.2
     Il fait du vent. It's windy., I-9.2
la **vente** sale, I
le **ventre** abdomen, stomach, I-15.1
     avoir mal au ventre to have a stomach-ache, I-15.1
le **ver à soie** silkworm, I
le **verbe** verb, I
   vérifier to check, verify, I-7.1
     vérifier les niveaux to check under the hood, I-12.1
   véritable real, I
la **vérité** truth, **6**
     à la vérité to be honest
le **vermouth sec** dry vermouth
le **vernis à ongles** nail polish, II-5.2
le **verre** glass, I-5.2
le **verrier** glass-maker, II
   vers around (time); towards, **8**
le **vers** line (of a poem or song)
le **versement** deposit, I
   verser to empty, pour (out), II
     verser (de l'argent) to deposit (money), **1**
la **version originale (V.O.)** original language version (of a movie), I-16.1
   vert(e) green, I-10.2
   vertical(e) vertical, I
la **vertu** virtue
     en vertu de in accordance with
la **veste (sport)jacket**, I-10.1
les **vestiges (m. pl.)** remains, **8**
   vestimentaire: normes vestimentaires dress code, I
le **veston (suit) jacket**, I
les **vêtements (m. pl.)** clothes, I-10.1
se **vêtir** to dress

   Veuillez agréer, Madame (Mademoiselle, Monsieur), l'expression de mes sentiments distingués Sincerely yours (to close a letter), II
la **veuve** widow, II
la **viande** meat, I-6.1
la **victime** victim
la **victoire** victory, I
   vide empty, **4**
le **vide** vacuum, space, I
     faire le vide to create a vacuum
la **vidéo(cassette)** videocassette, I-3.2
   vider to empty (out), **6**
     vider les ordures to empty the trash, **6**
se **vider** to empty
la **vie** life, I
le **vieillard** old man
   vieille old (f.), I-4.1
la **vieillesse** old age
   vieillir to get old
   vieux (vieil) old (m.), I-4.1
     vieux jeu (adj. inv.) old-fashioned
   vif, vive bright (color), I
   vigilant(e) vigilant, watchful, I
le **vignoble** vineyard, II-15.1
la **villa** house, I
le **village** village, small town, I
le/la **villageois(e)** villager
la **ville** city, town, II-1.2
le **vin (rouge, blanc)** (red, white) wine, I
   vingt twenty, I-BV
   Vingt Mille Lieues sous les mers "Twenty Thousand Leagues Under the Sea," II
   vingtaine: une vingtaine de about twenty
   violent(e) violent, I
   violet(te) violet
la **violette** violet
le **violon** violin, II
   viral(e) viral, I-15.1
la **virgule** comma, I
le **virus** virus, I
   visible visible
la **visite** visit, I
     faire une visite à, rendre visite à to visit a person
   visiter to visit (a place), I-16.2
la **vitamine** vitamin, I
   vite fast (adv.), I-12.2
la **vitesse** speed, II
     en perte de vitesse losing momentum
     la limitation de vitesse speed limit, II-8.1
le **vitrail (pl. les vitraux)** stained-glass window, II

la **vitre** window pane, **2**
le **vitrier** glass-maker, **2**
la **vitrine** (store) window, I
la **vivacité** liveliness
vivant(e) living, alive, **8**
Vive... ! Long live... !, Hooray for... !, I
vivement vigorously
vivre to live, II-6
vivre en solitaire to live alone
la **vocation** hobby, pastime
les **vœux (m. pl.)** good wishes, **4**
voici here is, here are, I-1.1
la **voie** track (railroad), I-8.1; lane (of a road), I-12.1
en voie de in the process of
voilà there is, there are (emphatic), I
nous y voilà here we are
le **voile** veil, II-14.1
voilé(e) veiled, wearing a veil, II
se **voiler** to cloud over
voir to see, I-10.1, I
voir rouge to "see red" (get angry)
voir tout en rose to look at things through rose-colored glasses, II
voire nay, even, II
voisin(e) (de) next (to)
la **voiture** car, I-4.2
en voiture by car, I-5.2; "All aboard!", I-8
monter en voiture to board the train, I-8
la **voiture à couloir central** train car with central aisle, II-4.1
la **voiture gril(l)-express** train snack bar, II-4.1
la **voiture-lit** sleeping car, I-8.2
la **voiture-restaurant** dining car, I
la **voiture de sport** sports car, I-12.1
la **voix** voice, **7**
le **vol** flight, I-7.1; theft, robbery, **5**
le **vol libre** hang-gliding, **3**
le **volant** steering wheel, **5**
le **volcan** volcano
le **volcan en activité** active volcano
le **volcan éteint** extinct volcano
voler to fly, **8**
le **voleur, la voleuse** thief, robber, **5**
«**Au voleur!**» "Stop, thief!", **5**
le **volley-ball** volleyball, I-13.2
la **volonté** willpower
volontiers willingly
le **volume** volume, I
la **volupté** pleasure
vos your (pl. poss. adj.), I-5
voter to vote, II

votre your (sing. poss. adj.), I-5
votre grandeur Your Grace
le **vôtre, la vôtre, les vôtres** yours (poss. pron.), **7**
voudrais: je voudrais I would like, I-5.1
voué(e) devoted, dedicated
vouloir to want, I-6.1
s'en vouloir to hold something against someone, **4**
vous you (sing. form., pl.), I-2; you (stress pron.), I-9; (to) you (dir. and ind. obj.), I-15
la **voûte** vault, arch, II
le **vouvoiement** formal address as vous, II
se **vouvoyer** to address (each other) as *vous,* II
le **voyage** trip, I
faire un voyage to take a trip I-7.1
le **voyage de noces** honeymoon (trip), II
voyager to travel, I-8.1
le **voyageur, la voyageuse** passenger, I-8.1
le **voyageur à mobilité réduite** handicapped traveler, II
vrai(e) true, real, I
vraiment really, I-2.1
vu que seeing as how
la **vue** view, I
vulgaire common
la **vulgarité** vulgarity, I

W

le **wagon à compartiments (à couloir latéral)** train car with compartments (with side aisle), II-4.1
le **walkman** Walkman, I-3.2
le **week-end** weekend, I-2.2

Y

y there, I-5.2; I-18.2
le **yaourt** yogurt, I-6.1
les **yeux (m. pl; sing. œil)** eyes, I-15.1
avoir les yeux qui piquent to have stinging eyes, I-15.1

Z

le **zappeur** television remote control, II-2.1
zéro zero, I-BV
la **zone** area, zone, section, I-7.1

la **zone tempérée** temperate zone, I
en pleine zone tempérée right in the temperate zone, I
la **zoologie** zoology, I
Zut! Darn!, I-12.2

VOCABULAIRE
ANGLAIS-FRANÇAIS

The *Vocabulaire anglais-français* contains all productive vocabulary from Levels 1, 2, and 3. The numbers following each entry from Levels 1 and 2 indicate the level, chapter, and vocabulary section in which the word is introduced. For example, II-2.2 means that the word first appeared actively in Level 2, *Chapitre 2, Mots 2*. Entries from Levels 1 and 2 without a *Mots* reference indicate vocabulary introduced in the grammar sections of the given chapter. I-*BV* refers to the Level 1 introductory *Bienvenue* chapter. Boldface numbers indicate vocabulary introduced in Level 3.

The following abbreviations are used in this glossary.

adj.	adjective
adv.	adverb
conj.	conjunction
dem. adj.	demonstrative adjective
dem. pron.	demonstrative pronoun
dir. obj.	direct object
f.	feminine
fam.	familiar
ind. obj.	indirect object
inf.	infinitive
inform.	informal
interr.	interrogative
interr. adj.	interrogative adjective
interr. pron.	interrogative pronoun
inv.	invariable
lit.	literally
liter.	literary
m.	masculine
n.	noun
past part.	past participle
pl.	plural
poss. adj.	possessive adjective
poss. pron.	possessive pronoun
prep.	preposition
pron.	pronoun
sing.	singular
subj.	subject
subjunc.	subjunctive

A

a un, une, I-1.1
  a day (week) par jour (semaine), I-3.2
  a lot beaucoup, I-3.1
abdomen le ventre, I-15.1
able: to be able to pouvoir, I-6; être à même de, 8
abolition la suppression, 5
about à peu près, II-16.2
abroad à l'étranger, 4
to accelerate accélérer, II-8.1
accident l'accident (m.), I-14.2
accomplice le complice, 5
according to selon, II-1.2
accountant le/la comptable, II-16.1
across from en face de, II-4.1
act l'acte (m.), I-16.1
to act agir, 2
active actif, active, I-10
actor l'acteur (m.), I-16.1; le comédien, I-16.1
actress l'actrice (f.), II-6.1; la comédienne, II-16.1
to add ajouter, 8
address l'adresse, (f.), II-1.2
to address (each other) as "tu" se tutoyer, II-13.1
  informal address using "tu" le tutoiement, II-13.1
addressee le/la destinataire, II-1.2
to admit avouer, 2
adult l'adulte (m. et f.), 6
advance: in advance à l'avance, II-4.2
advertisement: classified advertisement la petite annonce, II-16.2
aerobics: to do aerobics faire de l'aérobic, I-11.2
afraid: to be afraid avoir peur, II-13.2
Africa l'Afrique (f.), II-14.2
after après, I-3.2
afternoon l'après-midi (m.), I-2
again à nouveau, 1
against contre, I-13.1
age l'âge (m.), I-4.1
agent (m. and f.) l'agent (m.), I-7.1
to agree être d'accord, I-2.1
air aérien(ne) (adj.), I-9
air terminal l'aérogare (f.), I-7.1
aircraft l'appareil (m.), 5
airgram l'aérogramme (m.), II-1.1
airline la compagnie aérienne, I-7.1
airmail par avion, II-1.2
airplane l'avion (m.), I-7.1
airport l'aéroport (m.), I-7.1
aisle le couloir, I-8.2
  aisle seat (une place) côté couloir, I-7.1
algebra l'algèbre (f.), I-2.2

Algeria l'Algérie (f.), II-14.1
alive vivant(e), 8
  alive and well sain(e) et sauf (-ve), 8
all tous, toutes, I-7
  "All aboard!" «En voiture!», II-4.1
  all alone tout(e) seul(e), I-5.2
  all right d'accord (agreement), I-3; comme ci, comme ça (not bad), 2
  Is that all? C'est tout?, I-6.2
allergic allergique, I-15.1
allergy l'allergie (f.), I-15.1
alley la ruelle, II-14.1
to allow laisser, 4
already déjà, I-14
also aussi, I-1.1
although bien que, II-15
always toujours, I-5
ambulance l'ambulance (f.), II-6.1
  ambulance driver l'ambulancier (m.), 7
American américain(e) (adj.), I-1.1
among entre, I-9.2
amount le montant, 1
and et, I-1
  and you? et toi? (fam.), I-BV
anesthesia: to give anesthesia faire une anesthésie, II-6.2
anesthesiologist l'anesthésiste (m. et f.), II-6.2
angry fâché(e), I-12.2; en colère, 4
ankle la cheville, II-6.1
to announce faire part, 6
announcement l'annonce (f.), I-8.1; le faire-part (birth, death, marriage), 6
announcer le présentateur, la présentatrice, 2
annually annuellement, II-8
to answer répondre, I-8
  answering machine le répondeur automatique, II-2.1
antibiotic l'antibiotique (m.), I-15.1
Anything else? Autre chose?, I-6.2
apartment l'appartement (m.), I-4.2
  apartment building l'immeuble (m.), I-4.2
apparently il paraît, I-14.1
appear: it appears il paraît, II-14.1
to applaud applaudir, II-11.1
apple la pomme, I-6.2
applicant (for a job) le candidat, la candidate, II-16.2
application: job application la demande d'emploi, II-16.2
to apply for a position poser sa candidature, être candidat(e) à un poste, II-16.2
to approach s'approcher de, 2
April avril (m.), I-4.1
apron le tablier, 2

archery le tir à l'arc, 3
area code l'indicatif (m.) de la ville, II-3.1
arm le bras, II-6.1
  one-armed person/person with no arms le/la manchot(e), 6
around environ, 3
to arouse (somebody from sleep) tirer (quelqu'un du sommeil), 7
arrival l'arrivée (f.), I-7.2
to arrive arriver, I-3.1
  arriving from (flight) en provenance de, I-7.1
arrow la flèche, II-8.1
art l'art (m.), I-2.2
as: as usual comme d'habitude, 7
ash la cendre, 6
to ask (for) demander, I-5
  to ask a question poser une question, I-3.1
  to ask for directions demander son chemin, II-8.2
aspirin l'aspirine (f.), I-15.1
astonished étonné(e), II-13.2
at à, I-3.1
  at the à la, à l', au, aux, I-5
  at the home (business) of chez, I-5
  at what time? à quelle heure?, I-2
athletic sportif, sportive, I-10
to attract attirer, 1
auditory auditif (-ve), 7
August août, (m.), I-4.1
aunt la tante, I-4.1
autumn l'automne (m.), I-13.2
auxiliary nurse l'aide-soignant(e), 7
available disponible, II-4.1
  to be available immediately être libre immédiatement, II-16.2
average moyen(ne), 3
to avoid éviter, 7
award la croix d'honneur, 2

B

back (of an object) l'arrière (m.), II-10.2
  back of the seat le dossier du siège, II-7.1
  in the back of au fond de, 2
backboard (basketball) le panneau, I-13.2
backpack le sac à dos, I-BV
backpacking la randonnée (pédestre), 7
  to go backpacking faire de la randonnée, 7
backstage les coulisses (f. pl.), 3
bacterial bactérien(ne), I-15.1
bad: bad weather Il fait mauvais., I-9.1
bag le sac, I-6.1

bakery la boulangerie-pâtisserie, I-6.1
balcony le balcon, I-4.2
  upper balcony (in a theater) la galerie, **3**
ball la balle (tennis, etc.), I-9.2; le ballon (soccer, etc.), I-13.1
banana la banane, I-6.2
band: marching band la fanfare, II-11.1
bandage le pansement, II-6.1
bangs (hair) la frange, II-5.1
bank la banque, I-18.1
barely à peine, **8**
to **bargain** marchander, II-14.1
barn la grange, II-15.1
baseball le base-ball, I-13.2
basket le panier, I-13.2
basketball le basket(-ball), I-13.2
  basketball court le terrain de basket, II-12.2
bathing suit le maillot (de bain), I-9.1
bathroom la salle de bains (f.), les toilettes, I-4.2
bay la baie, **3**
to **be** être, I-2.1
  to be able to pouvoir, I-6; être à même de, **8**
  to be better soon être vite sur pied, I-15.2
  to be a big hit faire courir, **3**
  to be born naître, I-17
  to be called s'appeler, I-11.1
  to be careful faire attention, I-9.1
  to be dizzy avoir le vertige, **8**
  to be early être en avance, I-8.1
  to be hungry avoir faim, I-5.1
  to be in shape être en forme, I-11.2
  to be late être en retard, I-8.2
  to be located se trouver, **8**
  to be on time être à l'heure, I-8.1
  to be out of sorts ne pas être dans son assiette, I-15.2
  to be tightly packed être serré(e)(s), **8**
  to be performed se jouer, **3**
  to be struck by être frappé(e) de, **4**
  to be thirsty avoir soif, I-5.2
  to be victorious remporter la victoire, **3**
  to be... years old avoir... ans, I-4.1
beach la plage, I-9.1
bear l'ours (m.), **4**
beautiful beau (bel), belle, I-4
because parce que, I-9.1
to **become** devenir, I-16
bed le lit, I-8.2
  to go to bed se coucher, I-11.1
bedroom la chambre à coucher, I-4.2

bee l'abeille (f.), **4**
beef le bœuf, I-6.1
  braised beef with vegetables le pot-au-feu, II-2.1
before (prep.) avant, I-7.1; (conj.) avant que (+ subjunc.), II-15
to **beg** mendier, **6**
beggar le mendiant, **6**
to **begin** commencer, débuter, **3**
  beginner le débutant, la débutante, I-14.1
  beginning of the school year la rentrée, II-12.1
to **behave well/badly** se tenir bien/mal, II-13.1
behind (prep.) derrière, I-BV
beige beige, I-10.2
to **believe** croire, I-10.2
bell la sonnerie, II-12.1; la cloche, **6**
beltway le boulevard périphérique, II-8.1
bench le banc, **4**
to **benefit (from)** tirer profit (de), **8**
best le mieux (adv.), II-6
  the best le meilleur, la meilleure (adj.), II-6
  best man le garçon d'honneur, II-11.2
better meilleur(e) (adj.), I-10; mieux (adv.), II-6
  it's better that il vaut mieux que (+ subjunc.), II-11; il est préférable que (+subjunc.), II-11
between entre, I-9.2
beverage la boisson, I-5.2
bicycle le vélo, I-13.2
  bicycle racer le coureur cycliste, I-13.2
  by bicycle à vélo, I-5.2
big grand(e), I-1.1; gros, grosse, II-8.1
bill le billet (currency), I-18.1; la facture, I-17.2
biology la biologie, I-2.2
bird l'oiseau (m.), II-15.2
  birdsong le chant d'oiseau, **7**
birth la naissance, **6**
birthday l'anniversaire (m.), I-4.1
  When is your birthday? C'est quand, ton anniversaire? (fam.), I-4.1
birthplace la maison natale, **5**
bishop l'évêque (m.), **5**
black noir(e), I-10.2
blackboard le tableau, I-BV
blacksmith le forgeron, **4**
blanket la couverture, I-17.2
bleacher le gradin, I-13.1
to **bleed** saigner, **8**
blind person l'aveugle (m. et f.), **6**
blond blond(e), I-1.1

blood le sang, **7**
  blood pressure la tension (artérielle), II-6.2
  to take a blood sample faire une prise de sang, **7**
  to take someone's blood pressure prendre la tension artérielle de quelqu'un, II-6.2
bloody sanglant(e), **8**
blouse le chemisier, I-10.1
to **blow** souffler, **1**
  to blow a whistle siffler, I-13.1
blow le coup, **4**
to **blow-dry** faire un brushing, II-5.2
blue bleu(e), I-10.2
  navy blue bleu marine (inv.), I-10.2
board: arrival board le tableau des arrivées, II-4.2
  departure board le tableau des départs, II-4.2
to **board** embarquer (plane), II-7.2; monter (train), I-8.2; monter en voiture (train), II-4.2
  boarding pass la carte d'embarquement, I-7.1
bombarded matraqué(e), **6**
bone l'os (m.), II-6.2
book le livre, I-BV; le bouquin (slang), **2**
  book of ten tickets (subway) le carnet, II-10.1
bookbag le cartable, II-12.1
bootlace le lacet, **2**
border la frontière, **4**
born: to be born naître, I-17
to **borrow** emprunter, I-18.2
bottle la bouteille, I-6.2
bottom le bas, **8**
boundaries (on a tennis court) les limites (f. pl.), I-9.2
box la boîte, **2**
  box office le guichet, I-16.1
boy le garçon, I-BV
braid la natte, II-5.1
to **brake** freiner, I-12.2
branch la branche, II-11.2
bread le pain, I-6.1
  loaf of French bread la baguette, I-6.1
  slice of bread (with butter, jam, etc.) la tartine, II-2.1
break (in clouds) l'éclaircie (f.), **1**
to **break** casser, II-9.2; rompre, II-13.1; (an arm, leg, etc.) se casser, II-6.1; briser, **5**
  to break down (car) tomber en panne, II-8.2
  to break into (a house, etc.) entrer par effraction, **5**
breakfast le petit déjeuner, II-2.1
to **breathe (deeply)** respirer (à fond), I-15.2

bride la mariée, II-11.2

bride and groom les mariés, I-11.2

to **bring** emmener (a person), II-6.1; emporter, II-4.2

brochure le prospectus, 7

broke (slang) fauché(e), I-18.2

brook le ruisseau, 4

broom (plant) le genêt, 6

brother le frère, I-1.2

brown brun(e), marron (inv.), I-10.2; châtain (hair), II-5.2

brunette brun(e), I-1.1

to **brush (one's teeth, hair, etc.)** se brosser (les dents, les cheveux, etc.), I-11.1

brush cut les cheveux en brosse, II-5.1

bugle le clairon, 6

building le bâtiment, II-15.1

bulletin board le panneau d'affichage, II-12.1

bun (hair) le chignon, II-5.1

bunk (on a train) la couchette, I-8.2

burglar le cambrioleur, 5

burglary le cambriolage, 5

bus l'autocar (m.) I-7.2; l'autobus, II-10.2; le bus, I-5.2

bus station le terminal, l'aérogare (f.) (airport buses), II-7.2

by bus en bus, I-5.2

businessman l'homme d'affaires (m.), 6

busy occupé(e), I-2.2

to be busy (telephone) sonner occupé, II-3.1

but mais, I-1

butcher shop la boucherie, I-6.1

butter le beurre, I-6.2

button le bouton, II-9.2

to **buy** acheter, I-6.1

to buy a ticket prendre un billet, I-7

C

cabin (plane) la cabine, I-7.1

business-class cabin la cabine classe affaires, II-7.1

economy-class cabin la cabine classe économique, II-7.1

first-class cabin la cabine première classe, II-7.1

café le café, I-5.1

cafeteria la cantine, II-12.2

cake le gâteau, I-6.1

calculator la calculatrice, I-BV

calf le veau, II-15.1

call l'appel (m.), II-3.1

to **call** appeler, II-3.1

to call back rappeler, II-2.2

to **call (on the phone)** donner un coup de fil, II-3.1

Who's calling? C'est de la part de qui?, II-3.2

camel le chameau, II-14.1

on camel(back) à dos de chameau, II-14.2

camp: summer camp la colonie de vacances, 2

camp counselor l'animateur, l'animatrice, 2

campground le camping, 1

can of food la boîte de conserve, I-6.2

Canadian canadien(ne), I-7

to **cancel** annuler, II-7.2

candelabra le chandelier, II-11.2

candle la bougie, II-11.2

cap (ski) le bonnet, I-14.1; (police officer's) la casquette, II-8.2

captain (on an airplane) le commandant de bord, II-7.1

car la voiture, I-4.2

sports car la voiture de sport, I-12.2

train car with central aisle la voiture à couloir central, II-4.1

train car with compartments (with side aisle) le wagon à compartiments (à couloir latéral), II-4.1

caravan la caravane, II-14.2

carbon dioxide le gaz carbonique, 4

card la carte, II-12.2

greeting card la carte de vœux, II-11.2

cardiac cardiaque, 7

care (maintenance) l'entretien (m.), II-15.1

to not care about se moquer de, 2

to take care of soigner, II-6.1

career la carrière, II-16.2

carefully prudemment, I-12.2

carrot la carotte, I-6.2

carry-on luggage les bagages (m. pl.) à main, I-7.1

cart la charrette, 2

cartoon le dessin animé, I-16.1

cash l'argent liquide (m.), I-18.1

cash register la caisse, I-6.2

to **cash (a check)** toucher (un chèque), I-18.1

cashier le caissier, la caissière, I-17.2

cassette la cassette, I-3.2

cast (for broken arm, etc.) le plâtre, II-6.2

castle le château, II-4.2

casual (clothes) sport (adj. inv.), I-10.1

cat le chat, I-4.1; (female) la chatte, 5

ceiling le plafond, 2

to **celebrate** célébrer, II-11.2

ceremony la cérémonie, II-11.2

certain: to be certain être certain(e), II-14

it's certain il est certain, II-14

certainly certainement, II-8

chair la chaise, I-BV

chairlift le télésiège, I-14.1

chalk: piece of chalk le morceau de craie, I-BV

change la monnaie, I-18.1

to make change faire de la monnaie, I-18.1

change purse le porte-monnaie, I-18.1

to **change** changer (de), I-8.2

to change the channel changer de chaîne, II-2.1

to change lanes changer de voie, II-8.1

to change (subway) lines changer de ligne, prendre la correspondance, II-10.1

to change trains changer de train, prendre la correspondance, II-4.2

changeable changeant(e), 1

channel (TV) la chaîne, II-2.1

charcoal le charbon de bois, II-14.1

charcoal grill le braséro, II-14.1

charitable bienfaisant, 4

to **chase** pourchasser, 4

to **chat** bavarder, I-4.2

to **check** vérifier, I-7.1; faire enregistrer (luggage), I-7.1;

to check under the hood vérifier les niveaux, I-12.2

to check out (of a hotel) libérer une chambre, I-17.2

check (n.) l'addition (f.) (in a restaurant), I-5.2; le chèque (bancaire), I-18.1

traveler's check le chèque de voyage, I-17.2

checkout counter la caisse, I-6.2

checkroom la consigne, I-8.1

cheek la joue, II-13.1

cheese le fromage, I-5.1

chemistry la chimie, I-2.2

chicken (animal) la poule, II-15.2; (for eating) le poulet, I-6.1

child l'enfant (m. et f.), I-4.1

chills (n.) les frissons (m. pl.), I-15.1

chimney sweep le ramoneur, 2

Chinese (person) le Chinois, la Chinoise, 8

chocolate (adj.) au chocolat, I-5.1

to **choose** choisir, I-7.1

to **chop down** abattre, 4

chores: domestic chores les tâches ménagères, 6

Christmas Noël, II-11.2

Christmas carol le chant de Noël, II-11.2

Christmas gift le cadeau de Noël, II-11.2

Christmas or New Year's dinner le réveillon, II-11.2

Christmas tree l'arbre (m.) de Noël, le sapin de Noël, II-11.2

Merry Christmas! Joyeux Noël!, II-11.2

church l'église (f.), II-11.2

circulatory system l'appareil (m.) circulatoire, 4

circus le cirque, 8

city la ville, II-1.2

   city hall la mairie, II-16.1

civil servant le/la fonctionnaire, II-16.1

to **claim (luggage)** récupérer, I-7.2

class la classe (people), I-2.1; le cours (course), I-2.2

classroom la salle de classe, I-2.1

clean propre, II-9.1

   clean clothes le linge propre, II-9.1

to **clear (weather)** se dégager, 1

to **clear the table** débarrasser la table, II-2.1

clearing (n.) l'éclaircie (f.), 1

to **climb over** escalader, 5

close proche, II-10.1

closed fermé(e), I-16.2

closet le placard, I-17.2

clothes les vêtements (m. pl.), I-10.1; les habits (m. pl.), 6

clothesline la corde à linge, 2

clothespin l'épingle (f.) à linge, 2

clothing designer le grand couturier, I-10.1

cloud le nuage, I-9.2

cloudy nuageux, nuageuse, 1

coachman le cocher, 2

coal le charbon, 4

Coca-Cola le coca, I-5.1

cockpit le poste de pilotage, II-7.1

coffee le café, I-5.1

   black coffee l'express (m.), I-5.1

   coffee with cream (in a café) le crème, I-5.1

coin la pièce, I-18.1

   copper coin worth 5 centimes le sou, 5

cold froid(e) (adj.), I-14.2; le rhume (illness), I-15.1

   to have a cold être enrhumé(e), I-15.1

   It's cold (weather). Il fait froid., I-9.2

to **collect** ramasser, II-4.1

cologne l'eau (f.) de toilette, II-5.2

color la couleur, I-10.2

   What color is... ? De quelle couleur est... ?, I-10.2

comb le peigne, II-5.2

to **comb (hair)** donner un coup de peigne, II-5.2; se peigner, I-11.1

combine harvester la moissonneuse-batteuse, II-15.1

to **come** venir, I-16

   to be coming down with something couver quelque chose, 2

   to come back revenir, I-16

comedy la comédie, I-16.1

   musical comedy la comédie musicale, I-16.1

comic-strip la bande dessinée, I-16

commercial (television or radio) l'annonce (f.) publicitaire, 3

common courant(e), II-13.1

compact disc le compact disc, I-3.2

company l'entreprise (f.), la société, II-16.2

   company restaurant le restaurant d'entreprise, 2

   large company la grosse société, II-16.2

compared with par rapport à, 1

compartment: baggage compartment le compartiment, I-7.2; le coffre à bagages, II-7.1

to **complain** se plaindre, 6

completely complètement, II-8

computer l'ordinateur (m.), I-BV

   computer science l'informatique (f.), I-2.2

   computer scientist l'informaticien(ne), II-16.1

concern: that doesn't concern me cela ne me regarde pas, 6

condolences les condoléances (f. pl.), 6

conduct la conduite, 6

conductor (train) le contrôleur, I-8.2

confetti les confettis (m. pl.), II-11.1

confident confiant(e), I-1.1

congested (road, etc.) encombré(e), II-8.2

congratulations les félicitations (f. pl.), 6

contents le contenu, II-1.2

convenient commode, 3

convertible (car) la décapotable, I-12.2

convict le forçat, 3

to **coo** roucouler, 4

to **cook** faire cuire, II-14.1; faire la cuisine, I-6

cordless: cordless telephone le téléphone sans fil, II-2.1

corn le maïs, II-15.1

   corn kernels les grains (m.) de maïs, II-15.1

corner le coin, II-8.2

   at the corner of au coin de, II-10.1

corridor le couloir, I-8.2

cosmetic le produit de beauté, II-5.2

costume le costume, I-16.1

cotton (n.) le coton, II-9.2; (adj.) en coton, II-9.2

to **cough** tousser, I-15.1

counter le comptoir, I-7.1

country (n.) le pays (n.), I-7.1; (adj.) campagnard(e), 3

   country(side) la campagne, II-15.1

   out in the country en rase campagne, 5

   country code l'indicatif (m.) du pays, II-3.1

   native country la patrie, 4

course le cours, I-2.2

court le tribunal, II-16.1

courtyard la cour, I-4.2

couscous le couscous, II-14.1

cousin le cousin, la cousine, I-4.1

to **cover** couvrir, I-15

cow la vache, II-15.1

cowshed l'étable (f.), II-15.1

crab le crabe, I-6.1

cream la crème, I-6.1

   face cream la crème pour le visage, II-5.2

credit card la carte de crédit, I-17.2

crepe la crêpe, I-5.1

crew-cut les cheveux en brosse, II-5.1

cripple: legless cripple le cul-de-jatte, 6

croissant le croissant, I-6.1

to **cross (intersect)** se croiser, II-10.1; (a street) traverser, I-12.2

cross-country race le cross, 3

crossroads le carrefour, I-12.2

crowd la foule, 8

crown la couronne, 6

crutches les béquilles (f. pl.), II-6.1

to **cry** pleurer, 8

to **cultivate** cultiver, II-15.1

cup la tasse, I-5.2

   winner's cup la coupe, I-13.2

to **cure** guérir, 7

curl la boucle, 2

curly frisé(e), bouclé(e) II-5.1

currency la monnaie, I-18.1

current events l'actualité (f.), 2

curtain le rideau, I-16.1

customer le client, la cliente, I-10.1

customs la douane, I-7.2

   to go through customs passer à la douane, I-7.2

cut (on a person) la blessure, II-6.1

to **cut** couper, II-5.2

   to cut ahead (in line) resquiller, II-13.1

   to cut the throat (of) égorger, 2

cycling le cyclisme, I-13.2

cyclist (in a race) le coureur cycliste, I-13.2

cymbals les cymbales (f. pl.), II-11.1

D

daily newspaper le quotidien, **2**
dairy store la crémerie, I-6.1
to **damage** endommager, **5**
to **dance** danser, I-3.2
dancer le danseur, la danseuse, II-16.1
dangerous périlleux, périlleuse, **5**
Darn! Zut!, I-12.2
date (fruit) la datte, II-14.2; (day) la date, I-4.1; (outing) la sortie, **3**
What is the date today? Quelle est la date aujourd'hui?, I-4.1
datebook l'agenda (m.), I-2.2
daughter la fille, I-4.1
dawn l'aube (f.), **8**
day le jour, I-2.2
a (per) day par jour, I-3
two days later le surlendemain, **8**
What day is it? C'est quel jour?, I-2.2
deaf sourd(e), **7**
deaf-mute le/la sourd(e)-muet(te), **6**
dean of discipline le conseiller, la conseillère d'éducation, II-12.2
death le décès, **2**
death penalty la peine de mort, **5**
December décembre (m.), I-4.1
decorations les décorations (f. pl.), II-11.2
to **dedicate** consacrer, **3**
degree: It's... degrees Celsius. Il fait... degrés Celsius., I-14.2
delay le retard, II-7.2
delicatessen la charcuterie, I-6.1
delicious délicieux, délicieuse, I-10
to **delight** réjouir, **6**
delighted enchanté(e), II-13.2
to **deliver (mail)** distribuer, II-1.1
denim (adj.) en jean, II-9.2
deodorant le déodorant, I-11.1
department store le grand magasin, I-10.1
departure le départ, I-7.1
to **deposit** verser, I-18.1
to **descend** descendre, I-14.1
desert le désert, II-14.2
desk le bureau, I-BV
desk clerk le/la réceptionniste, I-17.1
student's desk in a school le pupitre, **4**
to **destroy** abîmer, **5**
detergent la lessive, II-9.1
diagnosis: to make a diagnosis faire un diagnostic, I-15.2
dial le cadran, II-3.1
dial phone le téléphone à cadran, II-3.1
to **dial (a telephone number)** composer le numéro; faire le numéro, II-3.1

dictionary le dictionnaire, II-12.1
to **die** mourir, I-17; décéder, **6**
diet l'alimentation (f.), le régime, **7**
to be on a diet être au régime, suivre un régime, **7**
difficult difficile, I-2.1
dig (archaeology) les fouilles (f. pl.), **8**
dignitary le notable, II-11.1
diminished amoindri(e), **8**
dinar le dinar, II-14.1
dining car la voiture-restaurant, I-8.2
dining room la salle à manger, I-4.2
dinner le dîner, I-4.2
to eat dinner dîner, I-4.2
diploma le diplôme, II-12.2
direction le sens, II-8.2
directions: to ask for directions demander son chemin, II, 8.2
directly directement, II-3.1
director (movie, theater) le metteur en scène (m. et f.), **8**
dirty sale, II-9.1
dirty clothes le linge sale, II-9.1
disastrous néfaste, **4**
to **discover** découvrir, I-15
dish (food) le mets, **1**
dishes la vaisselle, II-2.1
to do the dishes faire la vaisselle, II-2.1
dishwasher le lave-vaisselle, II-2.1
disorientation le dépaysement, **1**
displacement le dérangement, **1**
to **distribute** distribuer, II-1.1; répartir, **6**
district le quartier, I-4.2
disturbance le dérangement, **1**
diurnal diurne, **1**
to **dive** plonger, I-9.1
to **divert someone's attention** détourner l'attention de quelqu'un, **5**
to **divide (up)** répartir, **6**
diving: to go deep-sea diving faire de la plongée sous-marine, I-9.1
dizzy: to be dizzy avoir le vertige, **8**
to **do** faire, I-6.1
to do the shopping faire les courses, I-6.1
to do the dishes faire la vaisselle, II-2.1
doctor le médecin (m. et f.), I-15.2
documentary le documentaire, I-16.1
dog le chien, I-4.1
dollar le dollar, I-18.1
domestic (flight) intérieur(e), I-7.1
donkey l'âne (m.), II-15.2
door la porte, I-17.1; (of a vehicle) la portière, II-10.2
doormat le paillasson, **5**

to **doubt** douter, II-14.2
downpour l'averse (f.), **1**
down(stairs) en bas, **2**
downtown le centre-ville, II-8.2
dozen la douzaine, I-6.2
dragonfly la libellule, **8**
drama le drame, I-16.1
to **draw (crowds)** faire courir, **3**
dream le rêve, **8**
dress la robe, I-10.1
dress circle (of a theater) la corbeille, **3**
dressed: to get dressed s'habiller, I-11.1
dressy habillé(e), I-10.1
to **dribble (a basketball)** dribbler, I-13.2
drink: to have a drink prendre un verre, **2**
to **drink** boire, II-13
to **drive** conduire, I-12.2
driver le conducteur, la conductrice, I-12.2; l'automobiliste (m. et f.), II-8.1
driver's license le permis de conduire, I-12.2
driving lesson la leçon de conduite, I-12.2
driving school l'auto-école (f.), I-12.2
drizzle la bruine, **1**
drop la goutte, **1**
drought la sécheresse, **4**
drum le tambour, II-11.1
drums la batterie, II-11.1
dry sec, sèche, II-5.2
to **dry** sécher, II-9.1
to dry (off) se sécher, I-17.2
to **dry-clean** faire nettoyer à sec, II-9.1
dry-cleaner's le pressing, la teinturerie, II-9.1
dry-cleaning le nettoyage à sec, II-9
dryer (hair) le séchoir, II-5.2
clothes dryer le sèche-linge, II-9.1
dryness la sécheresse, **4**
dubbed (movie) doublé(e), I-16.1
duck le canard, II-15.2
dune la dune, II-14.2
during pendant, I-3.2

E

each (adj.) chaque, I-16.1
each (one) (n.) chacun(e), II-13.1
ear l'oreille (f.), I-15.1
earache: to have an earache avoir mal aux oreilles, I-15.1
early de bonne heure, II-2.2
to be early être en avance, I-8.1
to **earn** gagner, I-3.2

earth la terre, II-15.1
  the Earth la Terre, 8
easily facilement, 4
easy facile, I-2.1
to **eat** manger, I-5
  to eat breakfast prendre le petit déjeuner, I-7
  to eat dinner dîner, I-4.2
  to eat lunch déjeuner, I-5.2
egg l'œuf (m.), I-6.2
eggplant l'aubergine (f.), II-14.1
eight huit, I-BV
eighteen dix-huit, I-BV
eighty quatre-vingts, I-5.2
elbow le coude, II-13.1
elective (n.) le cours facultatif, II-12.2
elevator l'ascenseur (m.), I-4.2
eleven onze, I-BV
emergency: emergency aid la police secours, II-6.1
  emergency exit l'issue (f.) de secours, la sortie de secours, II-7.1
  emergency room la salle des urgences, II-6.1
employee l'employé(e), II-16.2
  postal employee l'employé(e) des postes, II-1.2
employer l'employeur, l'employeuse, 16.2
employment agency le bureau de placement, 16.2
empty vide, 4
to **empty (out)** vider, 6
to **enclose** enfermer, 2
encyclopedia l'encyclopédie (f.), II-12.1
energetic énergique, I-1.2
engagement les fiançailles (f. pl.), 6
engineer l'ingénieur, la femme ingénieur, II-16.1
English (language) l'anglais (m.), I-2.2
to **enjoy** jouir (de), 8
to **enter** entrer, I-3.1
  entire entier, entière, I-10
  entrance l'entrée (f.), I-4.2
to **entrust** confier, 5
  envelope l'enveloppe (f.), II-1.1
  environment l'ambiance (f.), 3
to **erase** effacer, II-12.1
  eraser (pencil) la gomme, II-12.1; (blackboard) la brosse, II-12.1
  escalator l'escalator (m.), l'escalier (m.) mécanique, II-10.1
to **escape** échapper, 4
  especially surtout, II-3.2
  espresso l'express (m.), I-5.1
  essential primordial(e), 8
  European (adj.) européen(ne), I-7
  evening le soir, I-2
    in the evening (P.M.) du soir, I-2

every tous, toutes, I-7, chaque, I-16.1
everybody, everyone tout le monde, I-BV
everywhere partout, I
evil le mal, 5
exam l'examen (m.), I-3.1
  French high school exam le baccalauréat (bac, bachot), II-12
  to fail an exam échouer à un examen, II-12.1
  to pass an exam être reçu(e) à un examen, II-12.1; réussir à un examen, I-7
  to take an exam passer un examen, I-3.1
to **examine** examiner, I-15.2
  excavation(s) les fouilles (f. pl.), 8
  except sauf, I-16.2
to **exchange (money)** changer, I-18.1; échanger, 5
  exchange office (for foreign currency) le bureau de change, I-18.1
  exchange rate le cours du change, I-18.1
Excuse me. Excusez-moi., I-4.1
executive le cadre, la femme cadre, II-16.1
to **exercise** faire de l'exercice, I-11.2
  exhausted crevé(e), 2; épuisé(e), 4
  exhaust (fumes) le gaz d'échappement, 4
exhibit l'exposition (f.), I-16.2
exit la sortie, I-7.1
expense la dépense, 3
  expenses les frais (m.pl.), I-17.2
  to share expenses partager les frais, II-13.1
expensive cher, chère, I-10.1
eye l'œil (m. pl., yeux), I-15.1
  to have stinging eyes avoir les yeux qui piquent, II-15.1
eyelashes les cils (m.), II-5.2

F

fabric le tissu, II-9.2
face la figure, I-11.1
  face cream la crème pour le visage, II-5.2
to **face** donner sur, I-17.1
  facing en direction de, II-14.1
  factory la fabrique, l'usine (f.), II-2.2
to **fail an exam** échouer à un examen, II-12.1
faint faible, 7
fair (n.) la foire, 8
fairly équitablement, 6
faith la foi, 6
faithful fidèle, 3

to **fall** faire une chute, I-14.2; tomber, I-17
  to fall asleep s'endormir, I-11.1
fall (season) l'automne (m.), I-13.2
family la famille, I-4.1
famous célèbre, I-1.2
fantastic fantastique, I-1.2
far from loin de, I-4.2
farm l'exploitation (f.) II-15.2; la ferme, II-15.1
  farm animal l'animal domestique, II-15.1
  farm equipment le matériel agricole, II-15.1
farmer l'agriculteur (m.), l'exploitant (m.), le fermier, II-15.2
farming (raising crops) la culture, II-15.1; (raising animals) l'élevage (m.), II-15.1
fast vite, I-12.2
father le père, I-4.1
faucet le robinet, II-2.1
to **favor** privilégier, 7
favorite favori(te), I-10; préféré(e), II-2.1
fear la crainte, 4
to **fear** craindre, 5
February février (m.), I-4.1
to **feel (well, etc.)** se sentir, I-15.1
  to feel guilty s'en vouloir, 4
  to feel like a fish out of water être dépaysé(e), 8
  to feel like (doing something) avoir envie de, II-3.1
  to feel out of sorts ne pas être dans son assiette, I-15.2
  to feel strange être dépaysé(e), 8
  to not feel well ne pas se sentir dans son assiette, 2
Festival of Lights (Hanukkah) La fête des Lumières, II-11.2
festivities les festivités (f. pl.), II-11.1
fever la fièvre, I-15.1
  to have a high fever avoir une fièvre de cheval, I-15.2
few peu (de), I-18
field le champ, II-15.1
  playing field le terrain de plein air, 7
fifteen quinze, I-BV
fifty cinquante, I-BV
fig la figue, II-14.2
fight le combat, 8
to **fight (against)** se battre (contre), 5
to **fill out** remplir, I-7.2
to **fill up (gas tank)** faire le plein, I-12.2
film le film, I-16.1
  adventure film/movie le film d'aventures, I-16.1
  detective film/movie le film policier, I-16.1

foreign film le film étranger,
I-16.1

horror film/movie le film
d'horreur, I-16.1

science fiction film/movie le film
de science-fiction, I-16.1

film-maker le/la cinéaste, 8

finally enfin, I-11.1; en fin de
compte, 2

to **find** trouver, I-5.1

to find again retrouver, 2

fine (adj.) ça va bien, I-BV

fine (n.) l'amende (f.), II-8.1

finger le doigt, II-6.1

to **finish** finir, I-7

to finish (someone) off achever
(quelqu'un), 2

finish line l'arrivée (f.), 3

fire le feu, 5

fire alarm la sirène d'alarme, 7

firefighter le pompier, 5

fireplace la cheminée, II-11.2

fireworks le feu d'artifice, II-11.1

to shoot off fireworks tirer des
feux d'artifice, II-11.1

first premier, première (adj.), I-4.2;
d'abord (adv.), I-11.1

in first class en première, I-8.1

fish le poisson, I-6.1

fish store la poissonnerie, I-6.1

fisherman le pêcheur, 3

fishing (n.) la pêche, 1

fishing port le port de pêcheurs, 3

to go fishing aller à la pêche,
I-9.1

fitness (physical) la forme
physique, I-11

five cinq, I-BV

to **fix one's hair** se coiffer, II-5.1

flag le drapeau, II-11.1

flesh la chair, 4

flight le vol, I-7.1

flight attendant l'hôtesse (f.) de
l'air, le steward, I-7.2

flight attendants le personnel de
bord, II-7.1

flight crew l'équipage (m.), II-7.1

floor le sol, 8; (story) l'étage (m.), I-
4.2

flower la fleur, 1

flu la grippe, I-15.1

fluently couramment, II-8

to **fly** voler, 8

fog le brouillard, 1

to **fold** plier, II-9.1

to **follow** suivre, II-6

food le mets, 1; la nourriture,
l'alimentation, 7

foot le pied, I-13.1

on foot à pied, I-5.2

footstep le pas, 3

for (time) depuis, I-8.2

forbidden interdit(e), I-12.2

forearm l'avant-bras (m.), II-13.1

forehead le front, II-5.1

foreign étranger, étrangère, I-16.1

in a foreign country à
l'étranger, 4

foreman le contremaître, II-2.2

forewoman la contremaîtresse,
II-2.2

to **forget** oublier, II-3.1

fork la fourchette, I-5.2

form le formulaire, II-6.2

formerly autrefois, 3

forty quarante, I-BV

fountain la fontaine, le jet d'eau, 8

four quatre, I-BV

fourteen quatorze, I-BV

fracture la fracture, II-6.2

multiple fracture la fracture
compliquée, II-6.2

franc le franc, I-18.1

France la France, I-16; l'Hexagone
(f.), 1

free libre , I-2.2; gratuit(e) (costing
no money), 2

freezing: It's freezing. (weather) Il
gèle., I-14.2

French français(e) (adj.), I-1.1; le
français (language), I-2.2

French fries les frites (f. pl.),
I-5.2

French noblewoman la
marquise, 3

frequently fréquemment, II-4

Friday vendredi (m.), I-2.2

friend l'ami(e), I-1.2; le copain, la
copine (pal), I-2.1

to **frighten** faire peur à, 4

from de, I-1.1

from the du, de la, de l', des, I-5

front l'avant, II-10.2

in front of devant, I-BV

front desk la réception, I-17.1

frozen surgelé(e), I-6.2

fruit le fruit, I-6.2

full complet, complète (train car),
II-4.1; plein(e), I-13.1

full-time à plein temps, I-3.2

fun: to have fun s'amuser, I-11.2

funeral les obsèques (f. pl.),
l'enterrement (m.), 6

funny amusant(e), I-1.1; comique,
I-1.2

fur la fourrure, 4

furious furieux, furieuse, II-13.2

G

to **gain weight** grossir, I-11.2

game le match, I-9.2

garage le garage, I-4.2

garbage les ordures (m. pl.), 6

garden le jardin, I-4.2

garland la guirlande, II-11.2

gas lamp le bec de gaz, 2; le
réverbère, 2

gas-lamp lighter l'allumeur (m.)
de réverbères, 2

gas(oline) l'essence (f.), I-12.1

regular (gas) (de l'essence)
ordinaire, I-12.1

super (gas) (de l'essence) super,
I-12.1

unleaded (gas) (de l'essence)
sans plomb, I-12.1

gas station la station-service, I-12.2

gas station attendant le/la
pompiste, I-12.2

gas tank le réservoir, I-12.2

gate (airport) la porte, I-7.1

gel le gel, II-5.2

gentleman le gentilhomme, 3

geography la géographie, I-2.2

geometry la géométrie, I-2.2

gesture le geste, 8

to **get** obtenir, II-12.2

to get along well bien s'entendre, 2

to get back on the road se
remettre en route, 2

to get a sunburn attraper un
coup de soleil, I-9.1

to get in shape se mettre en
forme, I-11.1

to get in the front row se mettre
au premier rang, II-11.1

to get irritated s'énerver, 4

to get off (bus, train, etc.)
descendre, I-8.2; débarquer
(airplane),II-7.2

to get on monter, I-8.2

to get out of a bad situation se
tirer d'une mauvaise situation,
II-8.1; s'en sortir, 2

to get up se lever, I-11.1

to get (all) worked up s'énerver, 6

to get wrinkles prendre des
rides, 3

getting off (a bus) la descente,
II-10.2

gift le cadeau, I-10.2

girl la fille, I-BV

to **give** donner, I-3.2

to give back rendre, I-18.2

glacier le glacier, 8

glance le coup d'œil, 8

to **glance** jeter un coup d'œil, 1

glass le verre, I-5.2

glass-maker le vitrier, 2

pane of glass la vitre, 2

glove le gant, I-14.1

to **go** aller, I-5.1

to go (in a car, etc.) rouler,
I-12.2

to go ahead (s')avancer, 5

to go deep-sea diving faire de la
plongée sous-marine, I-9.1

to go down descendre, I-14.1

to go "dutch" partager les frais, II-13.1

to go fast rouler vite, I-12.2

to go fishing aller à la pêche, I-9.1

to go home rentrer, I-3.1

to go hunting aller à la chasse, 4

to go out sortir, I-7

to go out of style se démoder, 1

to go through parcourir, 3

to go through customs passer à la douane, I-7.2

to go to bed se coucher, I-11.1

to go to the market/shopping faire le marché, 6

to go up monter, I-17.1

to go windsurfing faire de la planche à voile, I-9.1

it goes without saying ça va de soi, 6

Shall we go? On y va?, I-5

goal le but, I-13.1

goalie le gardien de but, I-13.1

goat la chèvre, 4

goggles (ski) les lunettes (f. pl.) I-14.1

gold l'or (m.), 3

good (adj.) bon(ne), I-7; (a child's behavior) sage, II-11.2; (n.) le bien, 5

good manners le savoir-vivre, II-13

good wishes les vœux (m. pl.), 4

goodbye au revoir, ciao (inform.), I-BV

to say goodbye faire ses adieux, 2

gossip le qu'en-dira-t-on, 4

government worker le/la fonctionnaire, II-16.1

grade (on a test, etc.) la note, II-12.1

to get good grades recevoir de bonnes notes, II-12.1

grains les céréales (f. pl.), II-15.1

gram le gramme, I-6.2

granddaughter la petite-fille, I-4.1

grandfather le grand-père, I-4.1

grandmother la grand-mère, I-4.1

grandparents les grands-parents (m. pl.), I-4.1

grandson le petit-fils, I-4.1

grandstand la tribune, II-11.1

grant la bourse, 2

grass l'herbe (f.), II-15.1

gray gris(e), I-10.2

to graze brouter, 4

great chouette (inform.), I-2.2

green vert(e), I-10.2

green beans les haricots (m. pl.) verts, I-6.2

greenroom (of a theater) le foyer (des artistes), 3

grilled ham and cheese sandwich le croque-monsieur, I-5.1

grocery store l'épicerie (f.), I-6.1

groom le marié, II-11.2

ground le sol, I-13.2

ground floor le rez-de-chaussée, I-4.2

growing (adj.) croissant(e), 1

growth l'accroissement, 7

to guard veiller (sur), 4

guidance counselor le conseiller, la conseillère d'orientation, II-12.2

guide(book) le guide, I-12.2

guilty: to feel guilty s'en vouloir, 4

guitar la guitare, II-11.1

to gush jaillir, 8

gust (of wind) la rafale, 1

gym(nasium) le gymnase, I-11.2

gymnastics la gymnastique, I-2.2

to do gymnastics faire de la gymnastique, I-11.2

H

habit: to be in the habit of avoir l'habitude de, 2

hackney cab le fiacre, 2

hail la grêle, 1

hair les cheveux (m. pl.), I-11.1

to fix one's hair se coiffer, II-5.1

hair stylist le coiffeur, la coiffeuse, II-5.2

haircut: haircut with razor la coupe au rasoir, II-5.2

haircut with scissors la coupe aux ciseaux, II-5.2

to give a haircut faire une coupe, II-5.2

hairspray la laque, II-5.2

hairstyle la coiffure, II-5.1

half demi(e), I

half past (time) et demie, I-2

ham le jambon, I-5.1

hammer le marteau, 7

hand la main, I-11.1

handball court le terrain de hand, II-12.2

handkerchief le mouchoir, I-15.1

handwriting l'écriture (f.), 2

hang-gliding le vol libre, 3

to hang up (telephone) raccrocher, II-3.1

hanger le cintre, I-17.2

Hanukkah Hanouka, II-11.2

happiness le bonheur, 2

happy content(e), I-1.1; heureux, heureuse, I-10.2; joyeux (-se), 7

Happy New Year! Bonne Année!, II-11.2

hard (adv.) fort, I-9.2

It's not hard. Ce n'est pas sorcier., 6

hardly ne... guère, 1; à peine, 8

harmful malfaisant(e), 4; nocif, nocive, 4, néfaste, 4

harvest (n.) la récolte, II-15.1

to harvest récolter, II-15.1

hat le chapeau, 4

to hate détester, I-3.2

to have avoir, I-4.1

to have a(n)... -ache avoir mal à... , I-15.2

to have a cold être enrhumé(e), I-15.1

to have difficulty (doing something) avoir du mal à (+ inf.), 5

to have a drink prendre un verre, 2

to have a picnic faire un pique-nique, I-6

to have just done something venir de (+ inf.), II-10.1

to have to devoir, I-18.2

hay le foin, II-15.1

haze la brume, 1

he il, I-1

head la tête, I-13.1

head of a bed le chevet, 5

headache: to have a headache avoir mal à la tête, I-15.1

headline la manchette, le gros titre, 5

headphone l'écouteur (m.), II-7.1

health la santé, I-15.1

to be in good (poor) health être en bonne (mauvaise) santé, II-15.1

To your health! Bonne Santé!, II-11.2

health club le club de forme, I-11.2

to hear entendre, I-8.1

hearing l'oreille (f.), l'ouïe (f.), l'audition (f.), 7

heart le cœur, 7

heat la chaleur, 8

heavy lourd(e), 8

heel le talon, I-10.2

high (low)-heeled (shoes) à talons hauts (bas), I-10.2

hello (when answering telephone) allô, 3.2; bonjour, I-BV

helmet le casque, II-8.1

her elle (stress pron.), I-9; la (dir. obj.), I-16; lui (ind. obj.), I-17.1; sa, son (poss. adj.), I-4

herd le troupeau, II-15.1

here is, here are voici, I-1.1

heritage (cultural) le patrimoine, 8

hers le sien, la sienne, les siens, les siennes, 7

hi salut, I-BV

high élevé(e), I-15; haut(e), I-10.2

high-pitched aigu(ë), 7

high school le lycée, I-1.2

high school student le lycéen, la lycéenne, II-12.2

high-traffic area le point noir, II-8.1

highway l'autoroute (f.), I-12

hiking la randonnée, 7

to go hiking faire de la randonnée, 7

him le (dir. obj.), I-16.1; lui (stress pron.), I-9; lui (ind. obj.), I-17.1

his sa, son, I-4; ses, I-5; le sien, la sienne, les siens, les siennes (poss. pron.), 7

history l'histoire (f.), I-2.2

to **hit** frapper, I-9.2; envoyer, I-13.1

to **hold out one's hand** tendre la main, 2

Hold on. (telephone) Ne quittez pas., II-3.2

holiday: national holiday la fête nationale, II-11.1

home: at home au bercail, 2

at the home of chez, II-2.1

homeland la patrie, 6

homework (assignment) le devoir, I-BV

to do homework faire les devoirs, I-6

hope l'espoir (m.), 4

horn la corne (animal), 4; le klaxon (car), 7

horrible épouvantable, 3; affreux (-se), 6

horse le cheval, II-15.1

hospital l'hôpital (m.), II-6.1

hot: It's hot (weather). Il fait chaud., I-9.2

hot dog la saucisse de Francfort, I-5.1

hotel l'hôtel (m.), I-17.1

house la maison, I-3.1

to **house** abriter, 1

household un ménage, 7

housework les tâches ménagères (f. pl.), 6

how: How are you? Ça va? (inform.); Comment vas-tu? (fam.); Comment allez-vous? (form.), I-BV

How beautiful they are! Qu'elles (ils) sont belles (beaux)!, I

how much combien, I-6.2

How much is it? C'est combien?, I-6.2

How much is that? Ça fait combien?, I-5.2

How's it going? Ça va?, I-BV

hundred cent, I-5.2

to **hunt** chasser, 4

hunter le chasseur, 4

hurry: in a hurry pressé(e), 1

to **hurry** se dépêcher, II-2.2

to **hurt** avoir mal à, I-15.1

to hurt oneself se blesser, II-6.1

to hurt someone (emotionally) faire de la peine à quelqu'un, 4

It hurts. Ça fait mal., I-15.2

Where does it hurt (you)? Où avez-vous mal?, I-15.2

husband le mari, I-4.1

I

I je, I-1

ibex le bouquetin, 4

ice la glace, I-14.2

ice cream la glace, I-5.1

ice skate (n.) le patin à glace, I-14.2

(ice) skating (n.) le patinage, I-14.2

to **(ice) skate** faire du patin (à glace), I-14.2

idea: a bright idea une idée de génie, 2

if si, II-9

if I were you (him, her, etc.) à ta (sa, votre, etc.) place, II-9.2

immigration l'immigration (f.), I-7.2

impatient impatient(e), I-1.1

impolite impoli(e), II-13.1

important: it's important that il est important que (+ subjunc.), II-11

impossible: it's impossible that il est impossible que (+ subjunc.), II-11

in dans, I-BV; à, I-3.1

in back of derrière, I-BV

in front of devant, I-BV

in first (second) class en première (seconde), I-8.1

in spite of malgré, 1

incarceration la réclusion, 2

income: private income les rentes (f. pl.), 8

increase (n.) la hausse, 1; l'accroissement (m.), 7

increased accru(e), 8

increasing (adj.) croissant(e), 1

independent: person of independent means le rentier, la rentière, 8

inexpensive bon marché (inv.), I-10.1

infection l'infection (f.), I-15.1

info(rmation) l'info (f.), 2

informed: to be informed être au courant, 2

to keep informed se tenir au courant, 2

injection la piqûre, II-6.2

to give an injection faire une piqûre, II-6.2

ink l'encre (f.), 1

inn l'auberge (f.), 1

insect l'insecte (m.), 7

to **insist (that)** insister (pour que + subjunc.), II-12.1

instructor le moniteur, la monitrice, I-9.1

instrument l'outil (m.), 8

to **insure** assurer, II-1.2

insult l'injure (f.), 2

to **insult (each other)** se dire des injures, 2

intelligent intelligent(e), I-1.1

interesting intéressant(e), I-1.1

intermission l'entracte (m.), I-16.1

international international(e), I-7.1

to **interrogate** interroger, 1

intersection le croisement, I-12.2

interview l'entretien (m.), II-16.2

to **introduce** présenter, II-13.2

introductions les présentations (f. pl.), II-13.2

to **invite** inviter, I-3.2

iron (metal) fer, 4

to **iron** repasser, II-9.1

ironing le repassage, II-9.1

it (dir. obj.) le, la, I-16.1

it is, it's... c'est... I-BV

It's expensive. Ça coûte cher., I-7.2

it is necessary (+ inf.) il faut (+ inf.), I-9.1

it is necessary that il faut que (+ subjunc.), II-11.1

Italian italien(ne), I-7

Italy l'Italie (f.), I-16

to **itch** démanger, gratter, 7

to itch a bit grattouiller, 7

itch: She's got an itch. Ça la gratte., 7

itching la démangeaison, 7

itchy: to be itchy avoir des démangeaisons, 7

She is itchy. Ça la démange., 7

J

jacket le blouson, I-10.1

(suit) jacket la veste, I-10.1; l'habit (m.), 4

ski jacket l'anorak (m.), I-14.1

jam: in a jam coincé(e), 2

to **jam** coincer, 5

January janvier (m.), I-4.1

jar le pot, I-6.2

jeans le jean, I-10.1

jeep la jeep, II-8.1

jersey (n.) jersey, II-9.2; (adj.) en jersey, II-9.2

Jewish juif, juive, II-11.2

jig (n.) la gigue, 1

to **jig** giguer, 1

job le boulot (slang), 2; l'emploi (m.), II-16.2

job application la demande d'emploi, II-16.2
job applicant le candidat, la candidate, II-16.2
to **jog** faire du jogging, I-11.2
to **joke around** rigoler, I-3.2
journaliste le/la journaliste, 2
judge le juge, II-16.1
July juillet (m.), I-4.1
July 14 (French national holiday) le quatorze juillet, II-11.1
to **jump** sauter, 5
to jump all over someone tomber sur quelqu'un à bras raccourcis, 4
June juin (m.), I-4.1

K

to **keep informed** se tenir au courant, 2
to **keep up** maintenir, 3
key (to a room, etc.) la clé, I-12.2; la clef, 5; (on a keyboard) la touche, I-3.1
to **kick** donner un coup de pied, I-13.1
to **kill** tuer, 5
kilogram le kilo, I-6.2
kind (n.) le genre, I-16.1; (adj.) bienfaisant(e), 4
a kind of une espèce de, 7
king le roi, 6
to **kiss (each other)** s'embrasser, II-13.1
kitchen la cuisine, I-4.2
kitten le chaton, 5
kleenex le kleenex, I-15.1
knee le genou, II-6.1
knife le couteau, I-5.2
knit (n.) le tricot, II-9.2; (adj.) en tricot, II-9.2
to **knock on the door** frapper à la porte, 5
knot le nœud, 3
to **know (be acquainted with)** connaître; (information) savoir, I-16.2

L

laboratory le laboratoire, 7
lab assistant le laborantin, la laborantine, 7
lamb l'agneau (m.), II-14.1
land la terre, II-15.1
landing (of an airplane) l'atterrissage (m.), II-7.1
landing card la carte de débarquement, I-7.2
landscape le paysage, 1
lane (of a road) la voie, I-12.2
language la langue, I-2.2

last dernier, dernière, I-10
last night hier soir, I-13
last year l'année (f.) dernière, I-13
to **last** durer, II-11.2
late: to be late être en retard, I-8.2
Latin le latin, I-2.2
to **laugh** rire, II-12.1
laundromat la laverie automatique, II-9.1
laundry le linge, II-9.1
to do the laundry faire la lessive, II-9.1
lawyer l'avocat(e), II-16.1
lead (metal) le plomb, 4
leaf la feuille, 3
leaflet le prospectus, 7
to **lean (against)** s'appuyer contre, II-10.2
leap le bond, 8
to leap faire un bond, 8
to **learn (to)** apprendre (à), I-9.1
to learn one's lessons apprendre ses leçons, II-12.1
leather (n.) le cuir; (adj.) en cuir, II-9.2
leather goods les objets (m. pl.) en cuir, II-14.1
leather tanner le maroquinier, II-14.1
to **leave** partir, I-7
to leave (a room, etc.) quitter, I-3.1
to leave (something behind) laisser, I-5.2
to leave one's mark laisser une empreinte, 6
to leave a message laisser un message, II-3.2
to leave a tip laisser un pourboire, I-5.2
left: to the left of à gauche de, I-5
leg la jambe, II-6.1
legless cripple le cul-de-jatte, 6
lemonade le citron pressé, I-5.1
to **lend** prêter, I-18.2
lesson la leçon, I-9.1
to **let** laisser, 4
letter la lettre, II-1.1
lettuce la laitue, I-6.2
level le niveau, I-12.2
librarian (school) le/la documentaliste, II-12.2
library (school) le Centre de Documentation et d'Information (CDI), II-12.2
to **lick** lécher, 5
lie le mensonge, 6
to **lie** mentir, 6
life vest le gilet de sauvetage, II-7.1
to **lift** soulever, II-3.2
light (adj.) léger, légère, 8
to **light** allumer, II-11.2

light bulb l'ampoule (f.), 2
lighthouse le phare, 6
to **like** aimer, I-3.2
I would like je voudrais, I-5.1
likewise (responding to an introduction) moi de même, II-13.2
line (bus, train) la ligne, II-3.1; (suburban train line) la ligne de banlieue, II-4.2; (main line) la grande ligne, II-4.2; (of people) la queue, I-8.1
finish line l'arrivée (f.), 3
line of cars la file de voitures, II-8.1
to take the... line prendre la direction..., II-10.1
to wait in line faire la queue, I-8.1
lip la lèvre, II-5.2
lipstick le rouge à lèvres, II-5.2
to **listen (to)** écouter, I-3.2
to listen with a stethoscope ausculter, I-15.2
listener l'auditeur, l'auditrice, 2
listening l'écoute (f.), 3
liter le litre, I-6.2
literature la littérature, I-2.2
to **live (in a city, house, etc.)** habiter, I-3.1; vivre, II-6
liver le foie, 7
livestock le bétail, II-15.1
living room la salle de séjour, I-4.2
lobby le hall, I-17.1
local local, II-3.2
local news items les faits divers (m. pl.), 2
to **locate** localiser, 5
located: to be located se trouver, 8
lock la serrure, 5
lock of hair la mèche, II-5.1
to **lock up** enfermer, 2
locker la consigne automatique, I-8.1
long long(ue), I-10.2
long-distance (phone call) interurbain, II-3.1
look le regard, 8
to **look at** regarder, I-3.1
to look at oneself or each other se mirer, 4
to **look for** chercher, I-5.1
to look for work chercher du travail, II-16.2
to **lose** perdre, I-8.2
to lose patience perdre patience, I-8.2
to lose one's temper se fâcher, 6
to lose weight maigrir, I-11.2
lot: a lot of beaucoup de, I-10.1
a lot of people beaucoup de monde, I-13.1
loud fort(e), 7

loudspeaker le haut-parleur, I-8.1

love l'amour (m.), 4

  love story (movie) le film d'amour, I-16.1

to **love** aimer, I-3.2

  low bas(se), I-10

  in a low voice à voix basse, 5

luggage les bagages (m. pl.), I-7.1

  carry-on luggage les bagages à main, I-7.1

  luggage car (on a train) le fourgon à bagages, II-4.2

  luggage carousel le tapis roulant, II-7.2

  luggage cart le chariot à bagages, II-7.2

  luggage compartment le coffre à bagages, II-7.1

lukewarm tiède, 3

lunar lunaire, 8

lunch le déjeuner, II-2

lung le poumon, 7

M

ma'am madame, I-BV

machine l'appareil (m.), II-7; la machine, II-10.2; l'engin (m.), 7

magazine le magazine, I-3.2

  weekly magazine l'hebdomadaire (m.), 2

maid la bonne, 2

  maid of honor la demoiselle d'honneur, II-11.2

mail le courrier, II-1.1

  mail carrier le facteur, II-1.1

to **mail a letter** mettre une lettre à la poste, II-1.1

mailbox la boîte aux lettres, II-1.1

to **maintain** maintenir, 3

maitre d' le maître d'hôtel, I-5.2

to **make** faire, I-6.1

  to make a phone call faire un appel (téléphonique), téléphoner, donner un coup de fil, II-3.2

  to make great efforts peiner, 3

make (of car) la marque, I-12.2

makeup le maquillage, II-5.2

  to put on makeup se maquiller, II-11.1

man l'homme (m.), I-10.1

to **manage to** parvenir à, 3

manager le directeur, la directrice, II-16.1

mantelpiece la cheminée, 6

manufacturer l'industriel (m.), 4

map: street map le plan de la ville, II-8.1

  road map la carte routière, II-8.1

  subway map le plan du métro, II-10.2

marathon le marathon, 5

March mars (m.), I-4.1

to **march** défiler, II-11.1; marcher au pas, 6

  to march in step défiler au pas, II-11.1

marching band la fanfare, II-11.1

market le marché, I-6.2

  Arab market le souk, II-14.1

married: to get married se marier, II-11.2

marvelous merveilleux, merveilleuse, I-10.2

mascara le mascara, II-5.2

match (singles, doubles) (tennis) la partie (en simple, en double), I-9.2

material la matière, II-9.2

math les maths (f. pl.), I-2.2

May mai (m.), I-4.1

may: May I (sit here)? Vous permettez?, II-4.1

  May I speak to... ? Pourrais-je parler à... ?, II-3.2

mayor le maire, II-11.2

me me (dir. and ind. obj.), I-15.2; moi (stress pron.), I-1.2

meadow le pré, II-15.1

meal le repas, II-2.1

meat la viande, I-6.1

Mecca la Mecque, II-14.1

medicine (medical profession) la médecine, I-15; le médicament (remedy), I-15.2

to **meditate** méditer, 7

medium: medium-length mi-long(ue), II-5.1

  medium-rare (meat) à point, I-5.2

to **meet (for the first time)** faire la connaissance de, II-13.2

  to meet (again) se retrouver, II-13.1

  to meet someone halfway se rencontrer à mi-chemin, 4

to **melt** fondre, 4

menorah la menorah, II-11.2

menu la carte, I-5.1

merchant le/la commerçant(e), II-16.1; le marchand, la marchande, I-6.2

  produce merchant le marchand, la marchande de fruits et légumes, I-6.2

merry rieur, rieuse, 2

message le message, II-3.2

  to leave a message laisser un message, II-3.2

meter le compteur, 1

  meter maid la contractuelle, I-12.2

method la combine, 2

microphone le micro(phone), 8

middle le milieu, II-10.2

midnight minuit (m.), I-2.2

  midnight mass la messe de minuit, II-11.2

milk le lait, I-6.1

mill le moulin, 6

minaret le minaret, II-14.1

mine le mien, la mienne, les miens, les miennes (poss. pron.), 7

mineral water l'eau (f.) minérale, I-6.2

mirror la glace, I-11.1

Miss (Ms.) Mademoiselle (Mlle), I-BV

to **miss (the train)** rater (le train), II-4.2

  to miss (someone) regretter, 2

missing: (noun) is missing il manque (+ noun), II-9.2

mist la brume, 1

mistaken: You're mistaken. Vous vous trompez., II-4.1

misunderstanding la méprise, 5

mogul la bosse, I-14.1

moment: One moment, please. Un moment, s'il vous plaît., II-3.2

Monday lundi (m.), I-2.2

money l'argent (m.), I-3.2

  to have lots of money avoir plein de fric (slang), I-18.2

monitor le surveillant, la surveillante, II-12.2

month le mois, I-4.1

moon la lune, 5

  the Moon la Lune, 8

moped le vélomoteur, I-12.2

more davantage, 7

morning le matin, I-2

  in the morning (A.M.) du matin, I-2

Morocco le Maroc, I-16

mosque la mosquée, II-14.1

most (of) la plupart (des), I-8.2

mother la mère, I-4.1

motorcycle la moto, I-12.2; la motocyclette, II-8.1

  motorcycle cop le motard, I-12.2

motorcyclist le/la motocycliste, 5

motorist l'automobiliste (m. et f.), II-8.1

mountain la montagne, I-14.1

mouse la souris, 7

mouth la bouche, I-15.1

to **move** bouger, 8

  to move (one's residence) déménager, 2

  to move forward (s')avancer, 5

movie le film, I-16.1.

  movie theater le cinéma, la salle de cinéma, I-16.1

moving émouvant(e), 8

  moving sidewalk le trottoir roulant, II-7.2

Mr. Monsieur (M.), I-BV

Mrs. (Ms.) Madame (Mme), I-BV

museum le musée, I-16.2
music la musique, I-2.2
musician le musicien, II-11.1
Muslims les musulmans (m. pl.), II-14.1
   Muslim prayer leader le muezzin, II-14.1
must devoir, I-18.2
mustard la moutarde, I-6.2
my ma, mon, I-4; mes, I-5

N

nail (finger, toe) l'ongle (m.), II-5.2
   nail polish le vernis à ongles, II-5.2
name le nom, I-16.2
   What is your name? Tu t'appelles comment? (fam.), I-11.1
nape (of the neck) la nuque, II-5.1
napkin la serviette, I-5.2
narrow étroit(e), I-10.2
national national(e), II-11.1
   national anthem l'hymne (m.) national, II-11.1
   national holiday la fête nationale, II-11.1
native natal(e), 5
   native country la patrie, 4
nature preserve la réserve, 4
nauseous: to feel nauseous avoir des maux de cœur, 7
near près de, I-4.2
necessary: it is necessary (+ inf.) il faut (+ inf.), I-9.1; il est nécessaire de (+ inf.), II-3.1
   it's necessary that il faut que (+ subjunc.), il est nécessaire que (+ subjunc.), II-11.1
to need avoir besoin de, I-11.1
neighbor le voisin, la voisine, I-4.2
neighborhood (n.) le quartier, I-4.2
nephew le neveu, I-4.1
nervous nerveux, nerveuse, 4
nest le nid, 6
net le filet, I-9.2
   net bag le filet, I-6.1
never ne... jamais, I-12
new nouveau (nouvel), nouvelle, I-4
   New Year's Day le jour de l'An, II-11.2
   Happy New Year! Bonne Année!, II-11.2
news les infos (f. pl.), 2
newspaper le journal, I-8.1
   daily newspaper le quotidien, 2
   weekly newspaper l'hebdomadaire (m.), 2
newsstand le kiosque, I-8.1
next prochain(e), I-8.2
   next to à côté de, I-5

to nibble (at) grignoter, 7
nibbling le grignotage, 7
nice (person) aimable, sympathique, I-1.2; gentil(le), I-9
niece la nièce, I-4.1
nightclub (with musical entertainment) le cabaret, 3
nightmare le cauchemar, 8
nine neuf, I-BV
nineteen dix-neuf, I-BV
ninety quatre-vingt-dix, I-5.2
no one (nobody) ne... personne, I-12.2; Personne ne... , II-2
no parking permitted il est interdit de stationner, I-12.2
no smoking (section) (la zone) non fumeurs, I-7.1
noise le bruit, II-13.1
noisy bruyant(e), II-13.2
non-stop (flight) sans escale, II-7.2
noon midi (m.), I-2.2
Norway la Norvège, 8
nose le nez, I-15.1
   to have a runny nose avoir le nez qui coule, I-15.1
not ne... pas, I-1
   not bad pas mal, I-BV
notebook le cahier, I-BV
nothing ne... rien, I-12.2; rien ne... , II-2
   Nothing else. Rien d'autre., I-6.2
to notice s'apercevoir, 2; constater, 5
novel le roman, I-16
November novembre (m.), I-4.1
now maintenant, I-2
number le numéro, I-5.2; le chiffre, 5
   the right (wrong) number le bon (mauvais) numéro, II-3.2
   What is the phone number of ... ? Quel est le numéro de téléphone de... ?, I-5.2
   You have the wrong number. C'est une erreur., II-3.2
numerous nombreux, nombreuse, II-4.1
nurse l'infirmier, l'infirmière, II-6.1
nutrition la nourriture, l'alimentation (f.), 7

O

oasis l'oasis (f.), II-14.2
oats l'avoine (f.), II-15.1
to obey obéir (à), I-7; respecter, II-8.1
obvious: it's obvious that il est évident que, II-14
obviously évidemment, II-8
occasionally de temps en temps, II-4
o'clock: it's... o'clock il est... heure(s), I-2.2

October octobre (m.), I-4.1
of de, I-5
   of the du, de la, de l', des, I-5
to offer offrir, I-15
office le bureau, II-2.2
   school office le bureau de vie scolaire, II-12.2
offspring la progéniture, 2
often souvent, I-5
OK (health) ça va; (agreement) d'accord, I-BV
old vieux (vieil), vieille, I-4.1; âgé(e), 3
   How old are you? Tu as quel âge? (fam.), I-4.1
oleander le laurier-rose, 8
omelette (with herbs/plain) l'omelette (f.) (aux fines herbes/nature), I-5.1
on sur, I-BV
   on board à bord de, I-7.2
   on foot à pied, I-5.2
   on time à l'heure, I-2
one un, une, I-1
   one-way ticket l'aller simple (m.), I-8.1
onion l'oignon (m.), I-6.2
   onion soup la soupe à l'oignon, I-5.1
only ne... que, seulement, II-2.1
on-ramp la bretelle d'accès, II-8.1
open ouvert(e), I-16.2
to open ouvrir, I-15.2
opera l'opéra (m.), I-16.1
   opera glasses les lorgnettes (f. pl.), 6
operating room la salle d'opération, II-6.2
operating table la table d'opération, II-6.2
operator le/la standardiste, II-3.1
opinion: in my opinion à mon avis, I-10.2
to oppose opposer, I-13.1
opposing adverse, I-13.1
opposite (prep.) en face de, II-4.1
or ou, I-1.1
oral report l'exposé, II-12.1
   to give an oral report faire un exposé, II-12.1
orange (fruit) l'orange (f.), I-6.2; (color) (inv.) orange, I-10.2
   orange soda l'Orangina (m.), I-5.1
orchestra l'orchestre (m.), II-11.1
   orchestra (front rows in a theater) l'orchestre (m.), 3
to order commander, I-5.1
   original language version (of a film) la version originale, I-16.1
other autre, I-BV
our notre, nos, I-5
ours le nôtre, la nôtre, les nôtres, 7

out of bounds hors des limites,
I-9.2

outing la sortie, 3

outmoded dépassé(e), 6

over (prep.) par dessus, I-13.2
   over there là-bas, I-BV

overcast (cloudy) couvert(e), I-14.2

to overlook donner sur, I-17.1

to owe devoir, I-18.2

ox le bœuf, II-15.1

oxygen mask le masque à oxygène,
II-7.1

P

pack (of runners) le peloton, 3

to pack (suitcases) faire les valises,
I-7.1

package le paquet, I-6.2; le colis, II-
1.2

packed bondé(e), 1; (stadium)
comble, I-13.1
   to be tightly packed être
      serré(e)(s), 8

page one la une, 2

pain la douleur, 7

to paint peindre, 2

painter le/la peintre, I-16.2

painting la peinture; le tableau,
I-16.2

pair la paire, I-10.1

pal le copain, la copine, I-2.1

palace le palais, 8

palm grove la palmeraie, II-14.2

palm tree le palmier, II-14.2

pancake la crêpe, I-5.1

pane of glass la vitre, 2

to panic s'affoler, 8

pants le pantalon, I-10.1

pantyhose le collant, I-10.1

paper: sheet of paper la feuille de
papier, I-BV

parade le défilé, II-11.1

parents les parents (m. pl.), I-4.1

Parisian parisien(ne), I-7

park le parc, I-11.2

to park the car garer la voiture, I-12.2

parking: no parking il est interdit
de stationner, I-12.2
   parking meter le parcmètre, 5

part (in hair) la raie, II-5.1

part-time à mi-temps, I-3.2

party la fête, I-3.2

to pass prendre le pas, 3; dépasser, 5
   to pass (car) doubler, II-8.1
   to pass someone croiser
      (quelqu'un), 6
   to pass an exam être reçu(e) à un
      examen, II-12.1; réussir à un
      examen, I-7
   to pass (something to someone)
      passer, I-7.2

passenger le passager, la passagère,
I-7.1; le voyageur, la voyageuse
(train), I-8

passport le passeport, I-7.1

past: in the past autrefois, 3

pasture le pâturage, 4

pâté le pâté, I-5.1

path le sentier, 6

patient (adj.) patient(e), I-1.1
   patient (n.) un/une patient(e), 7

patriotic (fanatically) chauvin, 4

to pay payer, I-6.1
   to pay attention faire attention,
      I-6
   to pay back rembourser, I-18.2
   to pay cash payer en espèces,
      I-17.2

payment la rémunération, 7

peace la paix, 4

to peck (at) picorer, 7

pedestrian (adj.) piétonnier(-ère), 8

pedestrian (n.) le piéton, la
piétonne, I-12.2
   pedestrian crossing les clous
      (m. pl.), I-12.2

pen le stylo, I-BV
   ballpoint pen le stylo-bille,
      II-12.1
   felt-tip pen le feutre, II-12.1

pencil le crayon, I-BV

penguin le manchot, 4

penholder le porte-plume, 2

penicillin la pénicilline, I-15.1

people les gens (m. pl.), 4

perfect parfait, 6

perfume le parfum, II-5.2

permanent définitif (-ve), 7

permanent (hair) la permanente,
II-5.1

permanently définitivement, 7

to permit permettre, I-14

person la personne, I-17.1

personally personnellement, I-16.2

personnel department le service du
personnel, II-16.2

pharmacist le pharmacien, la
pharmacienne, I-15.2

pharmacy la pharmacie, I-15.2

physical education l'éducation (f.)
physique, I-2.2

physics la physique, I-2.2

piano le piano, II-11.1

to pick up (a telephone receiver)
décrocher, II-3.1; (an object)
ramasser, 5

pickpocket le pickpocket, 5

picture le tableau, I-16.1

pie la tarte, I-6.1

piece le bout, 7

pier le quai, 5

pig le cochon, II-15.1

pill le comprimé, I-15.2

pillow l'oreiller (m.), I-17.2

pilot le pilote, II-7.1

to pilot piloter, II-7.1

pine tree le sapin, II-11.1

pink rose, I-10.2

to pitch in mettre la main à
la pâte, 6

place l'endroit (m.), II-8.1
   to take place avoir lieu, II-11.2

to place mettre, I-8.1

plague le fléau, 5

plain (adj.) nature, I-5.1

plate l'assiette (f.), I-5.2

platform (railroad) le quai, I-8.1

to play, perform jouer, I-16
   to play (a sport) jouer à, I-9.2;
      pratiquer un sport, I-11.2

play la pièce, I-16.1
   to put on a play monter une
      pièce, I-16.1

player le joueur, la joueuse, I-9.2

please s'il vous plaît (form.), s'il te
plaît (fam.), I-BV

pneumatic drill le marteau-piqueur, 7

pocket la poche, I-18.1

pocketbook, purse le sac, I-18.1

police officer l'agent (m.) de police,
II-8.2; le gendarme, II-8.1; le
policier, 3

police station le commissariat, 5

polite poli(e), II-13.1

pond l'étang (m.), 4

ponytail la queue de cheval, II-5.1

pool la piscine, I-9.2

poor pauvre, I-15.1
   poor thing le/la pauvre, I-15.1

popular populaire, I-1.2
   to be very popular avoir la
      cote, 6

populated area l'agglomération (f.), 5

porter le porteur, I-8.1

position le poste, II-16.2

possession le bien, 4

possible: it's possible that il est
possible que (+ subjunc.), II-11

post office le bureau de poste, la
poste, II-1.1

postcard la carte postale, II-1.1

poster l'affiche (f.), 4

potato la pomme de terre, I-6.2

pound la livre, I-6.2

to pray prier, II-14.1

preferable: it's preferable that il est
préférable que (+ subjunc.); il vaut
mieux que (+ subjunc.), II-11

to prepare préparer, I-4.2
   prepared préparé(e), II-12.1

to prescribe prescrire, I-15.2

prescription l'ordonnance (f.), I-15.2
   to write a prescription faire une
      ordonnance, I-15.2

to press appuyer sur, II-10.2

pretty joli(e), I-4.2

to prevent prévenir, 7

price le prix, I-10.1
pride la fierté, 8
principal (n.) la directrice, le proviseur, II-12.2
probable: it's probable that il est probable que, II-14
probably sans doute, 8
problem le problème, I-11.2
to **produce** fournir, 1
    to produce a result agir, 2
production la production, II-15.1
profession la profession, II-16.1
prohibited: ... is prohibited il est interdit de... , II-7.1
projector le projecteur, II-12.1
property la propriété, II-15.2
proud fier, fière, 8
to **provide** fournir, 8
    provided that pourvu que (+ subjunc.), II-15.2
public public, publique, II-3.1
    public transportation les transports (m. pl.) en commun, II-10
    public-spiritedness le civisme, 6
pulmonary pulmonaire, 7
pulse: to take someone's pulse prendre le pouls, II-6.2
to **punch (a ticket)** poinçonner, II-4.1
to **punish** punir, I-7
puppet la marionnette, 8
    puppet show le spectacle de marionnettes, 8
to **push** pousser, II-10.2
to **put (on)** mettre, I-8.1
    to put in (a coin) introduire (une pièce), II-3.1
    to put money aside mettre de l'argent de côté, I-18.2
    to put on (clothes) endosser (des vêtements), 6
    to put on makeup se maquiller, I-11.1

Q

quarter: quarter after (time) et quart, I-2
    quarter to (time) moins le quart, I-2
    Arab quarter la médina, II-14.1
question: to ask a question poser une question, I-3.1
to **question** interroger, 1; interpeller, 5
quickly rapidement, II-2.2
quietly à voix basse, 5
quite assez, I-1

R

rabbit le lapin, II-15.1
race la course, I-13.2
racket la raquette, I-9.2
radio la radio, I-3.2
    radio station la station de radio, 2
rag le chiffon, 2
ragpicker le chiffonnier, 2
rain la pluie, 1
to **rain** pleuvoir, 2
    It's raining. Il pleut., I-9.2
rainbow l'arc-en-ciel (m.), 6
raincoat l'imper(méable) (m.), II-9.2
raindrop la goutte de pluie, 1
rainy pluvieux, pluvieuse, 1
raisins les raisins secs, II-14.1
to **ram** éperonner, 5
rare (meat) saignant(e), I-5.2
ray le rayon, 8
razor le rasoir, II-5.2
    razor cut une coupe au rasoir, II-5.2
to **read** lire, I-12.2
    ready-to-wear department le rayon prêt-à-porter, I-10.1
to **realize** se rendre compte, 5
really vraiment, I-2.1
to **receive** recevoir, I-18.1
to **recognize** reconnaître, 4
record le disque, I-3.2
to **record** enregistrer, II-2.1
to **recover (from an illness)** se remettre, 5
red rouge, I-10.2
redheaded roux, rousse, II-5.1
referee l'arbitre (m.), I-13.1
registration card (for an automobile) la carte grise, II-8; **(at a hotel desk)** la fiche d'enregistrement, I-17.1
regular ordinaire (gasoline), I-12.2
religious religieux, religieuse, II-11.2
remains (archeology) les vestiges (m. pl.), 8
to **remember** se rappeler, 2; se souvenir de, II-3.1
remote control le zappeur, la télécommande, II-2.1
rent louer, II-4.2
repatriation la rapatriement, 2
to **report (a crime)** déclarer, 5
to **require** exiger, II-12.1
    required obligatoire, II-12.2
research la recherche, 7
    to do research faire de la recherche, 7
researcher le chercheur, la chercheuse, 8
reservations office le bureau de location, II-4.2

to **reserve (train seat)** louer, II-4.2; réserver, I-17
to **reset (a bone)** remettre en place, II-6.2
respiratory system l'appareil (m.) respiratoire, 4
rest le repos, 3
restaurant le restaurant, I-5.2
    company restaurant le restaurant d'entreprise, 2
    restaurant voucher le ticket-restaurant, 2
result le résultat, 6
résumé le curriculum vitae (CV), II-16.2
to **return (tennis ball, etc.)** renvoyer, I-9.2
reward la récompense, 3
rhinoceros le rhinocéros, 4
rib une côte, 7
ribbon le ruban, 2
rider le cavalier, la cavalière, 7; **(circus)** l'écuyer (m.), l'écuyère (f.), 8
riding l'équitation, 7
    to go horseback riding faire de l'équitation, 7
right: to the right of à droite de I-5
    it's right that il est juste que (+ subjunc.), II-11
    right away tout de suite, I-11.1
ring: wedding ring l'alliance (f.), II-11.2
to **ring** sonner, II-3.1
    ringlet l'anglaise (f.), 2; la boucle, 2
to **rinse** rincer, II-2.1
to **rise (sun)** se lever, 8
    rising sun le soleil levant, 5
rival le rival, la rivale, 3
road la route, I-12.2
    road map la carte routière, II-8.1
    road sign le panneau (routier), II-8.1
to **roar with laughter** hurler de rire, 3
to **rob** voler, 5
robber le voleur, la voleuse, 5
robbery le vol, 5
rock le rocher, 3
rocket la fusée, 4
role le rôle, I-16
roller (for hair) le rouleau, II-5.2
    electric roller le rouleau chauffant, II-5.2
roof le toit, 8
room la pièce, I-4.1; **(in a hotel)** la chambre, I-17.1
    greenroom (of a theater) le foyer (des artistes), 3
    double room la chambre à deux lits, I-17.1
    single room la chambre à un lit, I-17.1
rooster le coq, II-15.2

rough agité(e), **1**
round-trip ticket le billet aller-
retour, I-8.1
route le chemin, **2**
rude mal élevé(e), II-13.1
ruler la règle, **4**
to **run** courir, II-2.2
    to run away s'enfuir, **5**
runner le coureur, I-13.2
rush hour les heures (f. pl.) de
pointe, les heures d'affluence,
II-8.1

S

sad triste, désolé(e), II-13.2
safe sûr(e), **4**
Sahara le Sahara, II-14.2
sailor le marin, **2**
salad la salade, I-5.1
salami le saucisson, I-6.1
salary le salaire, II-16.2
sales les soldes (f.pl.), I-10.2
salesperson le vendeur, la
vendeuse, I-10.1
salt (adj.) salé(e), II-14.2
    salt crust la croûte de sel, II-14.2
    salt lake le chott, le lac salé,
II-14.2
same même, I-2.1
sand le sable, I-9.1
sandwich le sandwich, I-5.1
    grilled ham and cheese
    sandwich le croque-monsieur,
I-5.1
Santa Claus le Père Noël, II-11.2
Saturday samedi (m.), I-2.2
sauce: spicy sauce la sauce
piquante, II-14.1
to **save money** faire des économies,
I-18.2
    to save money on gratter sur, **2**
    savings account le compte
d'épargne, I-18.1
to **savor** déguster, **4**
to **say** dire, I-12.2
    to say good-bye faire ses adieux, **2**
scale la balance, II-1.2
scarf l'écharpe (f.), I-14.1
scene la scène, I-16.1
scissor cut la coupe aux ciseaux,
II-5.2
scissors les ciseaux (m. pl.), II-5.2
schedule l'horaire (m.), I-8.1
scholarship la bourse, **2**
school (adj.) scolaire, II-12.1
school (n.) l'école (f.), I-1.2
    high school le lycée, I-1.2
    school supplies le matériel
scolaire, II-12.1

schoolteacher l'institutrice (f.), **2**; la
maîtresse d'école, **2**; le maître
d'école, **4**
science les sciences (f.pl.), I-2.2
scientist le savant, **1**
to **scold** gronder, **4**
score le score, I-9.2
to **score a goal** marquer un but, I-13.1
to **scratch** se gratter, **7**
screen l'écran (m.), I-7.1
sculptor le sculpteur (m. et f.),
I-16.2
sculpture la sculpture, I-16.2
sea la mer, I-9.1
    by the sea au bord de la mer,
I-9.1
search la recherche, **7**
seashore le bord de la mer, I-9.1
seaside resort la station balnéaire,
I-9.1
seat le siège, I-7.1
    seat (on an airplane, at movies,
    etc.) la place, I-7.1
    seat (in a theater) le fauteuil, **3**
    adjustable seat le siège réglable,
II-4.1
    back of the seat le dossier du
siège, II-7.1
    numbered seat la place
numérotée, II-4.1
    seat belt la ceinture de sécurité,
I-12.2
seated assis(e), I-8.2
second (adj.) deuxième, I-4.2
secretary le/la secrétaire, II-16.1
section la zone, I-7.1
    smoking (no smoking) section
la zone (non) fumeurs, I-7.1
security (airport) le contrôle de
sécurité, I-7.1
to **see** voir, I-10.1
    See you later. À tout à l'heure.,
I-BV
    See you tomorrow. À demain.,
I-BV
to **seem** avoir l'air, 13.2
    it seems to me (you, him, her,
    etc.) il me (te, lui, etc.) semble,
II-14.1
self-employed: to be self-employed
être à son compte, II-16.2
to **sell** vendre, I-8.1
semi-circle le demi-cercle, I-13.2
semolina wheat la semoule de blé,
II-14.1
to **send** envoyer, II-1.1
    sender l'expéditeur, l'expéditrice,
II-1.2
September septembre (m.), I-4.1
serious grave, **4**
seriously sérieusement, II-8
to **serve** desservir (transportation),
II-4.2; servir, I-7.2
service le service, I-5.2

service station la station-service,
I-12.2
    service station attendant le/la
pompiste, I-12.2
set (for a play) le décor, I-16.1;
(with hair curlers) la mise-en-plis,
II-5.1
to **set the table** mettre le couvert, I-8
seven sept, I-BV
seventeen dix-sept, I-BV
seventy soixante-dix, I-5.2
several plusieurs, I-18.2
shadow l'ombre (f.), **5**
to **shake hands** se serrer la main,
II-13.1
Shall we go? On y va?, I-5
shampoo le shampooing, II-5.2
    shampoo-conditioner le
shampooing-crème, II-5.2
to **shampoo** faire un shampooing,
II-5.2
to **share expenses** partager les frais,
II-13.1
to **sharpen (a pencil)** tailler, **1**
to **shave** se raser, I-11.1
shawl le châle, II-14.1
she elle, I-1
shed (storage) le hangar, II-15.1
sheep le mouton, II-15.1
sheet le drap, I-17.2
    sheet of paper la feuille de
papier, I-BV
to **shelter** abriter, **1**
shepherd le pasteur, **4**
to **shine** briller, **1**
shirt la chemise, I-10.1
shoes les chaussures (f. pl.), I-10.1;
les souliers (m. pl.), II-11.2
shop la boutique, I-10.1
    to shop faire des achats, I-10.1
short petit(e), I-1.1; court(e), I-10.2
shorts le short, I-9.2
to **shout** hurler, **3**
to **shove** bousculer, II-13.1
shovel la pelle, **3**
show (movies) la séance, I-16.1;
l'émission (TV), II-2.1
to **show** montrer, I-17.1
    to show a movie passer un film,
I-16.1
shrimp la crevette, I-6.1
to **shrink** rétrécir, II-9.1
shy timide, I-1.2
sick malade, I-15.1
    sick person le/la malade, I-15.2
    to feel sick avoir des maux de
cœur, **7**
side (in a sporting event) le camp,
I-13.1; (of an object, person, etc.),
le côté, II-5.1
sideburns les pattes (f. pl.), II-5.1
sidewalk le trottoir, I-12.2

sidewalk café la terrasse (d'un café), I-5.1
to **sign** signer, I-18.1
  sign l'écriteau (m.), **2**
  silk (n.) la soie, II-9.2; (adj.) en soie, II-9.2
  silver l'argent (m.), **3**
  silverware l'argenterie (f.), **5**; les couverts (m. pl.) en argent, **5**
  since depuis, I-8.2
  sincere sincère, I-1.2
to **sing** chanter, I-3.2
  singer le chanteur, la chanteuse, II-16.1
  single (unmarried) célibataire, **4**
  sink l'évier (m.), II-2.1; le lavabo, **2**
  sir monsieur, I-BV
  sister la sœur, I-1.2
to **sit (down)** s'asseoir, II-2.1
  to sit down for a meal se mettre à table, II-2.1
  site: archaeological site le chantier de fouilles archéologiques, **8**
  six six, I-BV
  sixteen seize, I-BV
  sixty soixante, I-BV
  size (clothes) la taille; (shoes) la pointure, I-10.2
  the next larger size la taille au-dessus, I-10.2
  the next smaller size la taille au-dessous, I-10.2
  to take size ... faire du (nombre), I-10.2
  What size do you take? Vous faites quelle pointure (taille)?, II-10.2
  skate (ice) le patin à glace, I-14.2
  to (ice) skate faire du patin (à glace), I-14.2
  skater le patineur, la patineuse, I-14.2
  skating (n.) le patinage, I-14.2
  skating rink la patinoire, I-14.2
to **ski** faire du ski, I-14.1
  ski (n.) le ski, I-14.1
  ski boot la chaussure de ski, I-14.1
  ski jacket l'anorak (m.), I-14.1
  ski pole le bâton, I-14.1
  ski resort la station de sports d'hiver, I-14.1
  skier le skieur, la skieuse, I-14.1
  skiing (n.) le ski, I-14.1
  downhill skiing le ski alpin, I-14.1
  cross-country skiing le ski de fond, I-14.1
to **skip** escamoter, **7**
  skirt la jupe, I-10.1
  sky le ciel, I-14.2
  slanting penché(e), **2**
  sleep le sommeil, **5**

to **sleep** dormir, I-7.2
  sleeping car la voiture-lit, I-8.2
  sleeve la manche, I-10.2
  long- (short-) sleeved à manches longues (courtes), I-10.2
  slide (photo) la diapo(sitive), II-12.1
  slot la fente, II-3.1
to **slow down** ralentir, II-8.1
  slowing le ralentissement, II-8.1
  small petit(e), I-1.1
to **smile** sourire, II-12
  smock la blouse, **2**
  smoking (section) (la zone) fumeurs, I-7.1
to **smother** étouffer, **4**
  snack la collation, II-7.1
  snack bar (train) le gril(l)-express, I-8, la voiture grill-express, II-4.1
  sneakers les chaussures (f. pl.) de tennis, I-9.2
to **sneeze** éternuer, I-15.1
to **snore** ronfler, **8**
  snowball la boule de neige, I-14.2
  snowing: It's snowing. Il neige., I-14.2
  so: so that pour que (+ subjunc.), II-15
  soap le savon, I-11.1
  soccer le foot(ball), I-13.1
  soccer field le terrain de football, I-13.1
  social worker l'assistante (f.) sociale, II-16.1
  socks les chaussettes (f.pl.), I-10.1
  soil la terre, II-15.1
  sold out (performance) à bureaux fermés, **3**
  soldier le soldat, II-11.1
  sole (of the foot) la plante (du pied), **7**
  solitary confinement la réclusion solitaire, **2**
  some quelques (pl.), I-8.2
  somebody, someone quelqu'un, I-12.2
  something to eat quelque chose à manger, I-5.1
  sometimes quelquefois, I-5
  son le fils, I-4.1
  song la chanson, **3**
  sophisticated (object) perfectionné(e), **8**
  sore throat l'angine (f.), I-15.1
  sorry désolé(e), II-3.2
  to be sorry être désolé(e), II-3.2, regretter, II-13.2
  I'm sorry. Excusez-moi., II-4.1; Je regrette., II-3.2
  sort: a sort of une espèce de, **7**
  sound (of an animal) le cri, II-15.2
to **sound** sonner, **6**

  to sound the bugle sonner le clairon, **6**
to **sow** semer, **4**
  space (parking) la place, I-12.2
  Spanish (language) l'espagnol (m.), I-2.2
to **speak** parler, I-3.1
  to speak ill of dire du mal de, **8**
  to speak on the telephone parler au téléphone, I-3.2
  spectator le spectateur, I-13.1
  speed limit la limitation de vitesse, I-12.2
to **speed up** accélérer, I-12.2
to **spell** épeler, **4**
to **spend (money)** dépenser, I-10.1
  spite: in spite of malgré, **1**
  spoon la cuillère, I-5.2
  sporty (clothes) sport (adj. inv.), I-10.1
  spot la tache, II-9.2
to **sprain** se fouler, II-6.1
  spray le jet d'eau, **8**
  spring (season) le printemps, I-13.2
  stadium le stade, I-13.1
  stage la scène, I-16.1
  stain la tache, II-9.2
to **stain** faire une tache, II-9.2
  staircase l'escalier (m.), I-17.1
  stairs: on the stairs sur les marches, **6**
  stamp (postage) le timbre, II-1.1
  stamp machine le distributeur automatique, II-1.1
to **stamp (a ticket)** composter, I-8.1
  standing debout, I-8.2
  star l'étoile (f.), **6**; la vedette (actor, actress), I-16.1;
  starch l'amidon (m.), II-9.1
to **start the car** mettre le contact, I-12.2
  station wagon le break, I-12.2
  statue la statue, I-16.2
  stay: to stay in bed garder le lit, **7**
  to stay in shape rester en forme, I-11.1
  steak and French fries le steak frites, I-5.2
to **steal** voler, **5**
  steel l'acier (m.), **4**
  steep raide, I-14.1
  steering wheel le volant, **5**
  step le pas, **3**; la marche (staircase), **6**
  to take a step faire un pas, **8**
  stereo la chaîne stéréo, II-2.1
to **sting** piquer, **7**
  stitch le point de suture, II-6.2
  to give stitches faire des points de suture, II-6.2
  stomach le ventre, I-15.1
  to have a stomachache avoir mal au ventre, I-15.1
  stone la pierre, **1**
  stop l'arrêt (m.), II-10.2

to **stop (someone)** arrêter (quelqu'un), 8.1; (oneself) s'arrêter, I-12.2
Stop, thief! Au voleur!, **5**
storage l'entreposage (m.), II-15.2
storage shed le hangar, II-15.1
store le magasin, I-3.2
to **store** entreposer, II-15.2
storm l'orage (f.), **1**; la tempête, **1**
stormy agité(e), **1**
straight (hair) raide, II-5.1
straight ahead tout droit, II-8.2
straw mat la natte, **4**
stream le ruisseau, **4**
streamer le serpentin, II-11.2
street la rue, I-3.1
street map le plan de la ville, II-8.1
stretcher le brancard, II-6.1
strictness l'exigence (f.), **6**
to **stroll** flâner, **1**
strolling ambulant(e), **7**
strong fort(e), **1**
student l'élève (m. et f.), I-1.2
high school student le lycéen, la lycéenne, II-12.2
to **study** étudier, I-3.1; faire des études, II-7.2
to study French (math, etc.) faire du français (des maths, etc.), I-6
study hall la salle de permanence, II-12.2
style le style, II-5.1
subject la matière (school), I-2.2
subscription l'abonnement (m.), **2**
subtitles les sous-titres (m. pl.), I-16.1
subway le métro, I-4.2
by subway en métro, I-5.2
subway station la station de métro, I-4.2
to **succeed** réussir (à), I-7
to succeed in doing something parvenir à (+ inf.), **3**
to **suffer** souffrir, I-15.2
to **suffocate** étouffer, **4**
sugar le sucre, **2**
suit (men's) le complet; (women's) le tailleur, I-10.1
(suit) jacket la veste, I-10.1
suitcase la valise, I-7.1
summer l'été (m.), I-9.1
.summer camp la colonie de vacances, **2**
summit le sommet, I-14.1
sun le soleil, II-14.2
rising sun le soleil levant, **5**
to **sunbathe** prendre un bain de soleil, I-9.1
Sunday dimanche (m.), I-2.2
sunglasses les lunettes (f. pl.) de soleil, I-9.1

sunny: It's sunny. Il fait du soleil., I-9.2
sunrise le lever du soleil, II-15.2
sunset le coucher du soleil, II-15.2
suntan lotion la crème solaire, I-9.1
super extra, super (inform.), I-2.2
super (gasoline), (de l'essence) super, I-12.2
superb génial(e), **3**
supermarket le supermarché, I-6.1
large supermarket l'hypermarché (m.), **2**
sure: to be sure être sur(e), II-14.2
it's sure il est sûr, II-14
to **surf** faire du surf, I-9.1
surfboard la planche (de surf), le surf-board, **3**
surfer le surfeur, la surfeuse, **3**
surgeon le chirurgien, II-6.2
orthopedic surgeon le chirurgien-orthopédiste, II-6.2
to **surpass** prendre le pas, **3**; dépasser, **5**
to **surprise** surprendre, **1**
surprised surpris(e), II-13.2
I would be very surprised ça m'étonnerait, II-14
to **surround** entourer, II-8.1
surroundings l'ambiance (f.), **3**
survey (opinion) le sondage, **2**
sweater le pull, I-10.1
sweatshirt le sweat-shirt, I-10.1
sweatsuit le survêtement, I-11.2
to **swim** nager, I-9.1
swimmer le nageur, la nageuse, **7**
swimming (n.) la natation, I-9.1
system la combine, **2**

T

table la table, I-BV
table setting le couvert, I-5.2
to clear the table débarrasser la table, II-2.1
to set the table mettre le couvert, I-5.2
tablecloth la nappe, I-5.2
tailor le tailleur, **2**
to **take** prendre, I-9.1; (to take a person somewhere) emmener, II-6.1
to take a bath (a shower) prendre un bain (une douche), I-11.1
to take care of soigner, II-6.1
to take an exam passer un examen, I-3.1
to take off (airplane) décoller, I-7.1
to take place avoir lieu, II-11.2
to take size (number) faire du (+ nombre), I-10.2

to take something upstairs monter, I-17.1
to take the train (plane, etc.) prendre le train (l'avion, etc.), I-7
to take a trip faire un voyage, I-7.1
to take up (a hobby) s'initier, **1**
to take a walk faire une promenade, I-9.1
taken pris(e), I-5.1
take-off (of an airplane) le décollage, II-7.1
talcum powder le talc, II-5.2
to **talk** parler, I-3.1
to talk on the phone parler au téléphone, I-3.1
to **tan** bronzer, I-9.1
tape recorder le magnétophone, II-2.1
tart la tarte, I-6.1
taste le goût, **5**
taxi le taxi, I-7.2
tea with lemon le thé citron, I-5.1
mint tea le thé à la menthe, II-14.2
to **teach** enseigner, II-12.2
to teach someone to do something apprendre à quelqu'un à faire quelque chose, I-14.1
teacher le professeur; le/la prof (inform.), I-2.1
homeroom teacher le professeur principal, II-12.2
team l'équipe (f.), I-13.1
to **tear** déchirer, II-9.2
technician le technicien, la technicienne, II-16.1
telephone le téléphone, II-2.1
cordless telephone le téléphone sans fil, II-2.1
dial telephone le téléphone à cadran
touchtone telephone le téléphone à touches
pre-paid telephone card la télécarte, II-3.1
telephone book l'annuaire (m.), II-3.1
telephone booth la cabine téléphonique, II-3.1
telephone operator le/la standardiste, II-3.1
to **telephone** téléphoner, II-3.2
television la télé, I-3.2; (programming) la télévision, II-2.1; (set) le poste de télévision, le téléviseur, II-2.1
television remote control la télécommande, le zappeur, II-2.1
television viewer le téléspectateur, la téléspectatrice, **2**

to **tell** dire, I-12.2
  temperature la température, I-15.1
  tempest la tempête, **1**
  temporary passager(ère), **7**
  ten dix, I-BV
  tennis le tennis, I-9.2
    tennis court le court de tennis, I-9.2
    tennis shoes les chaussures (f. pl.) de tennis, I-9.2
    tennis skirt la jupette, I-9.2
  tent la tente, **4**
  terminal (with bus to airport) le terminal; l'aérogare (f.), II-7.2
  terrace la terrasse, I-4.2
  terrible terrible, I-2.2
  test l'examen (m.), I-3.1
    to take a test passer un examen, I-3.1
    to pass a test réussir à un examen, I-7, être reçu(e) à un examen, II-12.1
  textbook le livre scolaire, II-12.1
to **thank** remercier, **3**
  thank you merci, I-BV
  that (dem. adj.) ce (cet), cette, I-8; (rel. pron.) (conj.) que; qui (subj.), **1**
    That's expensive. Ça coûte cher., I-7.2
    that is to say c'est-à-dire, I-16.1
    that one celle (f. sing. dem. pron.); celui (m. sing. dem. pron.), II-5
  the la, le, I-1; les, I-2
  theft le vol, **5**
  there là, II-5
    over there là-bas, I-BV
  theater le théâtre, I-16.1
  their leur, leurs, I-5
  theirs le leur, la leur, les leurs, **7**
  them elles, eux, (stress pron.), I-9; les (dir. obj.), I-16; leur (ind. obj.), I-17
  then (adv.) ensuite, I-11.1
  there y, I-5
    there is, there are il y a, I-4.2; voilà (emphatic), I-BV
    over there là-bas, I-BV
  these ces (m. et f. pl.), I-8
  they elles, ils, I-2
  thief le voleur, la voleuse, **5**
    Stop, thief! Au voleur!, **5**
to **think** penser, I-10.2; réfléchir, **7**
  third troisième, I-4.2
  thirteen treize, I-BV
  thirty trente, I-BV
  this ce (cet), cette, I-8
  this one celle (f. sing. dem. pron.); celui (m. sing. dem. pron.), II-5
  thorn l'épine (f.), **1**

those ces (m. et f. pl.), I-8; celles (f. pl. dem. pron.); ceux (m. pl. dem. pron.), II-5
thousand mille, I-6.2
three trois, I-BV
throat la gorge, I-15.1
  to have a frog in one's throat avoir un chat dans la gorge, I-15.2
  to have a scratchy throat avoir la gorge qui gratte, I-15.1
  to have a throat infection avoir une angine, I-15.1
to **throw** lancer, I-13.2
  thumb le pouce, II-13.1
  thunder le tonnère, **1**
  Thursday jeudi (m.), I-2.2
  ticket (train, theater, etc.) le billet, I-7.1; (bus, subway) le ticket, II-10.1
    one-way ticket l'aller simple (m.), I-8.1
    round-trip ticket le billet aller-retour, I-8.1
    ticket machine le distributeur automatique, II-10.1
    ticket window le guichet, I-8.1
    traffic ticket la contravention, I-12.2
  tickle chatouiller, **7**
  ticklish chatouilleux (-se), **7**
  tie la cravate, I-10.1
  tight serré(e); (shoes) étroit(e), I-10.2
to **tighten one's belt** se serrer la ceinture, **2**
  time (of day) l'heure (f.), I-2
    At what time? À quelle heure?, I-2
    it's time that il est temps que (+ subjunc.), II-11
    to be on time être à l'heure, I-8.1
    What time is it? Il est quelle heure?, I-2
to **tinker (with things around the house)** bricoler, **3**
  tip (restaurant) le pourboire, I-5.2
    to leave a tip laisser un pourboire, I-5.2
    The tip is included. Le service est compris., I-5.2
  tire le pneu, I-12.2
    flat tire le pneu à plat, I-12.2
    spare tire la roue de secours, I-12.2
  to à, I-3.1; à destination de (flight, etc.), I-7.1
    to the à la, à l', au, aux, I-5
    to the left (of) à gauche (de), I-5
    to the right (of) à droite (de), I-5
  today aujourd'hui, I-2.2
  toe le doigt de pied, II-6.1
  together ensemble, I-5.1

toilet (bathroom) les toilettes (f.pl.), I-4.2
  toilet paper: roll of toilet paper le rouleau de papier hygiénique, I-17.2
token le jeton, II-3.2
toll highway l'autoroute (f.) à péage, I-12.2
tollbooth le poste de péage, II-8.1
tomato la tomate, I-6.2
tomorrow demain, I-2.2
  See you tomorrow. À demain., I-BV
ton la tonne, **8**
tone (dial):
  to wait for the dial tone» attendre la tonalité, II-3.1
tonight ce soir, **2.1**
too (also) aussi, I-1.1; trop (excessively), I-10.2
tool l'outil (m.), **8**
tooth la dent, I-11.1
toothpaste le dentifrice, I-11.1
top le haut, II-5.1
  on top of each other superposé(e), **2**
touching émouvant(e), **8**
touch-tone à touches, II-3.1
tourist le/la touriste, **8**
tow truck la dépanneuse, II-8.2
towards vers, **8**
towel la serviette, I-17.2
town la ville, II-1.2
  town hall la mairie, II-16.2
toxic nocif, nocive, **4**
toy le jouet, I-2.2
track la piste, I-13.2; (for running) la piste de course, II-12.2; la voie (train), I-8.1
tractor le tracteur, II-15.1
trade le métier, II-16.1
traffic la circulation, I-12.2
  high-traffic area le point noir, II-8.1
  traffic jam le bouchon, II-8.1; l'embouteillage (m.), II-8.2
  traffic light le feu, I-12.2
  yellow (traffic) light le feu orange, I-12.2
tragedy la tragédie, I-16.1
trail la piste, I-14.1
  slalom trail la piste de slalom, I-14.1
trailer la caravane, II-8.1
train le train, I-8.1
  train station la gare, I-8.1
  station train arrives at la gare d'arrivée, II-4.2
  station train departs from la gare de départ, II-4.2
training le stage, **1**
to **transfer (train, subway)** prendre la correspondance, II-4.2

to **transport** transporter, II-6
trap le piège, 7
trapeze le trapèze
  trapeze artist le/la trapéziste 8
tray le plateau, II-7.1
  pull-down tray la tablette rabattable, II-4.1
tree l'arbre (m.), 4
  Christmas tree l'arbre de Noël (m.), II-11.2
trigonometry la trigonométrie, I-2.2
to **trim** tailler
trip le trajet, II-10.2
to **trip (someone)** lancer la patte, 6
trombone le trombone, II-11.1
truck le camion, II-8.1
  tow truck la dépanneuse, II-8.2
trumpet la trompette, II-11.1
trunk la malle, 2
truth la vérité, 6
T-shirt le tee-shirt, I-9.2
Tuesday mardi (m.), I-2.2
Tunisia la Tunisie, II-14.1
Tunisian tunisien(ne), II-14.2
turkey le dindon, II-15.2
Turkish bath le bain turc, le hammam, II-14.1
to **turn** tourner, II- 8.2
  to turn off (the TV, etc.) éteindre, II-2.1
  to turn on (the TV, etc.) allumer, mettre (la télé, etc.), II-2.1
turquoise turquoise, 3
TV la télé, I-3.2, (set) le poste de télévision, le téléviseur, II-2.1
twelve douze, I-BV
twenty vingt, I-BV
to **twist (one's knee, etc.)** se tordre, II-6.1
two deux, I-BV
type (n.) le genre, I-16.1
to **type** taper à la machine, II-12.1
typewriter la machine à écrire, II-12.1

U

uncle l'oncle (m.), I-4.1
uncovered découvert(e), 4
under sous, I-BV
underground (adj.) souterrain(e), 8
to **understand** comprendre, I-9.1
unemployed: to be unemployed être au chômage, II-16.2
unemployment le chômage, II-16.2
unfolding (of a story) le déroulement, 3
unfortunately malheureusement, II-7.2
unisex unisexe, II-5.2

United States les États-Unis (m. pl.), I-9.1
university la fac(ulté), 2
unleaded sans plomb, I-12.2
unless à moins que (+ subjunc.), II-15
unmarried célibataire, 4
unpleasant désagréable, antipathique (person), I-1.2
until (prep.) jusqu'à (+ noun); (conj.) jusqu'à ce que (+ subjunc.), II-15.2
up to jusqu'à, I-13.2
up(stairs) en haut, 2
upper balcony (in a theater) la galerie, 3
urchin le gamin (des rues), 2
us nous, I-7
to **use** employer, se servir de, II-2.2
usual: as usual comme d'habitude, 7
utmost primordial, 8
U-turn: to make a U-turn faire demi-tour, II-8.2

V

to **validate (a bus ticket)** oblitérer, II-10.2; valider, II-10.2
valley la vallée, I-14.1
value la valeur, II-1.2
vanilla (adj.) à la vanille, I-5.1
variable changeant(e), 1
vegetable le légume, I-6.2
veil le voile, II-14.1
very très, I-1.1
vest: life vest le gilet de sauvetage, II-7.1
vice-principal le censeur, II-12.2
videocassette la vidéo(cassette), I-3.2
  videocassette recorder (VCR) le magnétoscope, II-2.1
vineyard le vignoble, II-15.1
viral viral(e), I-15.1
voice la voix, 7
volleyball le volley-ball, I-13.2

W

to **wait (for)** attendre, I-8.1
  to wait in line faire la queue, I-8.1
waiter le serveur, I-5.1
waiting room la salle d'attente, I-8.1
waitress la serveuse, I-5.1
to **wake up** se réveiller, I-11.1
to **walk** se promener, I-11.2
walking la marche, 3
  to do a bit of walking faire de la marche, 7

Walkman le walkman, I-3.2; le baladeur, 3
wall le mur, 2
wallet le portefeuille, I-18.1
to **wander** flâner, 1
to **want** vouloir, I-6.1
war la guerre, 4
warm chaleureux, chaleureuse, 1
warm-up suit le survêtement, I-11.2
to **wash** laver, II-9.1; (one's face, hair, etc.) se laver (la figure, les cheveux, etc.), I-11.1; 2.2
  to wash and groom oneself faire sa toilette, I-11.1
washcloth le gant de toilette, I-17.2
washing machine la machine à laver, II-2.1
wasted gâché(e), 6
to **watch** regarder, II-2.1; surveiller, I-12.2
  to watch (over) veiller (sur), 4
  Watch the closing doors! Attention à la fermeture des portes!, II-4.1
water l'eau, I-6.2
to **water-ski** faire du ski nautique, I-9.1
wave la vague, I-9.1
wavy bouclé(e), II-5.1
way le chemin, 2
we nous, I-2
weak faible, 1
weapon l'arme (m.), 4
to **wear** porter, I-10.1
weariness la lassitude, 7
weather le temps, I-9.2
  It's bad weather. Il fait mauvais., I-9.2
  It's nice weather. Il fait beau., I-9.2
  What's the weather like? Quel temps fait-il?, I-9.2
wedding le mariage, II-11.2
  wedding ring l'alliance (f.), II-11.2
wedged coincé(e), 2
Wednesday mercredi (m.), I-2.2
week la semaine, I-2.2
  a (per) week par semaine, I-3.2
weekend le week-end, I-2.2
weekly magazine or newspaper l'hebdomadaire (m.), 2
to **weigh** peser, II-1.2
weight le poids, 1.2
  to gain weight grossir, I-11.2
  to lose weight maigrir, I-11.2
welcome (n.) l'accueil (m.), 1
to **welcome** accueillir, 1
welcoming (adj.) accueilant(e), 1
well (adv.) bien, I-BV; le puits (n.), 4
  well-done (meat) bien cuit(e), I-5.2

well-mannered bien élevé(e), II-13.1

well off aisé(e), 7

wet mouillé(e), II-5.2

whale la baleine, 4

what quel(le), I-7; qu'est-ce que, I-13; quoi, II-14

What else? (shopping) Avec ça?, I-6.2

What is it? Qu'est-ce que c'est?, I-BV

What is ... like? (description) Comment est... ?, I-1.1; (interr. pron.) qu'est-ce que (dir. obj.), II-6; qu'est-ce qui (subj.), II-6

wheat le blé, II-15.1

semolina wheat la semoule de blé, II-14.1

wheel la roue, I-12.2

wheelchair le fauteuil roulant, II-6.1

when quand, I-3.1

When is your birthday? C'est quand, ton anniversaire? (fam.), I-4.1

where où, I-BV

which quel(le) (interr. adj.), I-7; (rel. pron.) (dir obj.) que; qui (subj.), II-1

which one laquelle (f. sing. interr. pron.); lequel (m. sing. interr. pron.), II-5

which ones lesquelles (f. pl. interr. pron.); lesquels (m. pl. interr. pron.), II-5

of which dont, 6

whistle le sifflet, 7

to **whistle (blow a whistle)** siffler, I-13.1

white blanc, blanche, I-10.2

who qui, I-BV

Who (do you mean)? Qui ça?, I-BV

Who is it? Qui est-ce?, I-BV

Who's calling? C'est de la part de qui?, II-3.2

whom qui, I-14; que, II-1

whose dont, 6

why pourquoi, I-9.1

wide large, I-10.2

wife la femme, I-4.1

will: against somebody's will contre le gré de quelqu'un, 7

to **win** gagner, I-9.2; l'emporter, 3

wind le vent, I-14.2

gust of wind la rafale, 1

window la fenêtre, 5; (in post office, bank, etc.) le guichet, II-1.2; (seat in airplane, train, etc.) côté fenêtre, I-7.1

window pane la vitre, 6

to **windsurf** faire de la planche à voile, I-9.1

windy: It's windy. Il fait du vent., I-9.2

wing l'aile (f.), II-7.1

winner le gagnant, la gagnante, I-13.2; le vainqueur, 8

winter l'hiver (m.), I-14.1

to **wipe (one's hands, etc.)** s'essuyer, II-13.1

to **wish** souhaiter, II-12; (each other) se souhaiter, II-11.2

wishes: good wishes les vœux (m. pl.), 4

with avec, I-5.1

without (prep.) sans, I-12.2; (conj.) sans que, II-15

wonder: filled with wonder émerveillé(e), 8

wool (n.) la laine, II-9.2; (adj.) en laine, II-9.2

word processor la machine à traitément de texte, II-12.1

work le travail, II-16.1

work in partnership le partenariat, 8

work (of art) l'œuvre (f.), I-16.2

to **work** travailler, I-3.2

to work full-time travailler à plein temps, I-3.2

to work hard peiner, 3

to work oneself to death se crever (au travail), 6

to work part-time travailler à mi-temps, I-3.2

worker l'ouvrier, l'ouvrière, II-2.2

workplace le lieu de travail, II-16.1

workshop l'atelier (m.), II-14.1

to **worry** s'en faire, 8

Don't worry about it. (after an apology) Ce n'est pas grave., II-4.1

wound la blessure, II-6.1

wounded (n.) le blessé, la blessée, 8

to **wrap (oneself up in)** s'envelopper dans, II-14.1

wrinkle la ride, 3

to get wrinkles prendre des rides, 3

wrinkled (clothing) chiffonné(e), II-9.1

wrist le poignet, II-13.1

to **write** écrire, I-12.2

to write a paper faire une rédaction, II-12.1

wrong: What's wrong with him? Qu'est-ce qu'il a?, I-15.1

X

X-ray la radio(graphie), II-6.2

to take an X-ray faire une radio(graphie), II-6.2

Y

year l'année (f.), I-4.1; l'an (m.)

Happy New Year! Bonne année!, II-11.2

yellow jaune, I-10.2

yes oui, I-BV

yesterday hier, I-13.1

the day before yesterday avant hier, I-13

yesterday morning hier matin, I-13

yogurt le yaourt, I-6.1

you te (dir. and ind. obj.), I-15; toi (stress pron.), I-9; tu, (subj. pron.) (fam.), I-1; vous (sing. form. and pl.), I-2

You're welcome. De rien., Je t'en prie., Pas de quoi. (fam.); Ce n'est rien., Il n'y a pas de quoi., Je vous en prie. (form.), I-BV

young jeune, I-4.1

young people les jeunes, 6

your ta, ton, tes (fam.), I-4; votre, vos (form.), I-5

yours le tien, la tienne, les tiens, les tiennes (fam.); le vôtre, la vôtre, les vôtres (sing. form and pl.), 7

youth la jeunesse, II-3.2

Z

zero zéro, I-BV

zip code le code postal, II-1.2

zipper la fermeture éclair, II-9.2

zucchini la courgette, II-14.1

INDEX GRAMMATICAL